The Go Programming Language

The Go Programming Language

앨런 도노반 · 브라이언 커니건 지음 | 이승 옮김 | 공용준 감수

i!i
에이콘

레일라와 메그에게

지은이 소개

앨런 도노반 Alan A. A. Donovan

뉴욕에 위치한 구글 Go 팀의 일원이다. 캠브리지와 MIT에서 컴퓨터과학 학위를 취득했으며, 1996년부터 업계에서 개발을 하고 있다. 2005년부터 구글의 인프라 프로젝트에서 근무했으며, 독자적인 빌드 시스템인 Blaze의 공동 설계자다. Go 프로그램의 수많은 정적 분석 라이브러리와 도구를 만들었으며, 그중에는 oracle, godoc -analysis, gorename 등이 있다.

브라이언 커니건 Brin W. Kernighan

프린스턴 대학에서 컴퓨터과학과 교수로 재직 중이다. 1969년부터 2000년까지 벨연구소 컴퓨터과학 연구센터의 일원으로 유닉스용 언어와 도구를 개발했다. 『C 언어 프로그래밍』(휴먼사이언스, 2012), 『프로그래밍 수련법』(인사이트, 2006) 등 여러 책의 공동 저자다.

감사의 글

롭 파이크와 러스 콕스, Go 팀의 핵심 멤버들이 원고를 수차례 반복해 세심하게 읽었다. 이들은 원고의 단어 선택에서부터 전체 구조와 조직에 이르기까지 모든 부분에 대해 비평해 줬으며, 이는 값을 따질 수 없을 만큼 귀중하다. 일본어 번역을 준비할 때 요시키 시바타는 주어진 역할 이상을 해줬다. 그의 세심한 눈은 영어 문장과 코드 내의 수많은 오류를 찾아 줬다. 전체 원고에 대한 철저한 리뷰와 중요한 비평을 해준 브라이언 게츠, 코리 코삭, 아놀드 로빈스, 조쉬 블리처 스나이더, 피터 와인버거에게도 큰 감사를 표한다.

우리는 사미르 아즈마니, 이테이 발라반, 데이비드 크로쇼, 빌리 도노휴, 조나단 파인 버그, 앤드류 제라드, 로버트 그리스머, 존 린더만, 미눅스 마, 브라이언 밀스, 발라 나타라잔, 코스모스 니콜라우, 폴 스타니포스, 나이젤 타오, 하워드 트리키에게 큰 도움을 받았다. 또한 데이비드 브레일스포드와 라프 레비안의 조판에 대한 조언 및 크리스 로퍼의 전자책 출판에 관한 수많은 미스터리에 대한 설명에도 감사를 표한다.

애디슨웨슬리의 편집자 그렉 도엔치는 이 책을 최초로 기획했으며, 그때부터 지금까지 꾸준히 도움을 주고 있다. 애디슨웨슬리 편집 팀(존 풀러, 데이나 아이슬리, 줄리 나힐, 추티 프레서티스, 바바라 우드)은 끝내준다. 저자는 이보다 더 나은 지원을 기대할 수 없을 것이다.

앨런 도노반은 구글의 사미르 아즈마니, 크리스 데메트리우, 월트 드러먼드, 리드 타게에게 집필할 시간을 준 것에 대해 감사하고, 스티븐 도노반의 조언과 적절한 격려에 감사한다. 그리고 무엇보다도 이 책으로 인해 오랫동안 가족생활에 충실하지 못했음에도 불구하고 이 프로젝트에 대해 주저 없는 열정과 확고한 지원을 보여준 아내 레일라 카제미에게 감사한다.

브라이언 커니건은 그의 느린 이해 속도에도 인내와 관용을 베풀어 준 친구와 동료들에게, 특히 집필 및 그 외의 수많은 부분에 지원을 아끼지 않은 아내 메그에게 깊은 감사의 마음을 전한다.

뉴욕에서,

2015년 10월

옮긴이 소개

이승

인프라/플랫폼에 관심이 많은 개발자로, 현재 카카오에서 Kubernetes 기반 서비스를 개발하고 있다. 개발자로 은퇴하는 것이 목표이다.

옮긴이의 글

최근 각광받고 있는 Go 언어는 단순성을 가장 큰 특징으로 하며, 이는 표현성을 중시하는 루비ruby나 스칼라scala 등의 언어와는 정면으로 배치된다. 이 책은 그러한 단순성에 대한 설계 사상을 보여주며, 상세한 샘플 소스와 설명을 통해 이해와 활용을 돕는다.

Go의 설계 사상은 유닉스의 설계 사상과 매우 유사하며, 작고 간단한 기능을 조합해 복잡한 기능을 구현한다. 처음 Go를 접하는 개발자는 지나친 단순성과 익숙하지 않은 오류 처리 방식에 불편함을 느낄 수 있지만, 이러한 초기의 불편함은 향후 유지 보수 시에 더 큰 이익으로 되돌아올 것이다.

이 책의 번역에 큰 도움을 준 구글의 원 저자 앨런 도노반과 리뷰어 김향아 님, 카카오의 공용준 셀장 및 번역하는 동안 가정에 다소 소홀했음에도 불구하고 이해하고 격려해준 아내 이영순과 딸 이인에게 감사의 마음을 전한다.

감수자 소개

공용준 (sstrato.open@gmail.com)

한양대학교에서 연소해석분야로 석사학위를 취득했다. 연구 중 분산 희박행렬 계산에 대한 분야를 접하면서 정보통신 쪽으로 커리어를 쌓고 있다. 2012년에 정통부 산하의 클라우드 정책 연구단 기술 고문을 역임했고, 현재 카카오에서 클라우드 컴퓨팅 셀 리딩을 맡고 있다. 주요 저서로는 『클라우드 API를 활용한 빅데이터 분석』(에이콘, 2015), 『실전 클라우드 인프라 구축 기술』(한빛미디어, 2014)이 있다.

감수자의 글

Go는 21세기 인터넷 시대에서 개발에 필요한 철학을 담은 새로운 언어입니다. Go 언어가 지향하는 목표는 인터넷의 연결성, 언어의 간결함, 성능의 강력함, 그리고 협업 문화인데, 이 책은 Go의 그런 면을 잘 설명하고 있습니다. 이 책을 통해 독자 여러분도 Go의 매력에 빠져보시길 바랍니다. 짧은 시간동안 책을 만드느라 수고한 이승 씨와 에이콘 식구 여러분 모두 고생하셨습니다.

차례

들어가며

"Go는 간결하고 신뢰성 있으며 효율적인 소프트웨어를 손쉽게 만들기 위한 오픈소스 프로그래밍 언어다."(Go 웹사이트 **golang.org**에서)

Go는 구글 개발자들인 로버트 그리스머, 롭 파이크, 켄 톰슨에 의해 2007년 9월에 구상되고 2009년 11월에 발표됐다. 이 언어와 관련 도구들은 컴파일과 실행에서 표현적이고 효율적이며, 효과적으로 신뢰성 있고 튼튼한 프로그램을 작성하는 데 목표를 두고 있다.

Go는 C와 비슷한 문법을 사용하며, C와 마찬가지로 전문 개발자들이 최대한의 효과를 최소한의 노력으로 얻기 위한 도구다. Go는 수많은 언어에서 좋은 아이디어를 차용하는 동시에 복잡하고 신뢰성이 부족한 코드로 귀결되는 기능은 배제했다. Go의 동시성 기능은 새롭고 효율적이며, 자료 추상화와 객체지향 프로그래밍은 놀랍게 유연하다. 또한 Go는 가비지 컬렉션(메모리 자동 관리)을 수행한다.

Go는 특히 네트워크 서버 같은 인프라나 개발자를 위한 도구와 시스템 등을 만들기에 적합하지만, 범용 언어로서 그래픽, 모바일 애플리케이션, 기계 학습 등의 다양한 분야에서도 사용된다. 또한 표현성과 안전성이 서로 균형을 이루고 있다는 점에서 동적 스크립트 언어의 대안으로도 인기를 얻고 있다. Go 프로그램은 보통 동적 언어로 만든 프로그램보다 빠르게 동작하며, 예상치 못한 타입 오류로 인한 비정상 종료가 훨씬 적다.

Go는 오픈소스 프로젝트이므로 컴파일러, 라이브러리, 도구의 소스코드는 누구에게나 열려 있다. 지금도 전 세계 커뮤니티에서 이 프로젝트에 대한 기여가 활발히 이뤄지고 있다. Go는 리눅스, FreeBSD, 오픈BSD, 맥 OS X 등의 유닉스 계열 시스템과 Plan 9 및 마이크로소프트 윈도우에서 구동된다. Go 프로그램은 보통 특별한 수정 없이도 다양한 환경에서 작동한다.

이 책은 여러분들이 Go의 언어적 특징과 표준 라이브러리를 활용해 깔끔하고, 범용적이며, 효율적인 Go 프로그램을 개발하는 데 도움을 줄 것이다.

Go의 기원

생물학의 종처럼 성공적인 언어는 조상의 장점을 상속한 자손을 낳는다. 이종 교배는 때로 놀라운 강점을 보인다. 이로 인해 아주 가끔 급진적인 새로운 기능이 전례 없이 나타나기도 한다. 언어의 영향도를 통해 언어가 현재의 모습이 된 원인과 어떤 환경에서 주로 사용되는 지를 배울 수 있다.

다음 그림은 Go의 설계에 중요한 영향을 준 이전 세대의 프로그래밍 언어들을 보여준다.

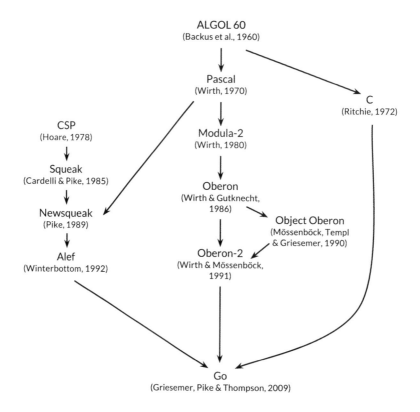

Go는 가끔 'C 유사 언어'나 '21 세기 C'로 설명된다. Go는 C에서 표현 구문, 제어 흐름 구문, 기본 데이터 타입, 매개변수 값 전달^{call-by-value}, 포인터 등을 상속했을 뿐 아니라 무엇보다 효율적인 기계 코드로 컴파일되고, 현 운영체제의 추상화 레이어와 자연스럽게 연동된다는 C의 강점을 갖고 있다.

Go의 가계도에는 다른 조상도 있다. 주된 영향을 미친 언어에는 파스칼로 시작되는 니콜라스 워스의 언어들이 있다. 모듈라 2는 패키지 개념에 영향을 줬다. 오베론은 모듈 인터페이스 파일과 모듈 구현 파일 간의 차이를 제거했다. 오베론-2는 패키지, 임포트, 선언 문법에 영향을 미쳤고, 오브젝트 오베론이 메소드 선언 문법을 제공했다.

Go의 조상 중에는 벨연구소에서 개발됐으며 널리 알려지지 않은 연구 목적 언어인 CSP(상호 통신하는 순차 처리^{communicating sequential processes})가 있다. CSP는 토니 호어가 1978년에 저술한 동시성 기반 기술에 대한 논문에 등장하는 언어로, 타 언어와 차별되는 독특한 특징을 Go에 만들어 줬다. CSP에서는 프로그램이 공유 상태가 없는 프로세스의 병렬 조합이다. 프로세스들은 채널을 통해 통신하고 동기화한다. 그러나 호어의 CSP는 동시성의 기본 개념을 설명하기 위한 형식 언어로, 실제로 구동되는 프로그램을 작성하기 위한 프로그래밍 언어는 아니었다.

롭 파이크와 그의 동료들은 CSP를 실제 언어로 구현하는 실험을 해봤다. 첫 번째는 스퀵 Squeak('쥐와의 통신을 위한 언어')으로, 정적으로 생성된 채널을 통해 마우스와 키보드 이벤트를 처리하는 언어였다. 이 실험은 C와 같은 구문과 표현식 및 파스칼과 같은 타입 표기법을 사용하는 뉴스퀵Newsqueak으로 이어졌다. 뉴스퀵은 가비지 컬렉션을 하는 순수 함수형 언어로, 스퀵과 동일하게 키보드, 마우스, 윈도우 이벤트를 관리하는 데 목적을 두고 있었다. 채널은 퍼스트 클래스 값이 돼 동적으로 생성하고 변수에 저장할 수 있게 됐다.

Plan 9 운영체제는 이러한 아이디어를 Alef라는 언어로 발전시켰다. Alef는 뉴스퀵을 쓸 만한 시스템 프로그래밍 언어로 만들고자 했으나, 가비지 컬렉션이 없어서 동시성을 구현하기가 너무 어려웠다.

Go에는 기타 여러 조상에게서 간접적으로 받은 영향이 나타난다. 예를 들어 iota는 APL에서 영향을 받았고, 중첩된 함수의 렉시컬 스코프는 스킴(및 그 후의 언어 대부분)에서 영향을 받았다. 여기서도 우리는 새로운 돌연변이를 찾을 수 있다. Go의 혁신적인 슬라이스는 효율적인 임의의 접근이 가능한 동적 배열일 뿐만 아니라, 연결 리스트와 유사한 정교한 배열 공유를 허용한다. 그리고 defer문은 Go에서 새로 만든 것이다.

Go 프로젝트

모든 프로그래밍 언어는 창시자의 프로그래밍 철학을 반영하며, 그 철학에는 이전의 언어에서 알려진 단점에 대한 대응도 중요한 구성 요소로 포함되는 경우가 많다. Go 프로젝트는 복잡성의 폭발로 인해 고통 받던 구글의 여러 소프트웨어 시스템에 대한 좌절에서 시작됐다 (이 문제는 구글에 한정된 것이 아니다).

"복잡성은 증식한다."고 롭 파이크가 말했듯이 시스템의 한 부분을 더 복잡하게 만들어 문제를 해결하게 되면 천천히, 그러나 확실히 다른 부분에 복잡성이 더해진다. 기능과 옵션, 설정을 추가하고, 빠르게 코드를 제공하기 위한 지속적인 압력으로 인해 장기적으로는 단순성이 좋은 소프트웨어의 핵심임에도 불구하고 이를 무시하게 되기 쉽다.

단순성을 확보하기 위해서는 프로젝트 초기에 수많은 아이디어를 핵심 아이디어로 줄이는 데 더 많은 작업이 필요하고, 프로젝트의 수명 기간 동안에 좋은 변화와 나쁘거나 치명적인 변화를 구별하는 데 더 많은 절제력이 필요하다. 좋은 변화는 충분한 노력을 통해 프레드 브룩스가 칭한 설계상 '개념 무결성'을 손상시키지 않고 수용할 수 있지만, 나쁜 변화는 그렇지 못하며 최악의 변화는 단순성을 먼 친척인 편의성과 맞바꾼다. 설계의 단순성을 통해서만 시스템은 성장하면서도 안정성, 보안성, 일관성을 유지할 수 있다.

Go 프로젝트는 언어, 도구, 표준 라이브러리, 그리고 급진적인 단순성에 대한 문화적 의제를 포함한다. Go는 최근의 고급 언어로서 후발 주자의 장점을 갖고 있으며 기본에 충실하다. Go에는 가비지 컬렉션, 패키지 시스템, 퍼스트 클래스 함수, 렉시컬 스코프, 시스템 호출 인터페이스, 그리고 일반적으로 UTF-8로 인코딩되는 불변 문자열이 있다. 그러나 상대적으로 기능이 적은 편이며, 더 추가될 가능성도 낮다. 예를 들어 Go에는 묵시적 숫자 변환, 생성자나 소멸자, 연산자 오버로딩, 기본 매개변수 값, 상속, 제네릭, 예외 처리, 매크로, 함수 애노테이션, 스레드 로컬 스토리지 등이 없다. 언어는 성숙되고 안정적이며, 이전 버전과의 호환성을 보장한다. 오래된 Go 프로그램도 최신 버전의 컴파일러와 표준 라이브러리로 컴파일되고 실행된다.

Go의 타입 시스템은 동적 언어 개발자를 괴롭히는 대부분의 부주의한 실수를 방지하는 데에는 충분하지만, Go와 유사한 정적 타입 언어보다는 단순하다. 이러한 접근 방식으로 인해 광범위한 타입 프레임워크 안에서 '비타입' 프로그래밍이라는 고립된 형태의 개발로 이어질 수 있으며, Go 개발자는 일반적으로 C++나 하스켈 프로그래머들처럼 타입 기반 검증을 통과하기 위한 긴 코드를 작성하지 않는다. 그러나 실제로 Go는 복잡한 타입 시스템의 부담 없이 비교적 강한 타입 시스템의 안전성과 런타임 성능의 이점을 제공한다.

Go는 현대 컴퓨터 시스템 설계, 특히 지역성^{locality}의 중요성에 대해 인지하기를 권한다. Go에 내장된 데이터 타입과 대부분의 라이브러리 자료 구조는 명시적인 초기화나 묵시적인 생성자 없이 자연스럽게 동작하게 만들어졌으므로 코드 안에 메모리 할당이나 메모리 쓰기가 숨겨져 있는 경우가 비교적 적다. Go의 집합 타입(구조체와 배열)은 원소를 직접 지니고 있으므로 간접 필드를 사용하는 언어보다 더 작은 저장 공간 및 더 적은 수의 할당과 포인터 간접 참조가 필요하다. 그리고 현대 컴퓨터는 병렬 처리가 가능하므로 Go에는 앞서 언급한 바와 같이 CSP에 기반을 둔 동시성 기능이 있다. Go의 가벼운 스레드 또는 고루틴^{goroutine}에서의 가변형 스택은 초기에는 작은 크기로 인해 가볍게 만들 수 있고 이후 수백만 개를 만들어도 무리 없이 사용할 수 있다.

보통 '건전지 포함'으로 설명하는 Go의 표준 라이브러리는 I/O, 텍스트 처리, 그래픽, 암호화, 네트워킹, 분산 애플리케이션 등을 위한 깔끔한 구성 요소를 제공하며, 다수의 표준 파일 포맷과 프로토콜도 지원한다. 라이브러리와 도구들은 광범위한 관례^{convention}를 사용해 구성과 설명의 필요성을 줄였으며, 이에 따라 프로그램 로직을 단순화하고 다양한 Go 프로그램들이 서로 간에 유사해 배우기 더 쉽게 만들어졌다. 프로젝트는 **go** 도구로 빌드하며, 파일과 식별자 이름 및 가끔 특별한 주석만으로 모든 라이브러리, 실행 파일, 테스트, 벤치마크, 예제, 플랫폼별 변형, 문서를 구별한다. Go 소스 자체에 빌드 스펙이 포함돼 있다.

이 책의 구성

이 책에서는 독자가 C, C++, 자바 등의 컴파일 언어나 파이썬, 루비, 자바스크립트 등의 인터프리트 언어 중 하나 이상의 언어로 프로그래밍을 한 경험이 있다고 가정하고 초보자 대상의 책과 같이 하나하나 설명하지는 않을 것이다. Go의 변수, 상수, 표현식, 제어 흐름, 함수 등에 대한 표면적인 문법은 익숙할 것이다.

1장은 파일 읽고 쓰기, 텍스트 포매팅, 이미지 생성, 인터넷 클라이언트와 서버 간 통신 등의 일상적인 작업을 수행하는 여러 프로그램을 통해 Go의 기본 구성 요소를 설명하는 튜토리얼이다.

2장은 Go 프로그램의 구조적 요소인 선언, 변수, 새로운 타입, 패키지, 파일, 범위 등을 설명한다. 3장은 숫자, 불리언, 문자열, 상수 및 유니코드를 처리하는 방법을 설명한다. 4장은 배열, 맵, 구조체, 슬라이스 등의 간단한 타입을 모으는 조합형 타입을 설명한다. 5장은 함수, 예외 처리, `panic`, `recover`, `defer`문을 설명한다.

따라서 1장에서 5장까지는 대부분이 널리 쓰이는 명령형 언어에 포함되는 기본적인 내용이다. 가끔 Go의 문법과 스타일이 그 외의 언어와 다를 때가 있지만, 대부분의 개발자는 빠르게 적응할 수 있을 것이다. 나머지 장들은 메소드, 인터페이스, 동시성, 패키지, 테스트, 리플렉션reflection 등에 대한 Go의 독특한 접근 방식에 초점을 맞춘다.

Go는 객체지향 프로그래밍에 독특한 접근 방식을 택했다. Go에는 클래스 계층은 물론 실제로 클래스 자체가 없다. 복잡한 객체의 행동은 상속이 아닌 간단한 객체의 조합으로 이뤄진다. 메소드는 구조체뿐만 아니라 임의의 사용자 정의 타입과 연관되며, 구상 타입과 추상 타입(인터페이스) 간의 관계가 묵시적이므로 구상 타입은 설계자가 사전에 고려하지 않은 인터페이스도 충족할 수 있다. 메소드는 6장에서, 인터페이스는 7장에서 다룬다.

8장은 CSP의 아이디어에 기반을 두며, 고루틴과 채널로 구현된 Go의 동시성에 대한 접근 방식을 제시한다. 9장은 공유 변수를 이용하는 좀 더 전통적인 동시성에 대해 설명한다.

10장은 라이브러리를 구성하는 메커니즘인 패키지를 설명한다. 또한 컴파일, 테스트, 벤치마크, 프로그램 포매팅, 문서화, 기타 여러 작업을 수행하는 단일 명령인 go 도구를 효과적으로 사용하는 방법도 보여준다.

11장은 눈에 띄게 가벼운 접근 방식을 통해 추상화 기반 프레임워크를 간단한 라이브러리와 도구로 대체한 Go 테스팅을 다룬다. 테스트 라이브러리는 필요시 더 복잡한 추상화 단계를 구축할 수 있는 기초를 제공한다.

12장은 프로그램이 실행 중에 스스로의 상태를 살펴볼 수 있게 하는 리플렉션에 대해 알아본다. 리플렉션은 강력한 도구지만 주의 깊게 사용해야 한다. 또한 리플렉션이 중요한 일부 Go 라이브러리를 구현하는 데 어떻게 사용됐는지를 보여줌으로써 리플렉션의 적절한 균형에 대해 설명한다. 13장은 `unsafe` 패키지를 사용해 Go의 타입 시스템을 우회하는 저수준 프로그래밍의 어려운 세부 사항과 저수준 프로그래밍이 적합한 경우에 대해 설명한다.

각 장에는 몇 가지 연습문제가 수록돼 있어 스스로 Go에 대한 이해도를 테스트하거나 분문 예제의 확장 또는 다른 구현을 둘러보기 위해 사용할 수 있다.

이 책에 나오는 일부 사소한 코드 외의 모든 코드 예제는 gopl.io에 있는 공개 깃^{git} 저장소에서 다운로드할 수 있다. 각 예제는 패키지 임포트 경로에 의해 식별되며, go get 명령을 통해 손쉽게 반입, 빌드, 설치할 수 있다. 이를 위해서는 Go 작업 디렉토리를 선택하고 GOPATH 환경 변수가 해당 디렉토리를 가리키게 설정해야 한다. go 도구는 필요시 디렉토리를 생성한다. 예를 들면 다음과 같다.

```
$ export GOPATH=$HOME/gobook          # 작업 디렉토리 선택
$ go get gopl.io/ch1/helloworld       # 반입, 빌드, 설치
$ $GOPATH/bin/helloworld              # 실행
Hello, Image
```

예제를 실행하려면 최소한 Go 1.5 버전이 필요하다.

```
$ go version
go version go1.5 linux/amd64
```

컴퓨터의 go 도구가 오래됐거나 아예 없는 경우에는 https://golang.org/doc/install의 설치 방법에 따라 설치한다.

한국어판에서는 설치와 버전 관리에 관련된 자세한 내용을 부록으로 제공했으므로 참고하기 바란다.

더 많은 정보

Go에 대한 더 많은 정보는 Go 프로그래밍 언어 사양, 표준 패키지 등의 수많은 문서를 제공하는 공식 웹사이트 https://golang.org를 참조하라. 이 사이트에는 Go 프로그램 작성에 대한 튜토리얼, 더 좋은 Go 프로그램을 작성하는 방법, 다양한 온라인 문서 및 영상 자료 등이 있어 이 책의 값진 보완재 역할을 한다. Go 블로그 blog.golang.org는 언어의 상태, 향후 계획, 회의 보고서, 다양한 Go 관련 주제에 대한 심도 있는 해석 등에 대한 최고의 글들을 게시하고 있다.

Go에 대한 온라인 접근(및 종이 책의 안타까운 한계)의 가장 유용한 측면 중 하나는 Go를 설명하는 웹 페이지에서 직접 관련된 코드를 실행할 수 있다는 점이다. 이 기능은 Go 플레이그라운드^{Playground}인 play.golang.org에서 제공하며, golang.org 홈페이지 또는 godoc 도구에서 서비스되는 문서 페이지 같은 다른 페이지에 내장할 수 있다.

플레이그라운드는 문법, 의미, 라이브러리 패키지 등에 대한 이해도를 확인하기 위해 짧은 프로그램으로 간단한 실험을 해보기에 편리하며, 여러 부분에서 다른 언어의 읽기-평가-쓰기-반복^{REPL, read-eval-print-loop}의 위치를 차지한다. 플레이그라운드의 영속 URL은 버그를 보고하거나 제안을 하기 위한 목적으로 다른 사람과 Go 코드의 조각을 공유하기에 매우 편리하다.

플레이그라운드 위에 만들어진 Go 투어 tour.golang.org는 Go의 기본 개념과 구조에 대한 짧은 대화형 강의로, 언어에 대해 순서대로 따라가며 들을 수 있게 돼 있다.

플레이그라운드와 투어의 가장 큰 단점은 표준 라이브러리만 임포트할 수 있으며, 수많은 라이브러리 기능(예를 들어 네트워킹)은 실질적이거나 보안적인 이유로 제한된다는 점이다. 또한 각각의 프로그램을 컴파일하고 실행하려면 인터넷에 접속돼 있어야 한다. 따라서 더 정교한 실험을 위해서는 자신의 컴퓨터에서 Go 프로그램을 실행해야 한다. 다행히 다운로드 과정은 직관적이므로 golang.org에서 Go 배포판을 반입한 후 자신의 Go 프로그램을 작성하고 실행하기까지는 몇 분밖에 걸리지 않을 것이다.

Go는 오픈소스 프로젝트이므로 https://golang.org/pkg에서 온라인으로 표준 라이브러리의 모든 타입과 함수의 코드를 읽을 수 있다. 다운로드된 배포판과 같은 코드를 사용한다. 이를 이용해 실제 동작 방식을 파악하거나 세부 사항에 대한 궁금증을 해소하고, 전문가들은 정말 좋은 Go 코드를 어떻게 작성하는지에 대해 알아볼 수 있다.

이 책에 대한 궁금한 사항이 있다면 http://www.gopl.io나 에이콘출판사의 도서정보 페이지인 http://www.acornpub.co.kr/book/go-programming에서 확인할 수 있다.

한국어판에 관한 질문은 에이콘출판사 편집 팀(editor@acornpub.co.kr)으로 문의해주길 바란다.

1장

튜토리얼

1장에서는 Go의 기본 구성 요소를 간단히 살펴본다. 1장에서 제공하는 정보와 예제를 활용해 실무를 최대한 빨리 시작할 수 있기를 바란다. 1장뿐만 아니라 이 책의 예제들은 실제로 수행할 업무를 대상으로 한다. 1장에서는 단순한 파일 처리부터 그래픽 작업이나 동시성을 가진 인터넷 클라이언트와 서버에 이르기까지 Go로 만들 수 있는 다양한 프로그램들을 보여준다. 물론 첫 번째 장부터 상세한 내용을 설명하지는 않지만, 새로운 언어로 이러한 프로그램을 공부하는 것은 배움을 시작하기에 효과적인 방법이 될 수 있다.

새로운 언어를 배울 때는 자연스럽게 이미 알고 있는 익숙한 언어의 방식으로 코드를 작성하게 된다. 하지만 Go를 배울 때는 이러한 경향에 주의하고, 가급적 피하려 노력하자. 이 책에서는 좋은 Go 코드를 작성하는 방법을 구체적으로 보여주고 설명했으니 코드를 작성할 때 여기 있는 코드를 가이드로 사용하길 바란다.

1.1 Hello, World

1978년에 출간된 『C 프로그래밍 언어^{The C Programming Language}』의 시작 부분에 나오며, 지금은 전통이 된 'hello, world' 예제로 시작해보자. C 언어는 Go에 가장 직접적인 영향을 준 언어 중 하나이며, 'hello, world'는 이와 관련된 다수의 핵심 아이디어를 보여준다.

gopl.io/ch1/helloworld
```
package main

import "fmt"

func main() {
    fmt.Println("Hello, 世界")
}
```

Go는 컴파일되는 언어다. Go 툴체인^{toolchain}은 소스 프로그램과 그에 종속된 것들을 컴퓨터의 기본 기계어 명령으로 변환한다. 툴체인들은 go로 시작하는 하위 명령어를 통해 사용한다. 하위 명령 중 가장 간단한 것은 run으로, 이름이 .go로 끝나는 한 개 이상의 소스 파일을 컴파일하고 라이브러리와 링크한 후 결과 실행 파일을 구동한다(이 책에서는 명령 프롬프트로 $를 사용한다).

```
$ go run helloworld.go
```

당연히 이 명령은 다음과 같은 내용을 출력한다.

```
Hello, 世界
```

Go는 유니코드를 직접 처리하므로, 전 세계의 언어로 작성된 텍스트를 처리할 수 있다. 프로그램이 일회성 테스트가 아닌 경우에는 한 번 컴파일한 뒤 나중에 사용하기 위해 컴파일 결과를 저장하려 할 것이다. 이는 go build를 통해 수행한다.

```
$ go build helloworld.go
```

이 명령은 추가 작업 없이 언제든지 실행할 수 있는 helloworld 바이너리 파일을 생성한다.

```
$ ./helloworld
Hello, 世界
```

중요한 각 예제에는 다음과 같이 레이블을 붙여 이 책의 소스코드 저장소인 gopl.io에서 코드를 얻을 수 있게 했다.

gopl.io/ch1/helloworld

go get gopl.io/ch1/helloworld를 실행하면 소스코드를 가져와서 해당 디렉토리에 배치할 것이다. 이에 대한 자세한 내용은 2.6절과 10.7절에서 다룬다.

이제 프로그램 자체에 대해 이야기해보자. Go 코드는 다른 언어의 라이브러리나 모듈과 유사한 패키지로 구성된다. 패키지는 패키지의 역할을 정의하는 하나의 디렉토리와 이 디렉토리 안에 있는 하나 이상의 .go 소스 파일로 이뤄져 있다. 각 소스 파일은 파일이 속하는 패키지를 나타내는 package 정의(여기서는 package main)로 시작하며, 그 뒤에 소스 파일에서 임포트^{import}하는 다른 패키지 목록과, 이 파일에 저장돼 있는 프로그램의 선언 목록이 순서대로 이어진다.

Go 표준 라이브러리에는 입력과 출력, 정렬, 텍스트 조작 같은 범용적인 작업을 위한 100개 이상의 패키지가 들어있다. 예를 들어 fmt 패키지에는 포매팅된 결과를 출력하고 입력을 스캔하기 위한 함수들이 들어있다. Println은 fmt의 기본 출력 함수 중 하나다. 이 함수는 하나 이상의 값을 공백으로 구분해 출력하며, 마지막에 개행문자를 붙여 한 줄로 표시되게 한다.

패키지 main은 특별하다. 이 패키지는 라이브러리가 아닌 독립 실행형 프로그램을 정의한다. 패키지 main 안의 main 함수도 특별하다(실행 시 여기에서 프로그램이 시작된다). main이 수행하는 것이 곧 프로그램이 수행하는 것이다. 물론 main은 보통 fmt.Println과 같은 다른 패키지의 함수들을 호출해 대부분의 작업을 수행할 것이다.

컴파일러에게 소스 파일에 필요한 패키지를 알려줘야 한다. 이것이 package 선언 뒤에 나오는 import 선언의 역할이다. 'hello, world' 프로그램은 다른 한 패키지에서 단 하나의 함수만 사용하지만, 대부분의 프로그램에서는 더 많은 패키지를 임포트할 것이다.

정확하게 필요한 패키지만을 임포트해야 한다. 프로그램에 누락되거나 불필요한 임포트가 있으면 컴파일되지 않을 것이다. 이러한 엄격한 요구 사항은 프로그램의 업데이트 과정에서 사용하지 않게 된 패키지가 누적되는 것을 방지하기 위함이다.

import 선언은 package 선언 뒤에 나와야 한다. 프로그램은 import 선언 뒤의 함수, 변수, 상수, 타입 등에 대한 선언으로 이뤄진다(func, var, const, type 등의 키워드로 사용한다). 대부분의 경우 선언의 순서는 중요하지 않다. 이 프로그램은 한 함수만 정의하고, 그 안에서 한 개의 외부 함수만 호출하도록 최대한 짧게 만든 것이다. 예제를 보여줄 때 공간을 절약하기 위해 간혹 package나 import 선언을 표시하지 않을 때도 있지만, 소스 파일에는 있고 코드를 컴파일하기 위해서는 반드시 이 선언들이 소스 파일에 있어야 한다.

함수 선언은 키워드 func, 함수명, 파라미터 목록(main에는 없음), 결과 목록(마찬가지로 없음), 함수 본문(함수의 역할을 정의하는 구문들)이 중괄호로 묶인 형태로 이뤄져 있다. 함수에 대해서는 5장에서 자세히 살펴본다.

Go는 문장이 한 줄에 두 개 이상 나오는 경우 외에는 문장이나 선언의 끝에 세미콜론을 요구하지 않는다. 이로 인해 특정 토큰 뒤의 개행문자가 세미콜론으로 변환되므로 개행문자의 위치는 Go 코드의 적절한 해석에 영향을 준다. 예를 들어 함수의 여는 중괄호 {는 func 선언 아래가 아닌 같은 줄에 위치해야 하며, 표현식 x + y에서 개행문자는 +의 앞이 아닌 뒤에만 허용된다.

Go는 코드 서식에 강경한 입장을 취한다. gofmt 도구는 코드를 표준 형식으로 재작성하고, go 도구의 fmt 부속 명령은 지정된 패키지 내의 모든 파일이나 기본 값으로 현재 디렉토리의 파일에 gofmt를 적용한다. 이 책의 모든 Go 소스 파일은 gofmt로 재작성됐으며, 독자들도 마찬가지로 gofmt를 이용해 재작성하는 습관을 갖길 바란다. 표준 포맷을 명시적으로 선언하는 것은 사소한 일에 대한 수많은 무의미한 논쟁을 없앨 뿐더러, 좀 더 중요하게는 임의의 포맷이 허용될 경우 불가능했을 다양한 자동화된 소스코드 변환을 가능하게 한다.

여러 텍스트 편집기에서 파일을 저장할 때마다 gofmt를 실행해 소스코드가 항상 올바른 서식을 갖도록 구성할 수 있다. 관련 도구인 goimports는 거기 더해서 필요시 import 선언의 추가나 삭제도 수행한다. 이 도구는 표준 배포판에 포함돼 있지는 않지만, 다음과 같은 명령으로 가져올 수 있다.

```
$ go get golang.org/x/tools/cmd/goimports
```

대부분의 사용자는 보통 go 도구를 통해 패키지의 다운로드와 빌드, 테스트 실행, 문서 보기 등의 작업을 수행한다. 이에 대해서는 10.7절에서 살펴본다.

1.2 커맨드라인 인수

대부분의 프로그램은 입력을 받아 출력을 생성한다. 이것이 사실상 컴퓨팅에 대한 정의다. 하지만 프로그램에서 작업할 입력 데이터는 어떻게 얻을 수 있을까? 스스로 데이터를 생성하는 프로그램도 일부 존재하지만, 대부분의 경우 입력은 파일, 네트워크 연결, 다른 프로그램의 출력, 사용자의 키보드 입력, 커맨드라인 인수 등 외부에서 들어온다. 다음 몇 가지 예제에서는 커맨드라인 인수를 시작으로 이러한 대안들을 설명한다.

os 패키지는 플랫폼에 독립적으로 운영체제를 제어하는 함수와 기타 값들을 제공한다. 커맨드라인 인수는 os 패키지의 일부인 Args 변수로 사용할 수 있다. 따라서 os 패키지 밖에서의 이름은 os.Args다.

os.Args 변수는 문자열의 슬라이스다. 슬라이스는 Go의 기본 개념이며, 곧 이에 대해 더 많이 알아볼 것이다. 지금은 슬라이스를, 각 원소는 s[i]로, 각 부분집합은 s[m:n]으로 접근할 수 있으며, 동적인 크기를 갖는 배열 원소의 모음 정도로 생각하면 된다. 원소의 개수는 len(s)로 알 수 있다. Go의 모든 인덱스는 대부분의 다른 프로그래밍 언어와 마찬가지로 로직을 단순화하기 위해 첫 번째 인덱스를 포함하며, 마지막 인덱스를 제외하는 반개구간을 사용한다. 예를 들어 $0 \leq m \leq n \leq len(s)$인 슬라이스 s[m:n]은 n-m개의 원소를 갖는다.

os.Args의 첫 번째 원소인 os.Args[0]은 명령 자체의 이름이다. 그 외의 원소들은 프로그램이 실행될 때 프로그램에 제공된 인수다. s[m:n] 형태의 슬라이스 표현은 m에서 n-1까지의 원소를 참조하는 슬라이스를 만들고, 따라서 다음 예제에 필요한 원소들은 슬라이스 os.Args[1:len(os.Args)]에 있다. m 또는 n이 생략된 경우 기본 값은 각각 0과 len(s)이기 때문에 os.Args[1:] 형태로 원하는 슬라이스를 간략하게 표현할 수 있다.

다음은 커맨드라인 인수를 한 줄로 출력하는 유닉스 echo 명령의 구현이다. 이 프로그램은 두 개의 패키지를 단독 import 선언들 대신 괄호로 묶인 목록 선언으로 임포트한다. 두 가지 형태 모두 허용되지만, 편의상 목록 형태가 사용된다. 임포트의 순서는 중요하지 않다. gofmt 도구가 패키지명을 알파벳순으로 정렬해주기 때문이다(여러 버전의 예제가 있는 경우 각각 번호를 붙여서 어떤 것을 이야기하는지 알아보기 쉽게 했다).

gopl.io/ch1/echo1
```go
// Echo1은 커맨드라인 인수를 출력한다.
package main

import (
    "fmt"
    "os"
)
```

```
func main() {
    var s, sep string
    for i := 1; i < len(os.Args); i++ {
        s += sep + os.Args[i]
        sep = " "
    }
    fmt.Println(s)
}
```

주석은 //로 시작한다. //에서 줄 끝까지의 텍스트는 모두 개발자를 위한 주석으로, 컴파일러에 의해 무시된다. 관례에 따라 패키지 선언 직전에 각 패키지에 대해 주석으로 설명했다. main 패키지의 주석은 전체 프로그램을 설명하는 하나 이상의 완전한 문장이다.

var 선언은 문자열 타입의 두 변수 s와 sep를 선언한다. 변수는 선언 중에 초기화할 수 있다. 명시적으로 초기화되지 않은 경우에는 묵시적으로 해당 타입의 제로 값zero value으로 초기화되며, 숫자형의 제로 값은 0이고, 문자형의 제로 값은 ""이다. 따라서 이 예에서 선언은 묵시적으로 s와 sep를 빈 문자열로 초기화한다. 변수와 선언에 대해 자세한 내용은 2장에 다룬다.

Go는 숫자에 일반적인 산술 연산자와 논리 연산자를 제공한다. 그러나 문자열의 경우 + 연산자는 두 값을 결합한다. 따라서 다음 표현식은

```
sep + os.Args[i]
```

문자열 sep와 os.Args[i]의 결합을 나타낸다. 프로그램에 사용한 다음 문장은

```
s += sep + os.Args[i]
```

s의 이전 값에 sep와 os.Args[i]를 연결하고, 이를 다시 s에 할당한다. 이 문장은 다음과 동일하다.

```
s = s + sep + os.Args[i]
```

연산자 +=는 할당 연산자다. +나 * 같은 산술 및 논리 연산자에는 각각 할당 연산자가 있다.

echo 프로그램은 루프에서 한 번에 하나씩 결과를 출력할 수도 있지만, 이 버전에서는 대신 새 문자열을 맨 끝에 반복적으로 추가해 결과를 생성한다. 문자열 s는 최초에 빈 값 ""로 시작하고 루프마다 텍스트를 추가한다. 첫 번째 반복이 끝나면 공백도 추가돼 루프가 완료된 후 각 인자 사이에 공백이 들어 있게 된다. 이 방식은 인수의 개수가 많은 경우 비용이 클 수도 있는 2차 처리이지만, echo의 경우 그럴 가능성은 낮다. 1장에서 echo의 개선된 버전들과 실제 비효율성의 처리 방법을 보여줄 것이다.

루프 인덱스 변수 i는 for 루프의 첫 번째 부분에 선언돼 있다. := 기호는 짧은 변수 선언으로, 하나 이상의 변수를 선언하고 초기화 값에 기초한 타입을 이 변수에 할당하는 문장이다. 이에 대한 더 많은 내용은 2장에서 다룬다.

증가 구문 i++는 i에 1을 더한다. 이는 i += 1과 같고, i = i + 1과도 같다. 여기에 상응하는 1을 빼는 감소 구문 i--도 있다. 이들은 대부분의 C 계열 언어와는 달리 표현식이 아닌

문장이기 때문에 **j = i++**는 허용되지 않으며, 후치 연산자만 가능하기 때문에 **--i**도 마찬가지로 허용되지 않는다.

for 루프는 Go의 유일한 루프 문이다. 여기엔 여러 가지 형식이 있으며, 그중 하나는 다음과 같다.

```
for 초기화; 조건; 후처리 {
    // 0개 이상의 구문
}
```

for 루프의 세 구성 요소 주위에는 괄호를 사용하지 않는다. 그러나 중괄호는 필수이며, 여는 중괄호는 후처리 문과 같은 줄에 있어야 한다.

부가적인 초기화 문은 루프가 시작되기 전에 실행된다. 초기화 문은 짧은 변수 선언, 증가 또는 할당문, 함수 호출 등의 단순한 문장이어야 한다. 조건은 루프에서 반복이 시작할 때마다 평가되는 논리 표현식이다. 결과가 **true**이면 루프로 제어되는 블록이 실행된다. 후처리 문은 루프의 본문 이후에 실행되며, 그런 후 조건이 다시 평가된다. 조건이 거짓이 되면 루프가 종료된다.

이러한 부분들은 모두 생략할 수 있다. 초기화 문과 후처리 문이 없는 경우 세미콜론도 생략할 수 있다.

```
// 전통적인 "while" 루프
for 조건 {
    // ...
}
```

예를 들어 다음과 같이 모든 조건이 생략된 경우

```
// 전통적인 무한 루프
for {
    // ...
}
```

무한 루프가 되며, 이 형태의 루프는 **break** 또는 **return**문과 같은 다른 방법으로만 종료할 수 있다.

for 루프에는 문자열이나 슬라이스 같은 데이터 타입의 값 범위에 걸쳐 반복하는 형태도 있다. 다음은 이를 설명하기 위한 **echo**의 두 번째 버전이다.

gopl.io/ch1/echo2
```
// Echo2는 커맨드라인 인수를 출력한다.
package main

import (
    "fmt"
    "os"
)
```

```
func main() {
    s, sep := "", ""
    for _, arg := range os.Args[1:] {
        s += sep + arg
        sep = " "
    }
    fmt.Println(s)
}
```

range는 루프의 각 반복에서 값의 쌍을 생성한다. 즉, 인덱스와 그 인덱스에 있는 원소의 값이다. 이 예제에서는 인덱스가 필요하지 않지만, range문의 문법상 인덱스 처리가 필요하기 때문에 인덱스도 처리해야 한다. 처리 방법 중 하나는 인덱스를 temp와 같이 명백한 임시 변수에 할당하고 그 값을 무시하는 것이지만, Go는 사용되지 않는 지역 변수를 허용하지 않기 때문에 이 경우 컴파일 오류가 발생할 것이다.

해결책은 _(밑줄)로 표기되는 빈 식별자를 사용하는 것이다. 빈 식별자는 문법상 변수명이 필요하지만 프로그램 로직에서는 필요치 않은 경우 사용할 수 있으며, 예를 들어 원소 값만 필요할 때 원치 않는 루프 인덱스를 제거하기 위해 쓰인다. os.Args의 인덱스는 묵시적이므로 대부분의 Go 개발자는 앞에서와 같이 range와 _를 사용해 echo 프로그램을 더 명확하게 작성할 것이다.

이 버전의 프로그램은 짧은 변수 선언으로 s와 sep를 선언하고 초기화하지만, 각 변수들을 개별적으로 선언할 수도 있다. 문자열 변수를 선언하는 방법에는 여러 가지가 있다. 다음 예는 모두 동일하다.

```
s := ""
var s string
var s = ""
var s string = ""
```

왜 특정한 형식을 사용해야 하는가? 첫 번째 형식인 짧은 변수 선언은 가장 간결하지만, 패키지 수준 변수가 아닌 함수 안에서만 사용할 수 있다. 두 번째 형식은 문자열의 기본 초기 값(여기에서는 "")에 의존하는 형식이다. 세 번째 형식은 여러 변수를 선언하는 경우 외에는 거의 사용되지 않는다. 네 번째 형식에서는 명시적으로 변수의 타입을 선언했는데, 변수의 타입과 초기 값의 타입이 같아 선언이 중복되므로 명시적으로 선언할 필요가 없다. 하지만 타입이 서로 다를 경우에는 명시적으로 선언해야 한다. 실제로는 앞의 두 가지 형식 중 하나를 주로 쓰게 될 것이며, 초기 값이 중요한 경우에는 명시적으로 초기화하고, 초기 값이 어떤 것이든 관계없는 경우에는 초기화 없이 사용해야 한다.

앞에서와 같이 루프의 반복마다 문자열 s는 완전히 새로운 값을 갖는다. +=문은 기존 문자열, 공백 문자, 다음 인자를 결합한 새로운 문자열을 생성하고 s에 할당한다. s의 이전 값은 더 이상 사용되지 않으므로, 이후 가비지 컬렉션될 것이다.

관련된 데이터의 양이 큰 경우 이 방식은 비용이 많이 들 수 있다. 더 간단하고 효율적인 방법은 strings 패키지의 Join 함수를 사용하는 것이다.

```
gopl.io/ch1/echo3
func main() {
    fmt.Println(strings.Join(os.Args[1:], " "))
}
```

마지막으로, 디버깅할 때와 같이 형식에 상관없이 값만 보려 할 때는 `Println`이 알아서 결과를 포매팅하게 할 수 있다.

```
fmt.Println(os.Args[1:])
```

이 명령의 출력은 `strings.Join`의 결과와 같지만 대괄호로 묶여 있다. 이 방식으로 어떤 슬라이스든 출력할 수 있다.

연습문제 1.1 echo 프로그램을 수정해 호출한 명령인 os.Args[0]도 같이 출력하라.

연습문제 1.2 echo 프로그램을 수정해 각 인자의 인덱스와 값을 한 줄에 하나씩 출력하라.

연습문제 1.3 잠재적으로 비효율적인 버전과 `strings.Join`을 사용하는 버전의 실행 시간 차이를 실험을 통해 측정하라(1.6절에서 `time` 패키지를 소개하며, 11.4절은 체계적인 성능 평가를 위한 벤치마크 테스트를 작성하는 방법을 보여준다).

1.3 중복 줄 찾기

대부분의 파일 복사, 인쇄, 검색, 정렬, 카운트 등을 수행하는 프로그램은 구조가 유사하다. 입력을 순회하고, 각 원소를 계산하며, 그때그때 또는 마지막에 결과를 생성한다. 여기서는 dup이라는 프로그램의 세 가지 변형을 살펴본다. 이 프로그램은 유닉스의 **uniq** 명령에서 부분적으로 영감을 받은 것으로, 인접한 중복 줄을 찾는다. 이 프로그램에 사용된 구문과 패키지는 다른 곳에도 쉽게 적용할 수 있는 모델이 될 것이다.

dup의 첫 번째 버전은 표준 입력에 두 번 이상 나타나는 각 줄을 앞에 카운트를 추가해 출력한다. 이 프로그램에서는 **if**문, **map** 데이터 타입 및 **bufio** 패키지를 소개한다.

```
gopl.io/ch1/dup1
// Dup1은 표준 입력에서 두 번 이상 나타나는 각 줄을
// 앞에 카운트를 추가해 출력한다.
package main

import (
    "bufio"
    "fmt"
    "os"
)
```

```
func main() {
    counts := make(map[string]int)
    input := bufio.NewScanner(os.Stdin)
    for input.Scan() {
        counts[input.Text()]++
    }
    // NOTE: input.Err()에서의 잠재적 오류는 무시한다.
    for line, n := range counts {
        if n > 1 {
            fmt.Printf("%d\t%s\n", n, line)
        }
    }
}
```

if문의 조건 절 주위에는 for문과 마찬가지로 괄호를 사용하지 않지만, 본문에는 중괄호가 필요하다. 조건이 거짓인 경우에 실행되는 else 부분이 올 수도 있다.

맵은 키/값 쌍을 가지며, 저장, 추출, 맵 안에 있는 특정 원소의 유무 검사를 상수 시간에 수행한다^{constant time operation}. 키는 == 연산자로 비교될 수 있는 모든 타입을 사용할 수 있으며, 보통 문자열이 가장 많이 사용된다. 값의 타입에는 아무런 제약이 없다. 이 예제에서 키는 문자열이고, 값은 int다. 내장 함수 make는 새로운 빈 맵을 생성하며, 다른 작업에도 쓸 수 있다. 맵은 4.3절에서 자세히 다룬다.

dup는 각 줄을 읽을 때마다 읽은 줄을 맵의 키로 사용하고 키에 해당하는 값을 증가시킨다. counts[input.Text()]++ 구문은 다음 두 문장과 같다.

```
line := input.Text()
counts[line] = counts[line] + 1
```

맵에 아직 해당 키가 없는 경우에도 문제없다. 새로운 줄이 처음 나올 때 오른쪽 표현식 counts[line]은 해당 타입의 제로 값으로 계산되며, int의 경우 0이다.

결과를 출력하기 위해 또 다른 range 기반 루프를 사용했으며, 이때는 counts 맵을 순회한다. 각 반복은 이전과 같이 키와 해당 키에 대한 맵 원소 값의 쌍으로 이뤄진 두 개의 결과를 생성한다. 맵 반복의 순서는 정의돼 있지 않지만, 실제로는 실행시마다 다른 임의의 순서다. 이러한 설계는 의도적인 것으로, 프로그램이 사전에 정의되지 않은 특정 순서에 의존하지 않도록 한다.

이제 입력과 출력을 효율적이고 편리하게 도와주는 bufio 패키지를 살펴보자. 이 패키지의 가장 유용한 기능 중 하나는 입력을 읽고 줄이나 단어 단위로 나누는 Scanner 타입이다. 이는 본래 줄 단위로 들어오는 입력을 처리하는 가장 쉬운 방법이다.

이 프로그램은 짧은 변수 선언으로 bufio.Scanner를 참조하는 새 변수 input을 생성한다.

```
input := bufio.NewScanner(os.Stdin)
```

스캐너는 프로그램의 표준 입력을 읽는다. input.Scan()을 호출할 때마다 다음 줄을 읽고 맨 끝의 개행문자를 제거한다. 결과는 input.Text()를 호출해 얻을 수 있다. Scan 함수는 줄이 있으면 true, 더 이상의 입력이 없으면 false를 반환한다.

fmt.Printf 함수는 C나 그 외 언어의 printf와 마찬가지로 표현식 목록으로 포매팅된 결과를 생성한다. 그 첫 번째 인수는 이후 인수를 포맷하는 방법을 지정하는 포맷 문자열이다. 각 인수의 포맷은 변환 문자인 % 기호 다음의 글자에 의해 결정된다. 예를 들어 %d는 10진 표기법을 사용해 정수 피연산자를 포맷하고, %s는 문자열 피연산자의 값으로 확장된다.

Printf문에는 Go 개발자가 동사^{verb}라고 부르는 이러한 변환 문자(포매터)가 다수 있다. 다음 표는 전체 사양보다는 한참 부족하지만, 사용 가능한 다양한 기능을 보여준다.

%d	10진 정수
%x, %o, %b	16진, 8진, 2진 정수
%f, %g, %e	부동소수점 수: 3.141593 3.141592653589793 3.141593e+00
%t	불리언: true 또는 false
%c	룬^{rune}(유니코드 문자열)
%s	문자열
%q	따옴표로 묶인 문자열 "abc" 또는 룬 'c'
%v	원래 형태의 값
%T	값의 타입
%%	% 기호(연산자 아님)

dup1의 포맷 문자열에는 탭 \t와 줄 바꿈 \n도 포함돼 있다. 문자열 리터럴은 이러한 눈에 보이지 않는 문자를 표현하는 이스케이프 문자^{escape sequence}를 포함할 수 있다. Printf는 기본적으로 개행문자를 출력하지 않는다. 관례적으로 log.Printf나 fmt.Errorf 등의 이름이 f로 끝나는 포매팅 함수는 fmt.Printf의 포매팅 규칙을 사용하며, Println과 같이 ln으로 끝나는 함수는 %v와 개행문자를 사용해 인자를 포매팅한다.

대부분의 프로그램은 앞에서와 같이 자신의 표준 입력을 읽거나 파일의 목록에서 읽는다. dup의 다음 버전은 표준 입력을 읽거나 파일명의 목록을 받아 각각 os.Open으로 열고 처리할 수 있다.

gopl.io/ch1/dup2
```go
// Dup2는 입력에서 두 번 이상 나타나는 각 줄의 카운트와 텍스트를 출력한다.
// 이 프로그램은 표준 입력이나 파일 목록에서 읽는다.
package main

import (
    "bufio"
    "fmt"
    "os"
)
```

```go
func main() {
    counts := make(map[string]int)
    files := os.Args[1:]
    if len(files) == 0 {
        countLines(os.Stdin, counts)
    } else {
        for _, arg := range files {
            f, err := os.Open(arg)
            if err != nil {
                fmt.Fprintf(os.Stderr, "dup2: %v\n", err)
                continue
            }
            countLines(f, counts)
            f.Close()
        }
    }
    for line, n := range counts {
        if n > 1 {
            fmt.Printf("%d\t%s\n", n, line)
        }
    }
}

func countLines(f *os.File, counts map[string]int) {
    input := bufio.NewScanner(f)
    for input.Scan() {
        counts[input.Text()]++
    }
    // NOTE: input.Err()에서의 잠재적 오류는 무시한다.
}
```

os.Open 함수는 두 값을 반환한다. 첫 번째는 열린 파일(*os.File)이며, 다음에 Scanner에서 읽을 때 사용된다.

os.Open의 두 번째 결과 값은 내장된 error 타입의 값이다. err가 내장된 특수 값 nil과 같으면 파일이 성공적으로 열린 것이다. 파일을 읽다가 입력의 끝에 도달하면 Close로 파일을 닫고 할당된 모든 리소스를 해제한다. 반면에 err가 nil이 아니라면 문제가 발생한 것이다. 이때는 문제에 대한 설명이 error 값에 있다. 앞의 단순한 오류 처리에서는 Fprintf와 기본 포맷으로 값을 출력하는 %v를 이용해 표준 오류 스트림으로 메시지를 출력한 후 dup가 다음 파일을 처리했다. continue 구문은 루프 바깥쪽의 다음 반복으로 이동한다.

코드 예제를 적당한 크기로 유지하기 위해 초기 예제에서는 일부러 오류에 대해 별로 신경 쓰지 않았다. 물론 os.Open의 예외는 처리해야 한다. 그러나 input.Scan으로 파일을 읽는 동안 오류가 발생할 소수의 가능성에 대해서는 무시했다. 오류 처리를 생략한 부분에는 노트note를 덧붙여 놓을 것이며, 5.4절에서 오류 처리에 대해 상세하게 다룰 것이다.

countLines 호출이 선언 전에 일어나고 있다. 함수나 기타 패키지 수준의 요소는 순서에 무관하게 선언할 수 있다.

맵은 make로 생성된 데이터 구조에 대한 참조다. 맵이 함수로 전달될 때 함수는 참조의 복사본을 수신하므로 호출된 함수에서 수행한 데이터 구조의 변경 내역은 호출한 함수에서도 맵 참조를 통해 볼 수 있다. 이 예제에서는 countLines에 의해 counts 맵에 삽입된 값은 main에서 볼 수 있다.

앞의 dup 버전은 필요할 때마다 입력을 읽고 줄로 분리하는 '스트리밍' 모드로 동작하기 때문에 원칙적으로 이러한 프로그램은 어떠한 크기의 입력도 처리할 수 있다. 또 다른 방법은 전체 입력을 모두 메모리로 읽어 들인 다음 한 번에 모든 줄을 분리하고 줄 단위로 처리하는 것이다. 다음 버전인 dup3가 이런 식으로 동작한다. dup3에서는 명명된 파일의 모든 내용을 읽는 ReadFile(io/ioutil 패키지) 함수와 문자열을 여러 부분 문자열들로 분리하는 strings.Split 함수를 소개한다(Split는 이전에 살펴본 strings.Join의 반대다).

dup3는 좀 더 단순화했다. 첫째, ReadFile은 파일명이 인자로 필요하기 때문에 명명된 파일에서만 읽고 표준 입력은 사용하지 않았다. 둘째, 줄 수를 세는 부분은 이제 한곳에만 있으면 되기 때문에 다시 main으로 옮겼다.

gopl.io/ch1/dup3

```go
package main

import (
    "fmt"
    "io/ioutil"
    "os"
    "strings"
)

func main() {
    counts := make(map[string]int)
    for _, filename := range os.Args[1:] {
        data, err := ioutil.ReadFile(filename)
        if err != nil {
            fmt.Fprintf(os.Stderr, "dup3: %v\n", err)
            continue
        }
        for _, line := range strings.Split(string(data), "\n") {
            counts[line]++
        }
    }
    for line, n := range counts {
        if n > 1 {
            fmt.Printf("%d\t%s\n", n, line)
        }
    }
}
```

ReadFile이 반환하는 바이트 슬라이스는 strings.Split에 사용하기 위해 string으로 변환해야 한다. 3.5.4절에서 문자열과 바이트 슬라이스를 자세하게 다룬다.

bufio.Scanner, ioutil.ReadFile, ioutil.WriteFile은 내부적으로 *os.File의 Read와 Write 메소드를 사용하지만, 대부분의 개발자는 이러한 하위 수준 루틴에 직접 접근할 필요가 없다. bufio나 io/ioutil 같은 상위 수준 함수들이 더 쓰기 편하다.

연습문제 1.4 dup2를 수정해 중복된 줄이 있는 파일명을 모두 출력하라.

1.4 애니메이션 GIF

다음 프로그램은 Go에 내장된 표준 이미지 패키지의 기본 사용법을 보여주며, 이 패키지로 비트맵 이미지의 시퀀스를 생성한 후 애니메이션 GIF로 인코딩했다. 이 이미지는 리사주 그림lissajous figures이라 불리며, 1960년대 공상 과학 영화의 주된 시각 효과였다. 이 그림들은 오실로스코프의 x, y 입력에 사인파를 넣은 것과 같은 경우에 표시되는 조화 진동을 2차원에 표시한 매개변수 곡선이다. 그림 1.1은 몇 가지 예를 보여준다.

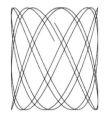   

그림 1.1 리사주 그림 네 개

이번 프로그램에서는 const 선언, 구조체 타입, 복합 리터럴을 비롯한 몇 가지 새 개념을 사용할 것이다. 대부분의 다른 예제와는 달리 여기엔 부동소수점 연산도 포함돼 있다. 현재의 주된 목표는 Go의 코드 형태 및 이 언어와 라이브러리를 이용해서 쉽게 할 수 있는 일들을 보여주는 것이기 때문에, 여기서는 이러한 주제에 대해 간략히 다루고 나중에 나올 단원에서 더 자세하게 설명한다.

gopl.io/ch1/lissajous

```go
// Lissajous는 임의의 리사주 형태의 애니메이션 GIF를 생성한다.
package main

import (
    "image"
    "image/color"
    "image/gif"
    "io"
    "math"
    "math/rand"
    "os"
)
```

```go
var palette = []color.Color{color.White, color.Black}

const (
    whiteIndex = 0 // 팔레트의 첫 번째 색상
    blackIndex = 1 // 팔레트의 다음 색상
)

func main() {
    lissajous(os.Stdout)
}

func lissajous(out io.Writer) {
    const (
        cycles  = 5     // x 진동자의 회전수
        res     = 0.001 // 회전각
        size    = 100   // 이미지 캔버스 크기 [-size..+size]
        nframes = 64    // 애니메이션 프레임 수
        delay   = 8     // 10ms 단위의 프레임 간 지연
    )
    freq := rand.Float64() * 3.0 // y 진동자의 상대적 진동수
    anim := gif.GIF{LoopCount: nframes}
    phase := 0.0 // 위상 차이
    for i := 0; i < nframes; i++ {
        rect := image.Rect(0, 0, 2*size+1, 2*size+1)
        img := image.NewPaletted(rect, palette)
        for t := 0.0; t < cycles*2*math.Pi; t += res {
            x := math.Sin(t)
            y := math.Sin(t*freq + phase)
            img.SetColorIndex(size+int(x*size+0.5), size+int(y*size+0.5),
                blackIndex)
        }
        phase += 0.1
        anim.Delay = append(anim.Delay, delay)
        anim.Image = append(anim.Image, img)
    }
    gif.EncodeAll(out, &anim) // NOTE: 인코딩 오류 무시
}
```

image/color처럼 경로에 여러 구성 요소가 포함된 패키지는 임포트한 후 마지막 구성 요소의 이름으로 참조한다. 따라서 변수 color.White는 image/color 패키지에 속하고 gif.GIF는 image/gif 패키지에 속한다.

const 선언(3.6절)은 상수에 이름을 붙이며, 이에 따라 cycle, frame, delay 등의 수치형 파라미터는 컴파일 시 고정된 값을 갖는다. const 선언은 var 선언처럼 패키지 수준에서(이 이름은 패키지 내에서 볼 수 있다), 또는 함수 내에서(이 이름은 해당 함수 내에서만 볼 수 있다) 사용할 수 있다. 상수의 값은 숫자, 문자열, 불리언이어야 한다.

[]color.Color{..}와 gif.GIF{...} 표현식은 복합 리터럴(4.2절, 4.4.1절)로 Go의 복합 타입composite types을 원소 값의 나열로 초기화하는 간결한 표기법이다. 여기서 전자는 슬라이스이며, 후자는 구조체다.

gif.GIF는 구조체 타입(4.4절)이다. 구조체는 필드라고 불리는 값의 그룹이며, 보통 서로 다른 타입들을 하나의 객체로 묶어 단일 객체로 취급할 수 있다. anim 변수는 gif.GIF 타입의 구조체다. 이 구조체 리터럴은 LoopCount 필드의 값이 nframes로 설정된 구조체 값을 생성한다. 다른 모든 필드는 자신의 타입에 대한 제로 값을 갖는다. 구조체의 개별 필드는 명시적으로 anim의 Delay와 Image 필드를 갱신하는 마지막 두 구문에서와 같이 점 표기법^{dot} notation으로 사용할 수 있다.

lissajous 함수에는 중첩된 두 루프가 있다. 외부 루프는 64회의 반복에 걸쳐 매 반복마다 애니메이션의 단일 프레임을 생성한다. 이 루프는 흰색과 검은색 두 가지 색상의 팔레트로 새로운 201×201 이미지를 만든다. 모든 픽셀은 최초에 흰색으로 지정한 팔레트의 제로 값(팔레트의 0번째 색)으로 설정된다. 외부 루프의 각 반복에서는 일부 픽셀을 검은색으로 설정해 새로운 이미지를 생성한다. 그 결과는 내장 함수 append를 통해 지정된 80ms 지연과 함께 anim의 프레임 목록에 추가된다. 마지막으로 프레임과 지연의 시퀀스들은 GIF 포맷으로 인코딩되고 출력 스트림 out에 기록된다. out의 타입은 다양한 대상으로 출력할 수 있는 io.Writer이며, 이에 대해서는 곧 보게 될 것이다.

내부 루프는 두 개의 진동자를 실행한다. x 진동자는 사인 함수다. y 진동자도 사인 함수지만 주파수가 x 진동자의 진동수에 상대적인 0과 3 사이의 임의의 수이며, x 진동자에 상대적인 위상차는 처음에는 0이지만 애니메이션의 각 프레임에 따라 증가한다. 이 루프는 x 진동자가 다섯 번의 전체 주기를 완료할 때까지 실행된다. 각 단계에서 SetColorIndex를 호출해 (x, y) 좌표의 픽셀을 팔레트 1번에 위치한 검은색으로 칠한다.

main 함수가 lissajous 함수를 호출하면서 이 함수가 표준 출력에 기록하게 하기 때문에 다음 명령은 그림 1.1에서와 같이 프레임 처리가 된 애니메이션 GIF를 생성한다.

```
$ go build gopl.io/ch1/lissajous
$ ./lissajous >out.gif
```

연습문제 1.5 가독성을 높이기 위해 검은색 위에 녹색을 칠하도록 리사주 프로그램의 색상 팔레트를 변경하라. 웹 색상 #RRGGBB를 만들려면 color.RGBA{0xRR, 0xGG, 0xBB, 0xff}를 사용하며, 각 16진 숫자의 쌍은 픽셀에서 적색, 녹색, 청색의 세기를 나타낸다.

연습문제 1.6 자유롭게 palette에 더 많은 값을 추가하고 SetColorIndex의 세 번째 인수를 변경해 여러 색상의 이미지를 생성하도록 리사주 프로그램을 수정하라.

1.5 URL 반입

여러 애플리케이션에 있어서 인터넷 정보에 대한 접근은 로컬 파일 시스템으로의 접근만큼 중요하다. Go는 net 그룹의 하위 패키지로 인터넷을 통해 정보를 주고받고 저수준 네트워크 연결을 생성하며, 서버를 설정하기 쉽게 하는 패키지들을 제공한다. 이는 Go의 동시성 기능(8장에서 소개)이 특히 유용한 부분이다.

HTTP로 정보를 가져오는 데 필요한 최소한의 개념을 설명하기 위해 지정된 URL에서 내용을 가져오고 이를 원본 그대로 출력하는 간단한 프로그램인 fetch를 소개한다. 이 프로그램은 매우 중요한 유틸리티 curl에서 영감을 얻었다. 물론 보통은 이러한 데이터를 통해 더 많은 작업을 수행할 수 있지만, 여기서는 기본적인 아이디어만을 보여준다. 앞으로 이 책에서 이 프로그램을 자주 사용할 것이다.

gopl.io/ch1/fetch
```go
// Fetch는 url에서 찾은 내용을 출력한다.
package main

import (
    "fmt"
    "io/ioutil"
    "net/http"
    "os"
)

func main() {
    for _, url := range os.Args[1:] {
        resp, err := http.Get(url)
        if err != nil {
            fmt.Fprintf(os.Stderr, "fetch: %v\n", err)
            os.Exit(1)
        }
        b, err := ioutil.ReadAll(resp.Body)
        resp.Body.Close()
        if err != nil {
            fmt.Fprintf(os.Stderr, "fetch: reading %s: %v\n", url, err)
            os.Exit(1)
        }
        fmt.Printf("%s", b)
    }
}
```

이 프로그램은 두 패키지 net/http와 io/ioutil의 함수들을 소개한다. http.Get 함수는 HTTP 요청을 생성하고 오류가 없으면 결과를 응답 구조체 resp로 반환한다. resp의 Body 필드에는 읽을 수 있는 스트림 형태의 서버 응답이 포함돼 있다. 다음으로 ioutil.ReadAll은 전체 응답을 읽는다. 결과는 b에 저장된다. Body 스트림은 리소스의 누출을 막기 위해 닫히고, Printf는 표준 출력에 응답을 기록한다.

```
$ go build gopl.io/ch1/fetch
$ ./fetch http://gopl.io
<html>
<head>
<title>The Go Programming Language</title>
...
```

HTTP 요청에 실패하면 fetch는 대신 실패를 보고한다.

```
$ ./fetch http://bad.gopl.io
fetch: Get http://bad.gopl.io: dial tcp: lookup bad.gopl.io: no such host
```

os.Exit(1)은 두 오류 중 어떤 경우에도 프로세스가 1의 상태 코드로 종료되게 한다.

연습문제 1.7 io.Copy(dst, src) 함수 호출은 src에서 읽어 dst에 기록한다. ioutil.ReadAll 대신 이 함수를 사용해 결과 본문을 전체 스트림을 저장하는 큰 버퍼 없이 os.Stdout으로 복사하라. io.Copy의 오류 결과를 확인해야 한다.

연습문제 1.8 각 인수 URL에 http:// 접두사가 누락된 경우 이를 추가하도록 fetch를 수정하라. strings.HasPrefix를 사용할 수도 있다.

연습문제 1.9 fetch를 수정해 resp.Status에 있는 HTTP 응답 코드도 같이 출력하라.

1.6 URL 동시 반입

Go의 가장 흥미롭고 기발한 측면 중 하나는 동시성 프로그래밍^{concurrent programming}에 대한 지원이다. 동시성은 8장과 9장 전체에서 다뤄야 하는 매우 큰 주제이므로, 지금은 Go의 주요 동시성 메커니즘인 고루틴^{goroutine}과 채널에 대해 간단하게 살펴본다.

다음 프로그램인 fetchall은 이전 예제와 마찬가지로 URL의 내용을 반입하지만, 동시에 여러 URL 에서 가져오기 때문에 전체 처리 시간은 각 반입 시간의 합이 아니라 가장 오래 걸릴 때의 시간이 된다. 이 버전의 fetchall은 결과를 버리는 대신 각 결과의 크기와 반입에 걸린 시간을 보고한다.

gopl.io/ch1/fetchall
```go
// Fetchall은 URL을 병렬로 반입하고 시간과 크기를 보고한다.
package main

import (
    "fmt"
    "io"
    "io/ioutil"
    "net/http"
    "os"
    "time"
)

func main() {
    start := time.Now()
    ch := make(chan string)
    for _, url := range os.Args[1:] {
        go fetch(url, ch) // 고루틴 시작
    }
    for range os.Args[1:] {
        fmt.Println(<-ch) // ch 채널에서 수신
    }
    fmt.Printf("%.2fs elapsed\n", time.Since(start).Seconds())
}
```

```go
func fetch(url string, ch chan<- string) {
    start := time.Now()
    resp, err := http.Get(url)
    if err != nil {
        ch <- fmt.Sprint(err) // ch 채널로 송신
        return
    }

    nbytes, err := io.Copy(ioutil.Discard, resp.Body)
    resp.Body.Close() // 리소스 누출 방지
    if err != nil {
        ch <- fmt.Sprintf("while reading %s: %v", url, err)
        return
    }
    secs := time.Since(start).Seconds()
    ch <- fmt.Sprintf("%.2fs  %7d  %s", secs, nbytes, url)
}
```

다음은 그 예다.

```
$ go build gopl.io/ch1/fetchall
$ ./fetchall https://golang.org http://gopl.io https://godoc.org
0.14s      6852  https://godoc.org
0.16s      7261  https://golang.org
0.48s      2475  http://gopl.io
0.48s elapsed
```

고루틴은 함수의 동시 실행이다. 채널은 한 고루틴에서 지정된 타입의 값을 다른 고루틴으로 전달하는 통신 방식이다. main 함수는 고루틴 안에서 실행되며, go문은 추가적인 고루틴을 생성한다.

main 함수는 make로 문자열의 채널을 만든다. 첫 번째 range 루프의 go문은 각 커맨드라인 인수로 fetch를 비동기 호출하고 http.Get으로 URL의 내용을 반입하는 새로운 고루틴을 시작한다. io.Copy 함수는 결과 본문을 읽고 출력 스트림 ioutil.Discard에 출력해 폐기한다. Copy는 바이트 수와 복사 오류를 함께 반환한다. fetch는 각 결과가 도착하는 대로 ch 채널에 요약된 결과를 보낸다. main의 두 번째 range 루프는 이 결과를 받아 출력한다.

한 고루틴이 채널에서 송신하거나 수신하려 할 때는 다른 쪽 고루틴에서 그에 상응하는 수신이나 송신을 할 때까지 대기하며, 이때 값이 전달되고 두 고루틴이 동시에 진행된다. 이 예제에서 각각의 fetch는 ch 채널에 값을 보내고(ch <- 표현식) main은 이 값들을 모두 받는다 (<-ch). main이 모든 출력을 전담하게 하면 각 고루틴의 결과가 독립된 단위로 처리돼 동시에 두 고루틴이 완료된 경우 출력이 섞일 위험을 사전에 방지한다.

연습문제 1.10 많은 양의 데이터를 생성하는 웹사이트를 찾아라. fetchall을 두 번 연속으로 실행하고 결과 시간이 얼마나 달라지는지를 통해 캐시 여부를 조사하라. 매번 같은 내용을 받는가? 이 결과를 조사하기 위해 fetchall이 결과를 파일로 출력하게 수정하라.

연습문제 1.11 alexa.com에 있는 상위 100만 사이트와 같은 샘플을 이용해 더 긴 인자 목록으로 fetchall을 실행해보라. 웹사이트가 응답하지 않을 경우 프로그램이 어떻게 작동하는가?(8.9절에서 이러한 경우의 대처 방법을 설명한다)

1.7 웹 서버

Go의 라이브러리를 통해 fetch가 생성하는 것과 같은 클라이언트 요청에 응답하는 웹 서버를 손쉽게 작성할 수 있다. 이 절에서는 서버에 접근하는 데 사용된 URL의 경로를 반환하는 최소한의 서버를 보여준다. 즉, 요청이 http://localhost:8000/hello라면 응답은 URL. Path = "/hello"가 될 것이다.

gopl.io/ch1/server1
```go
// Server1은 최소한의 "echo" 서버다.
package main

import (
    "fmt"
    "log"
    "net/http"
)

func main() {
    http.HandleFunc("/", handler) // 각 요청은 핸들러를 호출한다.
    log.Fatal(http.ListenAndServe("localhost:8000", nil))
}

// handler는 요청된 URL r의 Path 구성 요소를 반환한다.
func handler(w http.ResponseWriter, r *http.Request) {
    fmt.Fprintf(w, "URL.Path = %q\n", r.URL.Path)
}
```

라이브러리 함수에서 대부분의 작업을 수행하므로 프로그램 자체는 몇 줄 되지 않는다. main 함수는 모든 URL을 의미하는 /로 시작하는 URL에 핸들러 함수를 연결하고 8000번 포트로 들어오는 요청을 처리하는 서버를 시작한다. 요청은 http.Request 구조체로 표현되며, 그 안에는 들어온 요청의 URL을 비롯한 다수의 관련 필드가 있다. 요청이 도착하면 핸들러 함수로 넘기고, 핸들러는 요청 URL에서 경로 구성 요소(/hello)를 추출하고 fmt.Fprintf를 이용해 응답으로 돌려준다. 웹 서버는 7.7절에서 자세히 설명한다.

이제 이 서버를 백그라운드에서 시작해보자. 맥 OS X이나 리눅스에서는 명령에 &를 추가하라. 마이크로소프트 윈도우는 별도의 명령 창에서 & 없이 명령을 실행해야 한다.

```
$ go run src/gopl.io/ch1/server1/main.go &
```

그 다음 커맨드라인에서 클라이언트 요청을 할 수 있다.

```
$ go build gopl.io/ch1/fetch
$ ./fetch http://localhost:8000
URL.Path = "/"
$ ./fetch http://localhost:8000/help
URL.Path = "/help"
```

또는 그림 1.2와 같이 웹 브라우저로 서버에 접근할 수 있다.

그림 1.2 에코 서버로부터의 응답

이 서버에 기능을 추가하기는 매우 쉽다. 유용한 기능 중 하나는 어떤 종류의 상태를 반환하는 특정 URL이다. 예를 들어 이 버전은 위의 에코 기능 외에 요청의 개수도 센다. /count URL로 요청하면 /count로의 요청을 제외하고 지금까지 요청된 수를 반환한다.

gopl.io/ch1/server2
```go
// Server2는 최소한의 "echo" 및 카운터 서버다.
package main

import (
    "fmt"
    "log"
    "net/http"
    "sync"
)

var mu sync.Mutex
var count int

func main() {
    http.HandleFunc("/", handler)
    http.HandleFunc("/count", counter)
    log.Fatal(http.ListenAndServe("localhost:8000", nil))
}

// 핸들러는 요청된 URL의 Path 구성 요소를 반환한다.
func handler(w http.ResponseWriter, r *http.Request) {
    mu.Lock()
    count++
    mu.Unlock()
    fmt.Fprintf(w, "URL.Path = %q\n", r.URL.Path)
}
```

```
// counter는 지금까지 요청된 수를 반환한다.
func counter(w http.ResponseWriter, r *http.Request) {
    mu.Lock()
    fmt.Fprintf(w, "Count %d\n", count)
    mu.Unlock()
}
```

이 서버에는 두 개의 핸들러가 있으며, 요청 URL로 호출될 함수를 결정한다. /count 요청은 counter를 호출하고, 그 외의 요청은 handler를 호출한다. /로 끝나는 핸들러 패턴은 접두사로, 해당 패턴이 있는 URL에 대응한다. 내부적으로 서버는 들어오는 각각의 요청마다 별도의 고루틴을 실행해 동시에 여러 요청을 처리할 수 있게 한다. 그러나 두 개의 요청이 동시에 count를 갱신하려 할 경우 증가 값의 무결성을 보장하지 못할 수 있다. 그러한 프로그램에서는 경쟁 조건[race condition](9.1절)이라 불리는 심각한 버그가 발생할 수 있다. 이 문제를 방지하기 위해서는 한 번에 하나의 고루틴만이 해당 변수에 접근하게 해야 하며, 이를 위해 mu.Lock()과 mu.Unlock()을 호출해 count로의 동시 접근을 막아야 한다. 9장에서 공유 변수를 통한 동시성 처리에 대해 더 자세히 살펴본다.

예제를 더 풍부하게 하기 위해 핸들러 함수가 받는 요청의 헤더와 폼 데이터에 대해 보고해 서버가 요청을 조사하고 디버깅하기에 유용하게 만들었다.

gopl.io/ch1/server3
```
// 핸들러는 HTTP 요청을 반환한다.
func handler(w http.ResponseWriter, r *http.Request) {
    fmt.Fprintf(w, "%s %s %s\n", r.Method, r.URL, r.Proto)
    for k, v := range r.Header {
        fmt.Fprintf(w, "Header[%q] = %q\n", k, v)
    }
    fmt.Fprintf(w, "Host = %q\n", r.Host)
    fmt.Fprintf(w, "RemoteAddr = %q\n", r.RemoteAddr)
    if err := r.ParseForm(); err != nil {
        log.Print(err)
    }
    for k, v := range r.Form {
        fmt.Fprintf(w, "Form[%q] = %q\n", k, v)
    }
}
```

이 프로그램은 http.Request 구조체의 필드로 다음과 같은 출력을 생성한다.

```
GET /?q=query HTTP/1.1
Header["Accept-Encoding"] = ["gzip, deflate, sdch"]
Header["Accept-Language"] = ["en-US,en;q=0.8"]
Header["Connection"] = ["keep-alive"]
Header["Accept"] = ["text/html,application/xhtml+xml,application/xml;..."]
Header["User-Agent"] = ["Mozilla/5.0 (Macintosh; Intel Mac OS X 10_7_5)..."]
Host = "localhost:8000"
RemoteAddr = "127.0.0.1:59911"
Form["q"] = ["query"]
```

ParseForm에 대한 호출이 if문 안에 어떻게 내장됐는지를 살펴보라. Go는 지역 변수 선언과
같은 간단한 구문을 if 조건 앞에 나오게 할 수 있으며, 이는 예제에서와 같이 오류 처리에
특히 유용하다. 다음과 같이 작성할 수도 있다.

```
err := r.ParseForm()
if err != nil {
    log.Print(err)
}
```

하지만 예제에서와 같이 문장을 결합하는 편이 더 짧고 err 변수의 범위를 줄일 수 있으므로
더 좋은 방법이다. 범위^{scope}에 대해서는 2.7절에서 다룬다.

이 프로그램들에서 출력 스트림으로 사용되는 다른 세 가지 타입을 살펴봤다. fetch 프로그
램은 HTTP 응답 데이터를 os.Stdout과 파일에 복사했고, lissajous 프로그램도 마찬가지
다. fetchall 프로그램은 (길이는 계산하면서) 결과로는 아무것도 하지 않는 io. Discard에 복
사해 폐기했다. 그리고 위의 웹 서버는 fmt.Fprintf를 사용해 웹 브라우저를 나타내는
http.ResponseWriter로 출력했다.

이 세 종류는 세부적인 작업에 있어서는 다르지만, 모두 공통 인터페이스를 충족하므로 셋
다 출력 스트림이 필요한 곳이라면 어디든지 사용할 수 있다. 이 인터페이스는 io. Writer이
며, 7.1절에서 설명한다.

Go의 인터페이스 메커니즘은 7장의 주제지만, 이 인터페이스로 무엇을 할 수 있는지 알아보
기 위해 애니메이션 GIF를 표준 출력이 아닌 HTTP 클라이언트로 출력하게 변경하는 과정
을 통해, 웹 서버와 리사주 함수를 결합하는 작업이 얼마나 쉬운지 알아보자. 그냥 웹 서버에
다음과 같은 줄을 추가하면 된다.

```
handler := func(w http.ResponseWriter, r *http.Request) {
    lissajous(w)
}
http.HandleFunc("/", handler)
```

또는 다음과 같은 줄을 추가한다.

```
http.HandleFunc("/", func(w http.ResponseWriter, r *http.Request) {
    lissajous(w)
})
```

바로 위의 HandleFunc 함수 호출에서 두 번째 인수는 함수 리터럴로, 사용 시점에 정의되는
익명 함수다. 이에 대해서는 5.6절에서 더 자세히 설명한다.

이렇게 변경한 후 브라우저에서 http://localhost:8000을 열어보라. 페이지를 열 때마다
그림 1.3과 같은 새로운 애니메이션을 볼 수 있다.

연습문제 1.12 URL에서 파라미터 값을 읽도록 리사주 서버를 수정하라. 예를 들어
http://localhost:8000/?cycles=20과 같은 URL이 반복 횟수로 기본 값 5 대신에 20을 지
정하게 할 수 있을 것이다. strconv.Atoi 함수를 사용해 문자열 파라미터를 정수로 변환하

라. go doc strconv.Atoi로 관련 문서를 볼 수 있다.

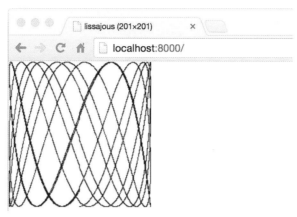

그림 1.3 브라우저 안의 애니메이션된 리사주 그림

1.8 미진한 부분

Go에는 이 짧은 소개에서 다루지 않은 내용이 훨씬 더 많이 있다. 다음은 자세히 다루기 전에 잠깐잠깐 나올 때 친숙하게 느껴질 만큼만 간단하게 소개하거나 아예 생략한 일부 주제들이다.

제어 흐름 두 개의 기본적인 제어 흐름 구문인 for와 if에 대해서는 다뤘지만, 다중 분기를 처리하는 switch 구문은 생략했다. 다음은 간단한 예다.

```
switch coinflip() {
case "heads":
    heads++
case "tails":
    tails++
default:
    fmt.Println("landed on edge!")
}
```

coinflip 호출의 결과는 각각의 케이스 값과 비교된다. 케이스는 위에서 아래로 평가되기 때문에 처음 일치하는 것이 실행된다. 선택적인 기본(default:) 케이스는 다른 케이스 중 어느 하나도 일치하지 않을 때 적용된다. 기본 케이스는 어디에 있어도 된다. 케이스는 C와 같은 언어에서처럼 다음 구문까지 이어서 실행되지 않는다(거의 사용되지는 않지만 이 동작을 바꾸는 fallthrough문이 있다).

switch에는 피연산자가 필요 없다. 그냥 케이스를 불리언 표현식으로 나열해도 된다.

```
func Signum(x int) int {
    switch {
    case x > 0:
        return +1
    default:
        return 0
    case x < 0:
        return -1
    }
}
```

이 형태를 태그 없는 스위치라 한다. 태그 없는 스위치는 switch true와 같다.

switch는 for와 if문에서처럼 부가적으로 짧은 변수 선언, 증가 또는 할당 구문, 함수 호출 등의 간단한 구문을 비롯해 테스트 전에 값을 설정할 수 있다.

break와 continue문은 제어의 흐름을 변경한다. break는 제일 안쪽의 for, switch, select 문(나중에 볼 것이다)의 다음 문장으로 제어권을 넘기게 하며, continue문은 1.3절에서 살펴본 바와 같이 제일 안쪽의 루프에서 다음 반복을 시작하게 한다. 구문에는 레이블을 붙여서 break와 continue가 이를 참조해 여러 중첩된 루프에서 한 번에 빠져나오거나 제일 바깥쪽 루프에서 다음 반복을 시작하게 할 수 있다. goto문도 있지만 이는 주로 기계가 생성하는 코드를 위한 것으로, 개발자가 사용하게 하려는 것은 아니다.

명명된 타입(Named types) type 선언으로 기존 타입에 이름을 붙일 수 있다. 구조체 타입의 이름은 보통 길기 때문에 대부분 이름을 붙여 사용한다. 친숙한 예로는 2D 그래픽 시스템에서 Point 타입의 정의를 들 수 있다.

```
type Point struct {
    X, Y int
}
var p Point
```

타입 선언과 명명된 타입은 2장에서 다룬다.

포인터(Pointer) Go는 변수의 주소를 갖는 값인 포인터를 제공한다. 일부 언어, 특히 C에서 포인터는 비교적 제약이 없다. 다른 언어에서의 포인터는 '참조'로 위장하며, 주고받는 것 이외에는 거의 할 수 있는 게 없다. Go는 그 중간에 위치한다. 포인터는 명시적으로 볼 수 있다. & 연산자는 변수의 주소를 산출하고 * 연산자는 포인터가 참조하는 변수의 값을 산출하지만 포인터의 산술 연산은 없다. 2.3.2절에서 포인터를 설명한다.

메소드(Methods)와 인터페이스(Interfaces) 메소드는 명명된 타입과 관련된 함수다. Go는 거의 모든 명명된 타입에 메소드를 붙일 수 있다는 점에서 이례적이다. 메소드는 6장에서 다룬다. 인터페이스는 각기 다른 구상 타입을 표현하거나 구현과 무관하게 타입이 가진 메소드로 동일하게 취급할 수 있는 추상 타입이다. 인터페이스는 7장의 주제다.

패키지(Packages) Go는 광범위하고 유용한 패키지들인 표준 라이브러리와 함께 제공되며, Go 커뮤니티에서 그 외의 수많은 패키지들을 만들고 공유한다. 개발할 때 자신만의 코드를 작성하는 것보다 기존 패키지를 사용하는 것이 더 중요한 경우가 자주 있다. 이 책 전반에 걸쳐 가장 중요한 표준 패키지들 중 몇 가지를 제시하겠지만, 언급할 공간이 없어서 누락된 것도 많이 있을 뿐만 아니라 패키지의 완전한 레퍼런스와 같이 책으로는 제공할 수 없는 것들도 있다.

새 프로그램을 시작하기 전에는 기존 패키지 중에 하려는 일을 더 쉽게 도와줄 만한 패키지가 있는지 확인해보는 편이 좋다. 표준 라이브러리 패키지의 인덱스는 https://golang.org/pkg에서 찾을 수 있고, 커뮤니티에서 제공된 패키지의 인덱스는 https://godoc.org에서 찾을 수 있다. go doc 도구는 커맨드라인에서 이 문서들에 손쉽게 접근할 수 있게 한다.

```
$ go doc http.ListenAndServe
package http // import "net/http"

func ListenAndServe(addr string, handler Handler) error

    ListenAndServe listens on the TCP network address addr and then
    calls Serve with handler to handle requests on incoming connections.
...
```

주석(Comments) 프로그램이나 패키지의 시작 부분에 있는 문서 주석에 대해서는 이미 언급한 바 있다. 각 함수의 선언 전에 그 동작을 서술하는 주석을 작성하는 편이 좋다. go doc와 godoc 도구에서 주석을 찾고 표시(10.7.4절)하는 데 이러한 관례에 의존하므로 주석의 위치가 중요하다.

여러 줄에 걸쳐서 나오는 주석이나 표현식 또는 구문 안의 주석은 다른 언어에서 익숙한 /* ... */ 표기법도 사용할 수 있다. 이러한 주석은 가끔 파일 시작 부분에 큰 블록으로 설명문을 넣을 때 모든 라인에 //를 넣지 않을 목적으로 사용된다. 주석 안에서는 //와 /*가 아무런 의미가 없으므로 주석은 중첩되지 않는다.

2장

프로그램 구조

Go는 다른 프로그래밍 언어와 마찬가지로 작은 기본 구성 요소들을 모아 큰 프로그램을 만든다. 변수는 값을 저장한다. 간단한 표현식은 덧셈이나 뺄셈 등의 연산자를 통해 더 큰 표현식으로 결합된다. 기본 타입은 배열이나 구조체 등의 집합 타입으로 묶인다. 표현식은 if나 for 등의 흐름 제어 구문에 의해 실행 순서가 결정되는 문장에서 쓰인다. 구문은 함수로 묶어 분리하거나 재사용할 수 있게 한다. 함수는 소스 파일과 패키지로 뭉친다.

1장의 예제들에서 위 내용의 대부분을 본 적이 있을 것이다. 2장에서는 Go 프로그램의 기본 구성 요소에 대해 더 자세히 살펴본다. 예제 프로그램은 복잡한 알고리즘이나 데이터 구조에 구애받지 않고 언어에 초점을 맞출 수 있도록 일부러 간단하게 만들었다.

2.1 이름

Go의 함수, 변수, 상수, 타입, 구문 라벨, 패키지 등의 이름은 간단한 규칙을 따른다. 이름은 문자(유니코드에서 문자로 간주하는 것 모두)나 밑줄로 시작하고, 그 뒤에 임의의 개수의 부가적인 문자, 숫자, 밑줄을 쓸 수 있다. 대소문자도 구별한다. heapSort와 Heapsort는 다른 이름이다.

Go에는 문법상 허용된 if나 switch 같은 25개의 키워드가 있다. 다음과 같은 키워드는 이름으로 사용할 수 없다.

```
break         default       func       interface    select
case          defer         go         map          struct
chan          else          goto       package      switch
const         fallthrough   if         range        type
continue      for           import     return       var
```

또한 int나 true처럼 이미 정의된 내장 상수, 타입, 함수의 이름이 30개 정도 있다.

상수	true false iota nil
타입	int int8 int16 int32 int64 uint uint8 uint16 uint32 uint64 uintptr float32 float64 complex128 complex64 bool byte rune string error
함수	make len cap new append copy close delete complex real imag panic recover

이 이름들은 예약어가 아니므로 선언에서 사용할 수 있다. 이러한 이름을 재정의하는 것이 유용한 일부 경우를 살펴볼 것이지만 나중에 혼동될 수 있다는 점에 주의하라.

이러한 이름이 함수 안에 선언된 경우 이 이름은 함수 내로 국한된다. 그러나 함수 밖에서 선언하면 이름이 속하는 패키지의 모든 파일에서 볼 수 있다. 이름 첫 글자의 대소문자 여부로 패키지 간의 가시성을 결정한다. 이름이 대문자로 시작하면 익스포트^{export}돼 자신의 패키지 밖에서 보거나 사용할 수 있으며, fmt의 Printf와 같이 프로그램의 다른 부분에서도 참조할 수 있다. 패키지명 자체는 항상 소문자다.

이름의 길이에는 제한이 없지만 Go 프로그램에서는 관행과 스타일에 따라 짧은 이름을 선호하며, 특히 좁은 범위를 갖는 지역 변수에서는 더하다. theLoopIndex보다는 i 같은 변수를 더 자주 보게 될 것이다. 일반적으로 범위가 클수록 이름이 더 길고 의미가 있어야 한다.

Go 개발자는 스타일상 단어를 조합해 이름을 지을 때 '낙타 표기법^{Camel case}'을 사용한다. 즉, 단어 연결 시 밑줄보다는 대문자를 더 선호한다. 따라서 표준 라이브러리에는 QuoteRuneToASCII나 parseRequestLine 등의 함수명은 있지만 quote_rune_to_ASCII나 parse_request_line 같은 함수명은 없다. ASCII나 HTML 같은 약어나 두문자는 항상 동일한 대문자나 소문자로 표기되므로 함수는 htmlEscape, HTMLEscape, escapeHTML 등으로 호출하고 escapeHtml로는 호출하지 않는다.

2.2 선언

선언은 프로그램 개체와 개체의 일부 또는 모든 속성에 이름을 붙인다. 선언에는 주로 var, const, type, func의 네 가지 종류가 있다. 2장에서는 변수와 타입을, 3장에서는 상수를, 5장에서는 함수를 다룬다.

Go 프로그램은 이름이 .go로 끝나는 하나 이상의 파일에 저장된다. 각 파일은 파일이 어느 패키지에 속하는지 알리는 package 선언으로 시작한다. package 선언 다음에는 import 선언이 올 수 있으며, 그 후에 타입, 변수, 상수, 함수 등의 패키지 수준 선언이 임의의 순서대로 따라온다. 예를 들어 다음 프로그램은 상수, 함수 및 일부 변수를 선언한다.

gopl.io/ch2/boiling

```go
// Boiling은 물의 끓는점을 출력한다.
package main

import "fmt"

const boilingF = 212.0

func main() {
    var f = boilingF
    var c = (f - 32) * 5 / 9
    fmt.Printf("boiling point = %g°F or %g°C\n", f, c)
    // 출력:
    // boiling point = 212°F or 100°C
}
```

상수 boilingF는 패키지 수준 선언(main과 같다)이며, 변수 f와 c는 main 함수의 지역 변수다. 각 패키지 수준 개체의 이름은 선언을 포함하는 소스 파일뿐만 아니라 패키지 내의 모든 파일에서 볼 수 있다. 반면에 지역 선언은 선언된 함수 내에서만 볼 수 있으며, 그중 일부에서만 볼 수 있는 경우도 있다.

함수 선언에는 이름, 파라미터 목록(함수의 호출자가 값을 제공하는 변수들), 부가적인 결과 목록, 여러 구문으로 함수의 작업을 정의하는 함수 본문이 있다. 함수가 결과를 반환하지 않을 때는 결과 목록을 생략한다. 함수는 첫 번째 구문에서 시작해서 return문을 만나거나 결과가 없는 경우 함수의 끝에 도달할 때까지 실행된다. 그 후 제어권과 결과가 호출자에게 반환된다.

이미 수많은 함수를 봐왔고, 5장의 광범위한 논의를 비롯해 앞으로 더 많이 볼 것이므로 여기서는 간략한 구조만 설명한다. 아래의 fToC 함수는 온도 변환 로직을 캡슐화^{encapsulation}하고 있으므로, 한 번만 정의하면 여러 곳에서 사용할 수 있다. 아래에서 main은 fToC를 서로 다른 지역 상수 값으로 두 번 호출한다.

gopl.io/ch2/ftoc

```go
// Ftoc는 화씨-섭씨 변환을 두 번 출력한다.
package main

import "fmt"

func main() {
    const freezingF, boilingF = 32.0, 212.0
    fmt.Printf("%g°F = %g°C\n", freezingF, fToC(freezingF)) // "32°F = 0°C"
    fmt.Printf("%g°F = %g°C\n", boilingF, fToC(boilingF))   // "212°F = 100°C"
}

func fToC(f float64) float64 {
    return (f - 32) * 5 / 9
}
```

2.3 변수

var 선언은 특정 타입의 변수를 만들고 이름을 붙인 뒤 초기 값을 설정한다. 각 선언은 일반적으로 다음과 같은 형식이다.

```
var 이름 타입 = 표현식
```

'타입'이나 '= 표현식' 부분 중 하나는 생략 가능하지만, 둘 다 생략할 수는 없다. 타입을 생략하면 초기화 표현식에 의해 타입이 결정된다. 표현식을 생략하면 초기 값이 해당 타입의 제로 값이 되는데, 타입별 제로 값으로 숫자는 0, 불리언은 false, 문자열은 "", 인터페이스와 참조 타입(슬라이스, 포인터, 맵, 채널, 함수)은 nil이다. 배열이나 구조체 같은 집합 타입의 제로 값은 타입 내의 모든 원소나 필드가 제로 값이다.

값 방식은 변수가 항상 타입에 맞는 값을 갖게 보장한다. Go에는 초기화되지 않은 변수가 없다. 이로 인해 코드가 단순해지며, 별도의 추가 작업 없이 경계 조건^{boundary condition}에 맞게 동작한다. 예를 들어 다음 코드는 오류나 예기치 않은 동작을 일으키지 않고 빈 문자열을 출력한다.

```
var s string
fmt.Println(s) // ""
```

Go 개발자들은 더 복잡한 타입의 제로 값이 의미를 갖게 하려고 노력할 때가 종종 있으며, 이는 변수가 생성될 때부터 유용한 상태 값을 갖게 하기 위해서다.

한 선언문으로 여러 변수를 선언하고, 선택적으로 그에 대응하는 표현식 목록으로 초기화할 수 있다. 타입을 생략하면 서로 다른 타입의 여러 변수를 선언할 수 있다.

```
var i, j, k int                 // int, int, int
var b, f, s = true, 2.3, "four" // bool, float64, string
```

초기 값은 상수나 임의의 표현식이다. 패키지 수준 변수는 main이 시작(2.6.2절)하기 전에 초기화되고, 지역 변수는 함수 실행 중 해당 변수의 선언이 나올 때 초기화된다.

여러 값을 반환하는 함수를 호출해 여러 변수를 초기화할 수 있다.

```
var f, err = os.Open(name) // os.Open은 파일과 오류를 반환한다.
```

2.3.1 짧은 변수 선언

함수 안에서는 짧은 변수 선언이라 불리는 다른 형태로 지역 변수를 선언하고 초기화할 수 있다. 짧은 변수 선언은 이름 := 표현식의 형태이며, 이름의 타입은 표현식의 타입에 의해 결정된다. 아래는 lissajous 함수(1.4절)에 있는 여러 짧은 변수 선언 중 세 가지다.

```
anim := gif.GIF{LoopCount: nframes}
freq := rand.Float64() * 3.0
t := 0.0
```

그 간결함과 유연성으로 인해 대부분의 지역 변수는 짧은 변수 선언으로 선언되고 초기화된다. var 선언은 초기화 표현식과 다른 명시적인 타입이 필요하거나 값이 나중에 할당돼 초기값이 중요하지 않은 경우에 한정되는 경향이 있다.

```
i := 100                    // an int
var boiling float64 = 100 // a float64

var names []string
var err error
var p Point
```

var 선언과 마찬가지로 하나의 짧은 변수 선언으로 여러 변수를 선언하거나 초기화할 수 있다.

```
i, j := 0, 1
```

그러나 다수의 초기화 표현식으로 선언하는 형태는 for 루프의 초기화 부분과 같이 원래 짧은 구문의 묶음으로 이뤄져 있어서 이러한 선언이 가독성을 좋게 할 때에만 사용해야 한다. =가 할당인 것에 반해 :=는 선언이라는 점을 염두에 둬야 한다. 다중 변수 선언을 왼쪽의 변수들이 오른쪽의 값에 각각 대응하는 튜플 할당(2.4.1절)과 혼동해서는 안 된다.

```
i, j = j, i // i와 j의 값을 교환한다.
```

짧은 변수 선언은 일반적인 var 선언과 마찬가지로 두 개 이상의 값을 반환하는 os.Open과 같은 함수의 호출에 사용할 수 있다.

```
f, err := os.Open(name)
if err != nil {
    return err
}
// ...f 사용...
f.Close()
```

한 가지 미묘하지만 중요한 것은, 짧은 변수 선언에서 왼쪽에 있는 모든 변수를 반드시 선언할 필요는 없다는 점이다. 그중 일부가 이미 같은 어휘 블록(2.7절)에 선언돼 있는 경우에는 짧은 변수 선언이 해당 변수에 값을 할당한다.

다음 코드에서 첫 번째 구문은 in과 err을 모두 선언한다. 두 번째 구문에서는 out은 선언하지만, 기존 err 변수에는 값을 할당한다.

```
in, err := os.Open(infile)
// ...
out, err := os.Create(outfile)
```

그러나 짧은 변수 선언은 적어도 하나의 새로운 변수를 선언해야 하므로, 다음 코드는 컴파일되지 않는다.

```
f, err := os.Open(infile)
// ...
f, err := os.Create(outfile) // 컴파일 오류: 새 변수 없음
```

두 번째 구문에 일반 할당을 사용해 고칠 수 있다.

짧은 변수 선언은 이미 같은 어휘 블록에서 선언된 변수에만 할당처럼 동작하며, 외부 블록에서의 선언은 무시된다. 2장의 끝부분에서 그 예를 보여준다.

2.3.2 포인터

변수는 값을 갖는 저장소의 일부다. 선언으로 생성된 변수는 x와 같은 이름으로 식별되지만, x[i]나 x.f 같은 표현식으로만 식별되는 변수도 많이 있다. 이런 표현식들은 모두 값을 읽는 것이며, 표현식의 왼쪽에 위치해서 변수에 새 값을 할당하는 경우는 예외다.

포인터 값은 변수의 주소다. 따라서 포인터는 값이 저장돼 있는 위치다. 모든 값이 주소를 갖지는 않지만, 모든 변수에는 주소가 있다. 변수명을 사용하지 않거나 심지어 변수명을 모르더라도 포인터를 통해 변수의 값을 간접적으로 읽거나 수정할 수 있다.

어떤 변수가 var x int로 선언되면 &x('x의 주소') 표현식은 타입이 *int이고 '정수 포인터'로 읽는 정수 변수에 대한 포인터를 생성한다. 이 값이 p라면 "p가 x를 가리킨다." 또는 "p에는 x의 주소가 있다."라고 이야기한다. p가 가리키는 변수는 *p로 쓴다. *p 표현식은 변수의 값인 int를 생성하지만, *p가 변수 자체를 나타내므로 할당문의 왼쪽에 써서 변수를 갱신할 수도 있다.

```
x := 1
p := &x          // *int 타입 p는 x를 가리킨다.
fmt.Println(*p) // "1"
*p = 2           // x = 2와 같다.
fmt.Println(x)  // "2"
```

집합형 변수의 각 구성 요소인 구조체의 필드나 배열의 원소도 변수이기 때문에 주소를 갖는다.

변수를 주소로 접근할 수 있는 값으로 설명할 때도 있다. 변수를 나타내는 표현식에만 address-of 연산자 &를 쓸 수 있다.

포인터의 제로 값은 타입에 무관하게 nil이다. p가 변수를 가리키고 있다면 p != nil은 참이다. 포인터는 비교할 수 있으며, 두 개의 포인터가 둘 다 동일한 변수를 가리키거나 nil일 경우에만 참이다.

```
var x, y int
fmt.Println(&x == &x, &x == &y, &x == nil) // "true false false"
```

함수는 지역 변수의 주소를 반환할 수 있다. 예를 들어 다음 코드에서 함수 f를 호출해 생성된 지역 변수 v는 호출이 반환된 후에도 존재하며, 포인터 p는 해당 값을 계속 참조할 수 있다.

```
    var p = f()
    func f() *int {
        v := 1
        return &v
    }
```

f를 호출할 때마다 다른 값을 반환한다.

```
    fmt.Println(f() == f()) // "false"
```

포인터에는 변수의 주소가 있으므로 포인터를 함수의 인자로 전달하면 함수에서 간접적으로 전달된 변수를 갱신할 수 있다. 예를 들어 이 함수는 인자가 가리키고 있는 변수를 증가시키고 표현식에 사용할 수 있게 변수의 새 값을 반환한다.

```
    func incr(p *int) int {
        *p++ // p가 가리키는 값을 증가시킨다. p는 변경하지 않는다.
        return *p
    }
    v := 1
    incr(&v)                 // 부작용: v는 2가 된다.
    fmt.Println(incr(&v)) // "3"(그리고 v는 3)
```

변수의 주소를 취하거나 포인터를 복사할 때마다 변수의 새 별명^{aliases}이나 동일한 변수를 식별할 수 있는 새로운 방법을 만들게 된다. 예를 들어 *p는 v의 별명이다. 포인터 별명은 변수를 변수명 없이 사용할 수 있다는 점에서 유용하지만 이는 양날의 검이다. 변수에 접근하는 모든 구문을 찾으려면 변수의 모든 별명까지 알아야 한다. 별명을 만드는 건 포인터만이 아니다. 슬라이스, 맵, 채널과 같은 참조형 타입, 그리고 이런 타입들을 갖는 구조체, 배열, 인터페이스 값을 복사할 때에도 별명이 붙는다.

포인터는 프로그램의 커맨드라인 인수를 사용해 프로그램 전체에 분산된 특정 변수의 값을 설정하는 flag 패키지의 핵심이다. 구체적으로 아래에 있는 이전 echo 명령의 변형은 두 개의 부가적인 플래그를 받는다. -n은 echo가 출력할 개행문자를 생략하게 하며, -s sep는 출력 인자 구분에 기본 값인 공백 대신 sep 안의 문자열을 사용하게 한다. 이 프로그램은 네 번째 버전이므로 패키지명은 gopl.io/ch2/echo4다.

gopl.io/ch2/echo4
```
    // Echo4는 커맨드라인 인수를 출력한다.
    package main

    import (
        "flag"
        "fmt"
        "strings"
    )

    var n = flag.Bool("n", false, "omit trailing newline")
    var sep = flag.String("s", " ", "separator")
```

```
func main() {
    flag.Parse()
    fmt.Print(strings.Join(flag.Args(), *sep))
    if !*n {
        fmt.Println()
    }
}
```

flag.Bool 함수는 새 불리언 타입 플래그 변수를 생성한다. 이 함수는 세 개의 인자를 받으며, 각각 플래그명("n"), 변수 기본 값(false), 사용자가 잘못된 인자나 잘못된 플래그, 또는 -h, -help를 입력한 경우 표시하는 메시지다. 마찬가지로 flag.String은 이름, 기본 값, 메시지를 받고 string 변수를 만든다. 변수 sep와 n은 플래그 변수의 포인터로, *sep와 *n처럼 간접적으로만 접근해야 한다.

프로그램이 실행되면 플래그를 사용하기 전에 flag.Parse를 호출해 플래그 변수들의 기본 값을 갱신해야 한다. 플래그 변수가 아닌 인자들은 flag.Args()를 통해 문자열 슬라이스 형태로 얻을 수 있다. flag.Parse에서 오류가 발생하면 사용 방법에 대한 메시지를 출력하고 os.Exit(2)를 호출해 프로그램을 종료한다.

echo에 몇 가지 테스트를 수행해보자.

```
$ go build gopl.io/ch2/echo4
$ ./echo4 a bc def
a bc def
$ ./echo4 -s / a bc def
a/bc/def
$ ./echo4 -n a bc def
a bc def$
$ ./echo4 -help
Usage of ./echo4:
  -n    omit trailing newline
  -s string
        separator (default " ")
```

2.3.3 new 함수

변수를 생성하는 또 다른 방법은 내장된 new 함수를 사용하는 것이다. new(T) 표현식은 T 타입의 이름 없는 변수를 만들고 T의 제로 값으로 초기화한 후 *T 타입의 값인 변수의 주소를 반환한다.

```
p := new(int)   // *int 타입 p는 이름 없는 int 변수를 가리킨다.
fmt.Println(*p) // "0"
*p = 2          // 이름 없는 int를 2로 설정한다.
fmt.Println(*p) // "2"
```

new로 만든 변수는 임시 이름을 생각해 낼(선언할) 필요가 없고 new(T)를 표현식에 쓸 수 있다는 점 외에는 일반 지역 변수와 동일하다. 그러므로 new는 근본적인 개념이라기보다는 문법상의 편의를 위한 것이다. 다음과 같은 두 **newInt** 함수는 동일하게 동작한다.

```
func newInt() *int {          func newInt() *int {
    return new(int)               var dummy int
}                                 return &dummy
                              }
```

new를 호출할 때마다 고유한 주소를 갖는 별개의 변수를 반환한다.

```
p := new(int)
q := new(int)
fmt.Println(p == q) // "false"
```

이 규칙에는 한 가지 예외가 있다. struct{}나 [0]int 같이 타입에 정보가 없고 크기가 0인 타입은 구현에 따라 같은 주소를 가질 수도 있다.

대부분의 이름 없는 변수는 구조체 타입이며, 구조체 타입에는 구조체 리터럴 문법(4.4.1절)이 더 유연하므로 new 함수는 상대적으로 거의 쓰이지 않는다.

new는 키워드가 아니라 사전에 정의된 함수이므로 함수 안에서 이름을 재정의할 수 있다. 예를 들어 다음과 같다.

```
func delta(old, new int) int { return new - old }
```

물론 **delta** 안에서는 내장된 new 함수를 사용할 수 없다.

2.3.4 변수의 수명

변수의 수명은 프로그램이 실행될 때 변수가 존재하는 시간의 길이다. 패키지 수준 변수의 수명은 프로그램의 전체 실행 기간과 같다. 반면에 지역 변수의 수명은 동적이다. 선언문이 실행될 때마다 새 인스턴스가 생성되며, 이 변수는 더 이상 접근할 수 없어서 해당 변수의 저장 공간이 재활용될 때까지 살아 있다. 함수 파라미터나 결과 값도 지역 변수다. 이들은 포함하는 함수가 호출될 때마다 생성된다.

예를 들어 1.4절에 있는 리사주 프로그램의 일부를 보면 다음과 같다.

```
for t := 0.0; t < cycles*2*math.Pi; t += res {
    x := math.Sin(t)
    y := math.Sin(t*freq + phase)
    img.SetColorIndex(size+int(x*size+0.5), size+int(y*size+0.5),
        blackIndex)
}
```

변수 t는 for 루프를 시작할 때마다 생성되고, 새 변수 x와 y는 루프의 각 반복마다 만들어진다.

가비지 컬렉터는 변수의 저장 공간을 재활용할 수 있는지 여부를 어떻게 알 수 있을까? 전체 내용은 2장에서 필요한 것 이상으로 훨씬 더 상세하지만, 기본적인 아이디어는 모든 패키지 수준 변수와 현재 활성화된 함수 내의 모든 지역 변수는 잠재적으로 대상 변수로의 시작 또는 최초 경로이고, 포인터나 기타 참조를 따라가면 최종적으로 재활용 대상 변수로 연결된다는 것이다. 그러한 경로가 존재하지 않는다면 변수에 접근할 수 없으므로 다른 연산에 더 이상 영향을 미칠 수 없다.

변수의 수명이 해당 변수에 접근할 수 있는지 여부로만 결정되기 때문에 지역 변수는 자신이 속한 루프의 반복 이후에도 살아있을 수 있다. 심지어 지역 변수가 속해 있는 함수가 반환된 후에 계속 남아있을 수도 있다.

컴파일러는 지역 변수를 힙이나 스택 중 어디에 할당할지 결정할 수 있지만, 놀랍게도 이 선택은 변수 선언에 var을 사용했는지 new를 사용했는지에 따라 결정되지 않는다.

```
var global *int

func f() {                          func g() {
    var x int                           y := new(int)
    x = 1                               *y = 1
    global = &x                     }
}
```

여기서 x는 지역 변수로 선언돼 있지만 f가 반환된 후에도 여전히 global 변수로 접근 가능하므로 힙 영역에 할당돼야 한다. 이때 x가 f에서 탈출했다고 말한다. 반대로 g가 반환될 때의 변수 *y는 더 이상 접근할 수 없으므로 재활용 대상이 된다. *y는 g에서 탈출하지 않았기 때문에 y가 new로 선언됐더라도 컴파일러는 안전하게 *y를 스택에 할당할 수 있다. 어떤 경우에든 정확한 코드를 작성하기 위해 탈출의 개념에 대해 신경 쓸 필요는 없지만, 탈출하는 각각의 변수에는 부가적인 메모리 할당이 필요하므로 성능 최적화 시에는 이를 염두에 두는 것이 좋다.

가비지 컬렉션은 정확한 프로그램 작성에 엄청난 도움이 되지만, 그렇다고 메모리 고민에 대한 부담을 덜어주지는 않는다. 명시적으로 메모리를 할당하고 해제할 필요는 없지만, 효율적인 프로그램을 작성하기 위해서는 여전히 변수의 수명에 대해 인지하고 있어야 한다. 예를 들어 특히 전역 변수와 같이 수명이 긴 개체 안에 불필요하게 수명이 짧은 개체의 포인터를 유지하면 가비지 컬렉터가 이 개체의 메모리를 회수할 수 없다.

2.4 할당

변수 내의 값은 할당문에 의해 갱신되며, 할당문의 제일 단순한 형태는 = 기호의 왼쪽에 변수가 있고 오른쪽에 표현식이 있는 것이다.

```
x = 1                      // 명명된 변수
*p = true                  // 간접 변수
person.name = "bob"        // 구조체 필드
count[x] = count[x] * scale // 배열이나 슬라이스 또는 맵 원소
```

산술과 비트 단위 이진 연산자에는 각각 허용되는 할당 연산자가 있으며, 예를 들어 마지막

문장은 다음과 같이 다시 써서 변수의 표현식을 반복(및 재연산)하지 않게 할 수 있다.

```
count[x] *= scale
```

숫자 변수는 ++와 --로 증가 및 감소될 수 있다.

```
v := 1
v++    // v = v + 1과 같다. v는 2가 된다.
v--    // v = v - 1과 같다. v는 다시 1이 된다.
```

2.4.1 튜플 할당

할당의 형태 중에는 여러 변수를 한 번에 할당할 수 있는 튜플 할당이 있다. 오른쪽의 모든 표현식은 변수가 갱신되기 전에 평가돼 특정 변수가 공교롭게 할당의 양쪽에 모두 나오는 경우에 유용하며, 예를 들어 두 변수 값을 서로 바꿀 때는 다음과 같다.

```
x, y = y, x
a[i], a[j] = a[j], a[i]
```

또는 두 정수의 최대 공약수^{GCD}를 계산할 때는 다음과 같다.

```
func gcd(x, y int) int {
    for y != 0 {
        x, y = y, x%y
    }
    return x
}
```

또는 n번째 피보나치 수를 반복적으로 계산할 때는 다음과 같다.

```
func fib(n int) int {
    x, y := 0, 1
    for i := 0; i < n; i++ {
        x, y = y, x+y
    }
    return x
}
```

튜플 할당으로 사소한 할당문들을 더 간결하게 만들 수도 있다.

```
i, j, k = 2, 3, 5
```

스타일의 문제이긴 하지만 표현식이 복잡한 경우에는 별개의 문장들이 더 읽기 쉬우므로 가급적 튜플 형태를 피하라.

복수의 결과를 반환하는 함수의 호출과 같은 특정 표현식은 복수의 결과 값을 생성한다. 이러한 호출을 할당문에서 사용할 때는 왼쪽에 함수가 반환하는 결과 개수만큼의 변수가 있어야 한다.

```
f, err = os.Open("foo.txt") // 함수 호출이 두 값을 반환한다.
```

함수는 종종 이러한 부가적인 결과 값으로 오류의 종류를 표시하며, 그 종류에는 **os.Open** 호출에서처럼 **error** 타입 또는 보통 ok라 불리는 **bool** 값이 있다. 3장에서 살펴보겠지만 때로 이런 식으로 동작하는 세 가지 연산자가 있다. 맵 조회(4.3절), 타입 지정(7.10절), 채널 수신(8.4.2절) 같이 두 개의 결과 값이 예상되는 경우 할당문은 각각 추가로 불리언 결과를 반환한다.

```
v, ok = m[key]        // 맵 조회
v, ok = x.(T)         // 타입 지정
v, ok = <-ch          // 채널 수신
```

변수 선언과 마찬가지로 불필요한 값은 빈 식별자에 할당할 수 있다.

```
_, err = io.Copy(dst, src) // 바이트 카운트 버림
_, ok = x.(T)              // 타입만 확인하고 결과 버림
```

2.4.2 할당성

할당문은 할당의 명시적인 형태이지만, 프로그램 내에는 묵시적인 할당이 일어나는 곳이 많다. 함수 호출은 인자 값들을 그에 대응하는 파라미터들에 묵시적으로 할당한다. **return**문은 **return**문의 피연산자에 대응하는 반환 변수들을 묵시적으로 할당한다. 그리고 다음 슬라이스와 같은 복합 타입(4.2절)에 대한 리터럴 표현식은 묵시적으로 각 요소들을 할당한다.

```
medals := []string{"gold", "silver", "bronze"}
```

이는 다음과 같은 문장들로 작성한 것과 동일하다.

```
medals[0] = "gold"
medals[1] = "silver"
medals[2] = "bronze"
```

맵과 채널의 원소는 일반적인 변수는 아니지만, 이와 유사한 묵시적 할당 대상이다.

할당문은 명시적이든 묵시적이든 왼쪽(변수)과 오른쪽(값)의 타입이 같으면 적법하다. 좀 더 범용적으로 말하자면 할당문은 값을 변수의 타입에 할당할 수 있을 때에만 적법하다.

할당성assignability 규칙에는 다양한 타입별 케이스가 있으므로 각각의 새로운 타입을 소개하면서 관련된 케이스를 설명하겠다. 지금까지 언급된 타입에 대한 규칙은 간단하다. 타입은 정확히 일치해야 하며, **nil**은 어떤 인터페이스나 참조 유형의 변수에도 할당할 수 있다. 상수(3.6절)는 명백한 변환이 필요치 않게 좀 더 유연한 할당성 규칙을 갖는다.

두 값을 ==와 !=로 비교할 수 있는지는 할당성과 관련이 있다. 어떤 비교에서도 첫 번째 피연산자를 두 번째 피연산자의 타입에 할당할 수 있어야 하며, 그 반대도 마찬가지다. 할당성과 마찬가지로 비교성comparability과 관련된 케이스도 새로운 타입을 소개하면서 같이 설명하겠다.

2.5 타입 선언

변수나 표현식의 타입은 크기(아마도 비트 수나 원소 수), 내부 표현 방식, 수행 가능한 고유 작업, 연관된 메소드와 같은 해당 값의 특성을 정의한다.

모든 프로그램에는 동일하게 표현하지만, 매우 다른 개념을 가진 변수가 있다. 예를 들어 int는 루프 인덱스, 타임스탬프, 파일 디스크립터, 한 달 등을 나타내는 데 사용할 수 있다. float64는 미터 단위 초속이나 여러 단위 중 하나로 표현된 온도를 나타낼 수 있다. 그리고 문자열은 암호나 색상의 이름을 나타낼 수 있다.

type 선언은 기존 타입과 같은 내부 타입을 갖는 새 명명된 타입을 정의한다. 명명된 타입은 별개의 호환되지 않을 수도 있는 내부 타입에 이름을 붙여 의도치 않게 섞이지 않도록 한다.

> type 이름 내부-타입

타입 선언은 명명된 타입을 패키지 전체에서 볼 수 있는 패키지 수준에서 가장 많이 나타나며, 이름이 익스포트되면(대문자로 시작할 때) 다른 패키지에서도 볼 수 있다.

타입 선언을 설명하기 위해 서로 다른 온도 단위를 다른 타입으로 변환해보자.

gopl.io/ch2/tempconv0
```go
// tempconv 패키지는 섭씨와 화씨온도 연산을 수행한다.
package tempconv

import "fmt"

type Celsius float64
type Fahrenheit float64

const (
    AbsoluteZeroC   Celsius = -273.15
    FreezingC       Celsius = 0
    BoilingC        Celsius = 100
)

func CToF(c Celsius) Fahrenheit { return Fahrenheit(c*9/5 + 32) }

func FToC(f Fahrenheit) Celsius { return Celsius((f - 32) * 5 / 9) }
```

이 패키지는 온도의 두 가지 단위에 Celsius(섭씨)와 Fahrenheit(화씨)의 두 타입을 정의한다. 둘 다 동일한 내부 타입인 float64를 사용하지만 동일한 타입이 아니기 때문에 산술식으로 비교하거나 결합할 수 없다. 타입을 구분해 무심코 서로 다른 단위의 온도를 조합하는 오류를 방지할 수 있다. float64에서 변환하기 위해서는 명시적으로 Celsius(t) 또는 Fahrenheit(t)로 타입을 변환해줘야 한다. Celsius(t)와 Fahrenheit(t)는 변환으로 함수 호출이 아니다. 변환에서는 값이나 표현 자체를 변경하지는 않지만, 명시적으로 값의 의미를 변경한다. 반면에 CToF와 FToC 함수는 두 단위를 변환한다. 이들은 각기 다른 값을 반환한다.

모든 타입 T에는 그에 대응해 값 x를 타입 T로 변환하는 변환 명령 T(x)가 있다. 한 타입에서 다른 타입으로의 변환은 둘 다 동일한 내부 타입을 갖고 있거나 동일한 내부 타입의 변수를 가리키는 이름 없는 포인터일 때에만 허용된다. 이러한 변환은 타입을 변경하지만 값 자체는 변경하지 않는다. x를 T로 할당할 수 있으면 변환할 수는 있지만 보통 중복이다.

변환은 숫자 타입, 문자열, 일부 슬라이스 타입 간에도 허용되며, 3장에서 살펴본다. 이러한 변환이 값의 표현을 바꿀 수도 있다. 예를 들어 부동소수점형 숫자를 정수로 변환하면 소수 부분을 버리게 되며, 문자열을 []byte 슬라이스로 변환하면 문자열 데이터의 복사본을 할당한다. 어떤 경우든 변환은 실행 시 실패하지 않는다.

명명된 타입의 내부 타입이 구조와 표현 및 지원되는 고유의 작업을 결정하며, 이는 내부 타입을 직접 사용할 때와 마찬가지다. 즉, 산술 연산자는 예상했듯이 Celsius와 Fahrenheit에서 float64와 동일하게 동작한다.

```
fmt.Printf("%g\n", BoilingC-FreezingC) // "100" °C
boilingF := CToF(BoilingC)
fmt.Printf("%g\n", boilingF-CToF(FreezingC)) // "180" °F
fmt.Printf("%g\n", boilingF-FreezingC)       // 컴파일 오류: 타입 불일치
```

명명된 타입과 동일한 타입이나 동일한 내부 타입을 가진 이름 없는 타입의 값은 ==나 < 같은 비교 연산자로 비교할 수 있다. 그러나 서로 다른 명명된 타입의 두 값은 직접 비교할 수 없다.

```
var c Celsius
var f Fahrenheit
fmt.Println(c == 0)          // "true"
fmt.Println(f >= 0)          // "true"
fmt.Println(c == f)          // 컴파일 오류: 타입 불일치
fmt.Println(c == Celsius(f)) // "true"!
```

마지막 경우를 주의 깊게 살펴보자. Celsius(f) 타입 변환은 이름과 달리 인자의 값은 변환하지 않고 타입만 변환한다. c와 f가 양쪽 모두 0이기 때문에 테스트 결과는 참이다.

명명된 타입으로 표기상 편의성을 제공해 복잡한 타입을 계속해서 재작성하지 않게 도와줄 수 있다. 내부 타입이 float64 같이 단순할 때는 별 장점이 없지만, 구조체를 논의할 때 보게 될 복잡한 타입의 경우 큰 도움이 된다.

명명된 타입으로 해당 타입의 값에 새로운 동작을 정의할 수도 있다. 이러한 동작은 타입과 연관된 함수의 집합으로 표현되며, 타입의 메소드라 한다. 6장에서 메소드에 대해 자세히 살펴보겠지만, 여기서는 그 메커니즘에 대해 간단히 소개한다.

다음 선언은 Celsius 파라미터 c를 함수명 앞에 표기했으며, c의 숫자 값에 °C를 붙여 반환하는 String 메소드를 Celsius 타입에 연결한다.

```
func (c Celsius) String() string { return fmt.Sprintf("%g°C", c) }
```

많은 타입이 이런 형태의 **String** 메소드를 정의해 해당 타입 값이 **fmt** 패키지에 의해 문자열로 출력될 때의 출력 형태를 제어하며, 이에 대해서는 7.1절에서 살펴본다.

```
c := FToC(212.0)
fmt.Println(c.String()) // "100°C"
fmt.Printf("%v\n", c)    // "100°C"; String을 명시적으로 호출할 필요 없음
fmt.Printf("%s\n", c)    // "100°C"
fmt.Println(c)           // "100°C"
fmt.Printf("%g\n", c)    // "100"; String을 호출하지 않음
fmt.Println(float64(c)) // "100"; String을 호출하지 않음
```

2.6 패키지와 파일

Go의 패키지는 다른 언어의 라이브러리나 모듈과 마찬가지로 모듈화, 캡슐화, 분할 컴파일 및 재사용 등을 지원한다. 패키지의 소스코드는 하나 이상의 .go로 끝나는 파일 내에 있으며, 일반적으로 임포트 경로의 마지막 이름과 같은 디렉토리 안에 있다. 예를 들어 gopl.io/ch1/helloworld 패키지의 파일들은 $GOPATH/src/gopl.io/ch1/helloworld 디렉토리에 저장된다.

각 패키지는 선언에 대한 별도의 이름 공간 역할을 한다. 예를 들어 image 패키지 내의 Decode 식별자는 unicode/utf16 패키지 내의 동일한 식별자와 다른 함수다. 패키지 외부에서 특정 함수를 참조하려면 식별자가 image.Decode인지 utf16.Decode인지 명시해야 한다.

패키지는 또한 패키지 외부에서 보이거나 익스포트되는 이름을 제어해 정보를 숨길 수 있게 한다. Go에서는 간단한 규칙에 의해 식별자가 익스포트되는지 여부가 결정된다. 익스포트되는 식별자는 대문자로 시작한다.

기본적인 내용을 설명하기 위해 온도 변환 소프트웨어가 인기를 얻어 이를 Go 커뮤니티에 새 패키지로 제공하려 한다고 가정하자. 어떻게 하면 될까?

이전 예제의 변형인 gopl.io/ch2/tempconv라는 패키지를 만들어 보자(여기서는 패키지 경로를 좀 더 현실적으로 하기 위해 예제에 번호를 붙이는 일반적인 규칙에 예외를 뒀다). 패키지에서 개별 파일의 선언에 접근하는 방법을 보여주기 위해 패키지 자체는 두 개의 파일에 저장돼 있다. 실제로는 이런 작은 패키지는 파일 하나면 충분할 것이다.

타입, 상수, 메소드 선언들을 tempconv.go에 넣었다.

gopl.io/ch2/tempconv
```
// tempconv패키지는 섭씨와 화씨 변환을 수행한다.
package tempconv

import "fmt"

type Celsius float64
type Fahrenheit float64
```

```
const (
    AbsoluteZeroC Celsius = -273.15
    FreezingC     Celsius = 0
    BoilingC      Celsius = 100
)

func (c Celsius) String() string    { return fmt.Sprintf("%g°C", c) }
func (f Fahrenheit) String() string { return fmt.Sprintf("%g°F", f) }
```

그리고 변환 함수들은 conv.go에 넣었다.

```
package tempconv

// CToF는 섭씨온도를 화씨온도로 변환한다.
func CToF(c Celsius) Fahrenheit { return Fahrenheit(c*9/5 + 32) }

// FToC는 화씨온도를 섭씨온도로 변환한다.
func FToC(f Fahrenheit) Celsius { return Celsius((f - 32) * 5 / 9) }
```

각 파일은 패키지명을 정의하는 package 선언으로 시작한다. 패키지가 임포트되면 패키지 멤버는 tempconv.CToF 등으로 참조된다. 패키지 내의 한 파일에 선언된 타입이나 상수 같은 패키지 수준의 이름은 모든 소스가 하나의 파일에 있을 때와 마찬가지로 패키지 내의 다른 모든 파일에서 볼 수 있다. tempconv.go는 fmt을 임포트하지만 conv.go는 fmt의 함수를 사용하지 않으므로 임포트하지 않는다는 점을 참고하라.

패키지 수준의 const 이름들이 대문자로 시작하므로 이들도 tempconv.AbsoluteZeroC와 같은 적합한 이름으로 접근할 수 있다.

```
fmt.Printf("Brrrr! %v\n", tempconv.AbsoluteZeroC) // "Brrrr! -273.15°C"
```

gopl.io/ch2/tempconv를 임포트하는 패키지에서 섭씨온도를 화씨로 변환하려면 다음과 같은 코드를 작성한다.

```
fmt.Println(tempconv.CToF(tempconv.BoilingC)) // "212°F"
```

package 선언 바로 앞에 오는 문서 주석(10.7.4절)은 전체 패키지를 문서화한다. 관행상 문서 주석은 위의 코드처럼 요약 문장으로 시작해야 한다. 패키지별로 하나의 파일에만 패키지 문서 주석이 있어야 한다. 광범위한 문서 주석은 종종 doc.go라는 독립된 파일에 위치한다.

연습문제 2.1 tempconv에 타입, 상수, 함수를 추가해 0 켈빈[Kelvin]은 -273.15°C이고, 1켈빈의 차이가 1°C와 같은 켈빈 온도를 처리하라.

2.6.1 임포트

Go 프로그램 안의 모든 패키지는 임포트 경로라는 고유한 문자열로 식별된다. 이 문자열은 "gopl.io/ch2/tempconv"와 같이 import 선언에 나타난다. 언어 사양에서는 이러한 문자열이 어디서 오는지, 또는 무엇을 의미하는지에 대해 정의하지 않는다. 이는 해당 문자열을 처리하는 도구에 따른다. go 도구를 사용할 때(10장) 임포트 경로는 패키지를 구성하는 하나 이상의 Go 소스 파일을 포함한 디렉토리를 의미한다.

각각의 패키지에는 임포트 경로 외에 패키지 선언에 나타나는 짧은(고유할 필요는 없는) 패키지 명이 있다. 패키지명은 관례적으로 임포트 경로의 마지막 부분과 일치하기 때문에 gopl.io/ch2/tempconv의 패키지명이 tempconv라는 것은 쉽게 예측할 수 있다.

gopl.io/ch2/tempconv를 사용하려면 임포트해야 한다.

```
gopl.io/ch2/cf
    // Cf는 숫자 인수를 섭씨와 화씨로 변환한다.
    package main

    import (
        "fmt"
        "os"
        "strconv"

        "gopl.io/ch2/tempconv"
    )

    func main() {
        for _, arg := range os.Args[1:] {
            t, err := strconv.ParseFloat(arg, 64)
            if err != nil {
                fmt.Fprintf(os.Stderr, "cf: %v\n", err)
                os.Exit(1)
            }
            f := tempconv.Fahrenheit(t)
            c := tempconv.Celsius(t)
            fmt.Printf("%s = %s, %s = %s\n",
                f, tempconv.FToC(f), c, tempconv.CToF(c))
        }
    }
```

import 선언은 임포트된 패키지에 짧은 이름을 붙여서 이를 통해 파일 내에서 패키지의 내용을 참조할 수 있게 한다. 위의 import문은 gopl.io/ch2/tempconv 안의 이름을 tempconv.CToF와 같은 적합한 식별자를 통해 참조할 수 있게 한다. 기본적으로 짧은 이름이 패키지명(이 경우 tempconv)이지만, import 선언에서 충돌(10.4절)을 피하기 위해 다른 이름을 지정할 수 있다.

cf 프로그램은 하나의 숫자형 커맨드라인 인수를 받아서 섭씨와 화씨온도로 변환한다.

```
$ go build gopl.io/ch2/cf
$ ./cf 32
32°F = 0°C, 32°C = 89.6°F
$ ./cf 212
212°F = 100°C, 212°C = 413.6°F
$ ./cf -40
-40°F = -40°C, -40°C = -40°F
```

패키지를 임포트하고 참조하지 않으면 오류가 발생한다. 이 확인 과정은 코드가 진화하는 과정에서 불필요해진 의존성을 제거하게 돕지만 디버깅할 때는 귀찮을 수 있다. 왜냐면 이는 log.Print("got here!") 같은 코드를 주석 처리할 때 log 패키지의 마지막 참조가 없어져서 컴파일러가 에러를 발생시킬 수 있기 때문이다. 이럴 때는 불필요한 import 구문을 주석 처리하거나 삭제해야 한다.

대신에 golang.org/x/tools/cmd/goimports 도구를 사용해 필요에 따라 자동으로 import 선언에서 패키지를 추가하거나 제거할 수 있다. 대부분의 편집기는 파일을 저장할 때마다 goimports가 실행되게 설정할 수 있다. goimports는 gofmt 도구처럼 Go 소스 파일을 표준 형식으로 포매팅도 한다.

연습문제 2.2 커맨드라인 인수 또는 인수가 없으면 표준 입력에서 숫자를 읽어서 각 숫자를 섭씨와 화씨온도, 피트와 미터 길이, 파운드와 킬로그램 무게 등의 다른 단위로 출력하는 cf와 유사한 단위 변환 범용 프로그램을 작성하라.

2.6.2 패키지 초기화

패키지 초기화는 시작 시 패키지 수준 변수를 선언된 순서대로 초기화하며, 의존성이 있을 때는 의존하는 변수부터 초기화한다.

```
var a = b + c     // a가 3으로 세 번째로 초기화됨
var b = f()       // b는 f를 호출함으로써 두 번째로 초기화됨
var c = 1         // c가 먼저 1로 초기화됨

func f() int { return c + 1 }
```

패키지에 여러 .go 파일이 있으면 파일이 컴파일러에 주어진 순서대로 초기화된다. go 도구는 컴파일러를 호출하기 전에 .go 파일들을 이름순으로 정렬한다.

패키지 수준으로 선언된 각 변수는 초기화 표현식이 있으면 이 표현식의 값으로 시작하지만, 데이터의 테이블과 같은 일부 변수에서는 초기화 표현식이 초기 값을 지정하는 가장 간단한 방법이 아닐 수도 있다. 그럴 때는 init 함수 방식이 더 간단할 수 있다. 모든 파일은 다음과 같이 선언하는 함수를 몇 개든 포함할 수 있다.

```
func init() { /* ... */ }
```

이러한 init 함수는 호출하거나 참조할 수 없다는 것 외에는 일반 함수와 같다. 프로그램이 시작할 때는 각 파일 내의 init 함수들이 선언된 순서대로 자동으로 실행된다.

한 패키지는 프로그램 안에서 의존하는 패키지들이 초기화된 후 임포트 순서에 따라 초기화되며, 따라서 q를 임포트하는 p 패키지에서는 p의 초기화 과정이 시작되기 전에 q의 초기화가 완료된다는 것을 확신할 수 있다. 초기화는 아래에서 위로 진행된다. main 패키지는 가장 마지막에 초기화된다. 모든 패키지는 이런 식으로 애플리케이션의 main 함수가 시작하기 전에 초기화가 완료된다.

다음 패키지는 PopCount 함수를 정의해 uint64 안의 값이 1로 지정된 비트 개수를 반환하며, 이 값을 인구수^{population count}라 한다. 이 패키지는 init 함수로 결과 테이블 pc의 가용한

8비트 값을 미리 계산해 PopCount 함수에서 64번의 조회 대신 8개 테이블만 조회해 그 합을 반환하게 한다(물론 이 방식이 비트를 세는 가장 빠른 알고리즘은 아니지만, init 함수의 동작을 보여주고 종종 유용한 프로그래밍 기법인 값의 테이블을 미리 계산하는 방법을 설명하기에는 충분하다).

```
gopl.io/ch2/popcount
package popcount

// pc[i]은 i의 인구수다.
var pc [256]byte

func init() {
    for i := range pc {
        pc[i] = pc[i/2] + byte(i&1)
    }
}

// PopCount는 x의 인구수(1로 지정된 비트 수)를 반환한다.
func PopCount(x uint64) int {
    return int(pc[byte(x>>(0*8))] +
        pc[byte(x>>(1*8))] +
        pc[byte(x>>(2*8))] +
        pc[byte(x>>(3*8))] +
        pc[byte(x>>(4*8))] +
        pc[byte(x>>(5*8))] +
        pc[byte(x>>(6*8))] +
        pc[byte(x>>(7*8))])
}
```

init 안의 range 루프는 인덱스만 사용하고 있다. 값은 필요치 않으므로 포함하지 않아도 된다. 루프는 다음과 같이 쓸 수도 있다.

```
for i, _ := range pc {
```

다음 절과 10.5절에서 init 함수의 다른 용도를 살펴본다.

연습문제 2.3 단일 표현식 대신 루프를 사용하게 PopCount를 다시 작성하라. 두 버전의 성능을 비교하라(11.4절에 체계적으로 다른 구현의 성능을 비교하는 방법이 있다).

연습문제 2.4 64비트 위치 안에서 인수를 시프트[shift]시키면서 제일 오른쪽 비트를 매번 테스트해 비트 수를 세는 PopCount 버전을 작성하라. 이 버전과 테이블을 조회하는 버전의 성능을 비교하라.

연습문제 2.5 표현식 x&(x-1)은 x에서 제일 오른쪽의 0이 아닌 비트를 지운다. 이를 이용해 비트 수를 세는 PopCount 버전을 작성하고 성능을 평가하라.

2.7 범위

선언은 함수나 변수 등의 프로그램 개체와 이름을 연관시킨다. 선언의 범위는 소스코드 안에서 선언된 이름으로 해당 선언을 참조할 수 있는 구역이다.

선언과 수명을 혼동해서는 안 된다. 선언의 범위는 프로그램 텍스트의 영역이다. 이는 컴파일 시의 속성이다. 변수의 수명은 실행 중에 변수가 프로그램의 다른 구역에서 의해 참조할 수 있는 시간의 범위다. 이는 실행 시의 속성이다.

구문 블록은 함수나 루프의 본체 등을 둘러싸는 중괄호로 묶인 문장들이다. 구문 블록 안에서 선언된 이름은 해당 블록 밖에서는 볼 수 없다. 이 블록은 선언을 둘러싸고 범위를 결정한다. 이러한 블록의 개념을 일반화해 소스코드에서 명시적으로 중괄호로 묶이지 않은 다른 선언의 그룹들도 포함할 수 있다. 이 블록들을 어휘^{lexical} 블록이라 한다. 어휘 블록은 전체 소스코드에 대한 광역^{universe} 블록, 각 패키지별 블록, 각 파일별 블록, 각 **for/if/switch** 구문별 블록, **switch**나 **select**문 안에 있는 각각의 **case**문별 블록이 있으며, 물론 명시적인 구문 블록에도 있다.

선언의 어휘 블록은 크고 작은 블록의 범위를 결정한다. 내장된 타입이나 함수 또는 **int**, **len**, **true** 등의 상수 선언은 광역 블록에 있으며, 프로그램 전체에 걸쳐 참조할 수 있다. 함수 외부의 선언인 패키지 수준 선언은 동일한 패키지의 다른 어떤 파일에서도 참조할 수 있다. 예를 들어 **tempconv**의 **fmt** 같은 임포트된 패키지는 파일 수준에서 선언돼 같은 파일에서는 참조할 수 있으나 동일한 패키지 내의 다른 파일에서는 또 다른 **import** 구문 없이는 참조할 수 없다. **tempconv.CToF** 함수의 변수 **c**와 같은 여러 선언은 지역 선언으로 같은 함수 또는 그중 일부에서만 참조할 수 있다.

제어 흐름 키워드인 **break**, **continue**, **goto**문의 범위는 바깥쪽 함수 전체다.

프로그램 안에서 각각의 선언이 다른 어휘 블록에 속한다면 동일한 이름을 반복해서 선언할 수 있다. 예를 들면 패키지 수준의 변수와 이름이 같은 지역 변수를 선언할 수 있다. 또는 2.3.3절에서와 같이 **new**가 광역 블록에 선언돼 있더라도 함수 파라미터를 **new**로 부르는 함수를 선언할 수 있다. 하지만 과용하지 않는 것이 좋다. 재선언의 범위가 커질수록 독자를 놀라게 할 가능성이 높아진다.

컴파일러가 이름에 대한 참조를 만나면 가장 안쪽 어휘 블록부터 광역 블록까지 역순으로 참조의 선언을 찾는다. 컴파일러가 선언을 찾지 못하면 '선언되지 않은 이름' 오류를 보고한다. 이름이 외부 블록과 내부 블록 모두에서 선언된 경우 내부 선언을 먼저 찾을 것이다. 이때는 내부 선언이 외부 선언을 가린^{shadow} 또는 숨긴다고 하며, 외부 선언에 접근할 수 없게 한다.

```
func f() {}

var g = "g"

func main() {
    f := "f"
    fmt.Println(f) // "f"; 지역 변수 f가 패키지 수준 함수 f를 가린다.
    fmt.Println(g) // "g"; 패키지 수준 변수
    fmt.Println(h) // 컴파일 오류: 선언되지 않음: h
}
```

함수 내의 어휘 블록은 임의의 깊이까지 중첩될 수 있으므로, 한 지역 선언은 다른 지역 선언을 숨길 수 있다. 대부분의 블록은 if문이나 for 루프 같은 제어 흐름 구조에 의해 만들어진다. 다음 프로그램에는 각기 다른 어휘 블록에 선언돼 있어서 서로 다른 변수 x가 세 개 있다(이 예는 범위의 규칙을 보여주기 위한 것으로, 좋은 스타일이 아니다!).

```
func main() {
    x := "hello!"
    for i := 0; i < len(x); i++ {
        x := x[i]
        if x != '!' {
            x := x + 'A' - 'a'
            fmt.Printf("%c", x) // "HELLO" (반복마다 글자 1개)
        }
    }
}
```

표현식 x[i]와 x + 'A' - 'a'는 각각 외부 블록의 x 선언을 참조한다. 이에 대해서는 곧 설명할 것이다(뒤의 표현식은 unicode.ToUpper와 다르다).

앞에서 언급한 바와 같이 모든 어휘 블록이 명시적인 중괄호로 구분되는 문장들은 아니다. 일부는 묵시적으로 정해진다. 앞의 for 루프는 두 개의 어휘 블록을 생성한다. 루프 본문에 대한 명시적 블록과 부가적으로 i와 같이 초기화 구문에 의해 선언된 변수를 둘러싸는 묵시적 블록이다. 묵시적 블록에서 선언된 변수의 범위는 조건, 후처리(i++), for 블록 본문이다.

다음 예제에도 x로 명명된 세 개의 변수가 있으며, 각각은 다른 블록(함수 본문에 하나, for 구문의 블록에 하나, 루프 본문에 하나)에 선언돼 있지만, 그중 두 개의 블록만 명시적이다.

```
func main() {
    x := "hello"
    for _, x := range x {
        x := x + 'A' - 'a'
        fmt.Printf("%c", x) // "HELLO" (반복마다 글자 1개)
    }
}
```

if문과 switch문도 for 루프와 마찬가지로 본문 블록 외에 부가적으로 묵시적인 블록을 생성한다. 다음 코드의 if-else 연결은 x와 y의 범위를 보여준다.

```
if x := f(); x == 0 {
    fmt.Println(x)
} else if y := g(x); x == y {
    fmt.Println(x, y)
} else {
    fmt.Println(x, y)
}
fmt.Println(x, y) // 컴파일 오류: 여기서는 x와 y를 볼 수 없다.
```

두 번째 if문은 첫 번째 if문과 중첩돼 있으므로 첫 번째 문장의 초기화 과정에서 선언된 변수는 두 번째 문장에서도 볼 수 있다. switch 구문의 각 case에도 비슷한 규칙이 적용된다. 조건에 대한 블록과 각 케이스 본문에 대한 블록이 있다.

패키지 수준에서 선언이 나오는 순서는 그 범위에 영향을 미치지 않으므로, 선언문에서 자기 자신이나 그 뒤에 오는 선언을 참조할 수 있으며, 이로 인해 재귀 또는 상호 재귀 타입의 함수를 선언할 수 있다. 다만 상수나 변수 선언이 자기 자신을 참조하면 컴파일러가 오류를 보고할 것이다.

다음 프로그램을 살펴보자.

```
if f, err := os.Open(fname); err != nil { // 컴파일 오류: 사용되지 않음: f
    return err
}
f.Stat()  // 컴파일 오류: 정의되지 않은 f
f.Close() // 컴파일 오류: 정의되지 않은 f
```

f의 범위는 if문에 한정되므로 이후 문장에서는 f에 접근할 수 없어서 컴파일 오류가 발생한다. 컴파일러에 따라 지역 변수 f가 사용되지 않았다는 추가 오류 보고를 받을 수도 있다.

따라서 종종 f를 조건문 전에 선언해서 이후에 이용할 수 있게 할 필요가 있다.

```
f, err := os.Open(fname)
if err != nil {
    return err
}
f.Stat()
f.Close()
```

어쩌면 Stat와 Close 함수 호출을 else 블록 안으로 옮겨서 f와 err를 외부 블록에 선언하지 않으려 할 수도 있다.

```
if f, err := os.Open(fname); err != nil {
    return err
} else {
    // f와 err는 여기서도 볼 수 있다.
    f.Stat()
    f.Close()
}
```

하지만 Go에서는 보통 if 블록에서 오류를 처리한 후 반환해 성공할 때의 문장은 들여쓰기를 하지 않도록 한다.

짧은 변수 선언에는 범위에 대한 인식이 필요하다. 시작할 때 현재 작업 디렉토리를 얻고 패키지 수준의 변수에 저장하는 다음과 같은 프로그램을 생각해보자. main 함수에서 os.Getwd를 호출할 수도 있지만, 이 작업은 특히 현재 디렉토리를 가져오지 못하면 안 되는 경우 관심의 분리를 위해 기본 로직과 나누는 편이 더 낫다. log.Fatalf 함수는 메시지를 출력하고 os.Exit(1)을 호출한다.

```
var cwd string

func init() {
    cwd, err := os.Getwd() // 컴파일 오류: 사용되지 않음: cwd
    if err != nil {
        log.Fatalf("os.Getwd failed: %v", err)
    }
}
```

init 함수의 블록에서는 사전에 선언된 cwd와 err가 없으므로 := 구문이 둘 다 지역 변수로 선언한다. cwd의 내부 선언이 외부 선언으로의 접근을 막기 때문에 이 문장은 의도대로 패키지 수준의 cwd 변수를 갱신하지 않는다.

지금의 Go 컴파일러는 지역 변수 cwd가 사용되지 않는 것을 감지하고 오류로 보고하지만, 반드시 이 검사를 수행해야 하는 것은 아니다. 더구나 지역 변수 cwd를 참조하는 로깅 문의 추가와 같은 사소한 변화로도 이 검사를 무효화할 것이다.

```
var cwd string

func init() {
    cwd, err := os.Getwd() // NOTE: 오류!
    if err != nil {
        log.Fatalf("os.Getwd failed: %v", err)
    }
    log.Printf("Working directory = %s", cwd)
}
```

전역 cwd 변수는 초기화되지 않고 남아 있으며, 외관상으로는 정상적인 로그 출력이 이 버그를 모호하게 만들 것이다.

이런 잠재적인 문제를 해결하는 여러 가지 방법이 있다. 가장 직접적인 것은 err를 별도의 var 선언으로 분리하고 :=를 사용하지 않는 것이다.

```
var cwd string

func init() {
    var err error
    cwd, err = os.Getwd()
    if err != nil {
        log.Fatalf("os.Getwd failed: %v", err)
    }
}
```

이제 패키지, 파일, 선언, 구문이 어떻게 프로그램의 구조를 표현하는지 살펴봤다. 다음의 두 개 단원에서 자료의 구조를 살펴보자.

3장
기본 데이터 타입

물론 최하위 계층에는 비트뿐이지만, 컴퓨터는 기본적으로 워드라고 불리는 고정 폭 숫자를 정수, 부동소수점 숫자, 비트 집합, 메모리 주소 등으로 해석하고, 패킷, 픽셀, 포트폴리오, 시, 기타 등등 더 큰 단위로 결합한다. Go에는 데이터를 구성하는 다양한 방법이 있으며, 그 범위는 하드웨어 기능부터 개발자가 복잡한 데이터 구조를 표현하기 쉽게 하는 것에 이르기까지 다양하다.

Go의 타입은 기본 타입, 결합 타입, 참조 타입, 인터페이스 타입의 네 가지 범주로 분류된다. 3장의 주제인 기본 타입에는 숫자, 문자열, 불리언이 있다. 결합 타입(배열(4.1절) 및 구조체(4.4절))은 여러 단순한 타입의 값을 결합해 더 복잡한 데이터 타입을 구성한다. 참조 타입은 포인터(2.3.2절), 슬라이스(4.2절), 맵(4.3절), 함수(5장), 채널(8장) 등을 비롯한 광범위한 그룹이지만, 이들 모두는 프로그램 변수나 상태를 간접적으로 참조하므로 결과적으로 한 참조 타입으로의 연산을 해당 참조의 복사본 모두에서 볼 수 있다는 공통점이 있다. 마지막으로 7장에서 인터페이스 타입에 대해 알아본다.

3.1 정수

Go의 숫자 데이터 타입에는 여러 가지 크기의 정수, 부동소수점 수, 복소수가 있다. 각 숫자 타입은 값의 크기와 부호 여부signedness를 결정한다. 정수부터 시작해보자.

Go는 부호 있는signed 정수 연산과 부호 없는unsigned 정수 연산 모두를 제공한다. 부호화된 정수에는 네 가지 크기(8, 16, 32, 64비트)가 있으며, 각각 int8, int16, int32, int64 타입으로 표기하고, 여기에 대응하는 부호 없는 버전으로는 uint8, uint16, uint32, uint64가 있다.

특정 플랫폼의 기본 타입이거나 가장 효율적인 크기인 부호 있는 정수나 부호 없는 정수로서 그냥 int와 uint로 불리는 두 가지 타입도 있다. int는 지금까지 가장 널리 쓰이는 숫자 타입이다. 이 두 타입은 같은 크기로 32비트나 64비트지만, 그중 어떤 것일지에 대해서는 가정할 수 없다. 동일한 하드웨어에서라도 다른 컴파일러는 서로 다른 선택을 할 수 있다.

rune 타입은 int32에 대한 동의어로 통상적으로 값이 유니코드 코드 포인트임을 나타낸다. 두 이름은 서로 바꿔서 쓸 수 있다. 이와 유사하게 byte 타입은 uint8과 동의어이며, 타입 값이 작은 양의 숫자가 아닌 원시 데이터의 일부임을 강조한다.

마지막으로 길이가 지정돼 있지 않지만 포인터 값의 모든 비트를 저장할 수 있는 부호 없는 정수 타입 uintptr이 있다. uintptr 타입은 Go 프로그램과 C 라이브러리 또는 운영체제의 경계에 속하는 것과 같은 저수준 프로그램에서만 쓰인다. 13장에서 unsafe 패키지를 다룰 때 이러한 예를 살펴본다.

int, uint, uintptr은 크기에 관계없이 명시적으로 크기가 주어진 타입들과는 다르다. 따라서 정수의 기본 크기가 32비트일 때에도 int는 int32와 다른 타입이며, int32가 필요한 경우에 int 값을 쓰기 위해서는 명시적인 변환이 필요하고, 그 반대도 마찬가지다.

부호 있는 숫자는 상위 비트가 숫자의 부호로 고정돼 있고, n비트 숫자 값의 범위가 -2^{n-1}에서 $2^{n-1}-1$인 2의 보수 형태로 표현된다. 부호 없는 정수는 음이 아닌 값에 가용한 비트를 모두 사용하기 때문에 범위는 0에서 2^n-1까지다. 예를 들어 int8의 범위는 -128에서 127까지이지만, uint8의 범위는 0에서 255까지다.

다음은 Go의 산술, 논리, 비교를 위한 이항 연산자들을 우선순위대로 나열했다.

```
*    /    %    <<   >>   &    &^
+    -    |    ^
==   !=   <    <=   >    >=
&&
||
```

이항 연산자의 우선순위는 다섯 단계에 불과하다. 동일한 수준의 연산자는 왼쪽으로 연관되므로 순서를 명시하거나 의도한 순서대로 실행되게 하려면 mask & (1 << 28) 표현식처럼 괄호를 사용해야 한다.

위 표의 처음 두 줄에 나오는 +와 같은 연산자들에는 그에 대응하는 +=와 같은 할당 연산자가 있어 할당문을 요약하는 데 쓸 수 있다.

산술 연산자 +, -, *, /는 정수, 부동소수점 수와 복소수에 사용할 수 있지만, 나머지 연산자 %는 정수에만 사용할 수 있다. 음수에 대한 %의 동작은 프로그래밍 언어별로 다양하다. Go에서 나머지의 부호는 항상 피제수와 같고, 따라서 -5%3과 -5%-3은 둘 다 -2다. /의 동작은 피연산자의 정수 여부에 따라 다르며, 따라서 5.0/4.0은 1.25이지만, 5/4의 경우 정수 나눗셈은 나머지를 0쪽으로 버리므로 결과가 1이다.

산술 연산의 결과가 부호 여부와 상관없이 결과 타입에서 표현할 수 있는 비트 수보다 많은 경우를 오버플로우overflow라 한다. 결과 타입에 들어가지 않는 상위 비트는 그냥 버려진다. 원래 숫자가 부호 있는 타입일 때는 다음의 int8 예제에서와 같이 결과 값의 제일 왼쪽 비트가 1인 경우 부호가 반대로 될 수 있다.

```
var u uint8 = 255
fmt.Println(u, u+1, u*u) // "255 0 1"

var i int8 = 127
fmt.Println(i, i+1, i*i) // "127 -128 1"
```

동일한 타입의 두 정수는 다음과 같은 이항 비교 연산자로 비교할 수 있다. 비교 표현식의 타입은 불리언이다.

==	일치
!=	불일치
<	미만
<=	이하
>	초과
>=	이상

사실 기본 타입(불리언, 숫자, 문자열)의 모든 값은 비교할 수 있으며, 이는 동일한 타입의 두 값은 ==와 !=로 비교할 수 있음을 의미한다. 또한 정수, 부동소수점 수, 문자열은 비교 연산자에 의해 정렬된다. 그 외의 다른 여러 타입 값은 비교할 수 없으며, 정렬되지 않는다. 앞으로 각 타입이 나올 때마다 해당 값의 비교 가능성에 대한 규칙을 제시할 것이다.

덧셈과 뺄셈에 사용하는 단항 연산자도 있다.

+	단항 긍정(효과 없음)
-	단항 부정

정수의 경우 +x는 0+x의 축약형이고, -x는 0-x의 축약형이다. 부동소수점 수와 복소수의 경우 +x는 그냥 x이고, -x는 x의 부정이다.

Go에는 다음의 비트 단위 이항 연산도 있으며, 이 중에서 처음 네 가지는 피연산자를 산술 연산에서의 올림수나 부호 개념이 없는 비트 패턴으로 취급한다.

&	비트 단위 AND
|	비트 단위 OR
^	비트 단위 XOR
&^	비트 제거(AND NOT)
<<	왼쪽 시프트
>>	오른쪽 시프트

^ 연산자는 이항 연산자로 사용되면 비트 단위 배타적 논리합 XOR이지만, 피연산자에 선행하는 단항 연산자로 사용되면 비트 단위 부정 또는 보수 연산이다. 즉, 피연산자의 각 비트를 반대로 한 값을 반환한다. &^ 연산자는 비트 제거(AND NOT)다. z = x &^ y 표현식에서 z의 각 비트는 대응하는 y의 비트가 1일 때 0이다. 그렇지 않으면 대응하는 x의 비트 값이다.

다음 코드는 uint8 값을 간결하고 효율적인 8개의 독립 비트로 해석하기 위해 비트 단위 연산을 사용하는 방법을 보여준다. 이 코드는 Printf의 %b를 사용해서 숫자를 이진법으로 출력한다. 08은 %b(포매터)가 결과의 앞에 0을 채워 정확하게 8자리 숫자를 만들게 한다.

```go
var x uint8 = 1<<1 | 1<<5
var y uint8 = 1<<1 | 1<<2

fmt.Printf("%08b\n", x)    // "00100010", 집합 {1, 5}
fmt.Printf("%08b\n", y)    // "00000110", 집합 {1, 2}

fmt.Printf("%08b\n", x&y)  // "00000010", 교집합 {1}
fmt.Printf("%08b\n", x|y)  // "00100110", 합집합 {1, 2, 5}
fmt.Printf("%08b\n", x^y)  // "00100100", 여집합 {2, 5}
fmt.Printf("%08b\n", x&^y) // "00100000", 차집합 {5}

for i := uint(0); i < 8; i++ {
    if x&(1<<i) != 0 {  // 멤버 확인
        fmt.Println(i) // "1", "5"
    }
}

fmt.Printf("%08b\n", x<<1) // "01000100", 집합 {2, 6}
fmt.Printf("%08b\n", x>>1) // "00010001", 집합 {0, 4}
```

(6.5절에서 바이트보다 훨씬 큰 정수 집합을 구현한다)

시프트 연산 x<<n과 x>>n에의 피연산자 n은 비트 위치의 시프트 횟수를 결정하며, n은 부호 없는 숫자여야 한다. 피연산자 x에는 부호 있는 숫자나 부호 없는 숫자 모두 사용할 수 있다. 산술적으로 왼쪽 시프트 x<<n은 2^n을 곱한 것과 같고, 오른쪽 시프트 x>>n은 2^n으로 나누고 나머지를 버린 것과 같다.

왼쪽 시프트는 부호 없는 숫자의 오른쪽 시프트와 마찬가지로 빈 비트를 0으로 채우지만, 부호 있는 숫자를 오른쪽으로 시프트하면 빈 비트를 부호 비트의 복사본으로 채운다. 이로 인해 정수를 비트 패턴으로 사용할 때는 반드시 부호 없는 산술 연산을 사용해야 한다.

Go에는 부호 없는 숫자와 산술 연산이 있으며, 배열의 길이와 같이 일반적으로 음수가 될 수 없는 양의 숫자에 uint가 더 정확한 선택인 것처럼 보임에도 불구하고 부호 있는 int를 쓰는 경향이 있다. 실제로 내장된 len 함수는 상품 메달을 역순으로 알리는 다음 루프에서처럼 부호 있는 int를 반환한다.

```go
medals := []string{"gold", "silver", "bronze"}
for i := len(medals) - 1; i >= 0; i-- {
    fmt.Println(medals[i]) // "bronze", "silver", "gold"
}
```

len이 부호 없는 숫자를 반환한다면 큰 문제가 발생할 것이다. i도 uint가 되고 조건문 i >= 0은 정의에 의해 항상 참이 된다. 세 번째 반복 후 i == 0일 때의 i-- 구문은 i가 -1이 아니라 uint의 최댓값(이를테면 $2^{64}-1$)이 되게 하고, medals[i]는 슬라이스 범위 바깥쪽의 원소에 접근을 시도해 실행 시에 실패하거나 패닉panic(5.9절)을 일으킬 것이다.

이 때문에 부호 없는 숫자는 비트 집합 구현, 이진 파일 포맷 분석, 해시, 암호화 등의 비트 단위 연산자, 또는 고유의 산술 연산이 필요한 경우에만 쓰이는 경향이 있다. 보통 단순히 음수가 아닌 수량을 표기하기 위해 사용하지는 않는다.

일반적으로 값을 한 타입에서 다른 타입으로 바꾸려면 명시적인 변환이 필요하고, 산술 및 논리(시프트 제외)의 이항 연산에는 동일한 타입의 피연산자를 사용해야 한다. 이로 인해 결과적으로 표현식이 길어질 때도 있지만 대신 수많은 문제를 사전에 방지하고 프로그램을 이해하기 쉽게 한다.

다른 맥락에서 친숙한 예로 다음 문장을 살펴보자.

```
var apples int32 = 1
var oranges int16 = 2
var compote int = apples + oranges // 컴파일 오류
```

이 세 선언을 컴파일하면 다음과 같은 오류 메시지가 발생한다.

```
invalid operation: apples + oranges (mismatched types int32 and int16)
```

타입 불일치는 여러 방법으로 고칠 수 있으며, 그중 가장 직접적인 것은 모든 타입을 공통 타입으로 변환하는 것이다.

```
var compote = int(apples) + int(oranges)
```

2.5절에서 설명한 바와 같이 모든 타입 T에 대해 변환 연산 T(x)는 변환이 허용되는 경우 값 x를 타입 T로 변환한다. 정수에서 정수로의 변환은 대부분 값의 변경 없이 이뤄진다. 이 변환은 컴파일러에게 값의 해석 방법을 알려주기만 한다. 그러나 큰 정수를 작은 정수로 줄이거나 정수를 부동소수점 숫자로, 또는 그 반대로 하면 값이 바뀌거나 정밀도가 떨어질 수 있다.

```
f := 3.141 // a float64
i := int(f)
fmt.Println(f, i)    // "3.141 3"
f = 1.99
fmt.Println(int(f)) // "1"
```

부동소수점 수에서 정수로 변환하면 소수 부분을 0쪽으로 절삭해버린다. 피연산자가 대상 타입 범위를 벗어나는 경우에는 그 동작이 구현에 의존하기 때문에 변환을 피해야 한다.

```
f := 1e100  // a float64
i := int(f) // 결과는 구현별로 다름
```

모든 정수 리터럴은 일반 10진수, 또는 0666과 같이 0으로 시작하는 8진수, 또는 0xdeadbeef 와 같이 0x나 0X로 시작하는 16진수로 쓸 수 있다. 16진수는 대문자 또는 소문자로 쓸 수 있다. 요즘은 8진수가 단 한 가지 목적으로만(POSIX 시스템의 파일 권한) 사용되는 것 같지만 16진수는 숫자가 숫자 값이 아닌 비트 패턴이라는 점을 강조하기 위해 널리 쓰인다.

fmt 패키지로 숫자를 출력할 때는 다음 예제에서와 같이 진법과 포맷을 %d, %o, %x 포매터로 제어할 수 있다.

```
o := 0666
fmt.Printf("%d %[1]o %#[1]o\n", o) // "438 666 0666"
x := int64(0xdeadbeef)
fmt.Printf("%d %[1]x %#[1]x %#[1]X\n", x)
// output:
// 3735928559 deadbeef 0xdeadbeef 0XDEADBEEF
```

두 fmt에는 트릭이 있다. 보통 여러 % 포매터가 있는 Printf 포맷 문자열에는 동일한 개수의 부가적인 피연산자가 필요하지만, % 다음의 [1] '포매터'는 Printf가 첫 번째 피연산자를 반복 사용하게 한다. %o, %x, %X의 # '포매터'는 Printf가 각각 0, 0x, 0X의 접두사를 붙이게 한다.

룬 리터럴은 작은따옴표 안의 문자로 기록된다. 가장 간단한 예는 'a'와 같은 아스키 문자이지만, 어떤 유니코드 코드 포인트이든 직접 또는 숫자 이스케이프를 통해 사용할 수 있으며, 이에 대해서는 곧 살펴볼 것이다.

룬은 %c로 출력되거나 따옴표가 필요한 경우 %q로 출력된다.

```
ascii := 'a'
unicode := '國'
newline := '\n'
fmt.Printf("%d %[1]c %[1]q\n", ascii)   // "97 a 'a'"
fmt.Printf("%d %[1]c %[1]q\n", unicode) // "22269 國 '國'"
fmt.Printf("%d %[1]q\n", newline)       // "10 '\n'"
```

3.2 부동소수점 수

Go에는 두 가지 크기의 부동소수점 수 float32와 float64가 있다. 이 수의 산술적 속성은 모든 현대 CPU에 의해 구현된 IEEE 754 표준을 따른다.

이 숫자 타입 값은 아주 작은 값에서 아주 큰 값까지의 범위를 갖는다. 부동소수점 값의 한계는 math 패키지에서 찾을 수 있다. 상수 math.MaxFloat32는 가장 큰 float32로 약 3.4e38이며, math.MaxFloat64는 약 1.8e308이다. 가장 작은 양의 값은 각각 1.4e-45와 4.9e-324 근처다.

float32는 대략 6자리 10진 숫자의 정확도를 갖고, float64는 대략 15자리의 정확도를 갖는다. 대부분의 경우 float64를 사용해야 하며, 이는 float32 연산에서는 신중하게 처리하지 않을 경우 오류가 빠르게 누적되는데, float32로 표현할 수 있는 최소 양의 정수가 별로 크지 않아 문제가 되기 때문이다.

```
var f float32 = 16777216 // 1 << 24
fmt.Println(f == f+1)    // "true"!
```

부동소수점 숫자는 다음과 같이 문자 그대로 10진법으로 작성할 수 있다.

```
const e = 2.71828 // (대략)
```

소수점 앞의 숫자를 생략(.707)하거나 뒤의 숫자를 생략(1.)할 수 있다. 아주 작거나 아주 큰 숫자는 10진 지수 앞에 문자 e나 E로 지수를 나타내는 지수 표기법으로 쓰는 것이 좋다.

```
const Avogadro = 6.02214129e23
const Planck   = 6.62606957e-34
```

부동소수점 값은 적절한 정확도의 가장 간결한 표현을 선택하는 Printf의 %g로 편리하게 출력할 수 있지만, 데이터 테이블의 경우 %e(지수) 또는 %f(지수 없음) 형태가 더 적합할 수 있다. 세 가지 모두 필드의 길이와 수치 정밀도를 제어할 수 있다.

```
for x := 0; x < 8; x++ {
    fmt.Printf("x = %d e^x = %8.3f\n", x, math.Exp(float64(x)))
}
```

위의 코드는 e의 지수를 3자리 정밀도의 10진 숫자로 출력하며, 8글자 필드로 정렬했다.

```
x = 0   e^x =    1.000
x = 1   e^x =    2.718
x = 2   e^x =    7.389
x = 3   e^x =   20.086
x = 4   e^x =   54.598
x = 5   e^x =  148.413
x = 6   e^x =  403.429
x = 7   e^x = 1096.633
```

math 패키지에는 다수의 일반적인 수학 함수들 외에도 IEEE 754에 의해 정의된 특별한 값을 생성하고 검출하는 함수가 있다. 아주 큰 수를 나타내는 양과 음의 무한대 값, 수학적으로 모호한 연산인 0/0이나 Sqrt(-1)의 결과인 NaN^{Not a Number, '숫자가 아님'}이 바로 그것이다.

```
var z float64
fmt.Println(z, -z, 1/z, -1/z, z/z) //  "0 -0 +Inf -Inf NaN"
```

math.IsNaN 함수는 인자가 숫자가 아닌 값인지 테스트하고, math.NaN은 NaN 값을 반환한다. NaN을 산술 연산의 유효성 검증 값으로 사용하고 싶겠지만, NaN과의 비교 결과는 항상 false이므로 특정 연산의 결과와 NaN과의 비교에는 위험이 도사리고 있다.

```
nan := math.NaN()
fmt.Println(nan == nan, nan < nan, nan > nan) // "false false false"
```

부동소수점 결과를 반환하는 함수에서 실패할 것이 예상되면 다음과 같이 실패를 별도로 보고하는 것이 좋다.

```
func compute() (value float64, ok bool) {
    // ...
    if failed {
        return 0, false
    }
    return result, true
}
```

다음 프로그램은 부동소수점 그래픽 연산을 보여준다. 이 프로그램은 두 변수로 이뤄진 함수 z = f(x, y)를 선 그리기용 XML 표준 표기법인 SVG^(Scalable Vector Graphics)를 이용해 3D 표면에 와이어 메시로 도식한다. 그림 3.1은 그 결과의 예로 r이 sqrt(x*x + y*y)일 때 함수 sin(r)/r의 결과를 나타낸다.

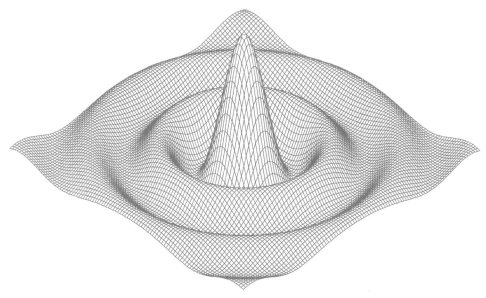

그림 3.1 함수 sin(r)/r의 표면 그림

gopl.io/ch3/surface
```go
// Surface는 3D 표현 함수의 SVG 렌더링을 계산한다.
package main

import (
    "fmt"
    "math"
)

const (
    width, height = 600, 320            // 픽셀 단위 캔버스 크기
    cells         = 100                 // 격자 셀의 숫자
    xyrange       = 30.0                // 축 범위 (-xyrange..+xyrange)
    xyscale       = width / 2 / xyrange // x나 y의 단위 픽셀
    zscale        = height * 0.4        // z 단위 픽셀
    angle         = math.Pi / 6         // x, y축의 각도 (=30°)
)

var sin30, cos30 = math.Sin(angle), math.Cos(angle) // sin(30°), cos(30°)
```

```go
func main() {
    fmt.Printf("<svg xmlns='http://www.w3.org/2000/svg' "+
        "style='stroke: grey; fill: white; stroke-width: 0.7' "+
        "width='%d' height='%d'>", width, height)
    for i := 0; i < cells; i++ {
        for j := 0; j < cells; j++ {
            ax, ay := corner(i+1, j)
            bx, by := corner(i, j)
            cx, cy := corner(i, j+1)
            dx, dy := corner(i+1, j+1)
            fmt.Printf("<polygon points='%g,%g %g,%g %g,%g %g,%g'/>\n",
                ax, ay, bx, by, cx, cy, dx, dy)
        }
    }
    fmt.Println("</svg>")
}
func corner(i, j int) (float64, float64) {
    // (i,j) 셀 코너에서 (x, y) 점 찾기
    x := xyrange * (float64(i)/cells - 0.5)
    y := xyrange * (float64(j)/cells - 0.5)

    // 표면 높이 z 연산
    z := f(x, y)

    // (x,y,z)를 3차원 SVG 평면 (sx,sy)에 등각 투영시킴
    sx := width/2 + (x-y)*cos30*xyscale
    sy := height/2 + (x+y)*sin30*xyscale - z*zscale
    return sx, sy
}
func f(x, y float64) float64 {
    r := math.Hypot(x, y) // (0,0)에서의 거리
    return math.Sin(r) / r
}
```

corner가 셀 코너의 좌표 값 두 개를 반환하고 있다는 점에 주목하자.

프로그램 작동 방식을 설명에는 기초 기하학이면 충분하겠지만, 여기서의 요점은 부동소수점 연산에 대한 설명이므로 그 부분은 건너뛰어도 된다. 이 프로그램의 핵심은 그림 3.2에서 보여주는 세 가지 다른 좌표계 사이의 매핑^{mapping}이다. 첫 번째는 100×100셀의 2차원 격자로 정수 좌표 (i, j)로 식별되며, 제일 먼 구석인 (0, 0)에서 시작한다. 우리는 뒤에서 앞으로 도식해 배경 폴리곤이 전경 폴리곤에 의해 가려질 수 있게 했다.

두 번째 좌표계는 3차원 부동소수점 좌표 (x, y, z)의 메시이며, x와 y는 i와 j의 선형 함수로 원점이 중심에 오게 변경되고 xyrange 상수로 크기가 바뀌었다. 높이 z는 표면 함수 $f(x, y)$의 값이다.

세 번째 좌표계는 왼쪽 상단이 (0, 0)인 2차원 이미지 캔버스다. 이 평면의 점은 (sx, sy)로 표시된다. 등각 투영을 사용해 3차원 점 (x, y, z)를 2차원 캔버스에 각각 매핑했다. 점들은 x 값이 크거나 y 값이 작을수록 캔버스에서 오른쪽에 위치한다. 그리고 점은 x나 y 값이

크고 z 값이 작을수록 캔버스에서 아래쪽에 나타난다. x와 y의 수직 및 수평 축척 계수는 30도 각도의 사인과 코사인에서 파생된다. z의 축척 계수 0.4는 임의의 파라미터다.

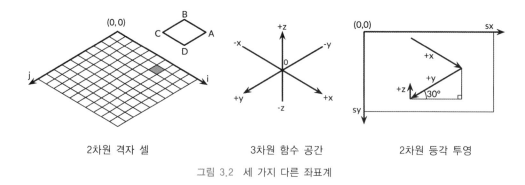

2차원 격자 셀   3차원 함수 공간   2차원 등각 투영

그림 3.2   세 가지 다른 좌표계

2차원 격자 내의 각 셀에 대해 main 함수는 B가 (i, j)이고, A, C, D가 B의 이웃인 폴리곤 $ABCD$에서 이미지 캔버스 위에 있는 네 코너의 좌표를 계산하고 이 이미지를 그리는 SVG 명령을 출력한다.

연습문제 3.1   함수 f가 유한하지 않은 float64 값을 반환하면 SVG 파일은 유효하지 않은 <polygon> 요소를 포함하게 된다(다수의 SVG 렌더러는 이를 적절하게 처리하겠지만). 프로그램을 수정해 유효하지 않은 폴리곤을 건너뛰게 하라.

연습문제 3.2   math 패키지의 다른 함수로 시각화를 실험하라. 계란 상자, 모글^{mogul}, 또는 안장을 만들 수 있는가?

연습문제 3.3   각 폴리곤을 높이에 따라 꼭대기는 빨간색(#ff0000), 계곡은 파란색(#0000ff)으로 색칠하라.

연습문제 3.4   1.7절의 리사주 예제와 유사하게 표면을 계산하고 SVG 데이터를 클라이언트에게 출력하는 웹 서버를 구축하라. 서버는 Content-Type 헤더를 다음과 같이 설정해야 한다.

```
w.Header().Set("Content-Type", "image/svg+xml")
```

(리사주 예제에서는 서버가 표준 휴리스틱을 사용해 최초 응답 중 512바이트를 읽어 PNG와 같은 일반적인 포맷을 인지하고 적절한 헤더를 생성했으므로 위 과정이 필요 없었다) 클라이언트가 HTTP 요청 파라미터로 높이, 폭, 색상과 같은 값을 지정할 수 있게 하라.

3.3 복소수

Go에는 float32와 float64로 구성된 두 가지 크기의 복소수 complex64와 complex128을 제공한다. 내장된 complex 함수는 실수부와 허수부로 복소수를 생성하며, 내장된 real과 imag 함수는 각각 실수와 허수를 추출한다.

```
var x complex128 = complex(1, 2) // 1+2i
var y complex128 = complex(3, 4) // 3+4i
fmt.Println(x*y)                 // "(-5+10i)"
fmt.Println(real(x*y))           // "-5"
fmt.Println(imag(x*y))           // "10"
```

3.141592i나 2i와 같이 부동소수점이나 10진 정수의 뒤에 i가 붙어 있으면 허수가 돼서 실수부가 0인 복소수를 나타낸다.

```
fmt.Println(1i * 1i) // "(-1+0i)", i² = -1
```

정수 연산 규칙에 따라 복소수는 다른 숫자형 상수(정수나 부동소수점 수, 실수나 허수)에 더할 수 있으므로, 복소수를 1+2i나 2i+1과 같이 자연스럽게 쓸 수 있다. 위의 x와 y 선언은 다음과 같이 단순화할 수 있다.

```
x := 1 + 2i
y := 3 + 4i
```

복소수는 ==와 !=로 동일한지 여부를 비교할 수 있다. 실수부가 같고 허수부도 같은 두 복소수는 동일하다.

math/cmplx 패키지에는 복소수 제곱근이나 지수 함수 등을 처리하는 복소수 라이브러리 함수가 있다.

```
fmt.Println(cmplx.Sqrt(-1)) // "(0+1i)"
```

다음 프로그램은 complex128 연산으로 만델브로트 집합을 생성한다.

gopl.io/ch3/mandelbrot
```
// Mandelbrot는 만델브로트 프랙탈의 PNG 이미지를 생성한다.
package main

import (
    "image"
    "image/color"
    "image/png"
    "math/cmplx"
    "os"
)
```

```go
func main() {
    const (
        xmin, ymin, xmax, ymax = -2, -2, +2, +2
        width, height          = 1024, 1024
    )

    img := image.NewRGBA(image.Rect(0, 0, width, height))
    for py := 0; py < height; py++ {
        y := float64(py)/height*(ymax-ymin) + ymin
        for px := 0; px < width; px++ {
            x := float64(px)/width*(xmax-xmin) + xmin
            z := complex(x, y)
            // Image의 점 (px, py)는 복소수 값 z를 나타낸다.
            img.Set(px, py, mandelbrot(z))
        }
    }
    png.Encode(os.Stdout, img) // NOTE: 오류 무시
}

func mandelbrot(z complex128) color.Color {
    const iterations = 200
    const contrast = 15

    var v complex128
    for n := uint8(0); n < iterations; n++ {
        v = v*v + z
        if cmplx.Abs(v) > 2 {
            return color.Gray{255 - contrast*n}
        }
    }
    return color.Black
}
```

두 개의 중첩된 루프는 –2에서 2까지 복소 평면상 위치를 나타내는 각각의 화소들을
1024×1024 크기의 흑백 레스터 이미지에서 순회한다. 이 프로그램은 화소를 나타내는 숫자
를 반복적으로 제곱하고 더하면서 이 화소가 반경 2인 원 밖으로 '탈출'하는지 테스트한다.
탈출하는 경우 해당 화소는 탈출할 때의 반복 횟수만큼 밝아진다. 그렇지 않다면 해당 값은
만델브로트 집합에 속하고 검은색으로 유지된다. 마지막으로 프로그램은 그림 3.3에서 보여
주는 상징적인 프랙탈 이미지를 PNG로 인코딩해 표준 출력으로 내보낸다.

연습문제 3.5 image.NewRGBA 함수와 color.RGBA 또는 color.YCbCr 타입을 사용해 풀 컬
러 만델브로트 집합을 구현하라.

연습문제 3.6 슈퍼샘플링은 각 화소 내의 여러 지점에서의 색상 값을 계산하고 평균을 구해
픽셀화 효과를 감소시키는 기술이다. 가장 간단한 방법은 각 화소를 4개의 '부분 화소'로
분할하는 것이다. 이를 구현하라.

연습문제 3.7 또 다른 간단한 프랙탈은 뉴턴의 방법을 사용해 $z^4-1 = 0$과 같은 함수에서
복소수 값을 찾는 것이다. 각 시작점을 네 루트 중 하나에 접근하는 데 필요한 반복 횟수로
색칠하라. 각 화소를 접근한 루트로 색칠하라.

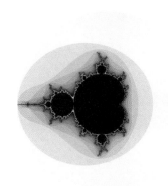

그림 3.3 만델브로트 집합

연습문제 3.8 높은 줌 레벨에서 프랙탈을 렌더링하려면 높은 연산 정밀도가 필요하다. 동일한 프랙탈을 네 가지 다른 숫자 표현 방식 complex64, complex128, big.Float, big.Rat로 구현하라(마지막의 두 가지 타입은 math/big 패키지에 있다. Float는 정밀도가 임의로 제한되며 부동소수점을 사용한다. Rat는 정밀도에 제한이 없으며 유리수를 사용한다). 각각의 경우에 성능과 메모리 사용량은 어떠한가? 어떤 줌 레벨에서 렌더링된 결과를 볼 수 있는가?

연습문제 3.9 프랙탈을 렌더링하고 이미지 데이터를 클라이언트에게 보내는 웹 서버를 작성하라. 클라이언트가 HTTP 요청에 대한 파라미터로 x, y, 줌 레벨을 지정할 수 있게 하라.

3.4 불리언

bool이나 불리언 타입은 값으로 true와 false 두 가지만이 허용한다. if와 for문의 조건절은 불리언이며, ==와 < 같은 비교 연산자는 불리언 결과를 생성한다. 단항 연산자 !는 논리적 부정이므로 !true는 false이고, 이는 (!true == false) == true로 쓸 수도 있으며, 이 차이는 단지 스타일 문제이지만 이 책에서는 가급적 x==true와 같은 중복된 불리언 표현식을 x로 간소화한다.

불리언 값은 &&(AND)와 ||(OR)로 결합할 수 있으며, 여기에는 단축 연산short-circuit이 적용된다. 왼쪽 피연산자 값에 의해 답이 이미 결정된 경우에 오른쪽 피연산자는 계산하지 않으므로 다음과 같은 표현식을 안전하게 작성할 수 있다.

```
s != "" && s[0] == 'x'
```

s[0]을 빈 문자열에 적용하면 패닉이 발생할 것이다.

&&는 ||(연상 기호로, &&는 불리언 곱셈, ||는 불리언 덧셈)보다 우선순위가 높기 때문에 다음과 같은 형식에는 괄호가 필요 없다.

```
if 'a' <= c && c <= 'z' ||
    'A' <= c && c <= 'Z' ||
    '0' <= c && c <= '9' {
    // ...아스키 문자나 숫자...
}
```

불리언 값은 묵시적으로 숫자 값 0이나 1로 변환되지 않으며, 그 반대도 마찬가지다. 다음과
같이 명시적인 if문을 사용해야 한다.

```
i := 0
if b {
    i = 1
}
```

이러한 작업이 자주 필요하다면 변환 함수를 작성하는 편이 나을 수도 있다.

```
// btoi는 b가 참이면 1을, 거짓이면 0을 반환한다.
func btoi(b bool) int {
    if b {
        return 1
    }
    return 0
}
```

역연산은 매우 간단해서 함수까진 필요 없지만, 공평하게 같이 제시했다.

```
// itob는 i가 0이 아닌지를 보고한다.
func itob(i int) bool { return i != 0 }
```

3.5 문자열

문자열은 불변의 바이트 시퀀스다. 문자열에는 0 값으로 이뤄진 바이트들과 같은 임의의 데이
터를 넣을 수 있지만, 보통 사람이 읽을 수 있는 텍스트를 담고 있다. 텍스트 문자열은 통상적
으로 유니코드 코드 포인트(룬)를 UTF-8로 인코딩한 시퀀스로 해석하며, 곧 자세히 살펴본다.

내장된 len 함수는 문자열의 바이트 수(룬이 아님)를 반환하고, 인덱스 명령 s[i]는 문자열
s에서 0 ≤ i < len(s)일 때 i번째 바이트를 반환한다.

```
s := "hello, world"
fmt.Println(len(s))    // "12"
fmt.Println(s[0], s[7]) // "104 119" ('h'와 'w')
```

범위 밖의 바이트에 접근하려 하면 패닉이 일어난다.

```
c := s[len(s)] // 패닉: 인덱스가 범위를 벗어남
```

아스키코드가 아닌 문자열의 UTF-8 인코딩에는 2개 이상의 바이트가 필요하므로 문자열의
i번째 바이트가 반드시 문자열의 i번째 문자는 아니다. 문자 작업에 대해서는 곧 다룬다.

부분 문자열 명령 s[i:j]는 원 문자열의 i번째 인덱스에서 j번째 인덱스를 제외한 j까지 일부 바이트를 담은 새 문자열을 생성한다. 결과에는 j-i 바이트가 들어 있다.

```
fmt.Println(s[0:5]) // "hello"
```

마찬가지로 인덱스가 범위 밖이거나 j가 i보다 작으면 패닉이 발생한다.

피연산자 i와 j 중 하나 또는 둘 다 생략할 수 있으며, 각각 0(문자열의 시작)과 len(s)로 간주된다.

```
fmt.Println(s[:5]) // "hello"
fmt.Println(s[7:]) // "world"
fmt.Println(s[:])  // "hello, world"
```

+ 연산자는 두 문자열을 연결해 새로운 문자열을 만든다.

```
fmt.Println("goodbye" + s[5:]) // "goodbye, world"
```

문자열은 ==나 < 같은 비교 연산자로 비교할 수 있다. 비교는 바이트 단위로 수행하며, 결과는 기본적인 사전 순서다.

문자열 값은 불변이다. 문자열 값 내의 바이트 시퀀스는 변경할 수 없지만, 문자열 변수에 새 값을 할당할 수는 있다. 예를 들어 한 문자열에 다른 문자열을 추가하려면 다음과 같이 쓸 수 있다.

```
s := "left foot"
t := s
s += ", right foot"
```

이 명령은 s에 원래 들어있던 문자열은 변경하지 않지만 += 구문으로 s가 새 값을 갖게 한다. 반면에 t는 여전히 예전 문자열을 갖고 있다.

```
fmt.Println(s) // "left foot, right foot"
fmt.Println(t) // "left foot"
```

문자열은 불변이므로 문자열 내의 데이터를 직접 변경하는 명령은 허용되지 않는다.

```
s[0] = 'L' // 컴파일 오류: s[9]로 할당할 수 없음
```

불변성은 문자열의 두 사본이 동일한 내부 메모리를 공유해도 안전하다는 것을 의미하므로, 어떤 길이의 문자열 복사든 손쉽게 이뤄진다. 마찬가지로 문자열 s와 s[7:] 같은 부분 문자열도 안전하게 같은 데이터를 공유할 수 있으므로, 부분 문자열 연산도 손쉽게 이뤄진다. 어떤 경우에든 새로운 메모리가 할당되지는 않는다. 그림 3.4는 한 문자열과 두 부분 문자열이 같은 내부 바이트 배열을 공유하는 것을 보여준다.

3.5.1 문자열 리터럴

문자열 값은 큰따옴표로 묶인 바이트 시퀀스인 문자열 리터럴로 쓸 수 있다.

```
"Hello, 世界"
```

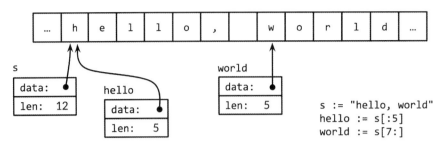

그림 3.4 문자열 "hello, world"와 두 부분 문자열

Go 소스 파일은 항상 UTF-8로 인코딩되고, Go 텍스트 문자열은 통상적으로 UTF-8로 해석되므로 문자열 리터럴 안에 유니코드 코드 포인트를 넣을 수 있다.

큰따옴표로 묶인 문자열 리터럴 안에서는 백 슬래시 \로 시작하는 이스케이프 시퀀스escape sequence를 사용해 임의의 바이트 값을 문자열에 삽입할 수 있다. 이스케이프 시퀀스의 한 쌍으로 줄 바꿈, 캐리지 리턴, 탭 등의 아스키 제어 코드를 처리한다.

\a   '경고' 또는 벨

\b   백스페이스

\f   폼 피드

\n   줄 바꿈

\r   캐리지 리턴

\t   탭

\v   수직 탭

\'   작은따옴표(룬 문자 '\''에서만)

\"   큰따옴표("..." 리터럴 안에서만)

\\   백슬래시

임의의 바이트는 16진 또는 8진 이스케이프로 리터럴 문자열에 넣을 수 있다. 16진 이스케이프는 \x$hh$로 작성하며, 정확히 두 자리의 16진 숫자 h(대문자 또는 소문자)를 갖는다. 8진 이스케이프는 \$ooo$로 작성하며, 정확히 세 자리의 8진 숫자 o(0에서 7)로 \377을 초과하지 않는다. 두 가지 모두 지정된 값의 단일 바이트를 나타낸다. 나중에 문자열 리터럴 안에 숫자로 유니코드 코드 포인트를 인코딩하는 방법을 살펴볼 것이다.

원시 문자열은 큰따옴표 대신 백쿼트(`)를 사용해 `...`로 쓴다. 원시 문자열 안에서는 이스케이프 시퀀스가 처리되지 않는다. 백슬래시나 줄 바꿈 등이 있는 그대로 취급되므로 원시 문자열은 프로그램 소스의 여러 줄에 걸쳐 나타날 수 있다. 유일한 처리는 캐리지 리턴이 삭제돼 통상적으로 텍스트 파일에 캐리지 리턴을 넣는 플랫폼을 비롯한 모든 플랫폼에서 문자열의 값을 동일하게 맞추는 것이다.

원시 문자열 리터럴은 보통 백슬래시를 많이 사용하는 정규 표현식을 작성하기에 편리하다. 또한 HTML 템플릿, JSON 리터럴, 명령 사용법 메시지 등 일반적으로 여러 줄에 걸친 문자열을 작성하기에도 유용하다.

```
const GoUsage = `Go is a tool for managing Go source code.

Usage:
    go command [arguments]
...`
```

3.5.2 유니코드

삶이 단순했던 오래 전에는 최소한 지역적인 관점에서 단 한 가지의 캐릭터셋만 처리하면 충분했다. 즉, 정보 교환을 위한 미국 표준 코드인 아스키^{ASCII}만 처리하면 됐다. 아스키, 좀 더 정확하게 US-ASCII는 7비트로 128개의 '글자들'을 표현했다. 즉, 영어의 대소문자, 숫자, 그리고 다양한 구두점 및 장치 제어 문자 등을 표현했다. 초창기 컴퓨팅은 대부분 이걸로 충분했지만 세계 인구의 대부분이 자신의 문자를 컴퓨터에서 사용할 수 없다는 문제점을 안고 있었다. 인터넷의 성장과 함께 다양한 언어로 작성된 자료들이 훨씬 더 일반화됐다. 어떻게 이 다양한 언어들을 전부, 가능한 한 효율적으로 처리할 수 있을까?

답은 전 세계의 표기법에서 문자 외에도 악센트, 분음 기호, 탭이나 캐리지 리턴 같은 제어 코드, 그 외에 난해한 문자들을 수집한 후 각각에 유니코드 코드 포인트 또는 Go에서 룬^{rune} 이라 부르는 표준 숫자를 붙인 유니코드(unicode.org)다.

유니코드 버전 8은 100개 이상의 언어와 문서에서 120,000자 이상의 코드 포인트를 정의했다. 유니코드는 컴퓨터 프로그램과 데이터에서 어떻게 표현될까? 하나의 룬을 저장하는 기본적인 데이터 타입은 int32이며 Go에서는 이를 사용한다. Go에는 이런 목적을 지칭하는 rune이라는 동의어가 있다.

룬의 시퀀스는 int32 값의 시퀀스로 표현할 수 있다. UTF-32나 UCS-4로 불리는 이 표현법에서 각 유니코드 코드 포인트의 인코딩은 모두 동일한 32비트 크기다. 이 방법은 간단하고 균일하지만, 대부분의 컴퓨터가 읽을 수 있는 텍스트는 8비트 또는 1바이트 크기의 문자열인 아스키이므로 필요 이상의 공간을 사용한다. 널리 사용되는 모든 문자는 여전히 65,536개 이하이므로 16비트면 충분하다. 더 좋은 방법이 있을까?

3.5.3 UTF-8

UTF-8은 유니코드 코드 포인트들을 가변 길이의 바이트로 인코딩한 것이다. UTF-8은 Go의 창시자인 켄 톰슨^{Ken Thompson}과 롭 파이크^{Rob Pike}가 발명한 것으로, 지금은 유니코드 표준이다. UTF-8은 각 룬을 표현하는 데 1에서 4바이트를 사용하지만 아스키 문자에는 1바이트만 사용하며, 일반적으로 사용되는 대부분의 룬들도 2에서 3바이트만 사용한다. 룬이 인코딩된 첫 번째 바이트의 상위 비트는 뒤에 몇 바이트가 오는지를 나타낸다. 상위 비트가 0이면 7비트 아스키를 나타내며, 이 경우 각 룬은 1바이트만 차지하므로 전통적인 아스키와 길이가 같다. 상위 비트 110은 룬이 2바이트를 차지하는 것을 나타낸다. 두 번째 바이트는 10으로 시작한다. 더 큰 룬도 비슷하게 인코딩된다.

```
0xxxxxxx                              runes 0-127     (아스키)
110xxxxx 10xxxxxx                     128-2047        (128 미만 값은 사용하지 않음)
1110xxxx 10xxxxxx 10xxxxxx            2048-65535      (2048 미만 값은 사용하지 않음)
11110xxx 10xxxxxx 10xxxxxx 10xxxxxx   65536-0x10ffff  (그 외의 값은 사용하지 않음)
```

가변 길이 인코딩은 문자열 내 n번째 문자로의 직접 접근을 배제하지만, UTF-8에는 이를 보상하는 수많은 장점이 있다. 이 인코딩은 간결하고 아스키와 호환되며, 스스로 동기화한다. 이후의 3바이트만 보면 문자열의 시작 위치를 알 수 있다. 또한 전위 표기 코드이므로 모호함^{ambiguity}이나 미리보기^{lookahead} 없이 왼쪽에서 오른쪽으로 디코딩할 수 있다. 어떤 룬의 인코딩도 다른 룬의 부분 문자열이나 다른 시퀀스가 아니므로, 사전 맥락 없이 룬 자체의 바이트만으로 룬을 찾을 수 있다. 사전식 바이트 순서가 유니코드 코드 포인트 순서와 동일하므로 UTF-8은 자연히 정렬된다. 그리고 내장된 NUL(0) 바이트가 없어서 NUL로 문자열을 종료하는 프로그래밍 언어에서도 편리하게 사용할 수 있다.

Go 소스 파일은 항상 UTF-8로 인코딩되고 Go 프로그램은 텍스트 문자열 처리에 UTF-8인코딩을 권장한다. unicode 패키지에는 개별 룬 처리(숫자 중 문자 구별 또는 대문자를 소문자로 변환 등)를 위한 함수가 있으며, unicode/utf8 패키지에는 UTF-8을 이용해 룬을 바이트로 인코딩하거나 디코딩하는 함수가 있다.

다수의 유니코드 문자는 키보드로 입력하기 어렵거나 시각적으로 유사한 문자열과 구별하기 어렵다. 일부는 보이지도 않는다. Go 문자열 리터럴의 유니코드 이스케이프는 유니코드 문자를 숫자 코드 포인트 값으로 지정할 수 있게 한다. 16비트 값에 \uhhhh, 32비트 값에 \Uhhhhhhhh를 사용하는 두 가지 형태가 있으며, h는 16진 숫자다. 32비트 형태가 필요할 때는 거의 없다. 각각은 지정된 코드 포인트의 UTF-8 인코딩을 의미한다. 따라서 예를 들어 다음의 문자열 리터럴들은 모두 같은 여섯 바이트 문자열이다.

```
"世界"
"\xe4\xb8\x96\xe7\x95\x8c"
"\u4e16\u754c"
"\U00004e16\U0000754c"
```

위의 세 이스케이프 시퀀스는 첫 번째 문자열을 다르게 표기한 것이지만, 나타내는 값은 동일하다.

유니코드 이스케이프는 룬 리터럴에 사용할 수도 있다. 다음 세 가지 리터럴은 동일하다.

```
'世'  '\u4e16'  '\U00004e16'
```

값이 256보다 작은 룬은 'A'를 '\x41'과 같이 하나의 16진 이스케이프로 쓸 수 있지만, 그보다 큰 값은 \u나 \U 이스케이프를 사용해야 한다. 결과적으로 '\xe4\xb8\x96'은 세 바이트가 각각 단일 코드 포인트로는 유효한 UTF-8 인코딩이더라도 적합한 룬 리터럴이 아니다.

UTF-8의 훌륭한 속성 덕택에 여러 문자열 연산에서 디코딩이 필요 없다. 한 문자열이 접두사로 다른 문자열을 갖고 있는지는 다음과 같이 테스트할 수 있다.

```go
func HasPrefix(s, prefix string) bool {
    return len(s) >= len(prefix) && s[:len(prefix)] == prefix
}
```

또는 접미사로는 다음과 같다.

```go
func HasSuffix(s, suffix string) bool {
    return len(s) >= len(suffix) && s[len(s)-len(suffix):] == suffix
}
```

또는 부분 문자열로는 다음과 같다.

```go
func Contains(s, substr string) bool {
    for i := 0; i < len(s); i++ {
        if HasPrefix(s[i:], substr) {
            return true
        }
    }
    return false
}
```

원시 바이트와 UTF-8로 인코딩된 텍스트에 동일한 로직을 사용할 수 있다. 이는 다른 인코 딩의 경우 통용되지 않는다(위의 함수는 strings 패키지에서 가져온 것이며, strings 패키지는 더 효율적 으로 검색하기 위해 Contains 구현에 해시를 사용한다).

반면에 개별 유니코드 문자에 더 많은 신경을 써야 할 때에는 다른 메커니즘을 사용해야 한다. 동아시아 문자 두 개가 포함된 첫 번째 예제의 문자열을 생각해보자. 그림 3.5는 메모 리에서의 문자열 표현을 보여준다. 이 문자열에는 13바이트가 있지만, UTF-8로 해석하면 9개의 코드 포인트 또는 룬으로 인코딩된다.

```go
import "unicode/utf8"

s := "Hello, 世界"
fmt.Println(len(s))                    // "13"
fmt.Println(utf8.RuneCountInString(s)) // "9"
```

이 문자들을 처리하려면 UTF-8 디코더가 필요하다. unicode/utf8 패키지에는 다음과 같 이 사용할 수 있는 함수가 있다.

```go
for i := 0; i < len(s); {
    r, size := utf8.DecodeRuneInString(s[i:])
    fmt.Printf("%d\t%c\n", i, r)
    i += size
}
```

DecodeRuneInString을 호출할 때마다 룬 자체인 r과 r의 UTF-8 인코딩이 차지하는 바이트 수인 size가 반환된다. 크기는 문자열 내에서 다음 룬의 바이트 인덱스 i를 갱신하는 데 사용 된다. 하지만 이러한 방식은 세련되지 못하며, 항상 이런 종류의 루프가 필요하게 된다. 다행 히도 Go의 range 루프를 문자열에 적용하면 묵시적으로 UTF-8 디코딩을 수행한다. 다음 루프의 출력은 그림 3.5에도 표시돼 있다. 아스키가 아닌 룬에서의 인덱스는 1 이상 이동한다.

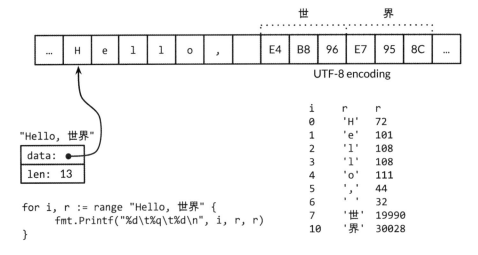

그림 3.5 range 루프는 UTF-8로 인코딩된 문자열을 디코딩한다.

```go
for i, r := range "Hello, 世界" {
    fmt.Printf("%d\t%q\t%d\n", i, r, r)
}
```

다음과 같이 간단한 range 루프로 문자열 내의 룬 개수를 셀 수 있다.

```go
n := 0
for _, _ = range s {
    n++
}
```

range 루프의 다른 형태와 마찬가지로 필요하지 않은 변수는 생략할 수 있다.

```go
n := 0
for range s {
    n++
}
```

또는 `utf8.RuneCountInString(s)`를 호출하기만 해도 된다.

이전에 Go에서 텍스트 문자열을 UTF-8로 인코딩된 유니코드 코드 포인트의 시퀀스로 해석하는 것은 관행의 문제라고 언급했지만, 사실상 이러한 해석은 문자열에 range 루프를 올바르게 사용하기 위해서는 관행 이상으로 반드시 필요하다. 임의의 2진 데이터나 오류가 있는 UTF-8 데이터가 포함된 문자열을 순회하는 경우 어떤 일이 일어나겠는가?

UTF-8 디코더는 `utf8.DecodeRuneInString`을 명시적으로 호출한 경우나 range 루프에서 묵시적으로 호출된 경우 모두 예상치 못한 입력 바이트를 받으면 특별한 유니코드 대체 문자 `'\uFFFD'`를 생성하며, 이는 보통 검은색 육각형이나 다이아몬드형 안에 하얀 물음표 ◈로 표시된다. 프로그램에서 이러한 룬 값에 마주치는 것은 보통 문자열 데이터를 생성하는 시스템의 상위 부분이 텍스트 인코딩에 부주의했다는 신호다.

UTF-8은 교환 포맷으로 매우 편리하지만, 프로그램 내에서는 균일한 크기의 룬이 배열이나 슬라이스에서 쉽게 인덱스할 수 있으므로 더 편리할 수 있다.

UTF-8로 인코딩된 문자열에 []rune 변환을 적용하면 인코딩된 문자열의 유니코드 코드 포인트 시퀀스를 반환한다.

```
// 일본어 카타카나로 표현한 "프로그램"
s := "プログラム"
fmt.Printf("% x\n", s) // "e3 83 97 e3 83 ad e3 82 b0 e3 83 a9 e3 83 a0"
r := []rune(s)
fmt.Printf("%x\n", r)  // "[30d7 30ed 30b0 30e9 30e0]"
```

(첫 번째 Printf의 %x는 16진수의 각 쌍 사이에 공백을 삽입한다)

룬의 슬라이스를 문자열로 변환하면 각 룬의 UTF-8로 인코딩된 결과를 결합해 반환한다.

```
fmt.Println(string(r)) // "プログラム"
```

정수 값을 문자열로 변환하면 정수를 룬 값으로 해석하고, 해당 룬의 UTF-8 표현을 산출한다.

```
fmt.Println(string(0x4eac))  // "京"
fmt.Println(string(1234567)) // "�"
```

룬이 유효하지 않은 경우 대체 문자로 치환된다.

```
fmt.Println(string(1234567)) // ""
```

3.5.4 문자열과 바이트 슬라이스

문자열 조작에는 네 가지 표준 패키지 bytes, strings, strconv, unicode가 특히 중요하다. strings 패키지에는 문자열 검색, 교체, 비교, 잘라내기, 쪼개기, 합치기 등을 수행하는 다양한 함수가 있다.

bytes 패키지는 []byte 타입의 바이트 슬라이스를 조작하며, strings와 일부 속성을 공유하는 비슷한 함수들로 이뤄져 있다. 문자열은 불변이기 때문에 점진적인 문자열 구축에는 다수의 할당 및 복사 연산이 필요하다. 이러한 경우 bytes.Buffer 타입을 사용하는 것이 더 효율적이며, 이에 대해서 곧 살펴본다.

strconv 패키지에는 불리언, 정수, 부동소수점 수 값을 문자열 값으로 변환 및 역변환하는 함수와 문자열을 참조quoting하거나 역참조unquoting하는 함수가 있다.

unicode 패키지에는 룬을 분류하기 위한 IsDigit, IsLetter, IsUpper, isLower 등의 함수가 있다. 각 함수는 하나의 룬을 인수로 받고 불리언을 반환한다. ToUpper나 ToLower와 같은 변환 함수는 룬이 문자일 경우 대문자나 소문자로 변환한 후 반환한다. 이러한 함수들은 모두 문자, 숫자 등에 유니코드 표준 범주를 사용한다. strings 패키지에도 ToUpper와 ToLower로 불리는 유사한 함수가 있으며, 원본 문자열의 각 문자에 지정된 변환이 적용된 새 문자열을 반환한다.

다음의 basename 함수는 같은 이름의 유닉스 셸 유틸리티에서 온 것이다. 이 버전의 basename(s)는 s에서 슬래시로 구분돼 파일 시스템 경로로 보이는 접두 문자열을 제거하며, 파일 타입으로 보이는 접미 문자열도 제거한다.

```
fmt.Println(basename("a/b/c.go")) // "c"
fmt.Println(basename("c.d.go"))   // "c.d"
fmt.Println(basename("abc"))      // "abc"
```

basename의 첫 번째 버전은 라이브러리의 도움 없이 모든 작업을 수행한다.

<u>gopl.io/ch3/basename1</u>
```
// basename은 디렉토리 구성 요소와 .suffix를 제거한다.
// 예) a => a, a.go => a, a/b/c.go => c, a/b.c.go => b.c
func basename(s string) string {
    // 마지막 '/'와 그 전의 문자를 모두 제거한다.
    for i := len(s) - 1; i >= 0; i-- {
        if s[i] == '/' {
            s = s[i+1:]
            break
        }
    }
    // 마지막 '.' 전의 모든 문자를 남긴다.
    for i := len(s) - 1; i >= 0; i-- {
        if s[i] == '.' {
            s = s[:i]
            break
        }
    }
    return s
}
```

더 간단한 버전은 라이브러리 함수 strings.LastIndex를 사용한다.

<u>gopl.io/ch3/basename2</u>
```
func basename(s string) string {
    slash := strings.LastIndex(s, "/") // "/"가 없으면 -1
    s = s[slash+1:]
    if dot := strings.LastIndex(s, "."); dot >= 0 {
        s = s[:dot]
    }
    return s
}
```

path와 path/filepath 패키지에는 계층적인 이름을 조작하는 더 범용적인 함수들이 있다. path 패키지는 모든 플랫폼에서 슬래시로 구분된 경로에 대해 동작한다. 이 패키지는 파일 명에는 사용할 수 없지만 URL의 경로와 같은 다른 도메인에 적합하다. 반면에 path/filepath는 POSIX에서는 /foo/bar, 마이크로소프트 윈도우에서는 c:\foo\bar와 같은 호스트 플랫폼의 규칙에 따라 파일명을 조작한다.

또 다른 부분 문자열 예제로 계속해보자. 주어진 작업은 "12345"와 같은 정수의 문자열 표현을 받아서 "12,345"같이 세 번째 위치마다 콤마를 삽입하는 것이다. 이 버전은 정수에 대해서만 작동한다. 부동소수점 숫자 처리는 연습문제로 남긴다.

gopl.io/ch3/comma
```
// comma는 양의 10진 정수 문자열에 콤마를 삽입한다.
func comma(s string) string {
    n := len(s)
    if n <= 3 {
        return s
    }
    return comma(s[:n-3]) + "," + s[n-3:]
}
```

comma의 인수는 문자열이다. 길이가 3 이하이면 콤마가 필요 없다. 그렇지 않으면 comma는 마지막 세 글자를 제외한 부분 문자열로 스스로를 재귀 호출하고, 재귀 호출의 결과에 콤마와 나머지 세 글자를 붙인다.

바이트 배열을 포함한 문자열은 한 번 생성되면 변경할 수 없다. 반면에 바이트 슬라이스의 원소는 자유롭게 변경할 수 있다.

문자열은 바이트 슬라이스로 변환하고 되돌릴 수 있다.

```
s := "abc"
b := []byte(s)
s2 := string(b)
```

개념적으로 []byte(s) 변환은 s바이트의 복사본을 갖는 새 바이트 배열을 할당하고, 이 배열의 요소를 참조하는 슬라이스를 산출한다. 최적화하는 컴파일러는 경우에 따라서 할당이나 복사를 방지할 수도 있지만, 일반적으로 b의 내용이 연속해서 변경되더라도 s의 바이트들은 변하지 않게 하기 위해 복사가 필요하다. string(b)를 통해 바이트 슬라이스를 문자열로 되돌릴 때에도 결과 문자열 s2가 변하지 않게 하기 위해 복사가 일어난다.

변환과 불필요한 메모리 할당을 피하기 위해 여러 bytes 패키지의 유틸리티 함수들은 strings 패키지의 함수들과 직접 대응한다. 예를 들어 다음은 몇 가지 strings 함수들이다.

```
func Contains(s, substr string) bool
func Count(s, sep string) int
func Fields(s string) []string
func HasPrefix(s, prefix string) bool
func Index(s, sep string) int
func Join(a []string, sep string) string
```

그리고 bytes의 대응하는 함수들은 다음과 같다.

```
func Contains(b, subslice []byte) bool
func Count(s, sep []byte) int
func Fields(s []byte) [][]byte
func HasPrefix(s, prefix []byte) bool
func Index(s, sep []byte) int
func Join(s [][]byte, sep []byte) []byte
```

유일한 차이는 **strings**가 바이트 슬라이스로 대체됐다는 점이다.

bytes 패키지는 바이트 슬라이스의 효율적인 조작을 위한 **Buffer** 타입을 제공한다. **Buffer**는 빈 상태로 시작하지만, **string**, **byte**, **[]byte** 등의 타입을 기록하면 커진다. 다음 예에서 볼 수 있듯이 **bytes.Buffer** 변수는 제로 값을 사용할 수 있으므로 초기화가 필요 없다.

```
gopl.io/ch3/printints
    // intsToString은 fmt.Sprint(values)와 유사하지만 콤마를 추가한다.
    func intsToString(values []int) string {
        var buf bytes.Buffer
        buf.WriteByte('[')
        for i, v := range values {
            if i > 0 {
                buf.WriteString(", ")
            }
            fmt.Fprintf(&buf, "%d", v)
        }
        buf.WriteByte(']')
        return buf.String()
    }

    func main() {
        fmt.Println(intsToString([]int{1, 2, 3})) // "[1, 2, 3]"
    }
```

UTF-8로 인코딩된 임의의 룬을 bytes.Buffer에 추가할 때에는 bytes.Buffer의 WriteRune 메소드를 사용하는 것이 가장 좋지만, '['나 ']' 같은 아스키 문자열에는 WriteByte도 쓸 수 있다.

bytes.Buffer 타입은 매우 유연하며, 7장에서 인터페이스를 다룰 때 위의 Fprintf와 같이 입출력 함수에 바이트 출력(io.Writer)이 필요한 경우나 바이트 입력(io.Reader)이 필요한 경우에 이 타입을 어떻게 사용할 수 있는지 살펴본다.

연습문제 3.10 문자열 연결 대신 bytes.Buffer를 사용해 재귀 호출을 하지 않는 comma 버전을 작성하라.

연습문제 3.11 부동소수점 숫자와 부가적인 기호를 올바르게 다룰 수 있도록 comma를 확장하라.

연습문제 3.12 두 개의 문자열이 같은 문자를 반대의 순서로 갖는 아나그램anagrams인지 여부를 알려주는 함수를 작성하라.

3.5.5 문자열과 숫자 사이의 변환

문자열, 룬, 바이트 간의 변환 외에 숫자 값과 문자열 표현 사이의 변환이 필요한 경우가 자주 있다. 이러한 변환은 strconv 패키지의 함수들로 수행한다.

정수를 문자열로 변환하기 위한 한 가지 방법은 fmt.Sprintf를 사용하는 것이다. 다른 방법은 strconv.Itoa('정수를 아스키로') 함수를 사용하는 것이다.

```
x := 123
y := fmt.Sprintf("%d", x)
fmt.Println(y, strconv.Itoa(x)) // "123 123"
```

FormatInt와 FormatUint은 다른 기수를 가진 숫자를 포매팅할 때 사용한다.

```
fmt.Println(strconv.FormatInt(int64(x), 2)) // "1111011"
```

fmt.Printf의 %b, %d, %o, %x는 특히 숫자 옆에 부가적인 정보를 넣고 싶을 때 Format 함수보다 편리하다.

```
s := fmt.Sprintf("x=%b", x) // "x=1111011"
```

정수를 나타내는 문자열을 파싱할 때는 strconv의 함수 중 Atoi나 ParseInt를 사용하고, 부호 없는 정수에는 ParseUint를 사용한다.

```
x, err := strconv.Atoi("123")            // x는 int
y, err := strconv.ParseInt("123", 10, 64) // 기수 10, 최대 64비트
```

ParseInt의 세 번째 인자는 결과를 담을 정수 타입의 크기다. 예를 들어 16은 int16을 의미하고, 특수 값 0은 int를 의미한다. 어떤 경우든 결과 y의 타입은 항상 int64이며, 더 작은 타입으로 변환할 수 있다.

때로는 fmt.Scanf가 문자와 숫자가 모두 한 줄에 섞인 입력을 파싱하기에 유용하지만, 특히 불완전하거나 불규칙한 입력을 처리할 때는 유연하지 못할 수 있다.

3.6 상수

상수는 컴파일러가 값을 알고 있으며, 실행 시가 아니라 컴파일 시 평가되는 표현식이다. 모든 상수의 내부 타입은 기본 타입인 불리언, 문자열, 숫자다.

const 선언은 변수와 유사한 문법으로 명명된 값을 선언하지만 이 값은 상수이며, 실수로(또는 악의적으로) 프로그램 실행 중 값이 바뀌는 것을 방지한다. 예를 들어 pi와 같은 수학 상수를 정의할 때에는 선언의 값이 변하지 않으므로 상수가 변수보다 더 적합하다.

```
const pi = 3.14159 // 근삿값; math.Pi가 더 정확하다.
```

변수와 마찬가지로 하나의 선언에 여러 상수가 나올 수 있다. 이러한 선언은 관련된 값의 그룹에는 적합하다.

```
const (
    e  = 2.71828182845904523536028747135266249775724709369995957496696763
    pi = 3.14159265358979323846264338327950288419716939937510582097494459
)
```

상수에 대한 여러 연산은 모두 컴파일 시에 평가되므로, 실행 시 필요한 작업을 줄이고 다른 컴파일러 최적화를 가능하게 한다. 정수를 0으로 나누기, 범위 밖의 문자열 인덱싱, 유한 값을 넘는 부동소수점 연산 등 보통 실행 시 감지되는 오류는 피연산자가 상수인 경우 컴파일 시 감지할 수 있다.

상수 피연산자에 대한 산술, 논리, 비교 연산 결과는 상수이며, 상수에 대한 len, cap, real, imag, complex, unsafe.Sizeof(13.1절)와 같은 변환이나 특정한 내장 함수 호출의 결과도 상수다.

그 값을 컴파일러가 알고 있으므로 상수 표현식은 타입 안에 나올 수 있으며, 구체적으로 배열 타입의 길이로 쓸 수 있다.

```
const IPv4Len = 4

// parseIPv4는 IPv4 주소(d.d.d.d)를 파싱한다.
func parseIPv4(s string) IP {
    var p [IPv4Len]byte
    // ...
}
```

상수 선언에서 값 외에 타입도 지정할 수 있지만, 명시적인 타입이 없으면 타입을 오른쪽 표현식에서 추정한다. 다음 예제에서 time.Duration은 내부 타입이 int64인 명명된 타입이고, time.Minute는 이 타입의 상수다. 따라서 아래에 선언된 두 상수 모두 time.Duration 타입이며, 이는 %T로 알 수 있다.

```
const noDelay time.Duration = 0
const timeout = 5 * time.Minute
fmt.Printf("%T %[1]v\n", noDelay)     // "time.Duration 0"
fmt.Printf("%T %[1]v\n", timeout)     // "time.Duration 5m0s"
fmt.Printf("%T %[1]v\n", time.Minute) // "time.Duration 1m0s"
```

상수들이 그룹으로 선언되면 첫 번째 그룹 외에는 오른쪽 표현식을 생략할 수 있으며, 이 경우 이전 표현식과 타입이 묵시적으로 재사용된다. 예를 들면 다음과 같다.

```
const (
    a = 1
    b
    c = 2
    d
)
fmt.Println(a, b, c, d) // "1 1 2 2"
```

이때는 묵시적으로 복사된 오른쪽 표현식이 항상 같으므로 별로 유용하지 않다. 하지만 표현식이 달라질 수 있다면 어떨까? iota를 살펴보자.

3.6.1 상수 생성기 iota

const 선언에서 상수 생성기 iota를 사용해 연관된 값들을 하나하나 명시하지 않고 생성할 수 있다. const 선언에서 iota의 값은 0에서 시작하며, 상수 목록의 각 항목마다 하나씩 증가한다.

time 패키지의 예제는 주중의 요일을 명명된 상수 타입 Weekday로 정의하며, Sunday를 0으로 시작한다. 이런 종류의 타입을 종종 enumeration(열거형), 짧게 enum이라 한다.

```
type Weekday int

const (
    Sunday Weekday = iota
    Monday
    Tuesday
    Wednesday
    Thursday
    Friday
    Saturday
)
```

이 코드는 Sunday를 0, Monday를 1과 같은 식으로 선언한다.

iota는 좀 더 복잡한 표현식에도 사용할 수 있으며, 다음과 같은 net 패키지의 예제에서는 하위 5비트의 부호 없는 정수에 각각 고유한 이름과 불리언 값을 부여했다.

```
type Flags uint

const (
    FlagUp Flags = 1 << iota // 활성화됨
    FlagBroadcast            // 브로드캐스트 지원
    FlagLoopback             // 루프백 인터페이스
    FlagPointToPoint         // P2P링크
    FlagMulticast            // 멀티캐스트 지원
)
```

iota가 증가하면서 각 상수에는 $1 << iota$의 값이 할당되고, 이 값은 각각 2의 지수승에 해당하는 하나의 비트 값으로 해석된다. 이 상수들을 위의 비트 중 하나를 테스트, 설정, 해제하는 함수 안에서 사용할 수 있다.

```
gopl.io/ch3/netflag
    func IsUp(v Flags) bool      { return v&FlagUp == FlagUp }
    func TurnDown(v *Flags)      { *v &^= FlagUp }
    func SetBroadcast(v *Flags)  { *v |= FlagBroadcast }
    func IsCast(v Flags) bool     { return v&(FlagBroadcast|FlagMulticast) != 0 }
```

```
func main() {
    var v Flags = FlagMulticast | FlagUp
    fmt.Printf("%b %t\n", v, IsUp(v)) // "10001 true"
    TurnDown(&v)
    fmt.Printf("%b %t\n", v, IsUp(v)) // "10000 false"
    SetBroadcast(&v)
    fmt.Printf("%b %t\n", v, IsUp(v))   // "10010 false"
    fmt.Printf("%b %t\n", v, IsCast(v)) // "10010 true"
}
```

iota의 좀 더 복잡한 예로서 다음 선언은 1024의 지수승에 이름을 부여한다.

```
const (
    _ = 1 << (10 * iota)
    KiB // 1024
    MiB // 1048576
    GiB // 1073741824
    TiB // 1099511627776           (exceeds 1 << 32)
    PiB // 1125899906842624
    EiB // 1152921504606846976
    ZiB // 1180591620717411303424   (exceeds 1 << 64)
    YiB // 1208925819614629174706176
)
```

iota 메커니즘에는 제약이 있다. 예를 들면 지수 연산자가 없으므로 더 익숙한 1000의 지수 승(KB, MB 등)을 생성할 수 없다.

연습문제 3.13   KB, MB에서 YB까지의 const 선언을 가능한 한 간단하게 작성하라.

3.6.2 타입 없는 상수

Go의 상수는 조금 특이하다. 상수는 int나 float64 등의 기본 데이터 타입과 time.Duration 과 같은 명명된 기본 타입을 모두 사용할 수 있지만, 특정 타입으로 지정되지 않은 상수도 많다. 컴파일러는 이러한 지정되지 않은 상수를 기본 타입보다 훨씬 더 큰 숫자 정밀도로 표현하며, 이러한 상수에 대한 산술 연산은 기계 연산보다 더 정확하다. 최소한 256비트의 정밀도를 가정할 수 있다. 지정되지 않은 상수에는 여섯 가지 종류가 있으며, 각각 타입 없는 불리언, 타입 없는 정수, 타입 없는 룬, 타입 없는 부동소수점, 타입 없는 복소수, 타입 없는 문자열이라 한다.

타입 없는 상수는 타입 지정을 연기해 이후에도 높은 정밀도를 유지할 뿐만 아니라 변환 없이 타입이 지정된 상수보다 더 많은 표현식에 사용할 수 있다. 예를 들어 앞 예제의 ZiB와 YiB 값은 정수형 변수에 저장하기엔 너무 크지만 다음과 같은 표현식에서는 사용할 수 있는 적법한 상수다.

```
fmt.Println(YiB/ZiB) // "1024"
```

다른 예로, 부동소수점 상수 math.Pi는 부동소수점 수나 복소수 값이 필요한 곳이면 어디든 사용할 수 있다.

```
var x float32 = math.Pi
var y float64 = math.Pi
var z complex128 = math.Pi
```

math.Pi가 float64와 같은 특정 타입으로 지정됐다면 결과가 정확하지 않을 뿐더러 float32
나 complex128 값이 요구될 때에는 타입 변환이 필요할 것이다.

```
const Pi64 float64 = math.Pi

var x float32 = float32(Pi64)
var y float64 = Pi64
var z complex128 = complex128(Pi64)
```

리터럴의 경우 표기법이 종류를 결정한다. 0, 0.0, 0i, '\u0000'은 모두 같은 값을 나타내는
상수지만, 종류가 다르다. 각각 타입 없는 정수, 타입 없는 부동소수점 수, 타입 없는 복소수,
타입 없는 룬이다. 이와 유사하게 true와 false는 타입 없는 불리언이며, 문자열 리터럴은
타입 없는 문자열이다.

이 피연산자에 따라 정수 나눗셈이나 부동소수점 나눗셈을 나타낸다는 것을 생각해보라.
결과적으로 리터럴의 선택이 상수 나눗셈 표현식의 결과에 영향을 미칠 수 있다.

```
var f float64 = 212
fmt.Println((f - 32) * 5 / 9)    // "100"; (f - 32) * 5는 float64
fmt.Println(5 / 9 * (f - 32))    // "0";   5/9는 타입 없는 정수 0
fmt.Println(5.0 / 9.0 * (f - 32)) // "100"; 5.0/9.0은 타입 없는 부동소수점 수
```

상수만 타입을 지정하지 않을 수 있다. 다음의 첫 번째 문장처럼 타입 없는 상수가 변수에
할당되거나 나머지 세 문장처럼 명시적으로 타입을 가진 변수 선언의 오른쪽에 나타나게
되면 상수는 가능한 경우 묵시적으로 해당 변수의 타입으로 변환된다.

```
var f float64 = 3 + 0i // 타입 없는 복소수 -> float64
f = 2                  // 타입 없는 정수 -> float64
f = 1e123              // 타입 없는 부동소수점 수 -> float64
f = 'a'                // 타입 없는 룬 -> float64
```

따라서 위의 문장은 다음과 같다.

```
var f float64 = float64(3 + 0i)
f = float64(2)
f = float64(1e123)
f = float64('a')
```

묵시적이든 명시적이든 상수를 한 타입에서 다른 타입으로 변환하려면 대상 타입이 원래
값을 나타낼 수 있어야 한다. 실수와 허수에서는 반올림이 허용된다.

```
const (
    deadbeef = 0xdeadbeef // 값이 3735928559인 타입 없는 int
    a = uint32(deadbeef)  // 값이 3735928559인 uint32
    b = float32(deadbeef) // 값이 3735928576인 float32(반올림)
    c = float64(deadbeef) // 값이 3735928559인 float64(일치)
    d = int32(deadbeef)   // 컴파일 오류: int32 상수 오버플로우
    e = float64(1e309)    // 컴파일 오류: float64 상수 오버플로우
    f = uint(-1)          // 컴파일 오류: uint 상수 언더플로우
)
```

명시적인 타입 없이 변수를 선언하면(짧은 변수 선언 포함) 다음 예제에서처럼 타입 없는 상수의
종류로 변수의 기본 타입을 묵시적으로 결정한다.

```
i := 0     // 타입 없는 정수;         implicit int(0)
r := '\000' // 타입 없는 룬;          implicit rune('\000')
f := 0.0   // 타입 없는 부동소수점 수; implicit float64(0.0)
c := 0i    // 타입 없는 복소수;        implicit complex128(0i)
```

타입 없는 정수는 크기가 지정되지 않은 int로 변환되지만, 타입 없는 부동소수점 수와 복소
수는 명시적으로 크기가 지정된 float64와 complex128로 변환되는 비대칭성에 주의하자.
Go 언어에는 int와 같이 크기가 지정되지 않은 float와 complex 타입이 없으며, 이는 부동
소수점 데이터 타입의 크기를 모르면 정확하게 수치로 표현하는 알고리즘을 작성하기가 매
우 어렵기 때문이다.

변수에 다른 타입을 지정하려면 다음 예제에서와 같이 명시적으로 타입 없는 상수를 원하는
타입으로 변환하거나 변수 선언에서 원하는 타입을 지정해야 한다.

```
var i = int8(0)
var i int8 = 0
```

기본 값으로 동적 타입을 결정하므로, 타입 없는 상수를 인터페이스 값(7장 참조)으로 변환할
때는 기본 값이 특히 중요하다.

```
fmt.Printf("%T\n", 0)     // "int"
fmt.Printf("%T\n", 0.0)   // "float64"
fmt.Printf("%T\n", 0i)    // "complex128"
fmt.Printf("%T\n", '\000') // "int32" (rune)
```

이제 Go의 기본 자료형에 대해 알아봤다. 다음 단계로는 이 자료형을 배열이나 구조체와
같은 더 큰 자료형의 그룹으로 조합하는 방법을 알아보고, 실제 프로그래밍 문제를 해결하기
위한 자료 구조를 살펴보는데, 이것이 4장의 주제다.

4장
복합 타입

3장에서는 Go 프로그램의 데이터 구조를 이루는 기본 타입에 대해 살펴봤다. 이는 Go 우주에서 원자와 같다. 4장에서는 복합 타입을 살펴보는데, 이는 기본 타입을 다양한 방법으로 결합해 생성한 분자에 해당한다. 먼저 네 가지 타입(배열, 슬라이스, 맵, 구조체)에 대해 알아본후 4장의 끝에서 이러한 타입을 사용하는 구조화된 데이터를 JSON 데이터로 인코딩하고 파싱하는 방법 및 템플릿에서 HTML을 생성하는 방법을 살펴본다.

배열과 구조체는 집합 타입이다. 그 값들은 메모리에 있는 다른 값들을 연결한 것이다. 배열은 동종^{homogeneous}(원소가 모두 같은 타입)인 반면, 구조체는 이종^{heterogeneous}이다. 배열과 구조체는 모두 고정된 크기다. 반면에 슬라이스와 맵은 동적 데이터 구조이며, 값을 추가할 때마다 커진다.

4.1 배열

배열은 0개 이상의 특정 타입 원소로 이뤄진 고정 길이 시퀀스다. 배열은 고정 길이기 때문에 Go에서 직접 사용하는 경우가 거의 없다. 슬라이스는 크기가 늘어나거나 줄어들 수 있어서 더 유용하지만, 슬라이스를 이해하기 위해서는 먼저 배열부터 이해해야 한다.

배열의 개별 원소는 기존 첨자 표기법으로 접근하며, 첨자의 범위는 0부터 배열 길이-1까지다. 내장 함수 len은 배열의 원소 수를 반환한다.

```
var a [3]int            // 정수 3개로 이뤄진 배열
fmt.Println(a[0])       // 첫 번째 원소 출력
fmt.Println(a[len(a)-1]) // 마지막 원소 a[2] 출력
```

```
// 인덱스와 원소 출력
for i, v := range a {
    fmt.Printf("%d %d\n", i, v)
}
// 원소만 출력
for _, v := range a {
    fmt.Printf("%d\n", v)
}
```

기본적으로 새 배열 변수의 원소는 초기에 원소 타입의 제로 값으로 설정되며, 숫자의 기본 값은 0이다. 배열 리터럴을 통해 배열을 값의 목록으로 초기화할 수 있다.

```
var q [3]int = [3]int{1, 2, 3}
var r [3]int = [3]int{1, 2}
fmt.Println(r[2]) // "0"
```

배열 리터럴에서 길이 부분을 '...'로 생략하면 배열의 길이는 초기화 값의 개수로 결정된다. q의 선언은 다음과 같이 간소화할 수 있다.

```
q := [...]int{1, 2, 3}
fmt.Printf("%T\n", q) // "[3]int"
```

배열의 크기는 해당 타입의 일부이므로 [3]int와 [4]int는 서로 다른 타입이다. 그 크기는 프로그램을 컴파일할 때 계산할 수 있는 값을 표현하는 상수 표현식이어야 한다.

```
q := [3]int{1, 2, 3}
q = [4]int{1, 2, 3, 4} // 컴파일 오류: [4]int를 [3]int에 할당할 수 없음
```

곧 보게 되겠지만, 이 리터럴 문법은 배열, 슬라이스, 맵, 구조체에서 모두 유사하다. 앞에서는 순서가 정해진 값의 목록 형태였지만, 다음과 같이 인덱스와 값 쌍의 목록을 지정할 수도 있다.

```
type Currency int
const (
    USD Currency = iota
    EUR
    GBP
    RMB
)
symbol := [...]string{USD: "$", EUR: "€", GBP: "£", RMB: "¥"}

fmt.Println(RMB, symbol[RMB]) // "3 ¥"
```

이 형태에서 인덱스는 순서에 상관없이 나타날 수 있으며, 일부를 생략할 수도 있다. 이전과 마찬가지로 지정되지 않은 값은 해당 원소 타입의 제로 값을 갖는다. 예를 들어 다음은 100개의 원소가 있는 배열 r을 선언한다.

```
r := [...]int{99: -1}
```

이 경우 마지막 요소의 값만 -1이고, 그 외는 모두 0이다.

배열의 원소가 비교할 수 있는 타입이면 배열 타입도 비교할 수 있기 때문에 이러한 타입의 두 배열은 == 연산자로 직접 비교해 대응하는 모든 원소가 동일한지 여부를 알 수 있다. != 연산자는 그 반대다.

```
a := [2]int{1, 2}
b := [...]int{1, 2}
c := [2]int{1, 3}
fmt.Println(a == b, a == c, b == c) // "true false false"
d := [3]int{1, 2}
fmt.Println(a == d) // 컴파일 오류: [2]int와 [3]int는 비교할 수 없음
```

더 실용적인 예로, crypto/sha256 패키지의 Sum256 함수는 임의의 바이트 슬라이스에 저장된 메시지의 SHA256 암호화 해시나 다이제스트^{digest, 축약}를 생성한다. 다이제스트는 256비트이므로 타입이 [32]byte다. 두 다이제스트가 동일하면 두 메시지가 동일할 가능성이 매우 높다. 다이제스트가 다르면 두 개의 메시지는 서로 다르다. 다음 프로그램은 "x"와 "X"의 SHA256 다이제스트를 출력하고 비교한다.

<u>gopl.io/ch4/sha256</u>
```
import "crypto/sha256"

func main() {
    c1 := sha256.Sum256([]byte("x"))
    c2 := sha256.Sum256([]byte("X"))
    fmt.Printf("%x\n%x\n%t\n%T\n", c1, c2, c1 == c2, c1)
    // 출력:
    // 2d711642b726b04401627ca9fbac32f5c8530fb1903cc4db02258717921a4881
    // 4b68ab3847feda7d6c62c1fbcbeebfa35eab7351ed5e78f4ddadea5df64b8015
    // false
    // [32]uint8
}
```

두 입력에서 단 한 비트만 다르지만, 다이제스트에서는 대략 절반 이상의 비트가 다르다. Printf의 포매터에 주목하라. %x는 배열이나 바이트 슬라이스의 모든 원소를 16진수로 출력하고, %t는 불리언 값을 보여주며, %T는 값의 타입을 표시한다.

함수가 호출될 때 각 인자 값의 사본이 대응하는 파라미터 변수에 할당되므로 함수는 원본이 아닌 복사본을 받는다. 큰 배열을 이런 방법으로 전달하는 것은 비효율적일 수 있으며, 함수에서 배열 원소를 변경하면 원본이 아닌 복사본에만 영향을 미친다. 이로 인해 Go에서는 배열을 다른 타입과 동일하게 취급하지만, 이 동작은 묵시적으로 배열의 참조를 전달하는 언어와는 다르다.

물론 명시적으로 배열의 포인터를 전달해 함수에서의 배열 원소 변경이 호출자에게도 보이게 할 수 있다. 다음 함수는 [32]byte 배열의 내용을 0으로 만든다.

```
func zero(ptr *[32]byte) {
    for i := range ptr {
        ptr[i] = 0
    }
}
```

배열 리터럴 [32]byte{}는 32바이트의 배열을 만든다. 배열의 각 원소는 byte의 제로 값을 갖는다. 이 사실을 이용해 zero의 다른 버전을 작성할 수 있다.

```
func zero(ptr *[32]byte) {
    *ptr = [32]byte{}
}
```

배열에 대한 포인터를 사용하는 것은 효율적이고 호출된 함수가 호출자의 변수를 변경할 수 있게 하지만, 배열은 고정 크기라는 점 때문에 본질적으로 유연하지 못하다. 예를 들어 zero 함수는 [16]byte 변수의 포인터를 허용하지 않으며, 배열 원소를 추가하거나 제거할 수도 없다. 이러한 이유로 SHA256 고정 크기 해시와 같은 특별한 경우 외에는 배열을 거의 함수 인자로 사용하지 않는다. 대신 슬라이스를 사용한다.

연습문제 4.1 두 SHA256 해시에서 다른 비트의 개수를 세는 함수를 작성하라(2.6.2절의 PopCount를 참조하라).

연습문제 4.2 기본적으로 표준 입력의 SHA256 해시를 출력하지만 커맨드라인 플래그를 통해 SHA384나 SHA512 해시도 출력할 수 있는 프로그램을 작성하라.

4.2 슬라이스

슬라이스는 모든 원소가 같은 타입인 가변 길이 시퀀스를 나타낸다. 슬라이스 타입은 원소가 T 타입일 때 []T로 쓴다. 이는 크기가 없는 배열 타입처럼 보인다.

배열과 슬라이스는 밀접하게 연결돼 있다. 슬라이스는 '슬라이스의 내부 배열'이라고 알려진 배열의 원소들 일부(또는 전부)에 접근할 수 있는 경량 자료 구조다. 슬라이스에는 세 가지 구성 요소로 포인터, 길이, 용량이 있다. 포인터는 슬라이스로 접근할 수 있는 배열의 첫 번째 원소를 가리키며, 반드시 배열의 첫 번째 원소일 필요는 없다. 길이는 슬라이스 원소의 개수다. 길이는 용량을 초과할 수 없으며, 용량은 보통 슬라이스 내부 배열의 시작과 끝 사이에 있는 원소의 개수다. 내장 함수 len과 cap은 이 값들을 반환한다.

여러 슬라이스가 같은 내부 배열을 공유할 수 있으며, 배열의 일부를 중복 참조할 수 있다. 그림 4.1은 연도 안의 월에 해당하는 문자열 배열과 두 개의 중첩된 슬라이스를 보여준다. 배열은 다음과 같이 선언됐다.

```
months := [...]string{1: "January", /* ... */, 12: "December"}
```

따라서 January는 months[1]이고, December는 months[12]다. 보통은 배열 원소의 0번째 인덱스에 첫 번째 값을 할당하지만, 월은 항상 1부터 세기 때문에 0번째 인덱스를 선언에서 제외했고, 따라서 0번째 인덱스는 빈 문자열로 초기화될 것이다.

0 <= i <= j <= cap(s)일 때 슬라이스 연산자 s[i:j]는 s 시퀀스의 i에서 j-1까지 원소를 참조하는 새 슬라이스를 생성하며, 이때 s는 배열 변수, 배열 포인터, 다른 슬라이스가 될 수

있다. 생성된 슬라이스에는 j-i개 원소가 있다. i가 생략되면 0이고, j가 생략되면 len(s)다. 따라서 슬라이스 months[1:13]은 months[1:]과 마찬가지로 가능한 월 전체를 참조한다. months[:] 슬라이스는 전체 배열을 참조한다. 연중 2분기와 북반구 여름에 대한 중첩된 슬라이스를 정의해보자.

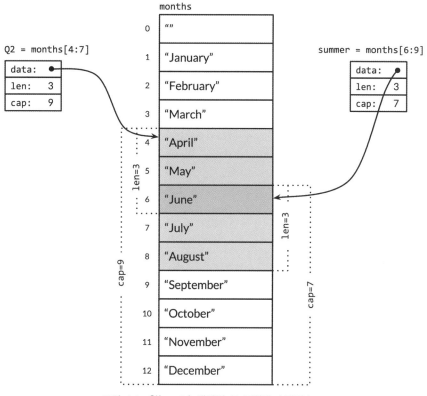

그림 4.1 월(month) 배열의 두 중첩된 슬라이스

```
Q2 := months[4:7]
summer := months[6:9]
fmt.Println(Q2)      // ["April" "May" "June"]
fmt.Println(summer) // ["June" "July" "August"]
```

June은 두 슬라이스에 모두 포함돼 있고, 다음과 같은 (비효율적인) 공통 원소 테스트의 유일한 결과다.

```
for _, s := range summer {
    for _, q := range Q2 {
        if s == q {
            fmt.Printf("%s appears in both\n", s)
        }
    }
}
```

cap(s) 이후의 원소를 분리하면 패닉이 일어나지만 len(s) 이후의 원소를 분리하면 슬라이스를 확장하므로 결과가 원본보다 더 길어질 수 있다.

```
fmt.Println(summer[:20])    // 패닉: 범위 초과

endlessSummer := summer[:5] // (용량 안에서) 슬라이스 확장
fmt.Println(endlessSummer) // "[June July August September October]"
```

덧붙여서 문자열에 대한 부분 문자열 연산과 []byte 슬라이스에 대한 슬라이스 연산자는 매우 유사하다. 둘 다 x[m:n]으로 쓰고, 둘 다 원본 바이트의 일부를 반환하며, 둘 다 내부 표현을 공유하므로 두 연산 모두에 일정 시간$^{constant\ time}$이 걸린다. x[m:n] 표현식은 x가 문자열이면 문자열을, x가 []byte이면 []byte를 생성한다.

슬라이스에는 배열 원소에 대한 포인터가 있으므로 슬라이스를 함수에 전달하면 함수가 내부 배열 원소를 변경할 수 있다. 다르게 말하자면 슬라이스 복사는 내부 배열의 별칭(2.3.2절)을 만든다. reverse 함수는 []int 슬라이스의 원소들을 직접$^{in\ place}$ 반전하고, 어떤 길이의 슬라이스에든 적용할 수 있다.

gopl.io/ch4/rev
```
// reverse는 int 슬라이스를 직접 반전시킨다.
func reverse(s []int) {
    for i, j := 0, len(s)-1; i < j; i, j = i+1, j-1 {
        s[i], s[j] = s[j], s[i]
    }
}
```

다음은 배열 a의 전체 원소를 반전시킨다.

```
a := [...]int{0, 1, 2, 3, 4, 5}
reverse(a[:])
fmt.Println(a) // "[5 4 3 2 1 0]"
```

슬라이스를 왼쪽으로 *n*개 원소만큼 회전시키는 간단한 방법은 reverse 함수를 세 번 적용하는 것으로, 처음에는 앞의 *n*개 원소를, 그 다음에 나머지 원소를, 마지막으로 전체 슬라이스를 반전시키는 것이다(오른쪽으로 회전시키려면 세 번째 호출부터 수행하라).

```
s := []int{0, 1, 2, 3, 4, 5}
// s를 왼쪽으로 두 개만큼 회전시킨다.
reverse(s[:2])
reverse(s[2:])
reverse(s)
fmt.Println(s) // "[2 3 4 5 0 1]"
```

슬라이스 s를 초기화하는 표현식은 배열 a를 초기화하는 표현식과 다르다. 슬라이스 리터럴은 배열 리터럴처럼 보이고, 값의 시퀀스가 콤마로 구별되며, 중괄호로 둘러싸여 있지만, 크기를 지정하지 않는다. 이렇게 하면 오른쪽의 배열 변수를 묵시적으로 생성하고 해당 배열을 가리키는 슬라이스를 반환한다. 슬라이스 리터럴은 배열 리터럴과 마찬가지로 순서대로 값을 지정하거나, 명시적으로 인덱스를 할당하거나, 두 가지 스타일을 혼합해 사용할 수 있다.

슬라이스는 배열과는 달리 비교할 수 없으므로 ==로 두 슬라이스가 동일한 원소를 갖고 있는지 테스트할 수 없다. 표준 라이브러리 중 최적화된 bytes.Equal 함수로 두 바이트 슬라이스 ([]byte)를 비교할 수 있지만, 다른 타입의 슬라이스는 직접 비교 연산을 수행해야 한다.

```go
func equal(x, y []string) bool {
    if len(x) != len(y) {
        return false
    }
    for i := range x {
        if x[i] != y[i] {
            return false
        }
    }
    return true
}
```

이런 '깊은' 동등성 테스트가 더 자연스럽고 실행 시 문자열 배열의 == 연산자보다 더 많은 연산이 필요하지도 않다는 점을 보면 왜 슬라이스 비교는 이와 같이 동작하지 않는지 의문이 들 수 있다. 깊은 동등성 비교는 두 가지 이유로 문제가 된다. 첫 번째로 슬라이스 원소는 배열 원소와는 달리 간접 참조이므로 슬라이스는 내부에 자기 자신을 포함할 수 있다. 이러한 경우에 대처하는 방법이 있긴 하지만, 그중 어느 것도 간단하지도 효율적이지도 않으며 무엇보다 정확하지 않다.

두 번째로 슬라이스 원소는 간접 참조이므로 고정된 슬라이스의 값은 내부 배열이 변경됨에 따라 비교 시 다른 값을 가질 수 있다. Go의 맵 타입과 같은 해시 테이블은 키의 얕은 사본 swallow copy만을 만들기 때문에 각 키의 동등성이 해시 테이블의 수명 기간 동안 동일하게 유지돼야 한다. 따라서 깊은 동등성이 없는 슬라이스는 맵 키로 적합하지 않다. 포인터나 채널과 같은 참조 타입에서는 == 연산자로 참조되는 객체의 동등성, 즉 두 개체가 같은 것을 가리키는지를 테스트한다. 이와 유사한 슬라이스의 '얕은' 동등성 테스트가 유용할 수도 있고, 이를 통해 맵에서의 문제도 해결할 수 있겠지만 슬라이스와 배열에서 == 연산자의 일관성 없는 취급은 혼동을 유발할 것이다. 가장 안전한 선택은 슬라이스의 모든 비교 연산을 막는 것이다.

슬라이스에는 nil과의 비교만이 유일하게 허용된다.

```go
if summer == nil { /* ... */ }
```

슬라이스 타입의 제로 값은 nil이다. nil 슬라이스에는 내부 배열이 없다. nil 슬라이스의 길이와 용량은 0이지만 []int{}나 make([]int, 3)[3:]과 같이 nil은 아니지만 길이와 용량이 0인 슬라이스도 있다. nil 값을 가질 수 있는 다른 타입과 마찬가지로 특정 슬라이스 타입의 nil 값은 []int(nil)과 같은 변환 표현식으로 쓸 수 있다.

```go
var s []int    // len(s) == 0, s == nil
s = nil        // len(s) == 0, s == nil
s = []int(nil) // len(s) == 0, s == nil
s = []int{}    // len(s) == 0, s != nil
```

따라서 슬라이스가 비어 있는지 확인하려면 s == nil이 아니라 len(s) == 0을 사용해야 한다. nil 슬라이스는 nil과 비교할 때 외에는 길이가 0인 슬라이스처럼 동작한다. 예를 들어 reverse(nil)도 안전하게 동작한다. Go 함수는 명백하게 반대로 문서화돼 있지 않다면 모든 길이가 0인 슬라이스를 nil 여부와 관계없이 동일하게 취급해야 한다.

내장 함수 make는 지정된 원소 타입, 길이, 용량의 슬라이스를 생성한다. 용량 인자는 용량이 길이와 같은 경우 생략할 수 있다.

```
make([]T, len)
make([]T, len, cap) // make([]T, cap)[:len]와 같다.
```

make는 내부적으로 이름 없는 배열 변수를 만들고, 이 배열의 슬라이스를 반환한다. 이 배열은 반환된 슬라이스를 통해서만 접근할 수 있다. 첫 번째 형태의 슬라이스는 전체 배열의 참조다. 두 번째 슬라이스는 배열의 처음 len개의 원소에 대한 참조이지만, 용량은 전체 배열을 포함한다. 추가 원소는 향후 커질 때에 대한 대비다.

4.2.1 append 함수

내장된 append 함수는 슬라이스에 항목을 추가한다.

```
var runes []rune
for _, r := range "Hello, 世界" {
    runes = append(runes, r)
}
fmt.Printf("%q\n", runes) // "['H' 'e' 'l' 'l' 'o' ',' ' ' '世' '界']"
```

이 루프는 append를 통해 문자열 리터럴로 인코딩된 9개 룬의 슬라이스를 생성하며, 사실 이런 특정 문제는 내장된 []rune("Hello, 世界") 변환을 이용하면 더 편리하게 해결할 수 있다.

append 함수는 슬라이스 동작 원리를 이해하는 데 매우 중요하므로, 내부적으로 어떤 일이 일어나는지 자세히 살펴보자. 다음은 []int 슬라이스에 특화된 버전인 appendInt다.

gopl.io/ch4/append
```
func appendInt(x []int, y int) []int {
    var z []int
    zlen := len(x) + 1
    if zlen <= cap(x) {
        // 확장할 공간이 있다. 슬라이스를 확장하라.
        z = x[:zlen]
    } else {
        // 공간이 부족하다. 새 배열을 할당하라.
        // 복잡도의 선형 증가를 막기 위해 두 배로 증가시킨다.
        zcap := zlen
        if zcap < 2*len(x) {
            zcap = 2 * len(x)
        }
        z = make([]int, zlen, zcap)
        copy(z, x) // 내장된 함수; 본문 참조
    }
    z[len(x)] = y
    return z
}
```

appendInt는 호출될 때마다 슬라이스의 기존 배열에 새 원소를 담을 용량이 충분한지 확인해야 한다. 충분하다면 (원래 배열 안에서) 더 큰 슬라이스를 정의해 슬라이스를 확장하고 원소 y를 새 공간에 복사한 후 이 슬라이스를 반환한다. 입력 x와 결과 z는 동일한 내부 배열을 공유한다.

확장할 공간이 부족하면 appendInt는 결과를 담기에 충분한 새 배열을 할당한 후 x에서 값을 복사하고 새 원소 y를 추가한다. 이때의 결과 z는 x가 참조하고 있던 내부 배열과는 다르다.

명시적인 루프로 원소를 복사하는 것이 더 직관적이지만, 같은 타입의 슬라이스 사이에 원소를 복사할 때에는 내장된 함수 copy를 사용하는 것이 더 쉽다. copy의 첫 번째 인수는 대상이고, 두 번째 인수는 원본이며, 이는 dst = src 할당문에서 피연산자의 순서와 동일하다. 슬라이스는 같은 내부 배열을 참조할 수 있다. 심지어 중첩될 수도 있다. 여기서는 사용하지 않지만 copy는 실제로 복사된 원소 개수를 반환하며, 이 개수는 두 슬라이스의 길이 중 짧은 것이므로 범위를 넘어서 복사하거나 범위 밖의 위치에 무언가를 덮어쓸 위험은 없다.

새 배열은 효율성을 위해 일반적으로 x와 y를 유지하기 위한 최소 길이보다는 약간 크다. 확장할 때마다 배열의 크기를 두 배로 하면 지나치게 많은 할당을 피하고 단일 원소 추가에 평균적으로 일정한 시간을 사용하게 한다. 다음 프로그램은 그 효과를 보여준다.

```
func main() {
    var x, y []int
    for i := 0; i < 10; i++ {
        y = appendInt(x, i)
        fmt.Printf("%d  cap=%d\t%v\n", i, cap(y), y)
        x = y
    }
}
```

용량이 바뀔 때마다 할당과 복사가 일어난다.

```
0  cap=1   [0]
1  cap=2   [0 1]
2  cap=4   [0 1 2]
3  cap=4   [0 1 2 3]
4  cap=8   [0 1 2 3 4]
5  cap=8   [0 1 2 3 4 5]
6  cap=8   [0 1 2 3 4 5 6]
7  cap=8   [0 1 2 3 4 5 6 7]
8  cap=16  [0 1 2 3 4 5 6 7 8]
9  cap=16  [0 1 2 3 4 5 6 7 8 9]
```

i = 3일 때의 반복을 자세히 살펴보자. 슬라이스 x에는 세 원소 [0 1 2]가 있지만 용량이 4이므로 맨 끝에 하나의 원소를 추가할 여분의 공간이 있으며, 원소 3에 대한 appendInt는 재할당 없이 진행할 수 있다. 결과 슬라이스 y는 길이와 용량이 모두 4이고 원본 슬라이스 x와 동일한 내부 배열을 갖는 것을 그림 4.2에서 확인할 수 있다.

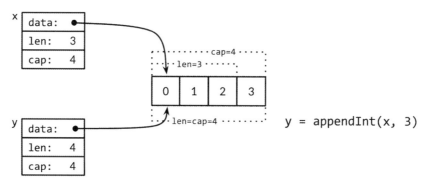

그림 4.2 공간이 있을 때 확장하기

다음 반복 i = 4에서는 여유 공간이 없으므로 appendInt는 크기 8인 새 배열을 할당하고 x의 네 원소 [0 1 2 3]을 복사한 후 i 값으로 4를 추가한다. 결과 슬라이스 y는 길이가 5이지만 용량은 8이다. 3개의 여분으로 인해 이후 세 번의 반복에서는 재할당을 하지 않아도 된다. y와 x 슬라이스는 각기 다른 배열의 참조다. 이 연산은 그림 4.3에서 보여준다.

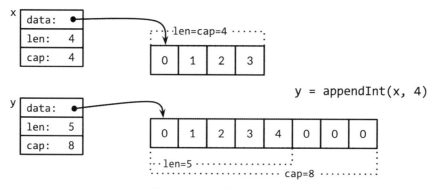

그림 4.3 공간이 없을 때 확장하기

내장된 append 함수는 appendInt의 단순한 방식 대신 더 정교한 확장 방식을 사용할 수 있다. 보통 append 호출로 재할당이 일어나는지 여부는 알 수 없기 때문에 원본 슬라이스와 결과 슬라이스가 같은 배열을 참조한다고 가정할 수 없으며, 다른 배열이라고 가정할 수도 없다. 마찬가지로 이전 슬라이스 원소에 대한 할당이 새 슬라이스에 반영된다고(또는 반영되지 않는다고) 가정해서는 안 된다. 그렇기 때문에 일반적으로 append 호출의 결과를 append로 전달한 슬라이스 변수에 할당한다.

```
runes = append(runes, r)
```

append 호출뿐만 아니라 슬라이스의 길이나 용량을 변경하는 함수, 또는 슬라이스가 다른 내부 배열을 참조하게 하는 함수도 슬라이스 변수를 갱신해야 한다. 슬라이스를 올바르게 사용하려면 슬라이스 내부 배열의 원소는 간접적으로 참조하지만, 슬라이스의 포인터, 길이, 용량은 그렇지 않다는 점을 명심해야 한다. 이러한 값을 갱신하려면 위와 같은 할당이 필요하다. 이러한 관점에서 슬라이스는 '순수한' 참조 타입이 아니라 다음 구조체와 같은 집합형 타입에 가깝다.

```
type IntSlice struct {
    ptr      *int
    len, cap int
}
```

appendInt 함수는 하나의 원소를 슬라이스에 추가하지만, 내장된 append는 하나 이상의 새 원소를 추가하거나 원소의 전체 슬라이스도 추가할 수 있다.

```
var x []int
x = append(x, 1)
x = append(x, 2, 3)
x = append(x, 4, 5, 6)
x = append(x, x...) // 슬라이스 x 추가
fmt.Println(x)      // "[1 2 3 4 5 6 1 2 3 4 5 6]"
```

다음과 같은 약간의 수정으로 내장된 append와 동일하게 동작하게 할 수 있다. appendInt 선언의 말줄임표 '...'는 함수를 가변형variadic으로 만든다. 마지막 인자에는 개수 제한이 없다. 위 append 호출에서의 말줄임표는 슬라이스로 인자 목록을 전달하는 방법을 보여준다. 이 메커니즘 대해서는 5.7절에서 상세히 설명한다.

```
func appendInt(x []int, y ...int) []int {
    var z []int
    zlen := len(x) + len(y)
    // ...z를 최소한 zlen만큼 확장...
    copy(z[len(x):], y)
    return z
}
```

z의 내부 배열을 확장하는 로직은 그대로이므로 표시하지 않았다.

4.2.2 슬라이스 직접 변경 기법

이제 rotate나 reverse처럼 슬라이스의 원소를 직접 변경하는 함수의 예제를 살펴보자. nonempty 함수는 문자열 목록을 받아 비어있지 않은 문자열을 반환한다.

gopl.io/ch4/nonempty
```
// Nonempty는 슬라이스 직접 변경 알고리즘의 예다.
package main

import "fmt"
```

```go
// nonempty는 비어있지 않은 문자열을 갖는 슬라이스만 반환한다.
// 내부 배열은 호출에서 변경된다.
func nonempty(strings []string) []string {
    i := 0
    for _, s := range strings {
        if s != "" {
            strings[i] = s
            i++
        }
    }
    return strings[:i]
}
```

입력과 출력 슬라이스가 같은 기본 배열을 공유하는 부분은 알아보기 어렵다. 두 번째 출력 구문에서 볼 수 있듯이 이렇게 하면 data의 일부는 덮어써지지만 새 배열을 할당하지 않아도 된다.

```go
data := []string{"one", "", "three"}
fmt.Printf("%q\n", nonempty(data)) // `["one" "three"]`
fmt.Printf("%q\n", data)           // `["one" "three" "three"]`
```

따라서 보통 data = nonempty(data)처럼 작성한다.

nonempty 함수는 append로 작성할 수도 있다.

```go
func nonempty2(strings []string) []string {
    out := strings[:0] // 길이가 0인 원본의 슬라이스
    for _, s := range strings {
        if s != "" {
            out = append(out, s)
        }
    }
    return out
}
```

이와 같이 배열을 재사용하면 어떻게 변형하더라도 각 입력 값에 대해 최대 한 개의 출력 값이 만들어지므로 원소 목록에서 일부를 제외하거나 인접한 원소를 결합하는 여러 알고리즘에서 활용할 수 있다. 이와 같이 복잡한 슬라이스의 사용법은 규칙이 아니라 예외에 가깝지만, 때로는 이 방식이 더 명확하고 효율적이며 유용할 수 있다.

스택을 구현하기 위해 슬라이스를 사용할 수 있다. 최초에 비어있는 슬라이스인 stack의 끝에 append로 새 값을 넣을 수 있다.

```go
stack = append(stack, v) // push v
```

스택의 맨 위는 마지막 원소다.

```go
top := stack[len(stack)-1] // 스택 맨 위
```

그리고 원소를 추출pop해 스택을 축소한다.

```go
stack = stack[:len(stack)-1] // pop
```

슬라이스의 중간에서 원소를 제거하면서 남아있는 원소의 순서를 유지하려면 copy를 사용해 상위 원소를 한 단계씩 아래로 밀어내어 빈 공간을 채운다.

```go
func remove(slice []int, i int) []int {
    copy(slice[i:], slice[i+1:])
    return slice[:len(slice)-1]
}
func main() {
    s := []int{5, 6, 7, 8, 9}
    fmt.Println(remove(s, 2)) // "[5 6 8 9]"
}
```

그리고 순서를 유지할 필요가 없다면 그냥 마지막 원소를 빈 공간으로 옮기면 된다.

```go
func remove(slice []int, i int) []int {
    slice[i] = slice[len(slice)-1]
    return slice[:len(slice)-1]
}
func main() {
    s := []int{5, 6, 7, 8, 9}
    fmt.Println(remove(s, 2)) // "[5 6 9 8]
}
```

연습문제 4.3 reverse를 재작성해 슬라이스 대신 배열 포인터를 사용하라.

연습문제 4.4 1패스로 동작하는 rotate 버전을 작성하라.

연습문제 4.5 []string 슬라이스에서 인접한 중복 문자열을 제거하는 직접 변경 함수를 작성하라.

연습문제 4.6 UTF-8로 인코딩된 []byte 슬라이스 안의 인접한 유니코드 공백(unicode. IsSpace를 보라)을 단일 아스키 공백으로 합치는 직접 변경 함수를 작성하라.

연습문제 4.7 reverse가 UTF-8로 인코딩된 문자열을 나타내는 []byte 슬라이스를 직접 변경해 문자들을 반전시키도록 수정하라. 새 메모리를 할당하지 않고 할 수 있는가?

4.3 맵

해시 테이블은 모든 데이터 구조 중 가장 기발하며, 다양한 용도로 사용할 수 있다. 해시 테이블은 순서 없는 키/값 쌍의 모음으로, 모든 키는 별개이며 주어진 키와 관련된 값은 해시 테이블의 크기와 무관하게 평균적으로 일정한 회수의 키 비교를 통해 추출, 갱신, 제거할 수 있다.

Go에서 맵은 해시 테이블의 참조이며, 맵 타입은 K와 V가 각각 키와 값의 타입일 때 map[K]V로 쓴다. 주어진 맵에서 모든 키는 동일한 타입이고 모든 값도 동일한 타입이지만, 키와 값의 타입은 서로 다를 수 있다. 맵에서 주어진 키가 맵 안에 있는 키와 같은지 테스트해야 하므로 키 타입 K는 ==로 비교할 수 있어야 한다. 부동소수점 수도 비교할 수는 있지만 부동소수점 숫자는 3장에서 언급한 대로 값으로 NaN을 가질 수 있으므로, 동일성 비교 목적으로 사용하기에는 좋지 않다. 값 타입 V에는 제약이 없다.

내장 함수 make로 맵을 생성할 수 있다.

```
ages := make(map[string]int) // 문자열에서 정수로 매핑
```

또한 맵 리터럴로 초기 키/값을 갖는 새 맵을 생성할 수 있다.

```
ages := map[string]int{
    "alice":   31,
    "charlie": 34,
}
```

이는 다음과 같다.

```
ages := make(map[string]int)
ages["alice"] = 31
ages["charlie"] = 34
```

그러므로 새 빈 맵은 map[string]int{}로도 만들 수 있다.

맵 원소는 일반적인 첨자 표기법으로 접근한다.

```
ages["alice"] = 32
fmt.Println(ages["alice"]) // "32"
```

그리고 내장 함수 delete로 삭제한다.

```
delete(ages, "alice") // 원소 ages["alice"] 삭제
```

이 모든 작업은 원소가 맵에 없어도 안전하게 수행된다. 맵 안에 없는 키로 맵을 조회하면 해당 타입의 제로 값을 반환하기 때문에, 예를 들어 "bob"이 아직 맵 안의 키가 아니더라도 ages["bob"]의 값은 0이므로 다음 코드는 동작한다.

```
ages["bob"] = ages["bob"] + 1 // 생일 축하!
```

맵 원소에는 짧은 할당 형태인 x += y와 x++도 허용되므로, 위의 문장을 다음과 같이 쓸 수 있다.

```
ages["bob"] += 1
```

아니면 더 간결하게 다음과 같이 쓸 수 있다.

```
ages["bob"]++
```

하지만 맵 원소는 변수가 아니므로 주소를 얻을 수는 없다.

```
_ = &ages["bob"] // 컴파일 오류: 맵 원소의 주소를 얻을 수 없음
```

맵 원소의 주소를 얻을 수 없는 이유 중 하나는 맵이 커지면 기존 원소에 재해시^{rehash}가 일어나면서 새 저장 공간으로 옮겨질 수 있으므로, 잠재적으로 주소가 무효화될 수 있기 때문이다.

맵의 모든 키/값 쌍을 열거하려면 슬라이스에서 본 것과 유사한 range 기반 for 루프를 사용한다. 루프의 연이은 반복은 name과 age 변수를 다음 키/값 쌍으로 설정한다.

```
for name, age := range ages {
    fmt.Printf("%s\t%d\n", name, age)
}
```

맵 반복의 순서는 정해져 있지 않으며, 구현별로 다른 해시 함수를 사용해 순서가 달라질 수 있다. 실제로 순서는 임의이며, 실행시마다 달라진다. 이는 의도적인 것이다. 순서를 매번 다르게 하면 프로그램이 구현에 상관없이 안정적으로 만들어지게 도와준다. 키/값 쌍을 순서대로 열거하려면 키를 명시적으로 정렬해야 하며, 예를 들어 키가 문자열이라면 sort 패키지의 Strings 함수를 사용한다. 다음은 일반적인 패턴이다.

```
import "sort"

var names []string
for name := range ages {
    names = append(names, name)
}
sort.Strings(names)
for _, name := range names {
    fmt.Printf("%s\t%d\n", name, ages[name])
}
```

처음부터 names의 최종 크기를 알고 있으므로 초기에 필요한 크기의 배열을 할당하는 것이 더 효율적이다. 다음 구문은 처음에는 비어 있지만 ages 맵의 모든 키를 담기에 충분한 용량을 갖는 슬라이스를 생성한다.

```
names := make([]string, 0, len(ages))
```

위 루프의 첫 번째 range에서는 ages 맵의 키만 필요하므로 두 번째 루프 변수를 생략했다. 두 번째 루프에서는 names 슬라이스의 원소만 필요하므로 빈 식별자 _를 사용해 첫 번째 변수인 인덱스를 무시했다.

맵 타입의 제로 값은 nil로, 해시 테이블에 대한 참조가 전혀 없는 것이다.

```
var ages map[string]int
fmt.Println(ages == nil)    // "true"
fmt.Println(len(ages) == 0) // "true"
```

맵에 대한 조회, delete, len, range 루프 등의 대부분 작업에 nil 맵을 사용해도 안전하며, 이는 nil 맵이 빈 맵처럼 동작하기 때문이다. 그러나 nil 맵에 저장하면 패닉이 발생한다.

```
ages["carol"] = 21 // 패닉: nil 맵에 원소 할당
```

맵에 저장하려면 미리 맵을 할당해야 한다.

맵 원소를 첨자로 접근하면 항상 값이 산출된다. 맵 안에 키가 있으면 키에 해당하는 값을 얻는다. 그렇지 않으면 ages["bob"]에서 본 대로 해당 원소 타입의 제로 값을 얻는다. 대부분의 경우는 이걸로 충분하지만, 간혹 원소가 있는지 여부를 알 필요가 있다. 예를 들어 원소 타입이 숫자형이라면 다음과 같은 테스트로 없는 원소와 0인 원소를 구별해야 한다.

```
age, ok := ages["bob"]
if !ok { /* "bob"은 이 맵 안의 키가 아님; age == 0. */ }
```

이 두 구문이 다음과 같이 결합돼 있는 것을 종종 보게 될 것이다.

```
if age, ok := ages["bob"]; !ok { /* ... */ }
```

이 컨텍스트에서 맵에 첨자로 접근하면 두 값이 나온다. 두 번째는 불리언으로 원소의 유무 여부를 보고한다. 불리언 변수는 특히 if 조건문에서 바로 사용될 때 ok라 부르는 경우가 많다.

슬라이스에서와 같이 맵은 서로 비교할 수 없고, nil과의 비교만 가능하다. 두 맵이 같은 키와 같은 연관된 값을 갖는지 확인하려면 루프를 작성해야 한다.

```
func equal(x, y map[string]int) bool {
    if len(x) != len(y) {
        return false
    }
    for k, xv := range x {
        if yv, ok := y[k]; !ok || yv != xv {
            return false
        }
    }
    return true
}
```

!ok로 어떻게 '없는' 값과 '있지만 0인' 값을 구별하는지 살펴보라. 순진하게 xv != y[k]라고 작성했다면 다음 호출은 인자가 같다고 잘못 보고했을 것이다.

```
// equal이 잘못 작성되면 True
equal(map[string]int{"A": 0}, map[string]int{"B": 42})
```

Go에는 set 타입이 없지만 맵의 키는 유일하므로 맵을 이 목적으로 쓸 수 있다. 이를 설명하는 dedup 프로그램은 여러 줄을 읽고 그중 유일한 줄을 처음 나올 때에만 출력한다(이 프로그램은 1.3절에서 보여준 dup 프로그램의 변종이다). dedup 프로그램은 키가 이전에 나왔던 줄의 집합을 나타내는 맵을 사용해 이후에 동일한 줄이 출력되지 않게 한다.

gopl.io/ch4/dedup
```
func main() {
    seen := make(map[string]bool) // 문자열 집합
    input := bufio.NewScanner(os.Stdin)
    for input.Scan() {
        line := input.Text()
        if !seen[line] {
            seen[line] = true
            fmt.Println(line)
        }
    }
```

```
        if err := input.Err(); err != nil {
            fmt.Fprintf(os.Stderr, "dedup: %v\n", err)
            os.Exit(1)
        }
    }
```

Go 개발자는 보통 이렇게 사용하는 맵을 그냥 '문자열 집합'이라 부를 때가 많지만, map [string]bool이 모두 단순한 집합은 아니라는 점에 주의하라. 일부는 true와 false 값을 모두 갖기도 한다.

때로는 키가 슬라이스인 맵이나 집합이 필요하지만, 맵의 키는 비교할 수 있어야 하므로 직접 이렇게 쓸 수는 없다. 하지만 두 단계를 거쳐서 할 수 있다. 먼저 x와 y가 같다고 간주할 때에만 각 키를 문자열 k(x) == k(y)로 매핑하는 도우미 함수 k를 정의한다. 그리고 키가 문자열인 맵을 생성하고 이 맵을 사용하기 전에 각 키에 도우미 함수를 적용한다.

다음 예제는 맵을 사용해 Add가 주어진 문자열 목록이 호출된 횟수를 기록한다. 이 예제는 fmt.Sprintf로 문자열 슬라이스를 맵 키에 적합한 단일 문자열로 변환하고, %q를 이용해 각 슬라이스 원소의 경계를 인용 부호로 구분한다.

```
var m = make(map[string]int)

func k(list []string) string { return fmt.Sprintf("%q", list) }

func Add(list []string)     { m[k(list)]++ }
func Count(list []string) int { return m[k(list)] }
```

슬라이스 외에 다른 비교할 수 없는 타입에도 이 방법을 사용할 수 있다. 심지어 비교할 수 있는 키 타입에서도 대소문자 구별 없이 문자열을 비교하는 등, ==가 아닌 동등성을 정의할 때 유용하다. 그리고 k(x)의 타입이 문자열일 필요는 없다. 정수, 배열, 구조체 등 필요한 비교 속성을 가지며 비교할 수 있는 키 타입이면 된다.

다음은 맵을 활용하는 또 다른 예로, 입력에서 각각 별개의 유니코드 코드 포인트를 세는 프로그램이다. 가능한 문자의 수가 매우 많고 특정 문서에 나타나는 문자는 그중 일부에 불과하므로 맵으로 쉽게 나타나는 문자를 추적하고 셀 수 있다.

gopl.io/ch4/charcount
```
// Charcount는 유니코드 문자의 카운트를 계산한다.
package main

import (
    "bufio"
    "fmt"
    "io"
    "os"
    "unicode"
    "unicode/utf8"
)
```

```go
func main() {
    counts := make(map[rune]int)    // 유니코드 문자 카운트
    var utflen [utf8.UTFMax + 1]int // UTF-8인코딩 길이 카운트
    invalid := 0                    // 잘못된 UTF-8문자 카운트

    in := bufio.NewReader(os.Stdin)
    for {
        r, n, err := in.ReadRune() // rune, nbytes, error 반환
        if err == io.EOF {
            break
        }
        if err != nil {
            fmt.Fprintf(os.Stderr, "charcount: %v\n", err)
            os.Exit(1)
        }
        if r == unicode.ReplacementChar && n == 1 {
            invalid++
            continue
        }
        counts[r]++
        utflen[n]++
    }
    fmt.Printf("rune\tcount\n")
    for c, n := range counts {
        fmt.Printf("%q\t%d\n", c, n)
    }
    fmt.Print("\nlen\tcount\n")
    for i, n := range utflen {
        if i > 0 {
            fmt.Printf("%d\t%d\n", i, n)
        }
    }
    if invalid > 0 {
        fmt.Printf("\n%d invalid UTF-8 characters\n", invalid)
    }
}
```

ReadRune 메소드는 UTF-8 디코딩을 수행하고 디코딩된 룬, UTF-8 인코딩의 바이트 길이, 오류 값의 세 값을 반환한다. 오류 중에서는 파일 끝 오류만 처리했다. 입력이 유효한 UTF-8로 인코딩된 룬이 아니면 unicode.ReplacementChar 룬을 반환하고, 그 길이는 1이다.

charcount 프로그램은 입력에 나오는 UTF-8로 인코딩된 룬 길이의 카운트도 출력한다. 맵은 이 경우 적합한 데이터 구조가 아니다. 인코딩 길이의 범위는 1에서 utf8.UTFMax(값은 4)에 불과하기 때문에 배열이 더 간결하다.

실험삼아 charcount에 이 책을 넣어봤다. 물론 대부분이 영어지만, 꽤 많은 비아스키 문자들도 있었다. 다음은 상위 10개 문자다.

° 27 世 15 界 14 é 13 ˣ 10 ≤ 5 × 5 国 4 ☻ 4 □ 3

그리고 다음은 모든 UTF-8 인코딩의 길이 분포다.

```
len count
1   765391
2   60
3   70
4   0
```

맵의 값 타입도 맵이나 슬라이스와 같은 복합 타입이다. 다음 코드에서 graph의 키 타입은 string이며, 값 타입은 문자열 집합을 나타내는 map[string]bool이다. 개념적으로 graph는 문자열을 방향성 그래프의 자손인 관련된 문자열 집합과 매핑한다.

```
gopl.io/ch4/graph
    var graph = make(map[string]map[string]bool)
    func addEdge(from, to string) {
        edges := graph[from]
        if edges == nil {
            edges = make(map[string]bool)
            graph[from] = edges
        }
        edges[to] = true
    }
    func hasEdge(from, to string) bool {
        return graph[from][to]
    }
```

addEdge 함수는 키가 처음 나타날 때 해당 값을 초기화해 맵을 채우는 관용적인 방법을 보여준다. hasEdge 함수는 맵 원소가 없을 때의 제로 값을 어떻게 사용하는지 보여준다. from이나 to가 없을 때에도 graph[from][to]는 항상 의미가 있는 결과를 반환한다.

연습문제 4.8 unicode.isLetter와 같은 함수를 사용해 문자, 숫자 등의 유니코드 범주를 세도록 charcount를 수정하라.

연습문제 4.9 입력 텍스트 파일에서 각 단어의 빈도를 보고하는 wordfreq 프로그램을 작성하라. Scan을 처음 호출하기 전에 input.Split(bufio.ScanWords)를 호출해 입력을 줄 대신 단어로 분할하라.

4.4 구조체

구조체는 0개 이상의 명명된 임의의 타입 값을 하나의 개체로 모으는 집합형 데이터 타입이다. 각 값은 필드^{field}라 한다. 데이터 처리에서 구조체의 전형적인 예는 고유한 ID, 직원명, 주소, 생년월일, 직급, 급여, 관리자 등으로 이뤄진 직원 레코드다. 이러한 필드들은 하나의 개체로 모이며, 개체 단위로 복사, 함수 전달, 반환, 배열에 저장 등을 할 수 있다.

다음 두 문장은 Employee 구조체와 Employee의 인스턴스 변수 dilbert를 선언한다.

```
type Employee struct {
    ID         int
    Name       string
    Address    string
    DoB        time.Time
    Position   string
    Salary     int
    ManagerID  int
}
var dilbert Employee
```

dilbert의 개별 필드에는 dilbert.Name이나 dilbert.DoB 같은 점 표기법으로 접근한다. dilbert는 변수이므로 해당 필드도 변수이고, 필드에 할당할 수 있다.

```
dilbert.Salary -= 5000 // 코드를 너무 짧게 써서 강등
```

또는 주소를 얻어 포인터로 접근할 수 있다.

```
position := &dilbert.Position
*position = "Senior " + *position // 해외로 아웃소싱해 승진
```

점 표기법은 구조체 포인터에서도 동작한다.

```
var employeeOfTheMonth *Employee = &dilbert
employeeOfTheMonth.Position += " (proactive team player)"
```

마지막 문장은 다음과 같다.

```
(*employeeOfTheMonth).Position += " (proactive team player)"
```

EmployeeByID 함수는 직원의 고유한 ID를 받아 Employee 구조체의 포인터를 반환한다. 점 표기법으로 이 구조체의 필드에 접근할 수 있다.

```
func EmployeeByID(id int) *Employee { /* ... */ }

fmt.Println(EmployeeByID(dilbert.ManagerID).Position) // "멍청이 상사"

id := dilbert.ID
EmployeeByID(id).Salary = 0 // 해고... 아무 이유 없음
```

마지막 문장은 EmployeeByID 호출의 결과가 가리키는 Employee 구조체를 갱신한다. EmployeeByID의 결과 타입이 *Employee에서 Employee로 변경되면 왼쪽 값이 변수로 인식되지 않으므로 할당문이 컴파일되지 않을 것이다.

필드는 일반적으로 한 줄에 하나씩 쓰고 타입 앞에 필드명이 붙지만, 동일한 타입의 연속된 필드는 다음 코드의 Name과 Address처럼 결합할 수 있다.

```go
type Employee struct {
    ID              int
    Name, Address string
    DoB             time.Time
    Position        string
    Salary          int
    ManagerID       int
}
```

필드 순서는 타입을 구별하는 데 중요하다. Position 필드(문자열)의 선언을 결합하거나 Name과 Address의 순서를 바꾸면 다른 구조체 타입이 된다. 일반적으로 관련된 필드들의 선언만 결합한다.

구조체 필드의 이름이 대문자로 시작하면 익스포트^{export}된다. 이것이 Go의 주된 접근 제어 방식이다. 구조체 타입은 익스포트된 필드와 익스포트되지 않은 필드를 모두 가질 수 있다.

구조체 타입은 종종 필드마다 한 줄을 할당하므로 길어지기 쉽다. 필요할 때마다 전체 타입을 작성할 수는 있지만, 이러한 반복은 쉽게 지루해지게 된다. 대신 구조체 타입은 일반적으로 Employee와 같은 명명된 타입 선언에만 나온다.

명명된 구조체 타입 S에는 동일 타입인 S 필드를 선언할 수 없다. 집합형 값은 자기 자신을 포함할 수 없다(배열에도 이와 유사한 제한이 있다). 하지만 S는 포인터 타입인 *S 필드를 선언할 수 있으므로 링크드 리스트나 트리 등의 재귀형 데이터 구조를 만들 수 있다. 이는 삽입 정렬을 구현하기 위해 이진트리를 사용하는 다음 코드에서 볼 수 있다.

gopl.io/ch4/treesort
```go
type tree struct {
    value       int
    left, right *tree
}
// Sort는 값을 직접 정렬한다.
func Sort(values []int) {
    var root *tree
    for _, v := range values {
        root = add(root, v)
    }
    appendValues(values[:0], root)
}
// appendValues는 t의 원소를 values에 순서대로 추가하고
// 결과 슬라이스를 반환한다.
func appendValues(values []int, t *tree) []int {
    if t != nil {
        values = appendValues(values, t.left)
        values = append(values, t.value)
        values = appendValues(values, t.right)
    }
    return values
}
```

```go
func add(t *tree, value int) *tree {
    if t == nil {
        // &tree{value: value} 반환과 같다.
        t = new(tree)
        t.value = value
        return t
    }
    if value < t.value {
        t.left = add(t.left, value)
    } else {
        t.right = add(t.right, value)
    }
    return t
}
```

구조체의 제로 값은 각 필드의 제로 값으로 구성된다. 보통 제로 값으로 자연적이거나 합리적인 값을 사용한다. 예를 들어 bytes.Buffer에서 구조체의 초기 값은 즉시 사용 가능한 빈 버퍼이며, 9장에서 살펴볼 sync.Mutex의 제로 값은 즉시 사용 가능한 잠금 해제 상태의 뮤텍스unlocked mutex다. 이런 합리적인 초기 동작은 공짜로 얻을 때도 있지만, 타입 설계자가 작업을 해야 할 때도 있다.

필드가 없는 구조체 타입을 빈 구조체라 하며, struct{}로 작성한다. 이 타입은 크기가 0이고 아무런 정보가 없지만, 그럼에도 불구하고 유용할 수 있다. 일부 Go 개발자는 집합을 표현하는 맵에서 값 타입으로 bool 대신 빈 구조체를 사용해 키 값만이 중요하다는 점을 강조하지만, 이로 인한 공간 절약은 미미하고 문법이 더 복잡해지므로 일반적으로 사용하지 않는다.

```go
seen := make(map[string]struct{}) // 문자열 집합
// ...
if _, ok := seen[s]; !ok {
    seen[s] = struct{}{}
    // ...s를 처음 마주쳤을 때...
}
```

4.4.1 구조체 리터럴

구조체 타입의 값은 해당 필드의 값을 지정하는 구조체 리터럴로 쓸 수 있다.

```go
type Point struct{ X, Y int }
p := Point{1, 2}
```

구조체 리터럴에는 두 가지 형태가 있다. 위 코드에서 첫 번째 형태는 모든 필드의 값을 올바른 순서로 지정해야 한다. 이 경우 작성자(와 독자)가 필드들을 정확히 기억해야 하며, 필드들이 나중에 많아지거나 순서가 바뀌는 경우 코드가 깨지기 쉽다. 따라서 이 형태는 구조체 타입을 정의하는 패키지 내, 또는 image.Point{x, y}나 color.RGBA{red, green, blue, alpha} 같이 명확한 필드 순서가 있는 작은 구조체 타입에만 사용된다.

그보다는 다음과 같이 1.4절에서 다룬 리사주 프로그램의 문장처럼 구조체 값들이 필드의 일부 또는 전부가 연관되는 값 목록으로 초기화되는 두 번째 형태를 더 많이 사용한다.

```
anim := gif.GIF{LoopCount: nframes}
```

이 형태에서 필드가 생략되면 해당 타입의 제로 값으로 설정된다. 이름이 있으므로 필드의 순서는 무관하다.

한 리터럴에서 두 가지 형태를 섞어서 쓸 수 없다. 또한 익스포트되지 않은 식별자는 다른 패키지에서 참조할 수 없다는 규칙으로 인해 (순서 기준으로) 첫 번째 형태에서는 미리보기를 할 수 없다.

```
package p
type T struct{ a, b int } // a와 b는 export되지 않음

package q
import "p"
var _ = p.T{a: 1, b: 2}    // 컴파일 오류: a, b를 참조할 수 없음
var _ = p.T{1, 2}          // 컴파일 오류: a, b를 참조할 수 없음
```

위에서의 마지막 줄은 익스포트되지 않은 필드 식별자를 사용하지는 않았지만, 실제로는 묵시적으로 사용하고 있으므로 허용되지 않는다.

구조체 값은 함수 인자로 전달하거나 함수에서 반환할 수 있다. 예를 들면 다음 함수는 Point 의 크기를 지정된 비율로 변경한다.

```
func Scale(p Point, factor int) Point {
    return Point{p.X * factor, p.Y * factor}
}
fmt.Println(Scale(Point{1, 2}, 5)) // "{5 10}"
```

큰 구조체 타입은 효율성을 위해 보통 포인터를 이용해서 간접적으로 함수로 전달하거나 함수에서 반환한다.

```
func Bonus(e *Employee, percent int) int {
    return e.Salary * percent / 100
}
```

함수가 인자를 변경해야 할 경우에는 이 방식을 사용해야 하며, 이는 Go와 같이 값으로 호출하는 언어에서는 호출된 함수가 인자의 원본에 대한 참조가 아닌 복사본만을 받기 때문이다.

```
func AwardAnnualRaise(e *Employee) {
    e.Salary = e.Salary * 105 / 100
}
```

구조체는 일반적으로 포인터를 통해 처리되기 때문에 다음과 같은 간략한 표기법으로 struct 변수를 생성하고 초기화한 후 변수의 주소를 얻을 수 있다.

```
pp := &Point{1, 2}
```

이는 정확히 다음과 같다.

```
pp := new(Point)
*pp = Point{1, 2}
```

하지만 &Point{1, 2}는 함수 호출과 같은 표현식 내에서 직접 사용할 수 있다.

4.4.2 구조체 비교

구조체의 모든 필드가 비교 가능하다면 구조체 자체도 비교 가능하므로 해당 타입의 두 표현식은 ==나 !=로 비교할 수 있다. == 연산은 두 구조체의 대응하는 필드를 순서대로 비교하므로 다음과 같이 출력된 두 표현식은 동일하다.

```
type Point struct{ X, Y int }

p := Point{1, 2}
q := Point{2, 1}
fmt.Println(p.X == q.X && p.Y == q.Y) // "false"
fmt.Println(p == q)                   // "false"
```

비교 가능한 구조체 타입은 다른 비교할 수 있는 타입과 마찬가지로 맵의 키로 사용할 수 있다.

```
type address struct {
    hostname string
    port     int
}

hits := make(map[address]int)
hits[address{"golang.org", 443}]++
```

4.4.3 구조체 내장 필드와 익명 필드

이 절에서는 명명된 구조체 타입을 다른 구조체 타입의 익명 필드로 사용해 x.f와 같은 간단한 점 표기법을 x.d.e.f와 같이 연속해서 쓸 수 있게 하는 편리한 단축 문법이 있는 Go의 특이한 구조체 내장 방식에 대해 알아본다.

사각형, 타원, 별, 바퀴 등 여러 모양의 라이브러리를 제공하는 2차원 드로잉 프로그램을 생각해보자. 프로그램에서 정의할 다음과 같은 두 가지 타입이 있다.

```
type Circle struct {
    X, Y, Radius int
}
type Wheel struct {
    X, Y, Radius, Spokes int
}
```

Circle에는 중심에서의 X, Y좌표와 Radius에 대한 필드가 있다. Wheel은 Circle의 모든 기능에 더해 방사형 바퀴살의 개수인 Spokes도 있다. 이제 바퀴를 만들어 보자.

```
    var w Wheel
    w.X = 8
    w.Y = 8
    w.Radius = 5
    w.Spokes = 20
```

모양의 종류가 많아지면 자연히 모양들의 유사성과 모양 간에 반복되는 부분을 알아차리게
되며, 이러한 공통부분을 요약하는 것이 편리할 수 있다.

```
    type Point struct {
        X, Y int
    }

    type Circle struct {
        Center Point
        Radius int
    }

    type Wheel struct {
        Circle Circle
        Spokes int
    }
```

애플리케이션이 더 깔끔해지긴 했지만, 이로 인해 Wheel의 필드에 접근하는 것이 더 복잡해
졌다.

```
    var w Wheel
    w.Circle.Center.X = 8
    w.Circle.Center.Y = 8
    w.Circle.Radius = 5
    w.Spokes = 20
```

Go에서는 타입은 있지만 이름이 없는 필드를 선언할 수 있다. 이러한 필드를 익명 필드라
한다. 필드의 타입은 명명된 타입이거나 명명된 타입의 포인터여야 한다. 다음의 Circle과
Wheel에는 각각 하나씩의 익명 필드가 있다. 이때 Point가 Circle 안에 내장됐고 Circle은
Wheel 안에 내장됐다고 한다.

```
    type Circle struct {
        Point
        Radius int
    }

    type Wheel struct {
        Circle
        Spokes int
    }
```

내장으로 인해 묵시적인 트리 구조에서 중간의 이름을 쓰지 않고도 리프[leaf]를 참조할 수
있다.

```
var w Wheel
w.X = 8        // w.Circle.Point.X = 8과 같다
w.Y = 8        // w.Circle.Point.Y = 8과 같다
w.Radius = 5   // w.Circle.Radius = 5와 같다
w.Spokes = 20
```

그러나 주석에 표시한 명시적인 형태도 여전히 유효하며, 이는 '익명 필드'가 일종의 부적합한 이름임을 뜻한다. Circle과 Point 필드에는 이름(명명된 타입의) 이 있지만, 점 표기법에서 이 이름은 선택 사항이다. 하위 필드를 선택할 때에는 익명 필드의 일부나 전부를 생략할 수 있다.

불행히도 구조체 리터럴에는 이러한 단축 문법이 없으므로 다음 코드는 둘 다 컴파일되지 않는다.

```
w = Wheel{8, 8, 5, 20}                        // 컴파일 오류: 알 수 없는 필드
w = Wheel{X: 8, Y: 8, Radius: 5, Spokes: 20} // 컴파일 오류: 알 수 없는 필드
```

구조체 리터럴은 타입 선언의 형태를 따라야 하므로 다음 두 형식 중 하나를 사용해야 하며, 두 문장은 서로 같다.

```
gopl.io/ch4/embed
w = Wheel{Circle{Point{8, 8}, 5}, 20}

w = Wheel{
    Circle: Circle{
        Point:  Point{X: 8, Y: 8},
        Radius: 5,
    },
    Spokes: 20, // NOTE: 따라오는 콤마가 필요하다.(Radius에도)
}

fmt.Printf("%#v\n", w)
// 출력:
// Wheel{Circle:Circle{Point:Point{X:8, Y:8}, Radius:5}, Spokes:20}

w.X = 42

fmt.Printf("%#v\n", w)
// 출력:
// Wheel{Circle:Circle{Point:Point{X:42, Y:8}, Radius:5}, Spokes:20}
```

포매터로 인해 Printf의 %v가 Go 문법과 유사한 형태로 값을 출력한다. 구조체 값의 경우 이 양식에는 각 필드의 이름이 포함된다.

'익명' 필드에는 묵시적인 이름이 있어서 필드 이름이 충돌하므로 같은 타입의 두 익명 필드를 사용할 수 없다. 그리고 필드 이름은 타입에서 묵시적으로 결정되기 때문에 필드의 가시성도 마찬가지다. 이 예에서 Point와 Circle의 익명 필드는 익스포트됐다. 익스포트되지 않았더라도(point와 circle이었더라도) 단축 문법을 사용할 수 있다.

```
w.X = 8 // w.circle.point.X = 8과 같다
```

하지만 주석에 나오는 명시적인 긴 형태는 circle과 point에 접근할 수 없으므로 패키지 선언 밖에서 사용할 수 없다.

지금까지 구조체 내장에 대해 살펴본 것은 점 표기법으로 구조체 필드를 선택하는 편의 문법 syntactic sugar의 일부에 불과하다. 나중에 익명 필드가 반드시 구조체 타입일 필요는 없다는 것을 알게 될 것이다. 어떤 명명된 타입이나 명명된 타입의 포인터도 가능하다. 그렇다면 왜 하위 필드가 없는 타입을 내장하는가?

답은 메소드와 관련이 있다. 내장 타입의 필드를 선택하는 단축 표기법은 내장 타입의 메소드 선택에도 사용할 수 있다. 이로 인해 외부의 구조체 타입은 내장 타입의 필드 외에 메소드도 수집한다. 이는 간단한 객체의 구성으로 복잡한 객체의 동작을 만드는 주된 방법이다. 구성composition은 Go에서 객체지향 프로그래밍의 핵심이며, 이에 대해서는 6.3절에서 더 자세히 살펴본다.

4.5 JSON

자바스크립트 객체 표기법JSON은 구조화된 정보를 보내고 받기 위한 표준 표기법이다. 이러한 표기법은 JSON만이 아니다. XML(7.14절), ASN.1, 구글 프로토콜 버퍼도 비슷한 목적으로 만들어졌고, 각각의 틈새시장을 갖고 있지만 단순성, 가독성, 보편적 지원으로 인해 JSON이 가장 널리 사용된다.

Go는 표준 라이브러리 패키지 encoding/json, encoding/xml, encoding/asn1 등으로 이러한 포맷의 인코딩과 디코딩을 지원하고, 이 패키지들은 모두 유사한 API를 제공한다. 이 절에서는 encoding/json 패키지에서 가장 중요한 부분을 간략히 살펴본다.

JSON은 자바스크립트 값(문자열, 숫자, 불리언, 배열, 객체)을 유니코드 텍스트로 인코딩한 것이다. JSON은 3장에 나오는 기본 데이터 타입과 4장에 나오는 복합 데이터 타입(배열, 슬라이스, 구조체, 맵)에 대한 효율적이고 가독성이 좋은 표현 방식이다.

기본 JSON 타입은 숫자(10진 또는 지수 표기), 불리언(true나 false), 문자열이며, 문자열은 유니코드 코드 포인트를 큰따옴표로 묶어 표기하고, Go 문법과 유사하게 백슬래시로 이스케이프 처리를 하지만 JSON에서의 \Uhhhh는 룬이 아닌 UTF-16 코드다.

이러한 기본적인 타입은 JSON 배열과 객체를 이용해 재귀적으로 결합할 수 있다. JSON 배열은 순서가 있는 값의 목록으로, 대괄호 안에 쉼표로 구분해 작성한다. JSON 배열은 Go의 배열과 슬라이스를 인코딩하기 위해 사용한다. JSON 객체는 문자열에서 값으로의 매핑이며, name:value 쌍의 목록을 쉼표로 구분하고 중괄호로 둘러싼 형태로 작성한다. JSON 객체는 Go의 맵(키가 문자열)과 구조체를 인코딩하는 데 사용한다. 예를 들면 다음과 같다.

```
boolean        true
number         -273.15
string         "She said \"Hello, 世界\""
array          ["gold", "silver", "bronze"]
object         {"year": 1980,
                "event": "archery",
                "medals": ["gold", "silver", "bronze"]}
```

영화 리뷰를 수집하고 영화를 추천하는 애플리케이션을 생각해보자. 이 애플리케이션의 Movie 데이터 타입과 전형적인 값의 목록을 다음에 선언했다(Year와 Color 필드 선언 뒤에 오는 문자열 리터럴은 필드 태그다. 잠시 후 설명한다).

<u>gopl.io/ch4/movie</u>
```go
type Movie struct {
    Title  string
    Year   int  `json:"released"`
    Color  bool `json:"color,omitempty"`
    Actors []string
}

var movies = []Movie{
    {Title: "Casablanca", Year: 1942, Color: false,
        Actors: []string{"Humphrey Bogart", "Ingrid Bergman"}},
    {Title: "Cool Hand Luke", Year: 1967, Color: true,
        Actors: []string{"Paul Newman"}},
    {Title: "Bullitt", Year: 1968, Color: true,
        Actors: []string{"Steve McQueen", "Jacqueline Bisset"}},
    // ...
}
```

이러한 데이터 구조는 JSON에 적합하며, 양방향으로 변환하기 쉽다. movies 같은 Go 데이터 구조를 JSON으로 변환하는 것을 마샬링^{marshalling}이라 한다. 마샬링은 json.Marshal로 수행한다.

```go
data, err := json.Marshal(movies)
if err != nil {
    log.Fatalf("JSON marshaling failed: %s", err)
}
fmt.Printf("%s\n", data)
```

Marshal은 무의미한 공백을 제외한 매우 긴 문자열을 담은 바이트 슬라이스를 생성한다(다음 예에서는 페이지에 맞게 줄을 접었다).

```
[{"Title":"Casablanca","released":1942,"Actors":["Humphrey Bogart","Ingr
id Bergman"]},{"Title":"Cool Hand Luke","released":1967,"color":true,"Ac
tors":["Paul Newman"]},{"Title":"Bullitt","released":1968,"color":true,"
Actors":["Steve McQueen","Jacqueline Bisset"]}]
```

이 간결한 표현에는 모든 정보가 들어 있지만 읽기 어렵다. 사람이 읽을 때는 Marshal의 변형인 json.MarshalIndent로 깔끔하게 들여 쓰기 한 결과를 생성할 수 있다. 두 개의 추가 인수로 결과에서 각 줄의 접두사와 단계별로 들여 쓰는 문자열을 정의한다.

```go
data, err := json.MarshalIndent(movies, "", "    ")
if err != nil {
    log.Fatalf("JSON marshaling failed: %s", err)
}
fmt.Printf("%s\n", data)
```

앞의 코드는 다음 결과를 출력한다.

```
[
    {
        "Title": "Casablanca",
        "released": 1942,
        "Actors": [
            "Humphrey Bogart",
            "Ingrid Bergman"
        ]
    },
    {
        "Title": "Cool Hand Luke",
        "released": 1967,
        "color": true,
        "Actors": [
            "Paul Newman"
        ]
    },
    {
        "Title": "Bullitt",
        "released": 1968,
        "color": true,
        "Actors": [
            "Steve McQueen",
            "Jacqueline Bisset"
        ]
    }
]
```

마샬링에서는 Go의 구조체 필드명을 JSON 객체의 필드명으로 사용한다(12.6 절에서 살펴 볼 리플렉션을 통해 수행한다). 익스포트된 필드만 마샬링되며, 이 때문에 Go 필드명을 모두 대문자로 시작했다.

결과에서 Year 필드명이 released로 변경되고 Color가 color로 변경된 것을 알아차렸을 것이다. 이는 필드 태그로 인한 것이다. 필드 태그는 메타데이터 문자열로 컴파일 시에 구조체의 필드와 연관된다.

```
Year  int `json:"released"`
Color bool `json:"color,omitempty"`
```

필드 태그에는 어떤 리터럴 문자열도 쓸 수 있지만, 통상적으로 공백으로 구분된 key:"value" 쌍으로 해석된다. 큰따옴표가 있으므로 필드 태그는 보통 원시 문자열 리터럴로 기록한다. json 키는 encoding/json 패키지의 동작을 제어하며, 다른 encoding/... 패키지도 이 규칙을 따른다. json 필드 태그의 첫 번째 부분은 Go 필드에 다른 JSON 이름을 지정한다. 필드 태그는 종종 TotalCount 같은 Go 필드명을 이상적인 JSON 이름인 total_count로 지정하기 위해 사용된다. Color의 태그에는 부가적인 omitempty 옵션이 있으며, 이는 필드가 제로 값(이 경우 false)이거나 비어 있으면 출력하지 않게 한다. 확실히 흑백 영화인 Cassablanca의 JSON 출력에는 color 필드가 없다.

마샬링의 역동작인 JSON을 복호화하고 Go의 데이터 구조에 값을 채우는 것은 언마샬링 unmarshaling이라 하며, json.Unmarshal로 수행한다. 다음 코드는 JSON 영화 데이터를 필드가 Title만 있는 구조체의 슬라이스로 언마샬한다. 이러한 방식으로 적합한 Go의 데이터 구조를 정의함으로써 JSON 입력에서 어떤 부분을 복호화하고 어떤 부분을 버릴지 선택할 수 있다. Unmarshal은 슬라이스에 Title 정보를 채워서 반환한다. JSON 내의 다른 이름은 무시된다.

```go
var titles []struct{ Title string }
if err := json.Unmarshal(data, &titles); err != nil {
    log.Fatalf("JSON unmarshaling failed: %s", err)
}
fmt.Println(titles) // "[{Casablanca} {Cool Hand Luke} {Bullitt}]"
```

대부분의 웹 서비스는 JSON 인터페이스를 제공한다(HTTP로 요청하면 원하는 정보가 JSON 형태로 돌아온다). 예를 들어 깃허브GitHub 이슈 트래커를 웹 서비스 인터페이스로 조회해보자. 먼저 필요한 타입과 상수를 정의한다.

gopl.io/ch4/github
```go
// github패키지는 GitHub 이슈 트래커에 대한 Go API를 제공한다.
// https://developer.github.com/v3/search/#search-issues 참조
package github

import "time"

const IssuesURL = "https://api.github.com/search/issues"

type IssuesSearchResult struct {
    TotalCount int `json:"total_count"`
    Items      []*Issue
}

type Issue struct {
    Number    int
    HTMLURL   string `json:"html_url"`
    Title     string
    State     string
    User      *User
    CreatedAt time.Time `json:"created_at"`
    Body      string    // 마크다운 포맷
}

type User struct {
    Login   string
    HTMLURL string `json:"html_url"`
}
```

이전과 마찬가지로 모든 구조체 필드의 이름은 JSON 이름이 대문자가 아니더라도 대문자로 지정해야 한다. 그러나 언마샬링에서 JSON 이름과 Go의 구조체 이름을 연관시킬 때는 대소문자를 구별하지 않으므로 JSON 이름에는 밑줄이 있지만 Go 이름에 밑줄이 없는 경우에만 필드 태그가 필요하다. 다시 말하자면 여기서는 어떤 필드를 복호화할지 선별하고 있다. 깃허브 검색 결과에는 여기 보이는 것보다 훨씬 더 많은 정보가 있다.

SearchIssues 함수는 HTTP 요청을 수행하고 결과를 JSON으로 복호화한다. 사용자의 검색어 중에는 URL에서 특별한 의미가 있는 ?나 &와 같은 문자가 있을 수 있으므로 url. QueryEscape로 이 문자들이 있는 그대로 처리되게 한다.

gopl.io/ch4/github

```go
package github

import (
    "encoding/json"
    "fmt"
    "net/http"
    "net/url"
    "strings"
)

// SearchIssues는 GitHub 이슈 트래커를 조회한다.
func SearchIssues(terms []string) (*IssuesSearchResult, error) {
    q := url.QueryEscape(strings.Join(terms, " "))
    resp, err := http.Get(IssuesURL + "?q=" + q)
    if err != nil {
        return nil, err
    }

    // 모든 오류 경로에서 resp.Body를 닫아야 한다.
    // (5장에 이 작업을 간단하게 하는 'defer'문이 나온다.
    if resp.StatusCode != http.StatusOK {
        resp.Body.Close()
        return nil, fmt.Errorf("search query failed: %s", resp.Status)
    }

    var result IssuesSearchResult
    if err := json.NewDecoder(resp.Body).Decode(&result); err != nil {
        resp.Body.Close()
        return nil, err
    }
    resp.Body.Close()
    return &result, nil
}
```

앞의 예제는 json.Unmarshal을 사용해 바이트 슬라이스 전체를 하나의 JSON 개체로 복호화했다. 이 예제에서는 꼭 필요하진 않지만 다양한 동작을 보여주기 위해 스트리밍 디코더인 json.Decoder를 사용해 여러 JSON 개체를 하나의 스트림에서 순서대로 복호화했다. 예상할 수 있듯이 스트리밍 인코더에 해당하는 json.Encoder도 있다.

Decode를 호출하면 변수 result에 값을 채운다. 이 값은 다양한 방법으로 더 잘 포맷할 수 있다. 다음 issues 명령에 나오는 가장 간단한 방법은 고정폭 칼럼으로 이뤄진 텍스트 테이블이지만, 다음 절에서는 템플릿에 기반을 둔 좀 더 정교한 방법을 볼 수 있다.

gopl.io/ch4/issues

```go
// Issues는 검색어와 일치하는 GitHub 이슈의 테이블을 출력한다.
package main

import (
    "fmt"
    "log"
    "os"

    "gopl.io/ch4/github"
)

func main() {
    result, err := github.SearchIssues(os.Args[1:])
    if err != nil {
        log.Fatal(err)
    }
    fmt.Printf("%d issues:\n", result.TotalCount)
    for _, item := range result.Items {
        fmt.Printf("#%-5d %9.9s %.55s\n",
            item.Number, item.User.Login, item.Title)
    }
}
```

커맨드라인 인수로 검색 조건을 지정한다. 다음 명령은 Go 프로젝트의 이슈 트래커에서 JSON 디코딩과 관련된 버그를 조회한다.

```
$ go build gopl.io/ch4/issues
$ ./issues repo:golang/go is:open json decoder
13 issues:
#5680    eaigner encoding/json: set key converter on en/decoder
#6050  gopherbot encoding/json: provide tokenizer
#8658  gopherbot encoding/json: use bufio
#8462  kortschak encoding/json: UnmarshalText confuses json.Unmarshal
#5901        rsc encoding/json: allow override type marshaling
#9812  klauspost encoding/json: string tag not symmetric
#7872  extempora encoding/json: Encoder internally buffers full output
#9650    cespare encoding/json: Decoding gives errPhase when unmarshalin
#6716  gopherbot encoding/json: include field name in unmarshal error me
#6901  lukescott encoding/json, encoding/xml: option to treat unknown fi
#6384    joeshaw encoding/json: encode precise floating point integers u
#6647    btracey x/tools/cmd/godoc: display type kind of each named type
#4237  gjemiller encoding/base64: URLEncoding padding is optional
```

깃허브 웹 서비스 인터페이스인 https://developer.github.com/v3/에는 여기서 소개한 것보다 더 많은 기능이 있다.

연습문제 4.10 issues를 수정해 한 달 미만, 1년 미만, 1년 이상과 같이 특정 수명 범주에 속하는 결과를 출력하라.

연습문제 4.11 많은 텍스트 입력이 필요한 경우 사용자가 커맨드라인에서 원하는 텍스트 편집기를 호출해 깃허브 이슈를 생성, 읽기, 수정, 종료할 수 있는 도구를 만들어라.

연습문제 4.12 인기 있는 웹 만화 xkcd에는 JSON 인터페이스가 있다. 예를 들어 https://xkcd.com/571/info.0.json으로 요청하면 여러 만화 중 571번 만화의 상세한 설명을 반환한다. 각각의 URL을 다운로드(한 번만!)해 오프라인 인덱스를 구축하라. 이 인덱스로 커맨드라인에서 입력한 검색어에 해당하는 각 만화의 URL과 대본을 출력하는 도구 xkcd를 작성하라.

연습문제 4.13 JSON 기반 웹 서비스인 공개 영화 데이터베이스 https://omdbapi.com/에서는 영화를 검색하고 포스터 이미지를 다운로드할 수 있다. 커맨드라인에 영화 이름을 입력해 영화의 포스터 이미지를 다운로드하는 도구 poster를 작성하라.

4.6 텍스트와 HTML 템플릿

이전 예제에서는 Printf로도 충분한 단순 포매팅만을 수행했다. 그러나 더 정교한 포매팅이 필요할 때도 있으며, 포맷과 코드를 완전히 분리하는 것이 바람직하다. 이러한 작업은 텍스트나 HTML 템플릿의 변수를 값으로 치환하는 text/template과 html/template 패키지로 할 수 있다.

템플릿은 중괄호 {{...}}로 묶인 부분을 한 개 이상 포함하는 문자열이나 파일이며, 이 부분을 액션^{action}이라고 한다. 대부분의 문자열은 있는 그대로 인쇄되지만 액션은 다른 동작을 유발한다. 각 액션에는 템플릿 언어의 표현식이 있으며, 간단하지만 강력한 표현식으로 값 출력, 구조체 필드 선택, 함수와 메소드 호출, if-else 구문과 range 루프를 통한 흐름 제어, 다른 템플릿의 인스턴스 생성 등을 할 수 있다. 다음은 간단한 템플릿 문자열의 예다.

```
gopl.io/ch4/issuesreport
    const templ = `{{.TotalCount}} issues:
    {{range .Items}}----------------------------------------
    Number: {{.Number}}
    User:   {{.User.Login}}
    Title:  {{.Title | printf "%.64s"}}
    Age:    {{.CreatedAt | daysAgo}} days
    {{end}}`
```

이 템플릿은 먼저 일치하는 이슈의 수를 출력하고, 그 후 각 이슈의 번호, 사용자, 제목, 날짜 수를 출력한다. 액션 안에는 현재 값을 참조하는 '점' 표기법이 있으며 점 '.'로 사용한다. 최초의 점은 템플릿 파라미터를 참조하며, 예제에서는 github.IssuesSearchResult다. {{.TotalCount}} 액션은 TotalCount 필드 값을 확장해 일반적인 방법으로 출력한다. {{range .Items}}와 {{end}} 액션은 루프를 생성하므로, 그 사이의 텍스트는 여러 번 확장되고 점(.)은 Items 구조체의 이후 원소들을 연결한다.

액션 내에서 | 표기법은 한 연산의 결과를 다른 연산의 인자로 만들며, 이는 유닉스의 셸 파이프라인과 유사하다. Title의 경우 두 번째 연산은 모든 템플릿에 내장돼 있는 printf 함수로 fmt.Sprintf와 동의어다. Age의 두 번째 연산은 다음에 나오는 daysAgo 함수로, time.Since를 사용해 CreatedAt 필드를 흐른 시간으로 변환한다.

```
func daysAgo(t time.Time) int {
    return int(time.Since(t).Hours() / 24)
}
```

CreatedAt의 타입은 **string**이 아닌 **time.Time**이다. 타입에 특정한 메소드를 선언해 문자열 포매팅을 제어(2.5절)하는 것과 마찬가지로 타입에는 JSON 마샬링과 언마샬링 동작을 제어하는 메소드도 선언할 수 있다. JSON으로 마샬링된 **time.Time** 값은 표준 포맷의 문자열이다.

템플릿으로 출력을 만드는 데는 두 단계를 거친다. 먼저 템플릿을 적절한 내부 표현으로 파싱한 후 특정 입력에 적용시킨다. 파싱은 한 번만 하면 된다. 다음 코드는 앞에서 정의된 템플릿 **tmpl**을 생성하고 파싱한다. 메소드는 연속해서 호출할 수 있다. **template.New**는 템플릿을 생성하고 반환한다. **Funcs**는 템플릿 안에서 접근 가능한 함수 목록에 **daysAgo**를 추가하고 반환한다. 마지막으로 결과에 **Parse**를 호출한다.

```
report, err := template.New("report").
    Funcs(template.FuncMap{"daysAgo": daysAgo}).
    Parse(templ)
if err != nil {
    log.Fatal(err)
}
```

템플릿은 일반적으로 컴파일 시에 고정되므로 템플릿 파싱 실패는 프로그램의 치명적인 버그를 나타낸다. 도우미 함수 **template.Must**로 더 편리하게 예외를 처리할 수 있다. 이 함수는 템플릿과 오류 객체를 입력받고 오류가 없는지 확인한 후(오류가 있으면 패닉을 일으킨다) 템플릿을 반환한다. 이 방식에 대해서는 5.9절에서 다시 살펴본다.

템플릿을 생성하고 **daysAgo**를 추가하고 파싱하고 확인한 다음에는 **github.IssuesSearchResult**를 입력으로, **os.Stdout**을 출력으로 사용해 실행시킬 수 있다.

```
var report = template.Must(template.New("issuelist").
    Funcs(template.FuncMap{"daysAgo": daysAgo}).
    Parse(templ))

func main() {
    result, err := github.SearchIssues(os.Args[1:])
    if err != nil {
        log.Fatal(err)
    }
    if err := report.Execute(os.Stdout, result); err != nil {
        log.Fatal(err)
    }
}
```

이 프로그램은 다음과 같은 평문 형태의 텍스트 보고서를 출력한다.

```
$ go build gopl.io/ch4/issuesreport
$ ./issuesreport repo:golang/go is:open json decoder
13 issues:
----------------------------------------
Number: 5680
User:   eaigner
Title:  encoding/json: set key converter on en/decoder
Age:    750 days
----------------------------------------
Number: 6050
User:   gopherbot
Title:  encoding/json: provide tokenizer
Age:    695 days
----------------------------------------
...
```

이제 html/template 패키지를 알아보자. html/template 패키지도 text/template과 동일한 API와 표현식을 사용하지만, 그밖에도 HTML, 자바스크립트, CSS, URL 등의 문자열을 자동으로 맥락에 맞게 처리하는 기능이 있다. 이 기능으로 HTML을 생성할 때 반복적으로 발생하는 보안 문제인 인젝션 공격injection attack을 막을 수 있으며, 인젝션은 공격자가 이슈 제목과 같은 문자열 값에 악성 코드를 삽입해 템플릿에서 적절하게 처리를 하지 못할 경우 페이지의 제어권을 얻게 하는 공격이다.

다음 템플릿은 이슈 목록을 HTML 테이블로 출력한다. 임포트 구문이 다른 것에 주목하라.

gopl.io/ch4/issueshtml
```
import "html/template"

var issueList = template.Must(template.New("issuelist").Parse(`
<h1>{{.TotalCount}} issues</h1>
<table>
<tr style='text-align: left'>
  <th>#</th>
  <th>State</th>
  <th>User</th>
  <th>Title</th>
</tr>
{{range .Items}}
<tr>
  <td><a href='{{.HTMLURL}}'>{{.Number}}</a></td>
  <td>{{.State}}</td>
  <td><a href='{{.User.HTMLURL}}'>{{.User.Login}}</a></td>
  <td><a href='{{.HTMLURL}}'>{{.Title}}</a></td>
</tr>
{{end}}
</table>
`))
```

다음 명령은 약간 다른 쿼리의 결과로 새 템플릿을 실행한다.

```
$ go build gopl.io/ch4/issueshtml
$ ./issueshtml repo:golang/go commenter:gopherbot json encoder >issues.html
```

그림 4.4는 웹 브라우저에서의 테이블을 보여준다. 링크는 깃허브의 해당 웹 페이지로 연결된다.

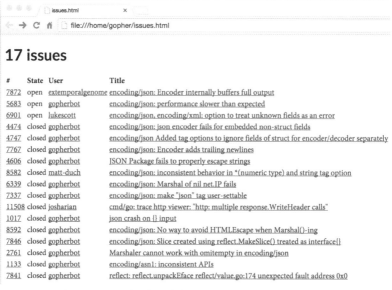

그림 4.4 JSON 인코딩에 관한 Go 프로젝트 이슈의 HTML 테이블

그림 4.4의 이슈 중에는 HTML과 관련된 문제가 없지만, 제목에 HTML의 메타문자 &나 <가 있는 이슈에서는 그 효과를 명확하게 볼 수 있다. 예제로 그러한 이슈 두 개를 골랐다.

```
$ ./issueshtml repo:golang/go 3133 10535 >issues2.html
```

그림 4.5에 이 쿼리의 결과가 있다. html/template 패키지가 제목을 자동으로 HTML 이스케이프 처리해서 제목이 문자 그대로 보이고 있다. 실수로 text/template 패키지를 사용했더라면 네 글자 "<"는 부등호 '<'로 표기됐을 것이고, 문자열 '<link>'는 link 원소가 돼 HTML 문서의 구조를 바꾸고 어쩌면 보안 문제가 발생할 수도 있다.

신뢰할 수 있는 HTML 데이터를 포함하는 필드는 string 타입 대신 명명된 문자열 타입 template.HTML을 사용해 자동 이스케이프 동작을 억제할 수 있다. 이와 유사한 신뢰할 수 있는 명명된 타입은 자바스크립트, CSS, URL에도 있다. 다음 프로그램은 값은 같지만 타입이 다른 두 필드로 이 원리를 보여준다. A는 문자열이고 B는 template.HTML이다.

그림 4.5 이슈 제목의 HTML 메타 문자가 올바르게 표시된다.

gopl.io/ch4/autoescape
```
func main() {
    const templ = `<p>A: {{.A}}</p><p>B: {{.B}}</p>`
    t := template.Must(template.New("escape").Parse(templ))
    var data struct {
        A string        // 신뢰할 수 없는 평문 텍스트
        B template.HTML // 신뢰할 수 있는 HTML
    }
    data.A = "<b>Hello!</b>"
    data.B = "<b>Hello!</b>"
    if err := t.Execute(os.Stdout, data); err != nil {
        log.Fatal(err)
    }
}
```

그림 4.6은 브라우저에서의 템플릿 출력을 보여준다. A에는 이스케이프가 적용됐지만 B에는 적용되지 않은 것을 볼 수 있다.

그림 4.6 문자열 값은 HTML 이스케이프가 적용됐지만 template.HTML 값은 그렇지 않다.

여기서는 템플릿의 가장 기본적인 기능만을 보여줬다. 자세한 내용은 패키지 문서를 참조하라.

```
$ go doc text/template
$ go doc html/template
```

연습문제 4.14 깃허브를 한 번 조회해 버그 보고서, 마일스톤, 사용자 목록을 탐색할 수 있는 웹 서버를 작성하라.

5장
함수

함수는 여러 문장을 하나의 단위로 묶어 프로그램 내의 다른 부분에서 수차례 호출할 수 있게 한다. 함수를 통해 큰 작업을 여러 작은 작업으로 분할하고, 시간 및 공간적으로 분리된 여러 사람이 동시에 작성할 수 있다. 함수는 사용자에게 구현의 세부 사항을 숨긴다. 이러한 여러 가지 이유로 함수는 많은 프로그래밍 언어에서 중요한 위치를 차지한다.

지금까지 여러 함수를 봐왔다. 이제는 함수에 대해 좀 더 상세하게 알아보자. 5장의 예제는 웹 크롤러로 실행하는데, 웹 크롤러는 웹 페이지를 가져오고 링크를 찾아내며 링크로 식별된 페이지를 반복해서 가져오는 등의 작업을 수행하는 웹 검색엔진의 한 부분이다. 웹 크롤러 예제는 재귀, 익명 함수, 오류 처리 및 Go의 고유한 함수 기능들을 살펴보기에 충분하다.

5.1 함수 선언

함수 선언에는 이름, 파라미터 목록, 부가적인 결과 목록, 본문이 있다.

```
func 이름(파라미터 목록) (결과 목록) {
    본문
}
```

파라미터 목록은 함수 파라미터의 이름과 타입을 지정하며, 이 인자는 호출자가 값이나 인자를 제공하는 지역 변수다. 결과 목록은 함수가 반환하는 값의 타입을 지정한다. 함수가 한 개의 이름 없는 결과를 반환하거나 아예 결과를 반환하지 않을 경우 괄호를 사용할 필요가 없으며, 보통 생략한다. 결과 목록을 생략하면 아무 값도 반환하지 않으며, 그 동작을 위해서만 호출되는 함수를 선언한다. 다음과 같은 hypot 함수를 살펴보자.

```
func hypot(x, y float64) float64 {
    return math.Sqrt(x*x + y*y)
}

fmt.Println(hypot(3, 4)) // "5"
```

x와 y는 선언의 파라미터이고, 3과 4는 호출의 인수이며, 이 함수는 float64 값을 반환한다.

파라미터와 마찬가지로 결과에도 이름을 붙일 수 있다. 이 경우 각각의 이름은 해당 타입의 제로 값으로 초기화된 지역 변수를 선언한다.

결과 목록이 있는 함수는 panic을 호출하거나 break 없는 무한 for 루프 등의 명백하게 끝까지 수행할 수 없는 경우 외에는 반드시 return으로 끝나야 한다.

hypot에서 보듯 같은 타입의 파라미터나 결과 목록은 간략하게 한 번만 쓸 수 있다. 다음 두 선언은 동일하다.

```
func f(i, j, k int, s, t string)            { /* ... */ }
func f(i int, j int, k int, s string, t string) { /* ... */ }
```

다음은 int 타입의 파라미터 두 개와 결과 한 개를 선언하는 네 가지 방법을 보여준다. 빈 식별자로 파라미터가 사용되지 않는 것을 강조할 수 있다.

```
func add(x int, y int) int   { return x + y }
func sub(x, y int) (z int)   { z = x - y; return }
func first(x int, _ int) int { return x }
func zero(int, int) int      { return 0 }

fmt.Printf("%T\n", add)   // "func(int, int) int"
fmt.Printf("%T\n", sub)   // "func(int, int) int"
fmt.Printf("%T\n", first) // "func(int, int) int"
fmt.Printf("%T\n", zero)  // "func(int, int) int"
```

함수 타입은 함수의 시그니처signature라고도 한다. 두 함수에서 파라미터 목록의 타입이 같고 결과 목록의 타입도 같으면 이 두 함수는 타입 또는 시그니처 값이 같다고 한다. 파라미터와 결과의 이름은 타입과 관련이 없으며, 간략하게 선언됐는지 여부도 타입에 영향을 주지 않는다.

모든 함수는 호출 시 각 파라미터를 선언한 순서대로 인자로 제공해야 한다. Go에는 파라미터의 기본 값이 없고 인자를 이름으로 지정할 수도 없으므로 파라미터와 결과의 이름은 문서 외에는 호출자에게 영향을 주지 않는다.

파라미터는 함수 본문에서 초기 값이 호출자가 제공한 인자 값인 지역 변수다. 함수의 파라미터와 명명된 결과 값은 함수의 제일 바깥쪽 지역 변수와 같은 어휘 블록에 속하는 변수다.

인자는 값으로 전달되므로 함수는 각 인자의 복사본을 받는다. 복사본 변경은 호출자에게 영향을 주지 않는다. 그러나 인자가 포인터, 슬라이스, 맵, 함수, 채널 등의 참조형인 경우에는 호출자가 함수 내부에서 인자에 의해 간접적으로 참조된 값 변경에 영향을 받을 수 있다.

가끔 함수가 Go 외의 언어에서 구현됐음을 나타내는 본문 없는 함수를 보게 될 것이다. 이러한 선언은 함수의 시그니처를 정의한다.

```
package math

func Sin(x float64) float64 // 어셈블리어로 구현됨
```

5.2 재귀

함수는 스스로를 직접 또는 간접적으로 재귀 호출할 수 있다. 재귀 호출은 여러 가지 문제를 해결할 수 있는 강력한 기술이며, 재귀적인 데이터 구조를 처리하는 데 필수다. 4.4절에서 간단한 삽입 정렬을 구현하기 위해 트리에 재귀 호출을 사용했었다. 이 절에서도 재귀 호출을 사용해 HTML 문서를 처리할 것이다.

다음 예제 프로그램은 HTML 파서를 제공하는 비표준 패키지 golang.org/x/net/html을 사용한다. golang.org/x/... 저장소에는 Go 팀이 설계하고 관리하는 네트워킹, 국제화 텍스트 처리, 모바일 플랫폼, 이미지 처리, 암호화, 개발자 도구 등의 애플리케이션을 위한 패키지가 있다. 이 패키지들은 아직 개발 중이거나 대다수의 Go 프로그래머에게는 거의 필요 없으므로 표준 라이브러리에 포함되지 않았다.

golang.org/x/net/html API에서 필요한 부분은 다음과 같다. html.Parse 함수는 바이트 시퀀스를 읽고 파싱한 후 HTML 문서 트리의 루트인 html.Node를 반환한다. HTML에는 여러 노드(텍스트, 주석 등)가 있지만, 여기서는 `<name key='value'>` 형태의 원소 노드만 살펴본다.

```
golang.org/x/net/html
package html

type Node struct {
    Type                      NodeType
    Data                      string
    Attr                      []Attribute
    FirstChild, NextSibling *Node
}

type NodeType int32

const (
    ErrorNode NodeType = iota
    TextNode
    DocumentNode
    ElementNode
    CommentNode
    DoctypeNode
)
```

```
type Attribute struct {
    Key, Val string
}

func Parse(r io.Reader) (*Node, error)
```

main 함수는 표준 입력을 HTML로 파싱하고 재귀적인 visit 함수로 링크를 추출한 후 발견한 각각의 링크를 출력한다.

gopl.io/ch5/findlinks1
```
// Findlinks1은 표준 입력에서 읽어 들인 HTML 문서 안의 링크를 출력한다.
package main

import (
    "fmt"
    "os"
    "golang.org/x/net/html"
)

func main() {
    doc, err := html.Parse(os.Stdin)
    if err != nil {
        fmt.Fprintf(os.Stderr, "findlinks1: %v\n", err)
        os.Exit(1)
    }
    for _, link := range visit(nil, doc) {
        fmt.Println(link)
    }
}
```

visit 함수는 HTML 노드 트리를 순회하며 각 앵커 원소 <a href='...'>에서 href 속성을 추출하고, 링크를 문자열 슬라이스에 추가한 후 결과 슬라이스를 반환한다.

```
// visit는 n에서 찾은 각 링크를 links에 추가하고 결과를 반환한다.
func visit(links []string, n *html.Node) []string {
    if n.Type == html.ElementNode && n.Data == "a" {
        for _, a := range n.Attr {
            if a.Key == "href" {
                links = append(links, a.Val)
            }
        }
    }
    for c := n.FirstChild; c != nil; c = c.NextSibling {
        links = visit(links, c)
    }
    return links
}
```

노드 n에서 트리를 내려오기 위해 visit는 연결 리스트 FirstChild에 있는 n의 자식 노드들에 대해 스스로를 재귀적으로 호출한다.

Go 홈페이지를 대상으로 fetch(1.5절)의 출력을 findlinks의 입력으로 넣어 findlinks를 실행해보자. 출력을 알아보기 쉽게 약간 편집했다.

```
$ go build gopl.io/ch1/fetch
$ go build gopl.io/ch5/findlinks1
$ ./fetch https://golang.org | ./findlinks1
#
/doc/
/pkg/
/help/
/blog/
http://play.golang.org/
//tour.golang.org/
https://golang.org/dl/
//blog.golang.org/
/LICENSE
/doc/tos.html
http://www.google.com/intl/en/policies/privacy/
```

페이지에 표시되는 링크 형태가 다양함을 알 수 있다. 나중에 기본 URL인 https://golang.org 에 대한 상대 경로를 분석해 절대 URL로 변경하는 방법을 살펴볼 것이다.

다음 프로그램은 HTML 노드 트리에 재귀를 사용해 개략적인 트리 구조를 출력한다. 이 프로그램은 각각의 요소와 마주치면 요소의 태그를 스택에 넣고 스택을 출력한다.

gopl.io/ch5/outline
```go
func main() {
    doc, err := html.Parse(os.Stdin)
    if err != nil {
        fmt.Fprintf(os.Stderr, "outline: %v\n", err)
        os.Exit(1)
    }
    outline(nil, doc)
}

func outline(stack []string, n *html.Node) {
    if n.Type == html.ElementNode {
        stack = append(stack, n.Data) // 태그 push
        fmt.Println(stack)
    }
    for c := n.FirstChild; c != nil; c = c.NextSibling {
        outline(stack, c)
    }
}
```

하나 미묘한 부분은 outline이 요소를 stack에 'push'하지만 그에 대응하는 pop이 없다는 점이다. outline이 스스로를 재귀 호출하면 피호출자는 stack의 복사본을 받는다. 피호출자는 요소를 이 슬라이스에 추가하거나 내부 배열을 수정하고 새 배열을 할당할 수도 있지만, 호출자가 보고 있는 초기 요소는 수정할 수 없으므로 함수가 반환된 후에도 호출자의 stack은 호출 전과 동일하다.

다음은 다시 간결하게 편집한 https://golang.org의 개요다.

```
$ go build gopl.io/ch5/outline
$ ./fetch https://golang.org | ./outline
[html]
[html head]
[html head meta]
[html head title]
[html head link]
[html body]
[html body div]
[html body div]
[html body div div]
[html body div div form]
[html body div div form div]
[html body div div form div a]
...
```

outline으로 실험해보면 단지 몇 단계의 재귀 호출로 처리할 수 있는 대부분의 HTML 문서뿐만 아니라 매우 복잡해 깊은 재귀 호출이 필요한 웹 페이지도 손쉽게 처리할 수 있다는 것을 알 수 있다.

대부분의 프로그래밍 언어 구현에서는 고정된 크기의 함수 호출 스택을 사용한다. 일반적인 크기는 64KB에서 2MB 정도다. 고정된 크기의 스택에서는 재귀의 깊이에 제한이 생기므로 큰 데이터 구조를 재귀적으로 탐색할 때는 스택 오버플로우를 피하기 위해 주의해야 한다. 고정 크기 스택에서는 보안 문제가 생길 수도 있다. 반면에 일반적인 Go의 구현에서는 작은 크기로 시작하고, 필요하다면 수기가 바이트 단위까지 커질 수 있는 가변 길이 스택을 사용한다. 이로 인해 오버플로우 걱정 없이 안전하게 재귀를 사용할 수 있다.

연습문제 5.1 findlinks 프로그램이 루프 대신 visit의 재귀 호출로 연결 리스트 n.FirstChild를 탐색하게 변경하라.

연습문제 5.2 원소 이름(p, div, span 등)과 HTML 문서 트리 내에서 원소 개수의 맵을 생성하는 함수를 작성하라.

연습문제 5.3 HTML 문서 트리 안에 있는 모든 텍스트 노드의 내용을 출력하는 함수를 작성하라. 웹 브라우저에 표시되지 않는 <script>나 <style> 원소의 내용은 탐색에서 제외하라.

연습문제 5.4 문서에서 이미지, 스크립트, 스타일시트 같은 다른 종류의 링크도 추출하게 visit 함수를 확장하라.

5.3 다중 값 반환

함수는 결과를 한 개 이상 반환할 수 있다. 지금까지 표준 패키지에서 원하는 계산의 결과 값과 계산의 동작 여부를 나타내는 오류 또는 불리언 값 두 개를 반환하는 많은 예제를 봤다. 다음 예제는 이러한 함수를 직접 작성하는 방법을 보여준다.

다음 프로그램은 직접 HTTP 요청을 수행하는 findlinks의 변형으로 fetch를 구동할 필요가 없다. HTTP와 파싱 작업은 실패할 수 있으므로 findLinks는 두 개의 결과인 발견된 링크 목록과 오류를 선언한다. 덧붙이자면 HTML 파서는 보통 잘못된 입력이나 오류 노드가 포함된 문서에서도 회복하기 때문에 Parse가 실패하는 일은 거의 없다. 실패한다면 대부분 내부의 I/O 오류가 원인이다.

gopl.io/ch5/findlinks2

```go
func main() {
    for _, url := range os.Args[1:] {
        links, err := findLinks(url)
        if err != nil {
            fmt.Fprintf(os.Stderr, "findlinks2: %v\n", err)
            continue
        }
        for _, link := range links {
            fmt.Println(link)
        }
    }
}

// findLinks는 url에 HTTP GET요청을 수행하고 결과를
// HTML로 파싱한 후 링크를 추출하고 반환한다.
func findLinks(url string) ([]string, error) {
    resp, err := http.Get(url)
    if err != nil {
        return nil, err
    }
    if resp.StatusCode != http.StatusOK {
        resp.Body.Close()
        return nil, fmt.Errorf("getting %s: %s", url, resp.Status)
    }
    doc, err := html.Parse(resp.Body)
    resp.Body.Close()
    if err != nil {
        return nil, fmt.Errorf("parsing %s as HTML: %v", url, err)
    }
    return visit(nil, doc), nil
}
```

findLinks에는 한 쌍의 값을 반환하는 네 개의 반환문이 있다. 처음 세 return은 함수가 http와 html 패키지에서 발생한 내부적인 오류를 호출자에게 반환하게 한다. 첫 번째 경우에는 오류가 그대로 반환된다. 두 번째와 세 번째에서는 fmt.Errorf(7.8절)로 부가적인 컨텍스트 정보가 추가된 오류가 반환된다. findLinks가 성공하면 최종 반환 문장은 오류 없이 링크의 슬라이스를 반환한다.

오류가 발생할 때에도 resp.Body를 닫아서 네트워크 리소스를 해제해야 한다. Go의 가비지 콜렉터는 사용하지 않는 메모리를 재활용하지만 사용하지 않는 열린 파일이나 네트워크 접속 등의 운영체제 리소스는 해제하지 못한다. 이들은 명시적으로 닫아야 한다.

다중 값을 반환하는 함수를 호출한 결과는 값의 튜플이다. 이러한 함수의 호출자는 사용되는 변수에 명시적으로 값을 할당해야 한다.

```
links, err := findLinks(url)
```

반환 값 중 일부를 무시하려면 값을 빈 식별자에 할당하라.

```
links, _ := findLinks(url) // errors ignored
```

findLinks처럼 동작하지만 인수를 로깅하는 다음 함수에서처럼 다중 값을 반환하는 호출의 결과로 (다중 값을 반환하는) 호출 함수를 사용할 수 있다.

```
func findLinksLog(url string) ([]string, error) {
    log.Printf("findLinks %s", url)
    return findLinks(url)
}
```

여러 파라미터를 받는 함수를 호출할 때 다중 값을 반환하는 함수를 단독 인수로 사용할 수 있다. 이 기능은 프로덕션 코드에서는 거의 사용하지 않지만, 간혹 디버깅 시에는 호출의 모든 결과를 하나의 문장으로 출력할 수 있으므로 편리한 경우가 있다. 다음 두 출력문의 결과는 같다.

```
log.Println(findLinks(url))

links, err := findLinks(url)
log.Println(links, err)
```

잘 선택된 이름으로 함수 결과의 의미를 문서화할 수 있다. 이름은 특히 다음과 같이 함수가 동일한 타입의 여러 결과를 반환할 때 가치가 있다.

```
func Size(rect image.Rectangle) (width, height int)
func Split(path string) (dir, file string)
func HourMinSec(t time.Time) (hour, minute, second int)
```

그러나 문서화만을 위해 항상 여러 결과들에 이름을 붙일 필요는 없다. 예를 들어 관행적으로 마지막 bool 결과는 성공 여부를 나타낸다. error 결과에는 아무런 설명도 필요 없다.

함수의 결과에 이름을 붙이면 반환문에서 피연산자를 생략할 수 있다. 이를 단순 반환[bare return]이라 한다.

```
// CountWordsAndImages는 HTML 문서의 url에 HTTP GET 요청을 수행하고
// 그 안의 워드와 이미지 개수를 반환한다.
func CountWordsAndImages(url string) (words, images int, err error) {
    resp, err := http.Get(url)
    if err != nil {
        return
    }
```

```
        doc, err := html.Parse(resp.Body)
        resp.Body.Close()
        if err != nil {
            err = fmt.Errorf("parsing HTML: %s", err)
            return
        }
        words, images = countWordsAndImages(doc)
        return
    }
    func countWordsAndImages(n *html.Node) (words, images int) { /* ... */ }
```

단순 반환은 각각의 이름 붙은 결과 변수를 순서대로 반환하는 단축 문법이며, 앞의 함수에서 각 반환문은 다음과 같다.

```
    return words, images, err
```

많은 반환문과 여러 결과 값이 있는 이런 함수에서는 단순 반환으로 코드 중복을 줄일 수는 있지만 코드를 이해하기 쉽게 하는 경우는 거의 없다. 예를 들어 위에서 처음 두 개의 반환문이 return 0, 0, err와 같다는 것과 (결과 변수 words와 images가 제로 값으로 초기화됐으므로) 마지막 return문이 return words, images, nil과 같다는 점은 한눈에 알아보기 어렵다. 이러한 이유로 단순 반환은 삼가는 것이 좋다.

연습문제 5.5 countWordsAndImages를 구현하라(단어 분할은 예제 4.9를 참조하라).

연습문제 5.6 gopl.io/ch3/surface(3.2절)의 corner 함수를 명명된 결과 값과 단순 반환을 사용하게 수정하라.

5.4 오류

어떤 함수는 항상 주어진 작업에 성공한다. 예를 들어 strings.Contains와 strconv.FormatBool에는 모든 인자에 대해 잘 정의된 결과가 있으며, 실패할 수 없다(메모리 부족 등의 파괴적이고 예측할 수 없으나 증상이 원인과 무관하고 복구하기 어려운 경우는 제외한다).

전제 조건이 맞을 때에만 항상 성공하는 함수도 있다. 예를 들어 time.Date 함수는 항상 자신의 컴포넌트(연도, 월 등)로 time.Time을 구성하며, 마지막 인자(시간대)가 nil인 경우에만 패닉이 일어난다. 이 패닉은 호출하는 코드에서의 버그가 확실하며, 잘 작성된 프로그램에서는 절대 발생하지 않을 것이다.

기타 여러 함수들에는 개발자가 통제할 수 없는 요인이 있으므로, 잘 작성된 프로그램 안에 있더라도 항상 성공이 보장되지는 않는다. 예를 들어 입출력을 수행하는 함수에서는 오류를 마주칠 가능성이 항상 있으며, 초보 개발자만이 간단한 입출력은 실패하지 않을 것이라 믿는다. 사실 가장 신뢰할 수 있는 작업이 예기치 않게 실패할 때 실패의 원인에 절실해진다.

따라서 오류는 패키지의 API 또는 애플리케이션의 사용자 인터페이스에서 중요한 부분이며, 실패는 여러 예상되는 행동 중 하나에 불과하다. 이것이 Go에서의 오류 처리 방식이다.

실패가 예상되는 함수는 보통 마지막에 부가적인 결과를 반환한다. 키에 대한 항목이 없을 때 외에는 항상 성공하는 다음과 같은 캐시 조회 예제에서처럼 실패의 원인이 한 가지뿐이라면 결과는 보통 ok라 부르는 불리언 값이다.

```
value, ok := cache.Lookup(key)
if !ok {
    // ...cache[key]가 없음...
}
```

종종, 특히 입출력에서처럼 실패에 다양한 원인이 있을 때는 실패를 호출자에게 설명할 필요가 있다. 이러한 경우 추가적인 결과의 타입은 error다.

내장 타입 error는 인터페이스 타입이다. 7장에서 인터페이스의 의미와 오류 처리와의 관계에 대해 더 자세히 살펴볼 것이다. 지금은 error가 nil 또는 nil이 아니고, nil은 성공이고 nil이 아니면 실패이며, nil이 아닌 error에는 오류 메시지 문자열이 있어서 Error 메소드를 호출해 얻거나, fmt.Println(err) 또는 fmt.Printf("%v", err)로 출력할 수 있다는 것 정도만 알면 충분하다.

보통 함수가 nil이 아닌 오류를 반환하면 다른 결과 값들은 정의되지 않은 것이며 무시해야 한다. 그러나 어떤 함수는 오류 시 결과를 일부 반환하기도 한다. 예를 들어 파일에서 읽는 도중에 오류가 발생하면 Read 호출은 그때까지 읽은 바이트 수와 문제에 대해 설명하는 error 값을 반환한다. 어떤 호출자는 올바른 동작을 위해 오류를 처리하기 전에 불완전한 데이터를 처리해야 할 수도 있으므로, 이러한 함수에서는 결과를 명확하게 문서화하는 것이 중요하다.

Go는 실패를 예외 처리exception가 아닌 일반 값으로 보고한다는 점에서 다른 많은 언어와 구별된다. Go에는 5.9절에서 보게 될 일종의 예외 방식도 있지만, 이는 버그를 의미하는 전혀 예상치 못한 오류를 보고하기 위한 것이며, 튼튼한 프로그램에서는 예상해야 하는 일반적인 오류를 위한 것이 아니다.

이러한 설계의 이유는 예외가 오류의 설명과 오류를 처리하기 위한 제어 흐름을 얽히게 하는 경향이 있어 종종 바람직하지 않은 결과를 초래하기 때문이다. 일반적인 오류도 이해할 수 없는 스택 트레이스의 형태로 사용자에게 보고되며, 그 안에는 프로그램 구조에 대한 상세한 정보는 있지만 실제로 잘못된 부분에 대한 컨텍스트는 결여돼 있다.

Go 프로그램에서는 이와는 대조적으로 오류를 if와 return 같은 통상적인 제어 흐름 방식으로 처리한다. 이 방식에서는 오류 처리 로직에 더 많은 신경을 써야 한다는 점이 명백하며, 바로 그 부분이 핵심이다.

5.4.1 오류 처리 전략

함수 호출이 오류를 반환하면 호출자가 오류를 확인하고 적절한 조치를 취해야 한다. 상황에 따라 여러 가지 가능성이 있다. 그중 다섯 가지를 살펴보자.

먼저 가장 흔한 전략은 오류를 전파해 서브루틴에서의 실패를 호출 루틴의 실패가 되게 하는 것이다. 5.3절의 findLinks 함수에서 이러한 예제를 살펴봤다. http.Get 호출이 실패하면 findLinks는 별 고민 없이 HTTP 오류를 호출자에게 반환한다.

```
resp, err := http.Get(url)
if err != nil {
    return nil, err
}
```

대조적으로 html.Parse 호출이 실패하면 findLinks는 HTML 파서의 오류 안에 두 가지 중요한 정보가 없으므로 이를 직접 반환하지 않는다. 두 가지 정보는 오류가 파서에서 발생했다는 것과 파싱 대상 문서의 URL이다. 이 경우 findLinks는 양쪽 모두의 정보와 내부의 파싱 오류를 포함하는 새 오류 메시지를 생성한다.

```
doc, err := html.Parse(resp.Body)
resp.Body.Close()
if err != nil {
    return nil, fmt.Errorf("parsing %s as HTML: %v", url, err)
}
```

fmt.Errorf 함수는 fmt.Sprintf를 이용해 오류 메시지를 생성하고 새 error 값을 반환한다. 이 값을 이용해 오류 메시지의 원본에 문맥 정보를 연속해서 추가함으로써 좀 더 서술적인 오류를 만들었다. 오류를 최종적으로 프로그램의 main 함수에서 처리할 때는 오류 안에 NASA의 사고 조사 보고서와 같이 근본적인 문제에서 전체 실패에까지 이어지는 명확한 일련의 인과관계가 있어야 한다.

```
genesis: crashed: no parachute: G-switch failed: bad relay orientation
```

오류 메시지는 서로 연결돼 있는 경우가 많으므로 메시지 문자열 안의 대문자나 줄 바꿈은 피해야 한다. 그로 인해 오류가 길어질 수 있지만, 대신 grep 등의 도구로 찾을 때 오류 자체로 완결성을 갖게 된다.

오류 메시지는 신중하게 설계해 문제에 관련된 세부적인 내용에 대한 유의미한 설명을 포함하는 동시에 하나의 함수 또는 같은 패키지 내의 함수들에서는 형식과 처리 방식이 유사해서 일관성을 갖게 해야 한다.

예를 들어 os 패키지는 os.Open, Read, Write, 열린 파일의 Close 메소드 등의 파일 작업에서 반환되는 모든 오류에 오류 자체(권한 없음, 디렉토리 없음 등) 외에 파일명도 포함해 호출자가 오류 메시지를 생성할 때 파일명을 추가하지 않아도 되게 한다.

일반적으로 f(x)를 호출하는 쪽에서 오류의 컨텍스트와 관련된 인자 값 x와 시도한 작업 f에 대해 보고할 책임이 있다. 호출자는 그 밖에도 위에 나오는 html.Parse 호출의 URL처럼 자신에게는 있지만 f(x) 호출에는 없는 부가적인 정보를 추가해야 한다.

오류 처리의 두 번째 전략을 살펴보자. 일시적이거나 예상치 못한 문제를 나타내는 오류는 일정한 지연시간을 두거나 재시도 횟수 또는 재시도 소요 시간을 제한하고 실패한 작업을 다시 해보는 것이 합리적일 수 있다.

gopl.io/ch5/wait

```go
// WaitForServer는 URL로 지정된 서버로 접속을 시도한다.
// 1분간 지수 단위로 백오프(exponential back-off)를 수행한다.
// 모든 시도가 실패하면 오류를 보고한다.
func WaitForServer(url string) error {
    const timeout = 1 * time.Minute
    deadline := time.Now().Add(timeout)
    for tries := 0; time.Now().Before(deadline); tries++ {
        _, err := http.Head(url)
        if err == nil {
            return nil // 성공
        }
        log.Printf("server not responding (%s); retrying...", err)
        time.Sleep(time.Second << uint(tries)) // 지수 단위 백오프
    }
    return fmt.Errorf("server %s failed to respond after %s", url, timeout)
}
```

세 번째로 더 이상 진행할 수 없으면 호출자가 오류를 출력하고 프로그램을 깔끔하게 종료할 수 있지만, 보통 이러한 과정은 프로그램에서 main 패키지의 역할이다. 라이브러리 함수는 일반적으로 오류가 내부의 모순(즉, 버그)을 나타내지 않는 한 호출자에게 오류를 전파해야 한다.

```go
// (main함수 안에서)
if err := WaitForServer(url); err != nil {
    fmt.Fprintf(os.Stderr, "Site is down: %v\n", err)
    os.Exit(1)
}
```

같은 효과를 얻는 좀 더 쉬운 방법은 log.Fatalf를 호출하는 것이다. log.Fatalf는 기본적으로 다른 log 함수와 마찬가지로 오류 메시지의 앞에 시간과 날짜를 추가한다.

```go
if err := WaitForServer(url); err != nil {
    log.Fatalf("Site is down: %v\n", err)
}
```

기본 포맷은 오래 실행되는 서버에선 유용하지만 대화형 도구에선 그렇지 않다.

```
2006/01/02 15:04:05 Site is down: no such domain: bad.gopl.io
```

출력을 더 좋게 만들기 위해 log 패키지에서 사용하는 접두사를 명령의 이름으로 지정하고 날짜와 시간 출력을 생략할 수 있다.

```go
log.SetPrefix("wait: ")
log.SetFlags(0)
```

네 번째로 오류를 기록하고 필요시 기능을 약간 제한한 후 계속해도 될 때가 있다. 이때에도 평소의 접두사를 추가하는 log 패키지를 쓰거나

```
if err := Ping(); err != nil {
    log.Printf("ping failed: %v; networking disabled", err)
}
```

표준 오류 스트림에 직접 출력할 수 있다.

```
if err := Ping(); err != nil {
    fmt.Fprintf(os.Stderr, "ping failed: %v; networking disabled\n", err)
}
```

(모든 log 함수는 줄 바꿈 처리가 없을 경우 추가한다)

마지막 다섯 번째는 흔치 않지만 오류를 안전하게 무시해도 되는 경우가 있다.

```
dir, err := ioutil.TempDir("", "scratch")
if err != nil {
    return fmt.Errorf("failed to create temp dir: %v", err)
}
// ...temp 디렉토리 사용...
os.RemoveAll(dir) // 오류 무시: $TMPDIR은 주기적으로 정리된다.
```

os.RemoveAll 호출은 실패할 수도 있지만 운영체제가 주기적으로 임시 디렉토리를 정리하므로 프로그램에서 무시한다. 이 경우는 의도적으로 오류를 버렸지만 깜박하고 이 오류를 처리하지 않았더라도 프로그램 로직은 동일할 것이다. 함수를 호출한 뒤에는 항상 반환되는 오류에 대해 고려하는 습관을 갖고, 일부러 오류를 무시할 때에는 그 의도를 명백하게 문서화하라.

Go의 오류 처리에는 특유의 리듬이 있다. 일반적으로는 오류를 확인한 후 실패를 성공 전에 처리한다. 실패로 인해 함수가 반환돼야 한다면 성공에 대한 로직은 들여 쓰기 한 else 블록이 아닌 외부 수준에 작성한다. 함수는 일반적으로 오류를 반환하는 초기 조건 확인 구문들과 그 다음부터 끝까지 최소한으로 들여 쓰기 한 함수 본문 부분으로 이뤄진 구조를 나타낸다.

5.4.2 파일의 끝(EOF)

일반적으로 함수에서 다양한 오류를 반환할 수 있으면 사용자에게는 흥미롭겠지만, 프로그램 로직에서는 그렇지 않다. 하지만 발생한 오류의 종류에 따라 프로그램이 다른 행동을 해야 할 때도 있다. 파일에서 n바이트 데이터를 읽으려 할 때를 생각해보자. n을 파일 길이와 동일하게 설정했다면 실패를 나타내는 오류가 발생하지 않는다. 반면에 호출자가 파일이 소진될 때까지 반복해 고정 크기의 청크를 읽으려 하는 경우에는 호출자가 파일 끝 오류와 그 외의 오류에 각기 다르게 응답해야 한다. 이 때문에 io 패키지는 파일의 끝으로 인한 읽기 실패의 경우를 다른 오류와 구별해 다음과 같이 정의된 io.EOF 오류로 보고한다.

```
package io

import "errors"

// EOF는 더 이상의 입력이 없을 때 Read에서 반환되는 오류다.
var EOF = errors.New("EOF")
```

호출자는 표준 입력에서 룬을 읽는 다음 루프에서와 같이 간단한 비교로 이 경우를 감지할 수 있다(4.3절의 charCount 프로그램에 완전한 예제가 있다).

```
in := bufio.NewReader(os.Stdin)
for {
    r, _, err := in.ReadRune()
    if err == io.EOF {
        break // finished reading
    }
    if err != nil {
        return fmt.Errorf("read failed: %v", err)
    }
    // ...r 사용...
}
```

파일 끝에 도달한 뒤에는 그 사실 외에 보고할 정보가 없으므로 io.EOF는 고정된 오류 메시지 "EOF"를 갖는다. 다른 오류의 경우에는 이른바 오류의 성격과 수량을 보고해야 하므로 고정된 값을 사용하지 않을 것이다. 7.11절에서 특정 오류 값과 기타 오류 값을 구별하는 더 체계적인 방법을 살펴본다.

5.5 함수 값

Go의 함수는 퍼스트 클래스 값이다. 이것은 함수 값이 다른 값과 마찬가지로 타입이 있고 이 값을 변수에 할당하거나 함수로 전달하거나 함수에서 반환할 수 있다는 의미다. 함수 값은 임의의 다른 함수처럼 호출할 수 있다. 예를 들면 다음과 같다.

```
func square(n int) int      { return n * n }
func negative(n int) int    { return -n }
func product(m, n int) int     { return m * n }

f := square
fmt.Println(f(3)) // "9"

f = negative
fmt.Println(f(3))      // "-3"
fmt.Printf("%T\n", f) // "func(int) int"

f = product // 컴파일 오류: func(int, int) int를 func(int) int에 할당할 수 없음
```

함수 타입의 제로 값은 nil이다. nil 함수 값을 호출하면 패닉이 발생한다.

```
var f func(int) int
f(3) // 패닉: nil 함수 호출
```

함수 값은 nil과 비교할 수 있다.

```
var f func(int) int
if f != nil {
    f(3)
}
```

하지만 nil끼리는 비교할 수 없으므로 서로 간에 비교하거나 맵의 키로 쓸 수 없다.

함수 값을 이용해 함수에 값뿐만 아니라 동작도 전달할 수 있다. 표준 라이브러리에 많은 예제가 있다. 예를 들어 strings.Map은 문자열의 각 글자들에 함수를 적용하고 그 결과를 결합해 새 문자열을 생성한다.

```
func add1(r rune) rune { return r + 1 }
fmt.Println(strings.Map(add1, "HAL-9000")) // "IBM.:111"
fmt.Println(strings.Map(add1, "VMS"))       // "WNT"
fmt.Println(strings.Map(add1, "Admix"))     // "Benjy"
```

5.2절의 findLinks 함수는 도우미 함수 visit을 사용해 HTML 문서의 모든 노드를 방문하고 각 노드에 액션을 적용한다. 함수 값을 사용해 트리 탐색을 위한 로직과 각 노드에 적용할 액션 로직을 분리하고 탐색 로직을 다른 액션에 사용할 수 있다.

gopl.io/ch5/outline2
```
// forEachNode는 루트 노드 n에 있는 각 노드 x에 대해
// pre(x) 함수와 post(x) 함수를 호출한다. 두 함수는 옵션이다.
// pre는 하위 노드를 방문하기 전에 호출되며(preorder),
// post는 하위 노드를 방문한 후에 호출된다(postorder).
func forEachNode(n *html.Node, pre, post func(n *html.Node)) {
    if pre != nil {
        pre(n)
    }

    for c := n.FirstChild; c != nil; c = c.NextSibling {
        forEachNode(c, pre, post)
    }

    if post != nil {
        post(n)
    }
}
```

forEachNode 함수는 하위 노드를 방문하기 전에 호출할 함수와 방문한 후에 호출할 함수 두 개를 각각 인자로 받는다. 이러한 조정 과정은 호출자에게 큰 유연성을 제공한다. 예를 들어 함수 startElement와 endElement는 ...와 같은 HTML 원소들의 시작과 끝 태그를 출력한다.

```
var depth int
```

```go
func startElement(n *html.Node) {
    if n.Type == html.ElementNode {
        fmt.Printf("%*s<%s>\n", depth*2, "", n.Data)
        depth++
    }
}
func endElement(n *html.Node) {
    if n.Type == html.ElementNode {
        depth--
        fmt.Printf("%*s</%s>\n", depth*2, "", n.Data)
    }
}
```

또한 이 함수들은 fmt.Printf의 트릭으로 출력을 들여 쓰기 한다. %*s의 * 포매터는 앞에 가변 길이의 공백이 추가된 문자열을 출력한다. 공백의 폭과 문자열로 depth*2와 "" 인자를 사용했다.

HTML문서에 forEachNode를 다음과 같이 호출하면

```go
forEachNode(doc, startElement, endElement)
```

이전의 outline 프로그램보다 더 정교한 출력을 얻을 수 있다.

```
$ go build gopl.io/ch5/outline2
$ ./outline2 http://gopl.io
<html>
  <head>
    <meta>
    </meta>
    <title>
    </title>
    <style>
    </style>
  </head>
  <body>
    <table>
      <tbody>
        <tr>
          <td>
            <a>
              <img>
              </img>
  ...
```

연습문제 5.7 startElement와 endElement를 일반적인 HTML 코드 정렬^{pretty-print} 프로그램으로 고도화하라. 주석 노드, 텍스트 노드, 각 원소의 속성(<a href='...'>)을 출력하라. 하위 노드가 없는 경우 <img></img> 대신 <img/>와 같은 단축 형식을 사용하라. 테스트를 작성해 출력이 제대로 파싱되는지 확인하라(11장 참조).

연습문제 5.8 pre와 post 함수에서 탐색을 계속할지를 나타내는 불리언 결과 값을 반환하게 forEachNode를 수정하라. 이를 이용해 지정된 id 속성을 갖는 첫 번째 HTML 원소를 찾는

함수 ElementByID를 다음의 형식대로 작성하라. 이 함수는 일치하는 원소가 발견되면 즉시 탐색을 중지해야 한다.

```
func ElementByID(doc *html.Node, id string) *html.Node
```

연습문제 5.9 문자열 s 안의 각 부분 문자열 "$foo"를 f("foo")에서 반환된 텍스트로 치환하는 함수 expand(s string, f func(string) string) string을 작성하라.

5.6 익명 함수

명명된 함수는 패키지 수준에서만 선언할 수 있지만 함수 리터럴로 표현식 내의 어디서나 함수 값을 나타낼 수 있다. 함수 리터럴은 함수 선언과 유사하게 작성하지만 func 키워드 뒤에 이름이 없다. 이는 표현식이며, 그 값은 익명 함수라 한다.

함수 리터럴로 사용 시점에 함수를 정의할 수 있다. 예를 들어 이전의 strings.Map 호출은 다음과 같이 다시 작성할 수 있다.

```
strings.Map(func(r rune) rune { return r + 1 }, "HAL-9000")
```

더 중요한 것은 이와 같이 정의된 함수는 전체 구문 환경lexical environment에 접근할 수 있으므로, 다음 예제에서와 같이 내부 함수에서 외부 변수를 참조할 수 있다는 점이다.

gopl.io/ch5/squares
```
// squares는 호출될 때마다
// 다음번 제곱 값을 반환하는 함수를 반환한다.
func squares() func() int {
    var x int
    return func() int {
        x++
        return x * x
    }
}

func main() {
    f := squares()
    fmt.Println(f()) // "1"
    fmt.Println(f()) // "4"
    fmt.Println(f()) // "9"
    fmt.Println(f()) // "16"
}
```

squares 함수는 func() int 타입의 다른 함수를 반환한다. squares를 호출하면 지역 변수 x를 생성한 후 호출될 때마다 x를 증가시키고 그 제곱 값을 반환하는 익명 함수를 반환한다. squares를 한 번 더 호출하면 두 번째 x를 생성하고, 그 변수를 증가시키는 새 익명 함수를 반환할 것이다.

squares 예제는 함수 값이 코드 외에 상태도 가질 수 있음을 보여준다. 익명의 내부 함수는 바깥에 있는 squares 함수의 지역 변수에 접근하고 값을 갱신할 수 있다. 이러한 숨겨진 변수 참조가 있기 때문에 함수는 참조 타입으로 정의하며, 함수 값을 비교할 수 없다. 이와 같은 함수 값은 closure라는 기술로 구현하며, Go 개발자들은 보통 함수 값이라는 용어를 사용한다.

여기서 변수 수명이 그 범위로 결정되지 않는 예제를 한 번 더 보게 된다. 변수 x는 f 안에 숨겨져 있지만 squares가 main으로 반환된 뒤에도 남아 있다.

익명 함수에 대한 다소 학술적인 예로서 서로 간의 전제 조건을 만족시키는 전산학 과목의 순서를 계산하는 문제를 생각해보자. 전제 조건은 각 과목에서 선행 과목들로의 맵으로 이뤄진 다음과 같은 prereqs 테이블에 나와 있다.

gopl.io/ch5/toposort
```go
// prereqs는 전산학 과목과 선행 과목을 매핑한다.
var prereqs = map[string][]string{
    "algorithms": {"data structures"},
    "calculus":   {"linear algebra"},

    "compilers": {
        "data structures",
        "formal languages",
        "computer organization",
    },

    "data structures":       {"discrete math"},
    "databases":             {"data structures"},
    "discrete math":         {"intro to programming"},
    "formal languages":      {"discrete math"},
    "networks":              {"operating systems"},
    "operating systems":     {"data structures", "computer organization"},
    "programming languages": {"data structures", "computer organization"},
}
```

이런 종류의 문제를 위상 정렬topological sorting이라 한다. 개념적으로 전제 조건 정보는 과목과 선행 과목 간의 의존성을 나타내는 선edge 간의 방향성 그래프를 형성한다. 이 그래프는 순환하지 않는다. 즉 과목의 경로는 자기 자신으로 연결되지 않는다. 이 그래프를 다음의 코드로 깊이 우선 탐색depth first search해 올바른 순서를 계산할 수 있다.

```go
func main() {
    for i, course := range topoSort(prereqs) {
        fmt.Printf("%d:\t%s\n", i+1, course)
    }
}

func topoSort(m map[string][]string) []string {
    var order []string
    seen := make(map[string]bool)
    var visitAll func(items []string)
```

```
visitAll = func(items []string) {
    for _, item := range items {
        if !seen[item] {
            seen[item] = true
            visitAll(m[item])
            order = append(order, item)
        }
    }
}

var keys []string
for key := range m {
    keys = append(keys, key)
}
sort.Strings(keys)
visitAll(keys)
return order
}
```

이 예제처럼 익명 함수에 재귀 호출이 필요한 경우에는 먼저 변수를 선언하고 익명 함수를 해당 변수에 할당해야 한다. 선언에서 이 두 단계를 합쳤다면 함수 리터럴은 visitAll 변수의 범위 바깥이 되므로 재귀 호출할 수 없을 것이다.

```
visitAll := func(items []string) {
    // ...
    visitAll(m[item]) // 컴파일 오류: 정의되지 않음: visitAll
    // ...
}
```

toposort 프로그램의 출력은 다음과 같다. 출력은 확정돼 있으며, 이는 항상 공짜로 얻는 속성이 아니다. 여기서 prereqs 맵의 값은 다른 맵이 아닌 슬라이스라서 반복의 순서가 사전에 결정돼 있고 visitAll을 호출하기 전에 prereqs의 키를 정렬했다.

```
1:      intro to programming
2:      discrete math
3:      data structures
4:      algorithms
5:      linear algebra
6:      calculus
7:      formal languages
8:      computer organization
9:      compilers
10:     databases
11:     operating systems
12:     networks
13:     programming languages
```

이제 findLinks 예제로 돌아가 보자. 링크 추출 함수 links.Extract는 8장에서 다시 사용할 것이므로 독립된 패키지로 이동시켰다. 그리고 visit 함수를 links 슬라이스에 직접 추가하는 익명 함수로 바꾸고 forEachNode로 순회했다. Extract에는 pre 함수만 필요하므로 post 인자로 nil을 전달했다.

gopl.io/ch5/links

```go
// links패키지는 링크 추출 함수를 제공한다.
package links

import (
    "fmt"
    "net/http"
    "golang.org/x/net/html"
)

// Extract는 지정된 URL로 HTTP GET 요청을 생성하고
// 결과를 HTML응답으로 파싱한 후 HTML문서 내의 링크를 반환한다.
func Extract(url string) ([]string, error) {
    resp, err := http.Get(url)
    if err != nil {
        return nil, err
    }
    if resp.StatusCode != http.StatusOK {
        resp.Body.Close()
        return nil, fmt.Errorf("getting %s: %s", url, resp.Status)
    }

    doc, err := html.Parse(resp.Body)
    resp.Body.Close()
    if err != nil {
        return nil, fmt.Errorf("parsing %s as HTML: %v", url, err)
    }

    var links []string
    visitNode := func(n *html.Node) {
        if n.Type == html.ElementNode && n.Data == "a" {
            for _, a := range n.Attr {
                if a.Key != "href" {
                    continue
                }
                link, err := resp.Request.URL.Parse(a.Val)
                if err != nil {
                    continue // 잘못된 URL무시
                }
                links = append(links, link.String())
            }
        }
    }
    forEachNode(doc, visitNode, nil)
    return links, nil
}
```

이 버전에서는 links 슬라이스에 원본 href 속성 대신 이 속성을 문서의 기본 URL에 상대적인 resp.Request.URL 값으로 파싱해 추가했다. 결과 link는 http.Get에 사용할 수 있는 절대 경로다.

웹 크롤링은 근본적으로 그래프 탐색 문제다. topoSort 예제에서는 깊이 우선 탐색을 보여 줬다. 웹 크롤러에서는 최소한 초기에는 너비 우선 탐색을 사용할 것이다. 8장에서 동시 탐색^{concurrent traversal}을 살펴볼 것이다.

다음 함수는 너비 우선 탐색의 핵심을 캡슐화한다. 호출자는 방문할 항목의 초기 목록 worklist와 각 항목에 대해 호출할 함수 값 f를 제공한다. 각 항목은 문자열로 식별된다. 함수 f는 작업 목록에 추가할 새 항목의 목록을 반환한다. breadthFirst 함수는 모든 항목을 방문한 이후 반환된다. 이 함수는 특정 항목에 두 번 이상 방문하지 않기 위해 문자열 집합을 유지한다.

gopl.io/ch5/findlinks3
```
// breadthFirst는 작업 목록의 각 항목으로 f를 호출한다.
// f에서 반환된 항목은 worklist에 추가된다.
// f는 한 항목에 최소한 한 번 실행된다.
func breadthFirst(f func(item string) []string, worklist []string) {
    seen := make(map[string]bool)
    for len(worklist) > 0 {
        items := worklist
        worklist = nil
        for _, item := range items {
            if !seen[item] {
                seen[item] = true
                worklist = append(worklist, f(item)...)
            }
        }
    }
}
```

3장의 전달^{passing}에서 설명한 대로 인자 'f(item)...'은 f에서 반환된 목록 안의 모든 항목을 작업 목록에 추가한다.

이 크롤러에서는 항목이 URL이다. breadthFirst에 전달할 crawl 함수는 URL을 출력하고 링크를 추출한 후 추출된 링크도 방문하기 위해 반환한다.

```
func crawl(url string) []string {
    fmt.Println(url)
    list, err := links.Extract(url)
    if err != nil {
        log.Print(err)
    }
    return list
}
```

크롤러를 시작하기 위해 최초 URL들을 커맨드라인 인수로 사용한다.

```
func main() {
    // 웹을 깊이 우선으로 탐색하며
    // 커맨드라인 인수로 시작한다.
    breadthFirst(crawl, os.Args[1:])
}
```

https://golang.org부터 크롤링해보자. 결과 링크의 일부는 다음과 같다.

```
$ go build gopl.io/ch5/findlinks3
$ ./findlinks3 https://golang.org
https://golang.org/
https://golang.org/doc/
https://golang.org/pkg/
https://golang.org/project/
https://code.google.com/p/go-tour/
https://golang.org/doc/code.html
https://www.youtube.com/watch?v=XCsL89YtqCs
http://research.swtch.com/gotour
https://vimeo.com/53221560
...
```

이 과정은 접근 가능한 모든 웹 페이지를 방문했거나 컴퓨터의 메모리를 완전히 소진했을 때 종료된다.

연습문제 5.10 topoSort에서 슬라이스 대신 맵을 사용하게 변경하고, 초기 정렬 과정을 삭제하라. 이로 인해 순서가 불확실해진 결과가 유효한 위상 순서를 갖는지 확인하라.

연습문제 5.11 선형 대수 과목의 강사가 미적분^{calculus}을 선행 과목으로 결정했다. topoSort 함수를 확장해 순환을 보고하라.

연습문제 5.12 gopl.io/ch5/outline2(5.5절)의 startElement와 endElement 함수는 전역 변수 depth를 공유한다. 이 함수들을 outline 함수의 지역 변수를 공유하는 익명 함수로 변경하라.

연습문제 5.13 crawl을 수정해 찾은 페이지의 로컬 복사본을 생성하고 필요시 디렉토리도 생성하라. 다른 도메인에서 온 페이지는 복사본을 작성하지 않아야 한다. 예를 들어 원본 페이지가 golang.org에서 온 것이면 모두 저장하고, vimeo.com에서 온 페이지는 제외하라.

연습문제 5.14 breadthFirst 함수를 사용해 다른 구조체를 탐색하라. 예를 들어 topoSort 예제의 과목 의존성(지향성 그래프), 컴퓨터 내의 파일 시스템 계층(트리) 또는 시 정부의 웹페이지에서 다운로드한 버스나 지하철 노선(비지향성 그래프) 등에 사용할 수 있다.

5.6.1 주의: 반복 변수 캡처

이 절에서는 Go에서 예상 외의 결과를 발생시키는 구문 범위 규칙^{lexical scope rules}의 함정을 살펴본다. 경험이 풍부한 개발자도 이 함정에 빠질 수 있으므로 더 진행하기 전에 이 문제를 반드시 이해하고 넘어가기를 권장한다.

디렉토리들을 만들고 나중에 제거하는 프로그램을 생각해보자. 청소 작업들을 저장하는 데 함수 값의 슬라이스를 사용할 수 있다(이 예제에서는 간결하게 오류 처리를 생략했다).

```go
var rmdirs []func()
for _, d := range tempDirs() {
    dir := d                 // NOTE: 필요함!
    os.MkdirAll(dir, 0755) // 상위 디렉토리도 생성
    rmdirs = append(rmdirs, func() {
        os.RemoveAll(dir)
    })
}
// ...작업 수행...
for _, rmdir := range rmdirs {
    rmdir() // 청소
}
```

다음과 같이 약간 변형된 코드에서는 루프 변수를 dir로 하지 않고 왜 루프 안에서 d를 새 지역 변수 dir에 할당했는지 궁금할 수 있다.

```go
var rmdirs []func()
for _, dir := range tempDirs() {
    os.MkdirAll(dir, 0755)
    rmdirs = append(rmdirs, func() {
        os.RemoveAll(dir) // NOTE: 오류!
    })
}
```

그 이유는 루프 변수에 대한 범위 규칙의 영향 때문이다. 바로 위의 프로그램에서 for 루프는 dir 변수가 선언되는 위치에 새 구문 블록을 생성한다. 이 루프로 생성된 모든 함수 값은 동일한 변수(특정 시점의 값이 아닌 저장 공간 위치의 주소)를 '캡처'하고 공유한다. dir의 값은 연속된 반복마다 갱신되므로 정리 함수가 호출될 때에는 dir 변수가 이미 완료된 for 루프에 의해 수차례 갱신돼 있을 것이다. 따라서 dir에는 마지막 반복의 값이 있고, 이에 따라 모든 os.RemoveAll 호출은 같은 디렉토리를 삭제하려 할 것이다.

이 문제를 해결하기 위해 다음과 같이 조금 이상하지만 중요한 변수 선언인 내부 변수(이 예제에서는 dir)를 자주 사용하며, 이 변수는 외부 변수와 동일한 이름의 복사본이다.

```go
for _, dir := range tempDirs() {
    dir := dir // 내부의 dir을 선언하며 외부 dir로 초기화됨
    // ...
}
```

이 위험은 range 기반의 for 루프에 한정된 것이 아니다. 다음 예제의 루프도 의도치 않게 인덱스 변수 i가 캡처돼 동일한 문제를 겪고 있다.

```
    var rmdirs []func()
    dirs := tempDirs()
    for i := 0; i < len(dirs); i++ {
        os.MkdirAll(dirs[i], 0755) // OK
        rmdirs = append(rmdirs, func() {
            os.RemoveAll(dirs[i]) // NOTE: 오류!
        })
    }
```

반복 시 변수가 캡처되는 문제는 go 구문(8장)이나 defer(곧 설명할 예정)를 사용할 때 자주 발생하며, 이는 둘 다 함수 값 실행을 루프가 완료될 때까지 미룰 수 있기 때문이다. 그러나 이 문제는 go나 defer에만 한정된 것은 아니다.

5.7 가변 인자 함수

가변 인자 함수variadic functions는 다양한 개수의 인자로 호출할 수 있다. 가장 익숙한 예는 fmt.Printf와 그 변종들이다. Printf는 맨 앞에 한 개의 고정 인수와 그 뒤에 개수 제한 없이 이어지는 인수들을 받는다.

가변 인자 함수를 선언하려면 최종 파라미터 타입 앞에 생략 기호 '...'를 붙여서 함수에서 해당 타입의 인자를 제한 없이 받을 수 있다는 것을 나타낸다.

gopl.io/ch5/sum
```
    func sum(vals ...int) int {
        total := 0
        for _, val := range vals {
            total += val
        }
        return total
    }
```

위의 sum 함수는 0개 이상의 int 인자를 받아서 그 합을 반환한다. 함수 본문 안에서 vals의 타입은 []int 슬라이스다. sum을 호출할 때 vals 파라미터로 임의의 개수의 값을 제공할 수 있다.

```
    fmt.Println(sum())          //  "0"
    fmt.Println(sum(3))         //  "3"
    fmt.Println(sum(1, 2, 3, 4)) // "10"
```

호출자는 묵시적으로 배열을 할당하고 배열에 인자를 복사한 후 함수에 전체 배열의 슬라이스를 전달한다. 따라서 위의 마지막 호출은 이미 슬라이스 안에 있는 인자로 가변 인자 함수를 호출하는 방법을 보여주는 다음 호출과 동일하게 동작한다. 마지막 인자 뒤에 생략 기호를 추가하라.

```
    values := []int{1, 2, 3, 4}
    fmt.Println(sum(values...)) // "10"
```

...int 파라미터는 함수 본문에서 슬라이스처럼 동작하지만, 가변 인자 함수의 타입은 일반 슬라이스 파라미터를 받는 함수의 타입과 다르다.

```
func f(...int) {}
func g([]int)  {}

fmt.Printf("%T\n", f) // "func(...int)"
fmt.Printf("%T\n", g) // "func([]int)"
```

가변 인자 함수는 문자열 포매팅에 자주 사용된다. 다음과 같은 errorf 함수는 맨 앞에 줄 번호를 붙여 포매팅한 오류 메시지를 생성한다. 접미사 f는 Printf 스타일의 포매팅 문자열을 받는 가변 인자 함수에서 널리 쓰이는 명명 규칙이다.

```
func errorf(linenum int, format string, args ...interface{}) {
    fmt.Fprintf(os.Stderr, "Line %d: ", linenum)
    fmt.Fprintf(os.Stderr, format, args...)
    fmt.Fprintln(os.Stderr)
}

linenum, name := 12, "count"
errorf(linenum, "undefined: %s", name) // "Line 12: undefined: count"
```

interface{} 타입은 이 함수가 마지막 인자로 어떤 값도 받을 수 있다는 것을 의미하며, 7장에서 설명한다.

연습문제 5.15 sum과 유사한 가변 인자 함수 min과 max를 작성하라. 이 함수들은 인자 없이 호출됐을 때 뭘 해야 하는가? 최소 한 개의 인수를 요구하는 변종을 작성하라.

연습문제 5.16 strings.Join의 가변 인자 버전을 작성하라.

연습문제 5.17 HTML 노드 트리와 0개 이상의 이름을 받아 이름과 일치하는 모든 원소를 반환하는 가변 인자 함수 ElementsByTagName을 작성하라. 다음은 두 가지 호출 예제다.

```
func ElementsByTagName(doc *html.Node, name ...string) []*html.Node

images := ElementsByTagName(doc, "img")
headings := ElementsByTagName(doc, "h1", "h2", "h3", "h4")
```

5.8 연기된 함수 호출

findLinks 예제에서는 http.Get의 출력을 html.Parse의 입력으로 사용했다. 이는 요청한 URL이 실제 HTML일 때에는 잘 동작하지만, 그 외에 이미지, 평문, 기타 파일 포맷을 포함하는 페이지들도 많이 있다. HTML 파서에 이러한 파일을 넣으면 원치 않은 영향을 미칠 수도 있다.

다음 프로그램은 HTML 문서를 가져와서 제목을 출력한다. title 함수는 서버 응답에서 Content-Type 헤더를 검사하고 문서가 HTML이 아닐 경우 오류를 반환한다.

gopl.io/ch5/title1

```go
func title(url string) error {
    resp, err := http.Get(url)
    if err != nil {
        return err
    }

    // Content-Type이 HTML인지 검사한다(예, "text/html; charset=utf-8").
    ct := resp.Header.Get("Content-Type")
    if ct != "text/html" && !strings.HasPrefix(ct, "text/html;") {
        resp.Body.Close()
        return fmt.Errorf("%s has type %s, not text/html", url, ct)
    }

    doc, err := html.Parse(resp.Body)
    resp.Body.Close()
    if err != nil {
        return fmt.Errorf("parsing %s as HTML: %v", url, err)
    }

    visitNode := func(n *html.Node) {
        if n.Type == html.ElementNode && n.Data == "title" &&
            n.FirstChild != nil {
            fmt.Println(n.FirstChild.Data)
        }
    }
    forEachNode(doc, visitNode, nil)
    return nil
}
```

다음은 일반적인 사용 예제를 약간 편집한 것이다.

```
$ go build gopl.io/ch5/title1
$ ./title1 http://gopl.io
The Go Programming Language
$ ./title1 https://golang.org/doc/effective_go.html
Effective Go - The Go Programming Language
$ ./title1 https://golang.org/doc/gopher/frontpage.png
title: https://golang.org/doc/gopher/frontpage.png
    has type image/png, not text/html
```

title에 실패를 비롯한 모든 실행 경로에서 네트워크 접속을 닫게 하는 resp.Body.Close() 호출이 중복돼 있다. 함수가 점차 커지면서 더 복잡해지고 더 많은 오류를 처리해야 할 때에는 이런 중복된 정리 로직이 유지 보수에 문제가 될 수 있다. 이제 Go의 참신한 defer 메커니즘으로 이와 같은 일을 간단하게 처리하는 방법을 알아보자.

문법상 defer문은 defer 키워드가 앞에 붙은 일반 함수나 메소드 호출이다. 함수와 인자 표현식은 구문이 실행되는 시점에 평가되지만, 실제 호출은 defer 구문이 있는 함수가 정상적으로 반환문 또는 끝에 도달하거나 비정상적인 패닉이 일어나서 완료될 때까지 미뤄진다. 호출은 개수와 무관하게 지연될 수 있다. 지연된 역순으로 실행된다.

defer문은 open과 close, connect와 disconnect, lock과 unlock 같은 한 쌍의 작업에서 제어 흐름의 복잡도와 관계없이 확실하게 리소스를 해제하기 위해 자주 사용된다. 리소스를 해제하는 defer문의 적절한 위치는 리소스가 성공적으로 할당된 직후다. 다음 title 함수에서 하나의 연기된 호출이 이전의 두 resp.Body.Close() 호출을 대체한다.

gopl.io/ch5/title2
```go
func title(url string) error {
    resp, err := http.Get(url)
    if err != nil {
        return err
    }
    defer resp.Body.Close()

    ct := resp.Header.Get("Content-Type")
    if ct != "text/html" && !strings.HasPrefix(ct, "text/html;") {
        return fmt.Errorf("%s has type %s, not text/html", url, ct)
    }
    doc, err := html.Parse(resp.Body)
    if err != nil {
        return fmt.Errorf("parsing %s as HTML: %v", url, err)
    }
    // ...문서의 title 원소를 출력한다...

    return nil
}
```

네트워크 접속 리소스 외에 다른 리소스를 해제할 때에도 같은 패턴을 사용할 수 있으며, 예를 들어 열린 파일을 닫을 때 사용한다.

io/ioutil
```go
package ioutil

func ReadFile(filename string) ([]byte, error) {
    f, err := os.Open(filename)
    if err != nil {
        return nil, err
    }
    defer f.Close()
    return ReadAll(f)
}
```

또는 뮤텍스(9.2절) 잠금을 해제할 때는 다음과 같다.

```go
var mu sync.Mutex
var m = make(map[string]int)
```

```
func lookup(key string) int {
    mu.Lock()
    defer mu.Unlock()
    return m[key]
}
```

defer문은 복잡한 함수를 디버깅할 때 '시작 시'와 '종료 시'의 액션을 짝짓기 위해서도 사용할 수 있다. 다음 bigSlowOperation 함수는 trace를 즉시 호출해 '시작 시' 액션을 수행하고, 호출되면 이에 대응하는 '종료 시' 액션을 수행하는 함수 값을 반환한다. 이와 같이 반환되는 함수에 대한 호출을 연기해 함수의 시작 부분과 모든 종료 부분을 하나의 문장으로 조작할 수 있으며, 두 액션 사이에 start 시간과 같은 값도 전달할 수 있다. 그러나 defer문에서 마지막 괄호를 잊어버린다면 '시작 시' 액션이 종료 시에 일어나고, 종료 시 액션은 전혀 일어나지 않을 것이다.

gopl.io/ch5/trace
```
func bigSlowOperation() {
    defer trace("bigSlowOperation")() // 추가 괄호를 잊지 말 것
    // ...다수의 작업...
    time.Sleep(10 * time.Second) // sleep으로 느린 작업을 흉내 냄
}
func trace(msg string) func() {
    start := time.Now()
    log.Printf("enter %s", msg)
    return func() { log.Printf("exit %s (%s)", msg, time.Since(start)) }
}
```

bigSlowOperation은 호출될 때마다 시작과 종료 및 소요된 시간을 기록할 것이다 (time.Sleep을 사용해 느린 작업을 흉내 냈다).

```
$ go build gopl.io/ch5/trace
$ ./trace
2015/11/18 09:53:26 enter bigSlowOperation
2015/11/18 09:53:36 exit bigSlowOperation (10.000589217s)
```

연기된 함수는 반환문이 함수의 결과 변수를 갱신한 이후에 실행된다. 익명 함수는 명명된 결과를 포함한 외부 함수의 변수에 접근할 수 있으므로 연기된 익명 함수도 함수의 결과를 볼 수 있다.

다음과 같은 double 함수를 생각해보자.

```
func double(x int) int {
    return x + x
}
```

결과 변수의 이름을 지정하고 defer문을 추가해 함수가 호출될 때마다 그 인자와 결과를 출력하게 할 수 있다.

```go
func double(x int) (result int) {
    defer func() { fmt.Printf("double(%d) = %d\n", x, result) }()
    return x + x
}

_ = double(4)
// 출력:
// "double(4) = 8"
```

이 기법은 double과 같이 단순한 함수에는 필요 없겠지만 다수의 반환문이 있는 함수에서는 유용할 수 있다.

연기된 익명 함수는 외부 함수가 호출자에게 반환하는 값도 바꿀 수 있다.

```go
func triple(x int) (result int) {
    defer func() { result += x }()
    return double(x)
}

fmt.Println(triple(4)) // "12"
```

연기된 함수는 함수의 실행이 끝날 때까지 실행되지 않으므로 루프 안의 defer문에는 특별히 신경 써야 한다. 다음 코드는 모든 파일을 처리될 때까지 닫지 않으므로 파일 디스크립터 부족 문제out of file descriptors가 발생할 수 있다.

```go
for _, filename := range filenames {
    f, err := os.Open(filename)
    if err != nil {
        return err
    }
    defer f.Close() // NOTE: 위험; 파일 디스크립터가 부족할 수 있음
    // ...f 수행...
}
```

해결책 중 하나는 defer문을 포함한 루프 본문을 반복 시마다 호출되는 다른 함수로 옮기는 것이다.

```go
for _, filename := range filenames {
    if err := doFile(filename); err != nil {
        return err
    }
}
func doFile(filename string) error {
    f, err := os.Open(filename)
    if err != nil {
        return err
    }
    defer f.Close()
    // ...f 수행...
}
```

다음 예제는 HTTP 응답을 표준 출력 대신 로컬 파일에 쓰는 향상된 **fetch** 프로그램(1.5절)이다. 이 프로그램은 URL 경로의 마지막 부분을 **path.Base** 함수로 추출해 파일명을 얻는다.

gopl.io/ch5/fetch

```go
// Fetch는 URL을 다운로드하고
// 지역 파일의 이름과 길이를 반환한다.
func fetch(url string) (filename string, n int64, err error) {
    resp, err := http.Get(url)
    if err != nil {
        return "", 0, err
    }
    defer resp.Body.Close()
    local := path.Base(resp.Request.URL.Path)
    if local == "/" {
        local = "index.html"
    }
    f, err := os.Create(local)
    if err != nil {
        return "", 0, err
    }
    n, err = io.Copy(f, resp.Body)
    // Close file, but prefer error from Copy, if any.
    // 파일을 닫지만 Close file, but prefer error from Copy, if any.
    if closeErr := f.Close(); err == nil {
        err = closeErr
    }
    return local, n, err
}
```

이제는 지연된 **resp.Body.Close** 호출에 익숙할 것이다. **f.Close**에도 지연된 호출을 사용해 로컬 파일을 닫고 싶겠지만, **os.Create**는 쓸 파일을 여는 시점에 파일이 없으면 생성하므로 여기에는 미묘한 오류가 있다. 여러 파일 시스템, 특히 NFS에서 쓰기 오류는 파일을 닫을 때까지 보고되지 않을 때도 있다. 닫기 작업의 결과를 확인할 수 없어서 심각한 데이터 손실을 모르고 지나칠 수 있다. 그러나 **io.Copy**와 **f.Close**가 모두 실패했을 때는 **io.Copy** 의 오류가 먼저 발생했고, 이 안에 근본적인 원인이 있을 가능성이 높기 때문에 이 오류를 보고하는 것이 좋다.

연습문제 5.18 fetch 함수의 동작을 바꾸지 않고 쓰는 파일을 닫을 때 **defer**를 사용하도록 재작성하라.

5.9 패닉

Go의 타입 시스템은 컴파일 시 수많은 실수를 잡아내지만 배열 범위 바깥쪽 참조나 nil 포인터 참조 등의 실행 시 검사가 필요한 경우도 있다. Go 런타임이 이러한 실수를 발견하면 패닉을 발생시킨다.

보통 패닉 상황에서는 정상 실행이 중단되고 고루틴에 있는 모든 연기된 함수가 호출되며, 프로그램이 로그 메시지와 함께 비정상 종료된다. 이 로그 메시지에는 패닉 값이 들어 있으며, 그 값에는 보통 특정한 종류의 오류 메시지와 패닉 시 각 고루틴에서의 함수 호출 스택을 보여주는 스택 트레이스가 포함돼 있다. 이 로그 메시지에는 일반적으로 프로그램을 다시 실행하지 않고도 문제의 근본 원인을 파악할 수 있을 만큼의 충분한 정보가 있으므로 패닉을 일으키는 프로그램에 관한 버그 리포트에는 항상 포함돼야 한다.

모든 패닉이 런타임에 일어나지는 않는다. 내장된 패닉 함수는 직접 호출할 수 있다. 인자로 어떤 값도 사용할 수 있다. 패닉은 일부 '불가능'한 상황, 이를테면 실행 중 논리적으로 일어날 수 없는 경우에는 가장 좋은 대응 방법이다.

```go
switch s := suit(drawCard()); s {
case "Spades":   // ...
case "Hearts":   // ...
case "Diamonds": // ...
case "Clubs":    // ...
default:
    panic(fmt.Sprintf("invalid suit %q", s)) // Joker?
}
```

함수의 전제 조건이 성립하는지 확인하는 것은 좋은 습관이지만 이 과정은 남용되기 쉽다. 더 많은 정보를 갖는 오류 메시지를 제공하거나 오류를 더 일찍 감지하고자 할 때 외에는 런타임 시 확인하므로 직접 전제 조건을 확인하는 과정은 불필요하다.

```go
func Reset(x *Buffer) {
    if x == nil {
        panic("x is nil") // 불필요함!
    }
    x.elements = nil
}
```

Go의 패닉 메커니즘은 다른 언어에서의 예외 처리exception와 유사하지만 패닉이 사용되는 상황은 매우 다르다. 패닉은 프로그램이 비정상 종료되게 하므로, 일반적으로 프로그램 내에서 논리적 불일치와 같은 중대한 오류에 사용한다. 숙련된 개발자는 비정상 종료를 자신의 코드 내에 버그가 있다는 증거로 생각한다. 탄탄한 프로그램은 잘못된 입력, 설정 오류, 입출력 실패 등 '예상된' 종류의 오류 발생 시 적절히 처리해야 한다. 이들은 error 값으로 처리하는 것이 가장 좋다.

정규 표현식을 매칭에 효율적인 형태로 컴파일하는 regexp.Compile 함수를 생각해보자. 잘못된 형태의 패턴으로 호출하면 error를 반환하지만 호출자가 이 호출이 실패할 수 없다는 것을 알고 있을 때는 이 오류가 불필요하고 부담스러울 수 있다. 그럴 때는 오류가 불가능하다고 간주되기 때문에 오류 발생 시 패닉을 일으켜서 호출자가 오류를 처리하게 하는 것이 합리적이다.

대부분의 정규 표현식은 프로그램 소스코드상의 리터럴이므로 regexp 패키지에는 이 검사를 수행하는 래퍼 함수 regexp.MustCompile이 있다.

```go
package regexp
func Compile(expr string) (*Regexp, error) { /* ... */ }
```

```
func MustCompile(expr string) *Regexp {
    re, err := Compile(expr)
    if err != nil {
        panic(err)
    }
    return re
}
```

이 래퍼 함수는 사용자가 다음과 같이 패키지 수준의 변수를 컴파일된 정규 표현식으로 초기화하기에 편리하다.

```
var httpSchemeRE = regexp.MustCompile(`^https?:`) // "http:" 또는 "https:"
```

물론 MustCompile을 신뢰할 수 없는 입력 값으로 호출해서는 안 된다. 4.6절의 template.Must와 같은 Must 접두사는 이런 종류의 함수에서 일반적인 명명 규칙이다.

패닉이 발생하면 다음 프로그램에서 볼 수 있듯이 모든 연기된 함수가 스택 맨 위에서부터 main까지 역순으로 실행된다.

gopl.io/ch5/defer1
```
func main() {
    f(3)
}
func f(x int) {
    fmt.Printf("f(%d)\n", x+0/x) // x == 0이면 패닉
    defer fmt.Printf("defer %d\n", x)
    f(x - 1)
}
```

프로그램을 실행하면 표준 출력에 다음과 같이 출력된다.

```
f(3)
f(2)
f(1)
defer 1
defer 2
defer 3
```

f(0) 호출에서 패닉이 발생해 세 개의 연기된 fmt.Printf 호출이 수행된다. 그 후 런타임이 프로그램을 종료시키고 패닉 메시지와 스택 덤프를 표준 오류 스트림에 출력한다(간결성을 위해 요약했다).

```
panic: runtime error: integer divide by zero
main.f(0)
    src/gopl.io/ch5/defer1/defer.go:14
main.f(1)
    src/gopl.io/ch5/defer1/defer.go:16
main.f(2)
    src/gopl.io/ch5/defer1/defer.go:16
```

```
    main.f(3)
        src/gopl.io/ch5/defer1/defer.go:16
    main.main()
        src/gopl.io/ch5/defer1/defer.go:10
```

함수를 패닉에서 복구해 프로그램이 종료되지 않게 하는 방법도 곧 보게 될 것이다.

runtime 패키지에는 개발자가 진단 목적으로 패닉 시와 같은 방식으로 스택 전체를 보여주는 기능이 있다. main에서 printStack으로의 호출을 연기하면 다음과 같다.

gopl.io/ch5/defer2
```
    func main() {
        defer printStack()
        f(3)
    }

    func printStack() {
        var buf [4096]byte
        n := runtime.Stack(buf[:], false)
        os.Stdout.Write(buf[:n])
    }
```

다음의 부가적인 텍스트(여기서도 간결성을 위해 요약했다)가 표준 출력으로 보여준다.

```
    goroutine 1 [running]:
    main.printStack()
        src/gopl.io/ch5/defer2/defer.go:20
    main.f(0)
        src/gopl.io/ch5/defer2/defer.go:27
    main.f(1)
        src/gopl.io/ch5/defer2/defer.go:29
    main.f(2)
        src/gopl.io/ch5/defer2/defer.go:29
    main.f(3)
        src/gopl.io/ch5/defer2/defer.go:29
    main.main()
        src/gopl.io/ch5/defer2/defer.go:15
```

다른 언어의 예외 처리에 익숙한 독자라면 runtime.Stack이 이미 '해제된' 것으로 보이는 함수의 정보를 출력한다는 점에 놀랄 수 있다. Go의 패닉 메커니즘은 연기된 함수를 스택에서 해제하기 전에 실행한다.

5.10 복구

패닉 시에는 포기하는 것이 일반적이지만, 항상 그렇지는 않다. 어떤 방법으로든 복구하거나 최소한 종료하기 전에 정리할 수도 있다. 예를 들어 웹 서버에 예상치 못한 문제가 발생했을 때는 클라이언트와의 연결을 유지하는 대신 종료할 수 있으며, 개발 시에는 클라이언트에게 오류를 보고할 수도 있다.

내장된 recover 함수는 연기된 함수 안에서 호출되며, defer 구문이 들어 있는 함수가 패닉을 일으키면 recover가 현재의 패닉 상태를 끝내고 패닉 값을 반환한다. 패닉을 일으킨 함수는 마지막 부분을 계속하지 않고 정상적으로 반환한다. 다른 때에 recover를 호출하면 아무런 영향 없이 nil을 반환한다.

구체적인 예로 언어의 파서를 개발하는 경우를 생각해보자. 잘 동작하는 것처럼 보일지라도 작업의 복잡성을 고려하면 눈에 띄지 않는 부분에 여전히 버그가 숨어 있을 수 있다. 파서에서 패닉이 발생했을 때 비정상 종료하는 대신 패닉을 일반 파싱 오류로 변경하려 할 수 있으며, 어쩌면 이 오류에 버그 보고서를 사용자에게 보내주기를 요청하는 부가적인 메시지를 넣을 수도 있다.

```go
func Parse(input string) (s *Syntax, err error) {
    defer func() {
        if p := recover(); p != nil {
            err = fmt.Errorf("internal error: %v", p)
        }
    }()
    // ...파서...
}
```

Parse의 연기된 함수는 패닉을 복구하고 패닉 값으로 오류 메시지를 생성한다. 좀 더 정교한 버전에서는 runtime.Stack을 이용해 오류 메시지에 호출 스택 전체를 포함할 수도 있다. 그 후 연기된 함수는 호출자에게 반환되는 결과 err에 오류 메시지를 할당한다.

패닉 이후의 패키지 변수 상태는 잘 정의돼 있거나 문서화돼 있는 경우가 거의 없으므로 무작위로 패닉을 복구하는 것은 바람직하지 못하다. 데이터 구조에서 중요한 업데이트 파일이 불완전하거나, 파일 또는 네트워크 접속이 열린 이후 닫히지 않았거나, 락^{lock}을 걸고 나서 해제하지 않았을 것이다. 또한 비정상 종료를 로그 파일의 한 줄로 교체하는 식의 무차별 복구로 인해 버그를 알아차리지 못할 수 있다.

같은 패키지 내에서는 패닉을 복구해 복잡하거나 예기치 못한 오류의 처리를 단순화할 수 있지만, 일반적으로 다른 패키지의 패닉은 복구하지 않는 것이 규칙이다. 공개 API는 실패를 error로 보고해야 한다. 마찬가지로 호출자가 제공한 콜백 함수와 같이 직접 관리하지 않는 함수에서 일어난 패닉은 안전한지 확신할 수 없으므로 복구해서는 안 된다.

예를 들어 net/http 패키지에는 들어오는 요청을 사용자가 제공한 핸들러 함수로 전달하는 웹 서버가 있다. 서버는 이러한 핸들러 함수가 프로세스를 종료하게 놔두지 않고 recover를 호출해 스택 트레이스를 출력하고 계속 서비스한다. 이 방식은 실제로 편리하긴 하지만, 리소스를 유출하거나 실패한 핸들러를 지정되지 않은 상태로 놔둬서 다른 문제를 발생시킬 위험이 있다.

이런 여러 가지 이유로 복구에 대해서는 신중하게 선택하는 것이 안전하다. 즉, 복구될 의도가 있는 드문 경우에만 복구해야 한다. 이러한 의도는 패닉 값으로 익스포트^{export}되지 않은 독특한 타입을 사용하고, recover에서 반환된 값이 이 타입인지 테스트하는 식으로 나타낼 수 있다(다음 예제에서 이런 작업을 수행하는 방법 중 하나를 볼 수 있다). 복구 대상이면 패닉을 일반 error로 보고한다. 복구 대상이 아니라면 패닉 상태에서 재개하기 위해 같은 값으로 panic을 호출한다.

다음 예제는 title 프로그램의 변형으로, HTML 문서에 여러 <title> 원소가 있는 경우 오류를 보고한다. 이 경우 특별한 타입 값 bailout으로 panic을 호출해 재귀를 중단한다.

```
gopl.io/ch5/title3
    // soleTitle은 비어있지 않은 첫 번째 title 원소의 텍스트를 반환하며,
    // 한 개가 아니라면 error를 반환한다.
    func soleTitle(doc *html.Node) (title string, err error) {
        type bailout struct{}

        defer func() {
            switch p := recover(); p {
            case nil:
                // 패닉이 아님
            case bailout{}:
                // "예상된" 패닉
                err = fmt.Errorf("multiple title elements")
            default:
                panic(p) // 예상치 못한 패닉; 패닉 지속
            }
        }()

        // 비어있지 않은 title이 두 개 이상이면 재귀에서 탈출한다.
        forEachNode(doc, func(n *html.Node) {
            if n.Type == html.ElementNode && n.Data == "title" &&
                n.FirstChild != nil {
                if title != "" {
                    panic(bailout{}) // 여러 title 원소
                }
                title = n.FirstChild.Data
            }
        }, nil)
        if title == "" {
            return "", fmt.Errorf("no title element")
        }
        return title, nil
    }
```

지연된 핸들러 함수가 recover를 호출해 패닉 값을 확인하고 그 값이 bailout{}이라면 일반 오류로 보고한다. 그 외의 nil이 아닌 모든 값은 예상치 못한 패닉이므로 핸들러는 그 값으로 panic을 호출해 recover를 취소하고 패닉의 원래 상태를 재개한다(이 예제는 '예상된' 오류가 아닐 때에만 패닉을 사용하라는 이전의 조언을 어기는 대신 해당 메커니즘에 대한 간결한 설명을 제공한다).

복구할 수 없는 경우도 있다. 예를 들어 메모리가 부족하면 Go 런타임이 치명적인 오류와 함께 프로그램을 종료하게 된다.

연습문제 5.19 panic과 recover를 사용해 return 구문 없이 0이 아닌 값을 반환하는 함수를 작성하라.

6장
메소드

객체지향 프로그래밍^{OOP}은 1990년대 초반부터 지금까지 산업계와 교육계에서 지배적인 프로그래밍 패러다임이며, 이후에 개발되고 널리 알려진 거의 모든 언어는 객체지향에 대한 지원이 포함돼 있다. Go도 예외가 아니다.

객체지향 프로그래밍에 대한 보편적인 정의는 없지만, Go에서는 객체를 단순히 메소드를 가진 값이나 변수로 정의하고, 메소드는 특정 타입과 관련된 함수로 정의했다. 객체지향 프로그램은 메소드를 통해 데이터 구조의 특성과 동작을 표현하므로, 사용자는 객체의 구현에 직접 접근할 필요가 없다.

이전 장들에서 time.Duration의 Seconds 메소드와 같은 표준 라이브러리의 메소드를 자주 사용했다.

```
const day = 24 * time.Hour
fmt.Println(day.Seconds()) // "86400"
```

그리고 2.5절에서는 Celsius 타입의 String 메소드를 직접 정의했다.

```
func (c Celsius) String() string { return fmt.Sprintf("%g°C", c) }
```

객체지향 프로그래밍에 대한 두 개의 단원 중에서 첫 번째인 6장에서는 메소드를 효율적으로 정의하고 사용하는 방법을 보여준다. 또한 객체지향 프로그래밍의 두 가지 핵심 원칙인 캡슐화와 조합에 대해서도 다룬다.

6.1 메소드 선언

메소드는 일반 함수 선언을 변형해 함수명 앞에 부가적인 파라미터를 추가한 형태로 선언한다. 파라미터는 함수를 파라미터 타입에 추가한다.

평면 기하학에 대한 간단한 패키지에 첫 번째 메소드를 작성해보자.

```go
package geometry

import "math"

type Point struct{ X, Y float64 }

// 전통적인 함수
func Distance(p, q Point) float64 {
    return math.Hypot(q.X-p.X, q.Y-p.Y)
}

// 동일한 역할을 수행하는 Point 타입의 메소드
func (p Point) Distance(q Point) float64 {
    return math.Hypot(q.X-p.X, q.Y-p.Y)
}
```

추가 파라미터 p를 메소드의 수신자라 부르는데, 이것은 초기 객체지향 언어에서 메소드 호출을 "객체에 메시지를 전송한다."라고 하던 전통에 따른 것이다.

Go에서는 수신자에 this나 self 등의 특별한 이름을 사용하지 않는다. 수신자 이름은 다른 파라미터 이름과 마찬가지로 임의로 선택한다. 수신자 이름은 자주 사용되므로 짧으면서 메소드들에서 일관된 이름을 고르는 것이 좋다. 일반적으로 Point의 p와 같은 타입명의 첫 번째 글자를 사용한다.

메소드를 호출할 때 수신자의 인수는 메소드명 앞에 쓴다. 이는 메소드 선언 시 수신자의 파라미터가 메소드명 앞에 오는 것과 마찬가지다.

```go
p := Point{1, 2}
q := Point{4, 6}
fmt.Println(Distance(p, q)) // "5", 함수 호출
fmt.Println(p.Distance(q))  // "5", 메소드 호출
```

위의 두 Distance 함수 선언 간에는 충돌이 일어나지 않는다. 첫 번째는 패키지 수준 함수 geometry.Distance를 선언한다. 두 번째는 Point 타입의 메소드를 선언하므로 이름이 Point.Distance가 된다.

p.Distance 표현식은 Point 타입의 수신자 p에 대응하는 Distance 메소드를 선택하므로 셀렉터selector라 한다. 셀렉터는 p.X에서와 같이 구조체 타입의 필드를 선택할 때에도 사용하며, 이는 메소드와 필드가 같은 네임스페이스에 있으므로 구조체 타입 Point에 메소드 X를 선언하면 대상이 확실치 않아서 컴파일러가 거부할 것이기 때문이다.

각 타입에는 메소드가 속한 자신만의 네임스페이스가 있으므로 다른 타입에서는 같은 이름 인 Distance를 다른 메소드에 사용할 수 있다. 선분의 목록을 나타내는 Path 타입을 정의하고 Distance 메소드를 추가해보자.

```go
// Path는 선분에서 점을 잇는 경로다.
type Path []Point
```

```
// Distance는 경로를 따라 이동한 거리를 반환한다.
func (path Path) Distance() float64 {
    sum := 0.0
    for i := range path {
        if i > 0 {
            sum += path[i-1].Distance(path[i])
        }
    }
    return sum
}
```

Path는 Point와는 달리 구조체 타입이 아닌 명명된 슬라이스 타입이지만, 여기에도 메소드
를 정의할 수 있다. Go는 다른 수많은 객체지향 언어들과는 다르게 어떤 타입에도 메소드를
붙일 수 있다. 숫자, 문자열, 슬라이스, 맵, 심지어 함수 등의 간단한 타입에도 부가적인 동작
을 정의할 수 있다는 점은 편리할 때가 많다. 메소드는 타입이 포인터나 인터페이스만 아니
면 같은 패키지 내에 정의된 어떤 명명된 타입에도 선언할 수 있다.

두 Distance 메소드의 타입은 서로 다르다. 이 메소드들은 서로 아무런 관계가 없지만
Path.Distance는 내부에서 Point.Distance를 사용해 각 선분에 인접한 두 점을 연결하는
길이를 계산한다.

새 메소드를 호출해서 오른쪽 삼각형의 둘레를 계산해보자.

```
perim := Path{
    {1, 1},
    {5, 1},
    {5, 4},
    {1, 1},
}
fmt.Println(perim.Distance()) // "12"
```

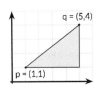

위에 있는 두 번의 Distance 메소드 호출에서 컴파일러는 메소드명과 수신자의 타입으로
어떤 함수를 호출할지 결정한다. 첫 번째 호출에서 path[i-1]의 타입은 Point이므로
Point.Distance가 호출된다. 두 번째는 perim의 타입이 Path이므로 Path.Distance가 호
출된다.

특정 타입의 모든 메소드명은 유일해야 하지만 Point와 Path에서의 Distance 메소드처럼
서로 다른 타입에서는 같은 메소드명을 사용할 수 있다. 구별하기 위해 함수명을 수정(이를테
면 PathDistance처럼)할 필요가 없다. 이것이 일반 함수 대신 메소드를 사용하는 장점 중 하나
다. 메소드명을 짧게 할 수 있다. 패키지 외부에서 호출할 때 패키지명을 생략하고 짧은
이름을 사용할 수 있어 이 장점이 극대화된다.

```
import "gopl.io/ch6/geometry"

perim := geometry.Path{{1, 1}, {5, 1}, {5, 4}, {1, 1}}
fmt.Println(geometry.PathDistance(perim)) // "12", 독립 함수
fmt.Println(perim.Distance())             // "12", geometry.Path의 메소드
```

6.2 포인터 수신자가 있는 메소드

함수를 호출하면 각 인자 값의 복사본이 생성되므로 함수에서 변수 값을 변경해야 하거나 인자가 커서 가급적 복사하고 싶지 않은 경우에는 포인터를 이용해 변수의 주소를 전달해야 한다. 수신자 변수를 변경해야 하는 메소드에서도 마찬가지다. 포인터는 *Point와 같이 포인터 타입에 붙인다.

```
func (p *Point) ScaleBy(factor float64) {
    p.X *= factor
    p.Y *= factor
}
```

이 메소드의 이름은 (*Point).ScaleBy다. 괄호는 필수다. 괄호가 없으면 표현식이 *(Point.ScaleBy)로 해석될 것이다.

실제 프로그램에서는 관행에 따라 Point의 메소드 중 포인터 수신자가 있다면 꼭 필요하지 않은 Point의 다른 모든 메소드에도 포인터 수신자가 있어야 한다. Point에서는 메소드의 두 가지 종류를 보여주기 위해 이 규칙을 어겼다.

수신자 선언에는 명명된 타입(Point)과 이 타입의 포인터(*Point)만 쓸 수 있다. 또한 포인터 타입의 명명된 타입에는 메소드 선언을 허용하지 않음으로써 모호한 표현을 방지한다.

```
type P *int
func (P) f() { /* ... */ } // 컴파일 오류: 잘못된 수신자 타입
```

(*Point).ScaleBy 메소드는 다음과 같이 *Point 수신자를 통해 호출할 수 있다.

```
r := &Point{1, 2}
r.ScaleBy(2)
fmt.Println(*r) // "{2, 4}"
```

또는 다음과 같다.

```
p := Point{1, 2}
pptr := &p
pptr.ScaleBy(2)
fmt.Println(p) // "{2, 4}"
```

아니면 다음과 같다.

```
p := Point{1, 2}
(&p).ScaleBy(2)
fmt.Println(p) // "{2, 4}"
```

그러나 마지막 두 경우는 어색하다. 다행히 이럴 때 언어의 도움을 받을 수 있다. 수신자 p가 Point 타입의 변수지만 메소드에 *Point가 필요할 때 다음과 같은 단축 문법을 사용하면

```
p.ScaleBy(2)
```

컴파일러가 묵시적으로 변수를 &p로 변경할 것이다. 이 동작은 구조체 필드 p.X나 변수 혹은 슬라이스의 원소 perim[0]과 같은 변수에서만 일어난다. 주소가 할당되지 않은 Point

수신자의 *Point 메소드는 임시 값의 주소를 얻을 방법이 없으므로 호출할 수 없다.

```
Point{1, 2}.ScaleBy(2) // 컴파일 오류: Point 리터럴의 주소를 얻을 수 없음
```

하지만 Point.Distance와 같은 Point 메소드는 주소에서 값을 얻을 수 있으므로 *Point 수신자로 호출할 수 있다. 그냥 수신자가 가리키는 값을 읽으면 된다. 컴파일러가 묵시적으로 *를 삽입해준다. 다음 두 함수의 호출은 같다.

```
pptr.Distance(q)
(*pptr).Distance(q)
```

이 세 가지 경우는 자주 혼동되는 부분이므로 다시 요약해보자. 모든 유효한 메소드 호출 표현식에서 다음 세 가지 중 하나만 허용된다.

수신자 인수의 타입과 수신자 파라미터의 타입이 같을 때, 예를 들어 둘 다 T 또는 *T일 때는 다음과 같다.

```
Point{1, 2}.Distance(q) //  Point
pptr.ScaleBy(2)         // *Point
```

또는 수신자 인수가 *T 타입이고 파라미터가 T 타입일 때 컴파일러가 묵시적으로 변수의 주소를 취한다.

```
p.ScaleBy(2) // implicit (&p)
```

또는 수신지 인수가 *T 타입이고 파라미터가 T 타입일 때 컴파일러가 묵시적으로 수신자를 역참조해 값을 읽는다.

```
pptr.Distance(q) // implicit (*pptr)
```

명명된 타입 T에서 모든 메소드의 수신자가 (*T가 아닌) T 타입이라면 해당 타입의 인스턴스를 안전하게 복사할 수 있다. 어떤 메소드를 호출할 때에도 반드시 복사가 일어난다. 예를 들어 time.Duration 값은 함수 인자를 포함해 어디에나 자유롭게 복사할 수 있다. 하지만 포인터 수신자가 하나라도 있다면 내부 불변성을 깨뜨릴 수 있으므로 T의 인스턴스 복사는 피해야 한다. 예를 들어 bytes.Buffer의 인스턴스를 복사하면 원본과 복사본이 동일한 내부 바이트 배열에 대한 별칭(2.3.2절)이 된다. 이후의 메소드 호출 결과는 예측할 수 없다.

6.2.1 nil은 유효한 수신자 값

일부 함수의 인수로 nil 포인터가 허용되는 것과 마찬가지로 일부 메소드도, 특히 맵과 슬라이스와 같이 nil이 유의미한 제로 값인 경우 인수로 nil 포인터를 사용한다. 다음과 같이 간단한 정수의 링크드 리스트에서 nil은 빈 목록을 나타낸다.

```
// IntList는 정수의 링크드 리스트
// nil *IntList는 빈 목록을 표시함
type IntList struct {
    Value int
    Tail  *IntList
}
```

```
// Sum은 리스트 요소의 합을 반환
func (list *IntList) Sum() int {
    if list == nil {
        return 0
    }
    return list.Value + list.Tail.Sum()
}
```

타입에 수신자 값으로 nil을 허용하는 메소드를 정의할 때는 위에서처럼 문서 주석에 이 부분을 명시하는 것이 좋다.

다음은 net/url 패키지의 Values 타입에 대한 정의 부분이다.

<u>net/url</u>
```
package url

// Values는 문자열 키를 값 목록과 매핑한다.
type Values map[string][]string

// Get은 주어진 키와 연관된 첫 번째 값을 반환하거나
// 값이 없으면 ""을 반환한다.
func (v Values) Get(key string) string {
    if vs := v[key]; len(vs) > 0 {
        return vs[0]
    }
    return ""
}

// Add는 값을 키에 추가한다.
// 이 메소드는 키와 연관된 기존 값에 추가한다.
func (v Values) Add(key, value string) {
    v[key] = append(v[key], value)
}
```

이 타입은 맵으로 데이터를 노출할 뿐 아니라 값이 문자열 슬라이스인 맵(멀티맵)에 대한 접근을 쉽게 하는 메소드도 제공한다. 사용자는 맵의 기본 연산자(make, 슬라이스 리터럴, m[key] 등)나 메소드 또는 둘 다 원하는 대로 사용할 수 있다.

<u>gopl.io/ch6/urlvalues</u>
```
m := url.Values{"lang": {"en"}} // 직접 생성
m.Add("item", "1")
m.Add("item", "2")

fmt.Println(m.Get("lang")) // "en"
fmt.Println(m.Get("q"))    // ""
fmt.Println(m.Get("item")) // "1"       (첫 번째 값)
fmt.Println(m["item"])     // "[1 2]"   (직접 맵 접근)
m = nil
fmt.Println(m.Get("item")) // ""
m.Add("item", "3")             // 패닉: nil 맵의 원소로 할당
```

마지막 Get 호출에서 nil 수신자는 빈 맵처럼 동작한다. 이는 Values(nil).Get("item")으로 쓸 수도 있지만, nil.Get("item")은 nil의 타입을 알 수 없으므로 컴파일되지 않을 것이

다. 반면에 마지막 Add 호출은 nil 맵을 변경하려고 시도해 패닉이 일어난다.

url.Values는 맵 타입이고 맵은 키/값 쌍을 간접적으로 참조하므로 호출자는 url.Values. Add로 인한 맵 원소의 수정이나 삭제를 알 수 있다. 그러나 일반적인 함수에서와 마찬가지로 메소드에서 참조를 nil로 지정하거나 다른 맵 데이터 구조를 참조하게 변경하는 등으로 참조 자체를 변경하면 이는 호출자에게 반영되지 않을 것이다.

6.3 내장 구조체를 통한 타입 조합

ColoredPoint 타입을 보자.

gopl.io/ch6/coloredpoint
```
import "image/color"

type Point struct{ X, Y float64 }

type ColoredPoint struct {
    Point
    Color color.RGBA
}
```

ColoredPoint를 세 필드를 갖는 구조체로 정의하는 대신 Point를 내장해서 X와 Y 필드를 사용할 수 있게 했다. 4.4.3절에서 봤듯이 내장을 통해 단축 문법으로 Point의 모든 필드와 추가 필드를 갖는 ColoredPoint를 정의할 수 있다. 원한다면 ColoredPoint의 필드 중 내장된 Point에서 추가된 필드를 Point에 대한 언급 없이 선택할 수 있다.

```
var cp ColoredPoint
cp.X = 1
fmt.Println(cp.Point.X) // "1"
cp.Point.Y = 2
fmt.Println(cp.Y) // "2"
```

Point의 메소드에도 유사한 메커니즘이 적용된다. 내장된 Point 필드의 메소드는 ColoredPoint에 정의된 메소드가 없더라도 ColoredPoint의 수신자 타입을 이용해 호출할 수 있다.

```
red := color.RGBA{255, 0, 0, 255}
blue := color.RGBA{0, 0, 255, 255}
var p = ColoredPoint{Point{1, 1}, red}
var q = ColoredPoint{Point{5, 4}, blue}
fmt.Println(p.Distance(q.Point)) // "5"
p.ScaleBy(2)
q.ScaleBy(2)
fmt.Println(p.Distance(q.Point)) // "10"
```

Point의 메소드가 ColoredPoint로 승격됐다. 내장 방식은 이러한 방식으로 많은 메소드가 있는 복잡한 타입을 소수의 메소드를 갖는 여러 필드의 조합으로 만들 수 있게 한다.

클래스 기반 객체지향 언어에 익숙한 독자는, Point는 기반 클래스이고 ColoredPoint는 서
브클래스 또는 파생 클래스라거나 이 타입 간 연관 관계에서 ColoredPoint가 Point의 종류
중 하나라는 식('is a' 관계)으로 생각하려 할 수도 있다. 그러나 이는 실수다. 앞의 Distance
호출을 살펴보자. Distance에는 Point 타입 파라미터가 있고 q는 Point가 아니므로 q에는
내장된 Point 타입 필드가 있지만 이를 명시적으로 선택해야 한다. q를 직접 전달하면 오류
가 발생할 것이다.

```
p.Distance(q) // 컴파일 오류: q (ColoredPoint)를 Point로 사용할 수 없음
```

ColoredPoint는 Point가 아니지만 Point를 "갖고(has a)" 있고 Point에서 승격된 두 개의
추가 메소드 Distance와 ScaleBy를 갖고 있다. 구현의 관점에서 생각해보면 내장된 필드들
이 컴파일러에게 다음과 같이 사전에 선언된 메소드로 위임하는 부가적인 래퍼 메소드를
생성하게 지시하는 것이다.

```
func (p ColoredPoint) Distance(q Point) float64 {
    return p.Point.Distance(q)
}
func (p *ColoredPoint) ScaleBy(factor float64) {
    p.Point.ScaleBy(factor)
}
```

이러한 래퍼 메소드에서 먼저 Point.Distance를 호출하면 수신자 값은 p가 아닌 p.Point
이고, 이 메소드에서는 Point가 내장된 ColoredPoint로 접근할 수 없다.

익명 필드의 타입은 명명된 타입의 포인터가 될 수 있으며, 이때 필드와 메소드는 간접적으로
참조된 객체에서 승격된다. 다른 간접 레벨을 추가하면 공통 구조를 공유하고 객체 간 관계를
동적으로 다양하게 변경할 수 있다. 다음 ColoredPoint의 선언은 *Point를 내장한다.

```
type ColoredPoint struct {
    *Point
    Color color.RGBA
}

p := ColoredPoint{&Point{1, 1}, red}
q := ColoredPoint{&Point{5, 4}, blue}
fmt.Println(p.Distance(*q.Point)) // "5"
q.Point = p.Point                 // p와 q는 같은 Point를 공유한다.
p.ScaleBy(2)
fmt.Println(*p.Point, *q.Point) // "{2 2} {2 2}"
```

구조체 타입은 두 개 이상의 익명 필드를 가질 수 있다. ColoredPoint를 다음과 같이 선언
했다면

```
type ColoredPoint struct {
    Point
    color.RGBA
}
```

이 타입의 값은 Point의 모든 메소드와 RGBA의 모든 메소드 및 ColoredPoint에 정의된 추가 메소드들을 직접 갖게 된다. 컴파일러는 p.ScaleBy와 같은 셀렉터를 메소드로 연결할 때는 맨 처음에 직접 ScaleBy로 선언된 메소드, 그 다음 ColoredPoint에 내장된 필드에서 승격된 메소드, 그 다음 내장된 Point와 RGBA에서 두 번 승격된 메소드 순으로 찾는다. 같은 단계에 두 개 이상의 승격된 메소드가 있어 셀렉터로 선택할 수 없으면 오류를 보고한다.

메소드는 명명된 타입(Point) 또는 명명된 타입의 포인터(*Point)에만 선언할 수 있지만, 내장에 의해 이름 없는 구조체 타입에도 메소드를 선언할 수 있으며, 때로는 이러한 선언이 유용하다.

설명을 위해 좋은 트릭을 소개한다. 이 예제는 두 개의 패키지 수준 변수인 뮤텍스(9.2절)와 뮤텍스로 보호되는 맵을 사용한 간단한 캐시 구현을 보여준다.

```
var (
    mu sync.Mutex // mapping 보호
    mapping = make(map[string]string)
)
func Lookup(key string) string {
    mu.Lock()
    v := mapping[key]
    mu.Unlock()
    return v
}
```

다음 버전은 기능적으로 동일하지만 두 연관된 변수를 하나의 패키지 수준 변수인 cache로 묶었다.

```
var cache = struct {
    sync.Mutex
    mapping map[string]string
} {
    mapping: make(map[string]string),
}
func Lookup(key string) string {
    cache.Lock()
    v := cache.mapping[key]
    cache.Unlock()
    return v
}
```

새 변수는 캐시와 관련된 변수에 더 유의미한 이름을 부여하며, sync.Mutex 필드가 내장돼 있어서 이 필드의 Lock과 Unlock 메소드가 이름 없는 구조체 타입으로 승격됐으므로 cache를 더 알기 쉬운 문법으로 잠글 수 있게 한다.

6.4 메소드 값과 표현식

보통은 p.Distance()에서와 같이 하나의 표현식으로 메소드를 선택하고 호출하지만, 이를 두 작업으로 구분할 수도 있다. 셀렉터 p.Distance는 메소드(Point.Distance)를 특정 수신자 값 p와 결합하는 함수인 메소드 값을 산출한다. 이 함수는 수신자 값 없이 호출할 수 있다. 이 함수에는 수신자가 아닌 인자만 있으면 된다.

```
p := Point{1, 2}
q := Point{4, 6}

distanceFromP := p.Distance          // 메소드 값
fmt.Println(distanceFromP(q))        // "5"
var origin Point                     // {0, 0}
fmt.Println(distanceFromP(origin))   // "2.23606797749979", √5

scaleP := p.ScaleBy // 메소드 값
scaleP(2)           // p는 (2, 4)
scaleP(3)           // 이후 (6, 12)
scaleP(10)          // 이후 (60, 120)
```

메소드 값은 패키지 API가 함수 값을 호출하거나 사용자가 해당 함수에서 특정 수신자의 메소드를 호출하려 할 때 유용하다. 예를 들어 time.AfterFunc 함수는 지정된 지연시간 이후 함수 값을 호출한다. 이 프로그램은 이 함수를 사용해 10초 후에 로켓 r을 발사한다.

```
type Rocket struct { /* ... */ }
func (r *Rocket) Launch() { /* ... */ }

r := new(Rocket)
time.AfterFunc(10 * time.Second, func() { r.Launch() })
```

메소드 값 문법이 더 짧다.

```
time.AfterFunc(10 * time.Second, r.Launch)
```

메소드 값은 메소드 표현식과 연관된다. 메소드를 호출할 때는 통상의 함수와 달리 특별히 셀렉터 문법을 이용해 수신자를 지정해야 한다. 타입 T에서 T.f나 (*T).f로 작성하는 메소드 표현식은 통상적인 첫 번째 파라미터를 수신자로 받는 함수 값을 산출하므로 일반적인 방법으로 호출할 수 있다.

```
p := Point{1, 2}
q := Point{4, 6}

distance := Point.Distance    // 메소드 표현식
fmt.Println(distance(p, q))   // "5"
fmt.Printf("%T\n", distance)  // "func(Point, Point) float64"

scale := (*Point).ScaleBy
scale(&p, 2)
fmt.Println(p)                // "{2 4}"
fmt.Printf("%T\n", scale)     // "func(*Point, float64)"
```

메소드 표현식은 한 타입의 여러 메소드중 하나를 선택하고 선택된 메소드를 여러 수신자에서 호출할 때 도움이 된다. 다음 예제에서 변수 op는 Point 타입의 더하기 또는 빼기 메소드를 나타내며, Path.TranslateBy에서 Path상의 각 점에 op를 호출한다.

```go
type Point struct{ X, Y float64 }

func (p Point) Add(q Point) Point { return Point{p.X + q.X, p.Y + q.Y} }
func (p Point) Sub(q Point) Point { return Point{p.X - q.X, p.Y - q.Y} }

type Path []Point

func (path Path) TranslateBy(offset Point, add bool) {
    var op func(p, q Point) Point
    if add {
        op = Point.Add
    } else {
        op = Point.Sub
    }
    for i := range path {
        // path[i].Add(offset) 또는 path[i].Sub(offset)를 호출한다.
        path[i] = op(path[i], offset)
    }
}
```

6.5 예제: 비트 벡터 타입

Go의 집합은 보통 T가 원소 타입일 때 map[T]bool로 구현한다. 맵으로 표현된 집합은 매우 유연하지만 어떤 문제에 있어서는 특별한 표현의 성능이 더 나을 때도 있다. 예를 들어 집합 원소가 적은 양의 정수이고 집합에 원소가 많으며 합집합이나 교집합과 같은 집합 연산을 자주 사용하는 데이터 흐름 분석과 같은 분야에서는 비트 벡터가 이상적이다.

비트 벡터는 각 비트가 집합에 허용되는 원소를 나타내는 부호 없는 정수 값이나 '워드'의 슬라이스를 사용한다. i번째 비트가 설정되면 집합은 i를 포함한다. 다음 프로그램은 세 개의 메소드가 있는 간단한 비트 벡터 타입을 설명한다.

gopl.io/ch6/intset
```go
// IntSet은 소수의 양의 정수 집합이다.
// 제로 값은 빈 집합을 나타낸다.
type IntSet struct {
    words []uint64
}

// Has는 집합에 양의 값 x가 있는지 여부를 보고한다.
func (s *IntSet) Has(x int) bool {
    word, bit := x/64, uint(x%64)
    return word < len(s.words) && s.words[word]&(1<<bit) != 0
}
```

```go
// Add는 양의 값 x를 집합에 추가한다.
func (s *IntSet) Add(x int) {
    word, bit := x/64, uint(x%64)
    for word >= len(s.words) {
        s.words = append(s.words, 0)
    }
    s.words[word] |= 1 << bit
}

// UnionWith는 s를 s와 t의 합집합으로 설정한다.
func (s *IntSet) UnionWith(t *IntSet) {
    for i, tword := range t.words {
        if i < len(s.words) {
            s.words[i] |= tword
        } else {
            s.words = append(s.words, tword)
        }
    }
}
```

각 워드에는 64비트가 있으므로 x비트를 찾기 위해 x/64의 몫을 워드 인덱스로 사용하고, x%64의 나머지를 워드 안의 비트 인덱스로 사용했다. UnionWith 연산은 비트 단위 OR 연산자 |로 64개 원소의 합을 한 번에 계산했다(연습문제 6.5에서 64비트 단어의 검색을 다시 살펴볼 것이다). 이 구현에는 여러 유용한 기능이 빠져 있으며, 그중 일부는 연습문제로 남겨졌지만 반드시 필요한 한 가지가 있는데, IntSet을 문자열로 출력하는 방법이다. 2.5절의 Celsius에서처럼 String 메소드를 추가해보자.

```go
// String은 집합을 "{1 2 3}" 형태의 문자열로 반환한다.
func (s *IntSet) String() string {
    var buf bytes.Buffer
    buf.WriteByte('{')
    for i, word := range s.words {
        if word == 0 {
            continue
        }
        for j := 0; j < 64; j++ {
            if word&(1<<uint(j)) != 0 {
                if buf.Len() > len("{") {
                    buf.WriteByte(' ')
                }
                fmt.Fprintf(&buf, "%d", 64*i+j)
            }
        }
    }
    buf.WriteByte('}')
    return buf.String()
}
```

앞의 String 메소드와 3.5.4절의 intsToString은 유사하다. String 메소드에서는 bytes. Buffer를 자주 이런 식으로 사용한다. fmt 패키지는 String 메소드가 있는 타입을 특별히 취급해서 복잡한 타입의 값을 사용자 친화적으로 표시한다. fmt는 값의 원시 표현(이 경우 구조체)을 출력하는 대신 String 메소드를 호출한다. 이 메커니즘은 7장에서 설명할 인터페이스와 타입 단언에 기반을 둔다.

이제 IntSet의 실제 예를 보자.

```
var x, y IntSet
x.Add(1)
x.Add(144)
x.Add(9)
fmt.Println(x.String()) // "{1 9 144}"

y.Add(9)
y.Add(42)
fmt.Println(y.String()) // "{9 42}"

x.UnionWith(&y)
fmt.Println(x.String()) // "{1 9 42 144}"
fmt.Println(x.Has(9), x.Has(123)) // "true false"
```

주의 String과 Has는 필요에 의해서가 아니라 s.words에 할당하기 때문에 포인터 수신자가 필요한 다른 두 메소드와의 일관성을 위해 포인터 타입 *IntSet의 메소드로 선언했다. 따라서 IntSet 값에는 String 메소드가 없으므로 다음과 같이 당황하게 될 때가 가끔 있다.

```
fmt.Println(&x)        // "{1 9 42 144}"
fmt.Println(x.String()) // "{1 9 42 144}"
fmt.Println(x)         // "{[4398046511618 0 65536]}"
```

첫 번째는 String 메소드가 있는 *IntSet 포인터를 출력했다. 두 번째는 IntSet 변수의 String()을 호출했다. 컴파일러가 묵시적으로 & 연산을 삽입하고 String 메소드가 있는 포인터를 반환한 것이다. 하지만 세 번째는 IntSet 값에 String 메소드가 없으므로 fmt.Println은 대신 구조체 표현을 출력했다. & 연산자를 잊지 않는 것이 중요하다. *IntSet이 아닌 IntSet에 String 메소드를 만드는 것도 나쁘지 않지만, 경우에 따라 다를 것이다.

연습문제 6.1 다음의 메소드를 추가로 구현하라.

```
func (*IntSet) Len() int       // 원소 개수 반환
func (*IntSet) Remove(x int)  // 집합에서 x 제거
func (*IntSet) Clear()         // 집합에서 모든 원소 제거
func (*IntSet) Copy() *IntSet // 집합의 복사본 반환
```

연습문제 6.2 s.AddAll(1, 2, 3)과 같이 더할 값의 목록을 받는 가변 길이 인수 메소드 (*IntSet).AddAll(...int)를 정의하라.

연습문제 6.3 (* IntSet).UnionWith는 비트 단위 OR 연산자 |로 두 집합의 합을 계산한다. 이와 관련된 집합 연산 메소드 IntersectWith, DifferenceWith, SymmetricDifference를

구현하라(두 집합의 대칭 차집합은 둘 중 하나에는 있지만 모두에는 없는 원소를 갖는다).

연습문제 6.4 range 루프로 순회하기에 적합한 원소 집합의 슬라이스를 반환하는 Elems 메소드를 추가하라.

연습문제 6.5 IntSet에서 사용하는 각 워드는 uint64 타입이지만 64비트 산술 연산은 32비트 플랫폼에서 비효율적일 수 있다. 32비트 플랫폼에서 가장 효율적인 부호 없는 정수인 unit 타입을 사용하도록 프로그램을 수정하라. 64로 나누는 대신 uint의 효율적인 비트 크기 32나 64를 상수로 정의하라. 이 목적으로 조금 지나칠 수 있는 표현식 32 << (^uint(0) >> 63)을 사용할 수 있다.

6.6 캡슐화

객체의 사용자가 객체의 변수나 메소드에 접근할 수 없는 경우 객체가 캡슐화돼 있다고 한다. 캡슐화는 때로는 정보 은닉으로도 불리며, 객체지향 프로그래밍의 핵심 요소다.

Go에는 식별자의 가시성을 제어하는 단 한 가지 메커니즘이 있는데, 대문자로 시작하는 식별자는 정의된 패키지에서 노출되며 대문자가 아니면 노출되지 않는다. 패키지의 멤버에 대한 접근 제한 메커니즘은 구조체의 필드나 타입의 메소드에도 적용된다. 결과적으로 객체를 캡슐화하려면 구조체로 만들어야 한다.

앞 절의 IntSet 타입도 필드가 하나뿐이지만 캡슐화를 위해 구조체 타입으로 정의했다.

```
type IntSet struct {
    words []uint64
}
```

IntSet을 구조체 대신 다음과 같이 슬라이스 타입으로 정의할 수도 있지만, 이 경우 각 메소드에서 s.words를 *s로 변경해야 한다.

```
type IntSet []uint64
```

이 버전의 IntSet도 본질적으로는 같지만 다른 패키지의 사용자가 슬라이스를 직접 읽고 수정할 수 있다. 달리 말하면 표현식 *s는 어느 패키지에서도 사용할 수 있지만 s.words는 IntSet을 정의한 패키지 안에서만 쓸 수 있다.

이러한 이름 기반 메커니즘의 또 다른 영향은 캡슐화의 단위가 다른 언어에서처럼 타입이 아닌 패키지라는 점이다. 구조체 타입의 필드는 동일한 패키지 내의 모든 코드에서 볼 수 있다. 코드가 함수에 있든 메소드에 있든 차이가 없다.

캡슐화에는 세 가지 이점이 있다. 첫째, 사용자가 직접 객체 변수를 수정할 수 없으므로 일부 문장만으로 이 변수에 허용되는 값의 범위를 알 수 있다.

둘째, 구현의 세부 사항을 숨김으로써 사용자가 이후에 변경될 수 있는 부분에 의존하지 않게 해 설계자가 API 호환성을 유지하면서 구현을 자유롭게 진화시킬 수 있다.

예를 들어 bytes.Buffer 타입을 보자. 이 타입은 짧은 문자열을 결합하는 데 자주 사용되므로 이런 경우 객체에 약간의 예비 공간을 할당해서 메모리 할당을 줄여 최적화할 수 있다. Buffer는 구조체 타입이므로 예비 공간은 소문자로 시작하는 여분의 [64]byte 타입 필드 형태를 취한다. 이 필드는 추가될 때 익스포트되지 않았으므로 bytes 패키지 외부의 Buffer 사용자는 향상된 성능 외에는 아무런 변화를 알 수 없다. Buffer와 그 안의 Grow 메소드를 다음과 같이 간략하게 표시했다.

```go
type Buffer struct {
    buf     []byte
    initial [64]byte
    /* ... */
}

// Grow는 필요시 버퍼의 용량을 확장해
// 다른 n바이트를 위한 공간을 확보한다. [...]
func (b *Buffer) Grow(n int) {
    if b.buf == nil {
        b.buf = b.initial[:0] // 내부적으로 미리 할당된 공간을 사용한다.
    }
    if len(b.buf)+n > cap(b.buf) {
        buf := make([]byte, b.Len(), 2*cap(b.buf) + n)
        copy(buf, b.buf)
        b.buf = buf
    }
}
```

캡슐화의 가장 중요한 세 번째 장점은 사용자가 객체의 변수를 임의로 변경할 수 없다는 점이다. 객체의 변수는 동일한 패키지의 함수에 의해서만 변경될 수 있으므로, 패키지의 작성자는 함수들만이 객체의 내부 속성을 관리할 수 있다는 보장을 받을 수 있다. 예를 들어 다음과 같은 Counter 타입은 사용자가 카운터를 증가시키거나 0으로 초기화시킬 수 있지만, 임의의 값으로 지정할 수는 없다.

```go
type Counter struct { n int }

func (c *Counter) N() int      { return c.n }
func (c *Counter) Increment() { c.n++ }
func (c *Counter) Reset()     { c.n = 0 }
```

다음에 살펴볼 log 패키지의 Logger 타입 메소드처럼 단지 타입의 내부 값에 접근하거나 수정하는 함수를 게터getter와 세터setter라 한다. 하지만 게터 메소드의 이름을 지정할 때는 보통 접두사 Get을 생략한다. 이러한 간결성을 선호하는 스타일은 필드 접근자뿐만 아니라 다른 모든 메소드에도 적용되며, Fetch, Find, Lookup 같이 중복되는 접두사에서도 마찬가지다.

```
package log

type Logger struct {
    flags  int
    prefix string
    // ...
}
func (l *Logger) Flags() int
func (l *Logger) SetFlags(flag int)
func (l *Logger) Prefix() string
func (l *Logger) SetPrefix(prefix string)
```

Go 스타일은 익스포트된 필드를 허용한다. 물론 필드가 한 번 익스포트되면 API를 위반하지 않고는 돌이킬 수 없으므로 처음부터 신중하게 선택해야 하며, 미래의 변경이나 변경에 영향 받는 사용자 코드의 양 등 관리해야 할 변함없는 복잡성을 고려해야 한다.

캡슐화가 항상 바람직하지는 않다. time.Duration은 나노초 표현을 int64 숫자로 외부에 드러내 그 시간 동안 모든 일반적인 산술 연산과 비교 연산을 할 수 있게 하고, 다음과 같이 타입의 상수도 정의할 수 있게 한다.

```
const day = 24 * time.Hour
fmt.Println(day.Seconds()) // "86400"
```

다른 예로서 IntSet을 6장 초반에 다뤘던 geometry.Path 타입과 비교해보자. Path는 슬라이스 타입으로 정의됐으므로 사용자가 슬라이스 리터럴 문법으로 객체를 생성하거나 각 포인트를 range 루프로 순회하는 등의 작업을 할 수 있었지만, IntSet 사용자는 이러한 연산을 할 수 없다.

여기서 중요한 차이점은 다음과 같다. geometry.Path는 근본적으로 포인트의 순열에 불과하며 다른 새 필드를 추가할 것이 예상되지 않기 때문에 geometry 패키지는 Path가 슬라이스임을 드러낼 수 있다. 반면에 IntSet은 단지 어쩌다 보니 []uint64 슬라이스로 표현된 것이다. IntSet은 []uint 또는 산재해 있거나 매우 소수인 집합을 나타내는 완전히 다른 타입이 될 수 있으며, 집합 안에 원소 개수를 기록하는 예비 필드를 두는 등의 부가 기능을 활용할 수도 있다. 이러한 이유로 IntSet은 숨기는 편이 더 합리적이다.

6장에서는 메소드와 명명된 타입을 연관시키는 방법과 연관된 메소드를 호출하는 방법을 배웠다. 메소드는 객체지향 프로그래밍에서 핵심이지만, 그중 절반에 지나지 않는다. 객체지향을 완전히 활용하려면 7장의 주제인 인터페이스가 필요하다.

7장
인터페이스

인터페이스 타입은 다른 타입의 동작을 일반화하거나 추상화해서 표현한다. 인터페이스의 일반화를 통해 함수를 특정 구현의 세부 사항에 구애받지 않고 더 유연하고 융통성 있게 작성할 수 있다.

여러 객체지향 언어에는 인터페이스에 대한 몇 가지 개념이 있지만, Go의 인터페이스는 묵시적으로 적용된다는 점에서 매우 독특하다. 다시 말해 주어진 구상 타입에 요구되는 모든 인터페이스를 선언할 필요가 없다. 단순히 필요한 메소드만 있으면 충분하다. 이런 설계로 인해 기존 구상 타입을 충족하는 새 인터페이스를 기존 타입을 변경하지 않고 생성할 수 있으며, 특히 제어할 수 없는 패키지 타입을 사용할 때 유용하다.

7장에서는 인터페이스 타입과 그 값의 기본 메커니즘부터 시작한다. 진행하면서 표준 라이브러리의 일부 중요한 인터페이스도 살펴본다. 많은 Go 프로그램이 표준 인터페이스를 마치 자신의 인터페이스처럼 최대한 활용한다. 마지막으로 타입 단언^{type assertion}(7.10절)과 타입 변경^{type switch}(7.13절)을 살펴보고, 이를 통해 일반화하는 다른 방법을 살펴본다.

7.1 인터페이스 규약

지금까지 살펴본 모든 타입은 구상 타입^{concrete type}이다. 구상 타입은 값의 정확한 표현을 지정하고, 숫자의 산술 연산이나 슬라이스의 색인, append, range 등 해당 표현에 대한 내부의 연산을 드러낸다. 구상 타입은 메소드를 통해 부가적인 동작을 제공할 수도 있다. 구상 타입의 값을 보면 해당 값이 무엇인지, 무엇을 할 수 있는지 정확히 알 수 있다.

Go에는 인터페이스 타입이라 불리는 다른 종류의 타입도 있는데, 인터페이스는 추상 타입이다. 인터페이스는 값의 표현이나 내부 구조 또는 지원하는 기본 연산을 드러내지 않는다. 인터페이스는 메소드 중 일부만을 보여준다. 인터페이스 타입의 값을 보면 해당 값에 대해 알 수 있는 것이 없다. 단지 이 값이 무엇을 하는지, 더 정확하게는 이 값에 있는 메소드에서 어떤 동작을 제공하는지만 알 수 있다.

책 전반에 걸쳐 문자열 포매팅에 두 개의 유사한 함수를 사용했는데, 결과를 표준 출력(파일)에 쓰는 fmt.Printf와 결과를 string으로 반환하는 fmt.Sprintf다. 결과가 사용되는 표면상의 차이로 인해 복잡한 결과 포매팅 과정을 중복해야 한다면 유쾌하지는 않을 것이다. 하지만 인터페이스 덕분에 그럴 필요가 없다. 실제로 두 함수는 계산하는 결과에 대해 모르는 세 번째 함수 fmt.Fprintf의 래퍼 함수다.

```
package fmt

func Fprintf(w io.Writer, format string, args ...interface{}) (int, error)

func Printf(format string, args ...interface{}) (int, error) {
    return Fprintf(os.Stdout, format, args...)
}

func Sprintf(format string, args ...interface{}) string {
    var buf bytes.Buffer
    Fprintf(&buf, format, args...)
    return buf.String()
}
```

Fprintf의 접두사 F는 파일을 의미하며, 포매팅된 결과가 첫 번째 인자로 제공된 파일에 써져야 한다는 것을 나타낸다. Printf의 경우 인자인 os.Stdout이 *os.File이다. 그러나 Sprintf에서는 인자가 파일이 아니지만 표면적으로 유사하다. &buf는 바이트가 써질 메모리 버퍼에 대한 포인터다.

Fprintf의 첫 번째 인자도 파일이 아니다. 그 인자는 다음과 같이 선언된 인터페이스 타입 io.Writer다.

```
package io

// Writer는 기본 Write메소드를 둘러싸는 인터페이스이다.
type Writer interface {
    // Write는 p의 len(p)바이트를 내부 데이터 스트림에 쓴다.
    // 이 메소드는 p에서 써진 바이트 수(0 <= n <= len(p))를 반환하고
    // write가 조기에 중단되면 그 원인이 된 error를 반환한다.
    // Write가 n < len(p)를 반환할 때는 nil이 아닌 error를 반환해야 한다.
    // Write는 일시적으로도 슬라이스 데이터를 변경해서는 안 된다.
    //
    // 구현에서 p를 남기면 안 된다.
    Write(p []byte) (n int, err error)
}
```

io.Writer 인터페이스는 Fprintf와 호출자 간의 규약을 정의한다. 한편 호출자는 규약에 따라 *os.File이나 *bytes.Buffer 같이 적합한 시그니처와 동작을 가진 Write 메소드가 포함된 구상 타입 값을 제공해야 한다. 반면에 규약에 의해 Fprintf에서 io.Writer 인터페이스를 충족하는 어떤 값이 오더라도 주어진 일을 수행할 것이 보장된다. Fprintf는 파일에 쓰는지 메모리에 쓰는지 가정할 수 없으며, Write 메소드를 호출할 수만 있다.

fmt.Fprintf가 값의 표현에 대해서는 아무런 가정도 하지 않고 io.Writer 규약에 의한 동작에만 의존하므로, 어떤 구상 타입 값이든 이 규약을 충족하면 fmt.Fprintf의 첫 번째

인자로 안전하게 전달할 수 있다. 한 타입을 동일한 인터페이스를 충족하는 다른 타입으로 자유롭게 변경하는 것을 대체 가능성^{substitutability}이라 하며, 이는 객체지향 프로그래밍의 핵심적인 특징이다.

새 타입으로 대체 가능성을 테스트해보자. 다음과 같은 *ByteCounter 타입의 Write 메소드는 자신에게 써진 바이트의 수만 세고 폐기한다(+= 할당문에서 len(p)와 *c의 타입을 일치시키기 위해 변환이 필요하다).

gopl.io/ch7/bytecounter
```go
type ByteCounter int

func (c *ByteCounter) Write(p []byte) (int, error) {
    *c += ByteCounter(len(p)) // int를 ByteCounter로 변환
    return len(p), nil
}
```

*ByteCounter는 io.Writer 규약을 충족하므로 변경에 무관하게 문자열 포매팅을 수행하는 Fprintf로 전달할 수 있다. ByteCounter는 결과의 길이를 정확하게 누적한다.

```go
var c ByteCounter
c.Write([]byte("hello"))
fmt.Println(c) // "5", = len("hello")

c = 0 // 카운터 초기화
var name = "Dolly"
fmt.Fprintf(&c, "hello, %s", name)
fmt.Println(c) // "12", = len("hello, Dolly")
```

io.Writer 외에도 fmt 패키지에 매우 중요한 인터페이스가 하나 더 있다. Fprintf와 Fprintln은 특정 타입 값의 출력을 제어하는 방법을 제공한다. 2.5절에서는 Celsius 타입에 String 메소드를 정의해 온도가 "100°C"처럼 출력되게 했으며, 6.5절에서는 *IntSet에 String 메소드를 추가해 집합이 "{1 2 3}"처럼 전통적인 집합 표기법으로 출력되게 했다. String 메소드를 정의하면 타입이 가장 널리 쓰이는 인터페이스 중 하나인 fmt.Stringer를 충족시킨다.

```go
package fmt

// String 메소드는 전달된 값을 출력하는 데 사용되며
// 그 값은 문자열을 받는 임의의 포맷의 피연산자
// 또는 포매팅하지 않고 출력하는 Print 등이 있다.
type Stringer interface {
    String() string
}
```

fmt 패키지에서 주어진 값이 fmt.Stringer 인터페이스를 충족하는지 알아보는 방법은 7.10절에서 설명할 것이다.

연습문제 7.1 ByteCounter의 아이디어를 사용해 단어 단위 카운터와 라인 단위 카운터를 구현하라. bufio.ScanWords가 유용할 것이다.

연습문제 7.2 io.Writer를 받아서 이를 감싸는 새 Writer와 새 Writer로 써진 바이트 수를 저장하는 int64 변수 포인터를 반환하는 CountingWriter 함수를 다음의 시그니처대로 작성하라.

```
func CountingWriter(w io.Writer) (io.Writer, *int64)
```

연습문제 7.3 gopl.io/ch4/treesort(4.4절)의 *tree 타입에 트리 안의 값 목록을 보여주는 String 메소드를 작성하라.

7.2 인터페이스 타입

인터페이스 타입은 구상 타입이 해당 인터페이스의 인스턴스로 인식되기 위해 필요한 메소드들을 지정한다.

io.Writer 타입은 파일, 메모리 버퍼, 네트워크 연결, HTTP 클라이언트, 압축, 해시 등 바이트를 쓸 수 있는 모든 타입에 대한 추상화를 제공하므로, 가장 널리 쓰이는 인터페이스 중하나다. io 패키지에는 그 외에도 여러 유용한 인터페이스가 정의돼 있다. Reader는 바이트를 읽을 수 있는 모든 타입을 나타내고, Closer는 파일이나 네트워크 접속 등 직접 닫을 수 있는 모든 값을 표현한다(지금쯤 Go의 단일 메소드 인터페이스에 대한 명명 규칙을 눈치 챘을 것이다).

```
package io
type Reader interface {
    Read(p []byte) (n int, err error)
}
type Closer interface {
    Close() error
}
```

좀 더 살펴보면 기존 인터페이스의 조합으로 이뤄진 새 인터페이스 선언을 찾을 수 있다. 다음은 그에 관련된 두 가지 예제다.

```
type ReadWriter interface {
    Reader
    Writer
}

type ReadWriteCloser interface {
    Reader
    Writer
    Closer
}
```

앞에서 살펴본 구조체 내장과 유사한 문법으로, 모든 메소드에 대한 약칭 역할을 하는 새 인터페이스를 정의할 수 있다. 이를 인터페이스 내장^{embedding}이라 한다. 더 간결하진 않지만, 다음과 같이 io.ReadWriter를 내장 없이 쓸 수도 있다.

```
type ReadWriter interface {
    Read(p []byte) (n int, err error)
    Write(p []byte) (n int, err error)
}
```

심지어 두 스타일을 혼합할 수도 있다.

```
type ReadWriter interface {
    Read(p []byte) (n int, err error)
    Writer
}
```

세 선언의 효과는 같다. 메소드가 나타나는 순서는 중요하지 않다. 메소드의 집합만이 중요하다.

연습문제 7.4 strings.NewReader 함수는 인자인 문자열을 읽어 io.Reader(및 기타) 인터페이스를 충족하는 값을 반환한다. NewReader의 간단한 버전을 직접 구현하고 이를 사용해 문자열에서 입력을 받는 HTML 파서(5.2절)를 만들어라.

연습문제 7.5 io 패키지의 LimitReader 함수는 io.Reader인 r과 바이트 수 n을 받아 r에서 읽고 n바이트 이후에 파일 끝 상태를 보고하는 새 Reader를 반환한다. 이를 구현하라.

```
func LimitReader(r io.Reader, n int64) io.Reader
```

7.3 인터페이스 충족

타입 안에 인터페이스에서 요구하는 모든 메소드가 있으면 이 타입이 인터페이스를 충족한다고 한다. 예를 들어 *os.File은 io.Reader, Writer, Closer, ReadWriter를 충족한다. *bytes.Buffer는 Reader, Writer, ReadWriter는 충족하지만 Close 메소드가 없으므로 Closer 인터페이스는 충족하지 않는다. Go 개발자는 간단하게 구상 타입이 단지 특정 인터페이스 타입의 '한 종류(is a)'라고 하는 경우가 많으며, 이는 구상 타입이 해당 인터페이스를 충족한다는 의미다. 예를 들어 *bytes.Buffer는 io.Writer의 한 종류다. 또한 *os.File은 io.ReadWriter의 한 종류다.

인터페이스 할당 규칙(2.4.2절)은 매우 단순하다. 표현식은 그 타입이 인터페이스를 충족할 때에만 인터페이스에 할당할 수 있다. 따라서 다음 코드를 살펴보자.

```
var w io.Writer
w = os.Stdout           // OK: *os.File에는 Write 메소드가 있음
w = new(bytes.Buffer)   // OK: *bytes.Buffer에는 Write 메소드가 있음
w = time.Second         // 컴파일 오류: time.Duration에는 Write 메소드가 없음

var rwc io.ReadWriteCloser
rwc = os.Stdout         // OK: *os.File에는 Read, Write, Close 메소드가 있음
rwc = new(bytes.Buffer) // 컴파일 오류: *bytes.Buffer에는 Close 메소드가 없음
```

이 규칙은 오른쪽 표현식이 인터페이스일 때에도 적용된다.

```
w = rwc                 // OK: io.ReadWriteCloser에는 Write 메소드가 있음
rwc = w                 // 컴파일 오류: io.Writer에는 Close 메소드가 없음
```

ReadWriter와 ReadWriteCloser에는 Writer의 모든 메소드가 포함돼 있으므로, ReadWriter 또는 ReadWriteCloser를 충족시키는 타입은 모두 Writer를 충족시킨다.

더 진행하기 전에 타입이 메소드를 갖는다는 미묘한 의미에 대해 설명이 필요하다. 6.2절의 명명된 구상 타입 T에서 일부 메소드는 T 타입의 수신자를 갖고, 또 다른 일부 메소드는 포인터 타입의 *T를 받던 것을 상기해보자. 또한 T 타입의 인자가 변수라면 이 인자에 있는 *T 타입의 메소드도 호출할 수 있었고, 컴파일러가 묵시적으로 주소를 추출했다. 그러나 이는 단순히 편의 문법이다. *T 포인터와는 달리 T 타입의 값에는 모든 메소드가 없으므로 결과적으로 더 적은 수의 인터페이스를 충족할 것이다.

예제를 보면 확실히 알 수 있다. 6.5절의 IntSet 타입에 있는 String 메소드는 포인터 수신자를 받으므로 주소 없는 IntSet 값에서는 String 메소드를 호출할 수 없다.

```
type IntSet struct { /* ... */ }
func (*IntSet) String() string

var _ = IntSet{}.String() // 컴파일 오류: String에는 *IntSet 수신자가 필요
```

하지만 IntSet 변수에서는 호출할 수 있다.

```
var s IntSet
var _ = s.String() // OK: s는 변수이며, &s에는 String 메소드가 있음
```

그러나 *IntSet에만 String 메소드가 있으므로, *IntSet만이 fmt.Stringer 인터페이스를 충족시킨다.

```
var _ fmt.Stringer = &s // OK
var _ fmt.Stringer = s  // 컴파일 오류: IntSet에는 String 메소드가 없음
```

12.8절에 임의의 값을 갖는 메소드를 출력하는 프로그램이 있으며, godoc -analysis=type 도구(10.7.4절)는 각 타입의 메소드 및 인터페이스와 구상 타입 간의 관계를 보여준다.

편지의 내용을 감싸서 숨기는 봉투처럼 인터페이스도 구상 타입과 타입 값의 내용을 감싸고 숨긴다. 구상 타입에 다른 메소드가 더 있더라도 인터페이스 타입으로 노출된 메소드만 호출할 수 있다.

```
os.Stdout.Write([]byte("hello")) // OK: *os.File에는 Write 메소드가 있음
os.Stdout.Close()                // OK: *os.File에는 Close 메소드가 있음

var w io.Writer
w = os.Stdout
w.Write([]byte("hello")) // OK: io.Writer에는 Write메소드가 있음
w.Close()                // 컴파일 오류: io.Writer에는 Close메소드가 없음
```

io.ReadWriter처럼 다수의 메소드가 있는 인터페이스는 io.Reader처럼 소수의 메소드가 있는 인터페이스에 비해 내부 값에 대한 더 많은 정보를 알려주며, 구현 타입에 대한 요구 사항을 더 많이 수용한다. 그렇다면 interface{} 타입처럼 메소드가 전혀 없으면 이를 만족하는 구상 타입에 대해 무엇을 알려주는가?

맞다. 아무것도 없다. 쓸모없는 것처럼 보일 수 있지만, 빈 인터페이스 타입으로 불리는

interface{} 타입은 반드시 필요하다. 빈 인터페이스 타입은 충족하는 타입에 대해 아무런 요구 조건도 없으므로 빈 인터페이스에는 어떤 값도 할당할 수 있다.

```
var any interface{}
any = true
any = 12.34
any = "hello"
any = map[string]int{"one": 1}
any = new(bytes.Buffer)
```

알아보기 쉽지는 않지만 빈 인터페이스 타입은 fmt.Println이나 5.7절의 errorf와 같은 함수에서 어떤 타입의 인자도 받을 수 있게 하기 때문에, 결과적으로 이 책의 맨 처음 예제에서부터 사용해 온 셈이다.

물론 불리언, 부동소수점, 문자열, 맵, 포인터, 기타 타입의 interface{} 값을 생성하면 그 안에 어떤 메소드도 없으므로 해당 값에 대해 직접 할 수 있는 연산이 없다. 따라서 이 값을 다시 밖으로 빼내는 방법이 필요하다. 타입 단언을 사용해 되돌리는 방법을 7.10절에서 살펴본다.

인터페이스 충족은 관련된 두 타입의 메소드에만 의존하므로 구상 타입과 충족하는 인터페이스 간의 관계는 선언할 필요가 없다. 즉 관계를 의도한 경우에는 이 관계에 대해 문서화하고 확인하는 것이 유용할 때도 있지만 프로그램에서 강제되지는 않는다. 다음 선언은 *bytes.Buffer 타입의 값이 io.Writer를 충족시킨다는 것을 컴파일 시점에 확인한다.

```
// *bytes.Buffer는 io.Writer를 충족해야 한다.
var w io.Writer = new(bytes.Buffer)
```

(*bytes.Buffer)(nil)로 명시적으로 변환한 *bytes.Buffer 타입의 값은 nil을 비롯해 어떤 값이든 쓸 수 있으므로 새 변수를 할당할 필요가 없다. 그리고 w를 참조하지 않을 것이므로 빈 식별자로 교체할 수 있다. 이 두 가지 변경은 다음과 같이 좀 더 간결하게 바꿀 수 있다.

```
// *bytes.Buffer는 io.Writer를 충족해야 한다.
var _ io.Writer = (*bytes.Buffer)(nil)
```

io.Writer와 같이 비어있지 않은 인터페이스 타입은, 특히 한 개 이상의 인터페이스 메소드가 Write 메소드에서처럼 수신자의 변경을 일으킬 때 포인터 타입으로 충족된다. 특히 구조체에 대한 포인터가 메소드를 갖는 타입으로 많이 사용된다.

그러나 포인터 타입만 인터페이스를 충족하는 것은 아니며, 변경을 일으키는 메소드가 있는 인터페이스도 Go의 다른 참조 타입을 충족할 수 있다. 그 예로 메소드가 있는 슬라이스 타입(geometry.Path, 6.1절)과 메소드가 있는 맵 타입(url.Values, 6.2.1절)이 있으며 나중에 메소드가 있는 함수 타입(http.HandlerFunc, 7.7절)도 보게 될 것이다. 심지어 기본 타입도 인터페이스를 충족할 수 있다. 7.4절에서 time.Duration이 fmt.Stringer를 충족하는 것을 봤을 것이다.

구상 타입은 여러 관련 없는 인터페이스를 충족할 수 있다. 디지털화된 문화상품인 음악, 영화, 책 등을 정리하거나 판매하는 프로그램을 생각해보자. 아마 다음과 같은 구상 타입들을 정의할 것이다.

```
Album
Book
Movie
Magazine
Podcast
TVEpisode
Track
```

각 대상을 인터페이스로 추상화해 표현할 수 있다. 제목, 작성일, 작성자 목록(저자 또는 화가)
등의 일부 속성은 모든 상품에 공통으로 나타난다.

```go
type Artifact interface {
    Title() string
    Creators() []string
    Created() time.Time
}
```

기타 속성은 특정 상품에 한정된다. 출력된 단어 속성은 책과 잡지에만 있고, 화면 해상도
속성은 영화와 TV 프로그램에만 있다.

```go
type Text interface {
    Pages() int
    Words() int
    PageSize() int
}

type Audio interface {
    Stream() (io.ReadCloser, error)
    RunningTime() time.Duration
    Format() string // 예) "MP3", "WAV"
}

type Video interface {
    Stream() (io.ReadCloser, error)
    RunningTime() time.Duration
    Format() string // 예) "MP4", "WMV"
    Resolution() (x, y int)
}
```

이런 인터페이스는 관련된 구상 타입을 하나로 묶고 공유하는 공통부분을 표현하기에 유용
한 방법 중 하나다. 나중에 묶기 위한 다른 방법들도 살펴볼 것이다. 예를 들어 **Audio**와
Video 항목을 같은 방식으로 처리하려 할 때 **Streamer** 인터페이스를 정의해 기존의 타입
선언을 변경하지 않고 공통된 측면을 나타낼 수 있다.

```go
type Streamer interface {
    Stream() (io.ReadCloser, error)
    RunningTime() time.Duration
    Format() string
}
```

공유하는 동작으로 묶인 각 구상 타입의 그룹은 인터페이스 타입으로 표현할 수 있다. 클래

스가 충족하는 관심 항목의 인터페이스를 명시하는 클래스 기반 언어와는 달리 Go에서는 구상 타입의 선언을 변경하지 않고, 필요시마다 관심 항목에 대한 새 추상화나 관심사의 그룹을 정의할 수 있다. 이 방식은 구상 타입이 다른 개발자가 작성한 패키지에 있을 때 특히 유용하다. 물론 구상 타입 간에 공통점이 있어야 한다.

7.4 flag.Value로 플래그 분석

이 절에서는 표준 인터페이스 중 하나인 **flag.Value**에서 커맨드라인 플래그에 새 표기법을 정의하는 방법에 대해 알아본다. 지정된 시간 동안 잠들어 있는 다음 프로그램을 살펴보자.

```
gopl.io/ch7/sleep
    var period = flag.Duration("period", 1*time.Second, "sleep period")

    func main() {
        flag.Parse()
        fmt.Printf("Sleeping for %v...", *period)
        time.Sleep(*period)
        fmt.Println()
    }
```

잠들기 전에 잠들어 있을 기간을 출력한다. `fmt` 패키지는 `time.Duration`의 `String` 메소드를 호출해 나노초 단위 숫자 대신 사용자에게 친숙한 표기법으로 기간을 출력한다.

```
$ go build gopl.io/ch7/sleep
$ ./sleep
Sleeping for 1s...
```

잠드는 기간은 기본적으로 1초이지만, 커맨드라인 플래그 -period로 변경할 수 있다. **flag.Duration** 함수는 **time.Duration** 타입의 플래그 변수를 생성하고, 이 함수를 사용하면 사용자가 **String** 메소드에서 출력하는 것처럼 사용자에게 친숙한 형태로 기간을 지정할 수 있다. 이러한 대칭적인 설계가 좋은 사용자 인터페이스가 된다.

```
$ ./sleep -period 50ms
Sleeping for 50ms...
$ ./sleep -period 2m30s
Sleeping for 2m30s...
$ ./sleep -period 1.5h
Sleeping for 1h30m0s...
$ ./sleep -period "1 day"
invalid value "1 day" for flag -period: time: invalid duration 1 day
```

기간 값 플래그는 유용하므로 이 기능이 **flag** 패키지에 내장돼 있지만, 자체 데이터 타입에 새 플래그 표기법을 정의하는 것도 매우 쉽다. 다음 선언처럼 **flag.Value** 인터페이스를 충족하는 타입을 정의하기만 하면 된다.

```
package flag
// Value는 flag에 저장된 값에 대한 인터페이스다.
type Value interface {
    String() string
    Set(string) error
}
```

String 메소드는 커맨드라인 도움말 메시지에 사용할 플래그의 값을 포매팅한다. 그러므로 모든 flag.Value는 fmt.Stringer다. Set 메소드는 문자열 인자를 분석하고 flag 값을 갱신한다. 결과적으로 Set 메소드는 String 메소드의 반대이며, 같은 표기법을 사용하는 것이 좋다.

적합한 변환 공식에 따라 온도를 섭씨 또는 화씨로 지정하는 celsiusFlag 타입을 정의해보자. celsiusFlag는 Celsius(2.5절)를 내장하기 때문에 String 메소드를 공짜로 얻게 된다. flag.Value를 충족하려면 Set 메소드만 정의하면 된다.

gopl.io/ch7/tempconv
```
// *celsiusFlag는 flag.Value 인터페이스를 충족한다.
type celsiusFlag struct{ Celsius }

func (f *celsiusFlag) Set(s string) error {
    var unit string
    var value float64
    fmt.Sscanf(s, "%f%s", &value, &unit) // 오류 확인이 필요 없다.
    switch unit {
    case "C", "°C":
        f.Celsius = Celsius(value)
        return nil
    case "F", "°F":
        f.Celsius = FToC(Fahrenheit(value))
        return nil
    }
    return fmt.Errorf("invalid temperature %q", s)
}
```

fmt.Sscanf를 호출하면 입력 s에서 부동소수점 수(value)와 문자열(unit)을 파싱한다. 보통은 Sscanf의 오류 결과를 확인해야 하지만, 이 경우 문제가 있으면 대응하는 스위치의 조건이 없으므로 확인할 필요가 없다.

다음의 CelsiusFlag 함수는 이 모두를 감싼다. 이 함수는 호출자에게 celsiusFlag의 변수 f에 내장된 Celsius 필드의 포인터를 반환한다. Celsius 필드는 플래그 처리 시 Set 메소드로 갱신될 변수다. Var 호출은 이 플래그를 애플리케이션의 커맨드라인 플래그 집합인 전역 변수 flag.CommandLine에 추가한다. 특별히 복잡한 커맨드라인 인터페이스가 있는 프로그램에서는 이 타입의 변수를 여러 개 사용할 수 있다. Var를 호출하면 *celsiusFlag 인자를 flag.Value 파라미터에 할당해 컴파일러가 *celsiusFlag에 필요한 메소드들이 있는지 확인하게 한다.

```
// CelsiusFlag는 Celsius플래그를 지정된 시간,
// 기본 값, 사용법으로 정의하고 플래그 변수의 주소를 반환한다.
// 인자 flag에는 양과 단위가 있어야 한다. 예) "100C"
func CelsiusFlag(name string, value Celsius, usage string) *Celsius {
    f := celsiusFlag{value}
    flag.CommandLine.Var(&f, name, usage)
    return &f.Celsius
}
```

이제 새 플래그를 사용해 프로그램을 시작할 수 있다.

gopl.io/ch7/tempflag
```
var temp = tempconv.CelsiusFlag("temp", 20.0, "the temperature")

func main() {
    flag.Parse()
    fmt.Println(*temp)
}
```

다음은 사용 예다.

```
$ go build gopl.io/ch7/tempflag
$ ./tempflag
20°C
$ ./tempflag -temp -18C
-18°C
$ ./tempflag -temp 212°F
100°C
$ ./tempflag -temp 273.15K
invalid value "273.15K" for flag -temp: invalid temperature "273.15K"
Usage of ./tempflag:
  -temp value
        the temperature (default 20°C)
$ ./tempflag -help
Usage of ./tempflag:
  -temp value
        the temperature (default 20°C)
```

연습문제 7.6 tempflag에 켈빈 온도 기능을 추가하라.

연습문제 7.7 도움말에는 °C가 있지만 기본 값 20.0에는 없는 이유를 설명하라.

7.5 인터페이스 값

개념적으로 인터페이스 타입의 값이나 인터페이스 값에는 두 개의 구성 요소인 구상 타입과 값이 있다. 이를 인터페이스의 동적 타입과 동적 값이라 한다.

Go와 같은 정적 타입 언어에서는 타입이 컴파일 시의 개념이므로, 타입은 값이 아니다. 이 개념 모델에서 타입 설명자^{type descriptor}라는 일련의 값에는 각 타입에 대한 이름과 메소드 같은 정보가 있다. 인터페이스 값에서 타입 구성 요소는 그에 해당하는 타입 설명자로 표현된다.

다음 네 개의 문장에서 w 변수는 세 가지 다른 값을 취한다(초기 값과 최종 값은 같다).

```
var w io.Writer
w = os.Stdout
w = new(bytes.Buffer)
w = nil
```

각 문장이 끝날 때의 w 값과 동적인 행동에 대해 자세히 살펴보자. 첫 번째 문장은 w를 선언한다.

```
var w io.Writer
```

Go에서 변수는 항상 미리 정의된 값으로 초기화되며, 인터페이스도 마찬가지다. 인터페이스의 제로 값은 타입과 값 구성 요소가 둘 다 nil이다(그림 7.1).

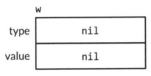

그림 7.1 nil 인터페이스 값

인터페이스 값은 동적 타입에 따라 nil이나 nil이 아닌 것[non-nil]으로 설명되므로, io.Writer는 nil 인터페이스 값이다. 인터페이스 값이 nil인지는 w == nil이나 w != nil로 테스트할 수 있다. nil 인터페이스 값의 메소드를 호출하면 패닉이 발생한다.

```
w.Write([]byte("hello")) // 패닉: nil 포인터 역참조
```

두 번째 문장은 *os.File 타입의 값을 w에 할당한다.

```
w = os.Stdout
```

이 할당에는 구상 타입에서 인터페이스 타입으로의 묵시적 변환이 포함돼 있으며, 명시적인 io.Writer(os.Stdout) 변환과 같다. 이러한 종류의 변환은 명시적이든 묵시적이든 피연산자의 타입과 값을 캡처한다. 인터페이스 값의 동적 타입은 포인터 타입 *os.File의 타입 설명자로 지정되며, 그 안에는 프로세스의 표준 출력을 나타내는 os.File에 대한 포인터인 os.Stdout의 복사본이 들어 있다(그림 7.2).

그림 7.2 *os.File 포인터를 포함하는 인터페이스 값

*os.File 포인터를 포함하는 인터페이스 값의 Write 메소드를 호출하면 (*os.File).Write 메소드가 호출된다. 다음 호출은 "hello"를 출력한다.

```
w.Write([]byte("hello")) // "hello"
```

일반적으로 컴파일 시에는 인터페이스 값의 동적 타입을 예상할 수 없으므로 인터페이스를 통한 호출은 동적으로 이뤄져야 한다. 컴파일러는 직접 호출하는 대신 타입 설명자에서 Write 메소드의 주소를 얻는 코드를 작성하고 이 코드로 얻은 주소를 간접 호출해야 한다. 호출 시 수신자 인자는 인터페이스의 동적 값인 os.Stdout의 복사본이다. 결과는 다음의 호출을 직접 수행한 것과 같다.

```
os.Stdout.Write([]byte("hello")) // "hello"
```

세 번째 문장은 *bytes.Buffer 타입의 값을 인터페이스 값에 할당한다.

```
w = new(bytes.Buffer)
```

이제 동적 타입은 *bytes.Buffer이며, 동적 값은 새로 할당된 버퍼에 대한 포인터다(그림 7.3).

그림 7.3 *bytes.Buffer포인터를 포함하는 인터페이스 값

Write 메소드 호출은 이전과 같은 방식을 사용한다.

```
w.Write([]byte("hello")) // "hello"를 bytes.Buffer에 쓴다.
```

이번에는 타입 설명자가 *bytes.Buffer이므로 (*bytes.Buffer).Write 메소드가 호출되고, 버퍼의 주소는 수신자 파라미터 값으로 지정된다. 이 호출은 버퍼에 "hello"를 추가한다. 마지막으로 네 번째 문장은 인터페이스 값에 nil을 할당한다.

```
w = nil
```

이렇게 하면 두 구성 요소가 모두 nil로 초기화되고, w는 그림 7.1과 같이 최초에 선언된 상태로 돌아간다.

인터페이스 값은 임의의 큰 동적 값을 가질 수 있다. 예를 들어 특정 순간을 나타내는 time.Time 타입은 여러 익스포트되지 않은 필드를 갖는 구조체 타입이다. 여기서 인터페이스 값을 생성하면 다음과 같다.

```
var x interface{} = time.Now()
```

결과는 그림 7.4와 같다. 개념적으로 동적 값은 타입이 아무리 크더라도 항상 인터페이스 값으로 쓸 수 있다(이는 단지 개념적인 모델이다. 실제 구현은 상당히 다르다).

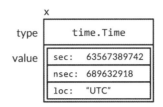

그림 7.4 time.Time 구조체를 갖는 인터페이스 값

인터페이스 값은 ==나 !=로 비교할 수 있다. 두 인터페이스 값은 둘 다 nil이거나 동적 타입이 같고, 동적 값이 해당 타입의 일반적인 ==에 따라 같을 때 동일하다. 인터페이스 값은 비교할 수 있으므로, 맵의 키나 스위치의 피연산자로 쓸 수 있다.

그러나 두 인터페이스 값을 비교할 때 동적 타입이 같지만 비교할 수 없는 타입(이를테면 슬라이스)이면 비교 연산에서 패닉이 일어난다.

```
var x interface{} = []int{1, 2, 3}
fmt.Println(x == x) // 패닉: 비교할 수 없는 타입 []int의 비교
```

이런 점에 있어서 인터페이스 타입은 특이하다. 다른 타입은 비교할 수 있거나(기본 타입이나 포인터처럼) 아예 비교할 수 없지만(슬라이스, 맵, 함수처럼) 인터페이스 값을 비교하거나 인터페이스 값을 포함한 타입을 결합할 때에는 잠재적으로 패닉이 일어날 가능성에 주의해야 한다. 인터페이스를 맵의 키나 스위치의 피연산자로 사용할 때에도 유사한 위험성이 내포돼 있다. 인터페이스 값은 비교할 수 있는 타입의 동적 값이 확실할 때에만 비교하라.

오류를 처리하거나 디버그할 때는 인터페이스 값의 동적 타입을 보고하는 것이 도움이 된다. 이를 위해 fmt 패키지의 %T 포매터를 사용한다.

```
var w io.Writer
fmt.Printf("%T\n", w) // "<nil>"

w = os.Stdout
fmt.Printf("%T\n", w) // "*os.File"

w = new(bytes.Buffer)
fmt.Printf("%T\n", w) // "*bytes.Buffer"
```

fmt는 내부적으로 리플렉션reflection을 사용해 인터페이스의 동적 타입을 얻는다. 리플렉션은 12장에서 살펴본다.

7.5.1 주의: nil 포인터가 있는 인터페이스는 nil이 아니다

아무 값도 담고 있지 않은 nil 인터페이스 값은 nil일 수도 있는 포인터를 갖는 인터페이스 값과 다르다. 이 미묘한 차이가 모든 Go 개발자를 함정에 빠지게 만든다.

다음 프로그램을 살펴보자. debug가 true로 설정되면 main 함수는 f 함수의 출력을 bytes.Buffer에 모은다.

```
const debug = true

func main() {
    var buf *bytes.Buffer
    if debug {
        buf = new(bytes.Buffer) // 결과 수집 활성화
    }
    f(buf) // NOTE: 미묘하게 다르다!
    if debug {
        // ...buf 사용...
    }
}

// out이 nil이 아니면 output은 out에 쓴다.
func f(out io.Writer) {
    // ...뭔가를 함...
    if out != nil {
        out.Write([]byte("done!\n"))
    }
}
```

debug를 false로 변경하면 결과 수집을 중단할 것으로 예상하겠지만, 실제로는 out.Write 호출 중에 패닉이 일어나게 된다.

```
if out != nil {
    out.Write([]byte("done!\n")) // 패닉: nil 포인터 역참조
}
```

main은 f를 호출하면서 out 파라미터에 *bytes.Buffer 타입의 nil 포인터를 할당하므로 out의 동적 값은 nil이다. 그러나 동적 타입은 *bytes.Buffer이기 때문에 out은 nil이 아닌 인터페이스에 nil 포인터 값을 갖게 돼(그림 7.5) 방어를 위한 out != nil 확인 결과가 여전히 참이다.

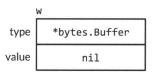

그림 7.5 nil 포인터를 갖는 nil이 아닌 인터페이스

이전과 마찬가지로 동적 디스패치 메커니즘에 의해 (*bytes.Buffer).Write를 호출해야 한다는 사실을 알 수 있지만, 이때의 수신자 값은 nil이다. *os.File과 같은 일부 타입에서는 nil도 유효한 수신자(6.2.1절)가 될 수 있지만, *bytes.Buffer는 그렇지 않다. 이 메소드가 호출되면 버퍼에 접근하다가 패닉이 발생한다.

문제는 nil인 *bytes.Buffer에 인터페이스를 충족하는 메소드가 있긴 하지만 인터페이스의 동작에 관한 요구 사항은 충족시키지 못한다는 점이다. 이 경우에는 호출이 (*bytes.

Buffer).Write의 묵시적인 전제 조건인 수신자가 nil이 아니어야 한다는 점을 위반하므로 nil 포인터를 인터페이스에 할당한 것이 실수였다. 해결책은 main에 있는 buf의 타입을 io.Writer로 변경해 애초에 오동작을 일으키는 값을 인터페이스에 할당할 수 없게 하는 것이다.

```
var buf io.Writer
if debug {
    buf = new(bytes.Buffer) // 결과 수집 활성화
}
f(buf) // OK
```

이제 인터페이스 값의 동작 방식을 다뤘으므로 Go의 표준 라이브러리에서 일부 중요한 인터페이스에 대해 살펴보자. 다음 세 개의 절에서는 정렬, 웹 서비스, 오류 처리 시 인터페이스를 어떻게 사용하는지에 대해 알아본다.

7.6 sort.Interface로 정렬

정렬은 문자열 포매팅처럼 많은 프로그램에서 자주 사용하는 연산이다. 퀵 정렬quick sort은 짧게는 약 15줄로 만들 수 있지만 탄탄하게 구현하면 훨씬 더 길어지며, 이러한 종류의 코드를 필요할 때마다 새로 만들거나 복사하고 싶지는 않을 것이다.

다행히도 sort 패키지에는 어떤 시퀀스라도 임의의 순서 함수에 따라 시퀀스 안에서 직접 정렬in-place sorting하는 기능이 있다. 이 설계는 오히려 이례적인 것이다. 여러 언어에서 정렬 알고리즘은 시퀀스의 데이터 타입과 연관돼 있으며, 순서 함수는 원소 타입과 연관돼 있다. 반면 Go의 sort.Sort 함수는 시퀀스나 원소의 표현 방식에 대해 아무런 가정을 하지 않는다. 대신 sort.Interface 인터페이스를 사용해 일반적인 정렬 알고리즘과 정렬되는 각 시퀀스 타입 간의 규약을 지정한다. 이 인터페이스의 구현이 보통은 슬라이스인 구체적인 시퀀스 표현 방식과 원하는 원소 정렬 순서를 결정한다.

직접 정렬하는 알고리즘에는 세 가지(시퀀스의 길이, 두 원소의 비교 방법, 두 원소의 교환 방법)가 필요하므로 sort.Interface에는 세 개의 메소드가 있다.

```
package sort

type Interface interface {
    Len() int
    Less(i, j int) bool // i, j는 시퀀스 원소의 인덱스
    Swap(i, j int)
}
```

시퀀스를 정렬하려면 이 세 가지 메소드를 구현하는 타입을 정의하고 해당 타입에 sort.Sort를 적용해야 한다. 가장 간단한 예제인 문자열 슬라이스 정렬을 생각해보자. 새 타입 StringSlice와 이 타입의 Len, Less, Swap 메소드는 다음과 같다.

```
type StringSlice []string

func (p StringSlice) Len() int           { return len(p) }
func (p StringSlice) Less(i, j int) bool { return p[i] < p[j] }
func (p StringSlice) Swap(i, j int)      { p[i], p[j] = p[j], p[i] }
```

이제 문자열의 슬라이스인 names를 다음과 같이 StringSlice로 변환해 정렬할 수 있다.

```
sort.Sort(StringSlice(names))
```

이 변환으로 names와 같은 길이, 용량, 내부 배열을 갖지만, 정렬에 필요한 세 가지 메소드가 추가된 타입의 슬라이스 값을 생성한다.

문자열의 슬라이스를 정렬하는 것은 일반적인 작업이므로 sort 패키지에는 StringSlice 타입뿐만 아니라 Strings 함수도 있기 때문에 위의 호출은 sort.Strings(names)로 간단하게 할 수 있다.

이 기법은 이를테면 대문자나 특수문자를 무시하는 등의 다른 정렬 순서에도 손쉽게 적용할 수 있다(원서의 색인 용어 및 페이지 번호를 정렬하는 Go 프로그램에서 로마 숫자를 별도로 처리하기 위해 위의 기법을 사용했지만, 한국판에는 적용하지 않았다 – 편집자). 더 복잡한 정렬을 할 때는 복잡한 데이터 구조나 복잡한 sort.Interface 메소드 구현을 사용하지만 근본적인 아이디어는 같다.

이제 살펴볼 정렬 예제는 음악 재생 목록이며, 테이블로 표시돼 있다. 각 트랙은 하나의 행이며, 각 열은 음악가, 제목, 재생시간 등의 트랙 속성이다. 테이블을 보여주고 테이블에서 열의 제목을 클릭하면 재생 목록이 해당 속성으로 정렬되는 그래픽 사용자 인터페이스를 생각해보자. 같은 열 제목을 한 번 더 클릭하면 순서를 반대로 한다. 각 클릭 시 응답으로 어떤 일이 일어날지 살펴보자.

tracks 변수에는 재생 목록이 들어 있다(저자 중 한 명이 다른 저자의 음악적 취향에 대해 사과의 뜻을 표한다). 각 원소는 Track에 대한 간접 포인터다. 다음 코드는 직접 Track에 저장해도 동작하지만, 정렬 함수에서는 각 원소가 1개의 워드인 포인터일 때 8개의 워드인 전체 Track일 때보다 교환하는 원소의 개수가 적기 때문에 포인터로 저장했을 때 더 빠르게 동작한다.

gopl.io/ch7/sorting
```
type Track struct {
    Title  string
    Artist string
    Album  string
    Year   int
    Length time.Duration
}

var tracks = []*Track{
    {"Go", "Delilah", "From the Roots Up", 2012, length("3m38s")},
    {"Go", "Moby", "Moby", 1992, length("3m37s")},
    {"Go Ahead", "Alicia Keys", "As I Am", 2007, length("4m36s")},
    {"Ready 2 Go", "Martin Solveig", "Smash", 2011, length("4m24s")},
}
```

```go
func length(s string) time.Duration {
    d, err := time.ParseDuration(s)
    if err != nil {
        panic(s)
    }
    return d
}
```

printTracks 함수는 재생 목록을 테이블로 출력한다. 그래픽 디스플레이가 더 좋겠지만 다음과 같은 짧은 루틴에서는 칼럼 없는 테이블을 생성하는 text/tabwriter 패키지를 사용해 다음과 같이 깔끔하게 맞춰진 결과를 보여준다. *tabwriter.Writer가 io.Writer를 충족하는 것을 보라. 이 타입은 자신에게 써진 데이터를 수집한다. Flush 메소드는 전체 테이블을 포매팅하고 os.Stdout에 출력한다.

```go
func printTracks(tracks []*Track) {
    const format = "%v\t%v\t%v\t%v\t%v\t\n"
    tw := new(tabwriter.Writer).Init(os.Stdout, 0, 8, 2, ' ', 0)
    fmt.Fprintf(tw, format, "Title", "Artist", "Album", "Year", "Length")
    fmt.Fprintf(tw, format, "-----", "------", "-----", "----", "------")
    for _, t := range tracks {
        fmt.Fprintf(tw, format, t.Title, t.Artist, t.Album, t.Year, t.Length)
    }
    tw.Flush() // 칼럼 너비를 계산하고 테이블을 출력한다.
}
```

재생 목록을 Artist 필드로 정렬하기 위해 StringSlice에서처럼 필요한 Len, Less, Swap 메소드를 갖는 새 슬라이스 타입을 정의했다.

```go
type byArtist []*Track

func (x byArtist) Len() int           { return len(x) }
func (x byArtist) Less(i, j int) bool { return x[i].Artist < x[j].Artist }
func (x byArtist) Swap(i, j int)      { x[i], x[j] = x[j], x[i] }
```

일반 정렬 루틴을 호출하기 위해서는 먼저 tracks를 순서를 정의하는 새 타입 byArtist로 변경해야 한다.

```go
sort.Sort(byArtist(tracks))
```

슬라이스를 음악가로 정렬 한 후 printTracks의 출력은 다음과 같이 사용자가 '음악가로 정렬'을 두 번째 요청하면 트랙을 반대로 정렬할 것이다.

```
Title       Artist          Album             Year  Length
-----       ------          -----             ----  ------
Go Ahead    Alicia Keys     As I Am           2007  4m36s
Go          Delilah         From the Roots Up  2012  3m38s
Ready 2 Go  Martin Solveig  Smash             2011  4m24s
Go          Moby            Moby              1992  3m37s
```

그러나 sort 패키지에는 정렬 순서를 반대로 바꾸는 Reverse 함수가 있으므로 역순의 Less 메소드가 있는 새 타입의 byReverseArtist를 정의할 필요는 없다.

```
sort.Sort(sort.Reverse(byArtist(tracks)))
```

슬라이스를 음악가의 역순으로 정렬한 후 printTracks의 출력은 다음과 같다.

Title	Artist	Album	Year	Length
Go	Moby	Moby	1992	3m37s
Ready 2 Go	Martin Solveig	Smash	2011	4m24s
Go	Delilah	From the Roots Up	2012	3m38s
Go Ahead	Alicia Keys	As I Am	2007	4m36s

sort.Reverse 함수는 중요한 개념인 조합composition(6.3절)을 사용하므로 자세히 살펴볼 가치가 있다. sort 패키지는 익스포트되지 않은 타입 reverse를 정의하며, 이는 sort.Interface를 내장한 구조체다. reverse의 Less 메소드는 내장된 sort.Interface 값의 Less 메소드를 호출하지만 인덱스가 반대이므로 정렬 결과의 순서가 반대다.

```
package sort

type reverse struct{ Interface } // sort.Interface이다

func (r reverse) Less(i, j int) bool { return r.Interface.Less(j, i) }

func Reverse(data Interface) Interface { return reverse{data} }
```

reverse의 다른 두 메소드인 Len과 Swap은 reverse가 내장된 필드이므로 원본 sort.Interface 에서 묵시적으로 주어진 것이다. 익스포트된 함수 Reverse는 원본 sort.Interface 값을 갖는 reverse 타입의 인스턴스를 반환한다.

다른 열을 기준으로 정렬하려면 byYear와 같은 새로운 타입을 정의해야 한다.

```
type byYear []*Track
func (x byYear) Len() int           { return len(x) }
func (x byYear) Less(i, j int) bool { return x[i].Year < x[j].Year }
func (x byYear) Swap(i, j int)      { x[i], x[j] = x[j], x[i] }
```

sort.Sort(byYear(tracks))로 트랙을 연도별로 정렬한 후의 printTracks는 연대순 목록 을 출력한다.

Title	Artist	Album	Year	Length
Go	Moby	Moby	1992	3m37s
Go Ahead	Alicia Keys	As I Am	2007	4m36s
Ready 2 Go	Martin Solveig	Smash	2011	4m24s
Go	Delilah	From the Roots Up	2012	3m38s

필요한 모든 슬라이스 원소 타입과 모든 정렬 순서 함수에 대해 sort.Interface의 새 구현 을 선언했다. 보다시피 Len과 Swap 메소드는 모든 슬라이스 타입에서 동일하다. 다음 예제 의 구상 타입 customSort는 슬라이스와 함수를 결합해 비교 함수만으로 새 정렬 순서를 작성할 수 있게 한다. 덧붙이자면 sort.Interface를 충족하는 구상 타입 구현이 항상 슬라 이스인 것은 아니다. customSort는 구조체 타입이다.

```
type customSort struct {
    t    []*Track
    less func(x, y *Track) bool
}

func (x customSort) Len() int            { return len(x.t) }
func (x customSort) Less(i, j int) bool  { return x.less(x.t[i], x.t[j]) }
func (x customSort) Swap(i, j int)       { x.t[i], x.t[j] = x.t[j], x.t[i] }
```

기본 정렬 키가 Title이고 보조 정렬 키가 Year이며 세 번째 정렬 키는 재생 시간 Length인
다계층 순서 함수를 정의하자. 익명 순서 함수를 사용한 Sort 호출은 다음과 같다.

```
sort.Sort(customSort{tracks, func(x, y *Track) bool {
    if x.Title != y.Title {
        return x.Title < y.Title
    }
    if x.Year != y.Year {
        return x.Year < y.Year
    }
    if x.Length != y.Length {
        return x.Length < y.Length
    }
    return false
}})
```

결과는 다음과 같다. 제목이 'Go'로 같은 두 트랙에서 오래된 트랙이 먼저 나온 것을 알
수 있다.

```
Title      Artist          Album             Year   Length
-----      ------          -----             ----   ------
Go         Moby            Moby              1992   3m37s
Go         Delilah         From the Roots Up 2012   3m38s
Go Ahead   Alicia Keys     As I Am           2007   4m36s
Ready 2 Go Martin Solveig  Smash             2011   4m24s
```

길이 n의 시퀀스를 정렬하는 데는 $O(n \log n)$의 비교가 필요하지만, 이미 정렬됐는지 확인하
는 데는 최대 $n-1$번의 비교가 필요하다. sort 패키지의 IsSorted 함수는 정렬 여부를 확인
한다. 이 함수는 sort.Sort처럼 시퀀스와 순서 함수를 sort.Interface로 추상화하지만
Swap 메소드는 호출하지 않는다. 다음 코드는 IntsAreSorted와 Ints 함수 및 IntSlice
타입을 보여준다.

```
values := []int{3, 1, 4, 1}
fmt.Println(sort.IntsAreSorted(values)) // "false"
sort.Ints(values)
fmt.Println(values)                      // "[1 1 3 4]"
fmt.Println(sort.IntsAreSorted(values)) // "true"
sort.Sort(sort.Reverse(sort.IntSlice(values)))
fmt.Println(values)                      // "[4 3 1 1]"
fmt.Println(sort.IntsAreSorted(values)) // "false"
```

sort 패키지는 편의상 []int, []string, []float64 타입에 특별히 타입의 기본 순서를 따르는 함수를 제공한다. []int64나 []uint와 같이 다른 타입의 경우 직접 만들어야 하지만 어렵지는 않다.

연습문제 7.8 대부분의 GUI는 상태가 있는 다계층 정렬 테이블 위젯을 제공한다. 기본 정렬 키는 가장 최근에 클릭된 열의 제목이며, 보조 정렬 키는 두 번째로 최근에 클릭된 열의 제목과 같은 식이다. 이런 테이블에 사용하기 위한 sort.Interface의 구현을 정의하라. 이 접근 방법과 sort.Stable을 반복 호출해 정렬하는 방법을 비교하라.

연습문제 7.9 html/template 패키지(4.6절)를 이용해 트랙을 HTML 테이블로 표시하는 함수로 printTracks를 대체하라. 이전 예제에 이 방법을 적용하고 열 제목을 클릭할 때 HTML 요청을 생성해 테이블을 정렬하라.

연습문제 7.10 sort.Interface 타입은 다른 용도로도 쓸 수 있다. IsPalindrome(s sort.Interface) bool 함수를 작성해 시퀀스 s가 회문[palindrome]인지 여부, 다시 말해 순서를 바꿔도 시퀀스가 변경되지 않는지를 보고하라. 인덱스 i와 j의 원소는 !s.Less(i, j) && !s.Less(j, i)일 때 같다고 간주할 수 있다.

7.7 http.Handler 인터페이스

1장에서 net/http 패키지로 웹 클라이언트(1.5절)와 서버(1.7절)를 구현하는 방법을 잠깐 살펴봤다. 이 절에서는 http.Handler 인터페이스를 기반으로 하는 서버 API를 좀 더 자세히 살펴본다.

```
net/http
    package http

    type Handler interface {
        ServeHTTP(w ResponseWriter, r *Request)
    }

    func ListenAndServe(address string, h Handler) error
```

ListenAndServe 함수에는 "localhost:8000"와 같은 서버 주소 및 모든 요청이 전달되는 Handler 인터페이스가 필요하다. 이 함수는 서버가 중단(또는 시작 실패)되면 nil이 아닌 오류를 반환하며, 종료되지 않는 한 계속 실행된다.

판매 항목과 달러 단위 가격을 매핑하는 데이터베이스가 있는 전자상거래 사이트를 생각해 보자. 다음 프로그램은 가장 간단한 구현을 보여준다. 이 프로그램은 재고를 맵 타입인 database로 만들고 ServeHTTP 메소드를 추가해 http.Handler 인터페이스를 충족하게 했다. 핸들러는 맵을 순회하며 항목을 출력한다.

```
gopl.io/ch7/http1
    func main() {
        db := database{"shoes": 50, "socks": 5}
        log.Fatal(http.ListenAndServe("localhost:8000", db))
    }
```

```go
type dollars float32

func (d dollars) String() string { return fmt.Sprintf("$%.2f", d) }

type database map[string]dollars

func (db database) ServeHTTP(w http.ResponseWriter, req *http.Request) {
    for item, price := range db {
        fmt.Fprintf(w, "%s: %s\n", item, price)
    }
}
```

서버를 시작하고 다음과 같이 1.5절의 fetch 프로그램(또는 웹 브라우저)과 연결하면

```
$ go build gopl.io/ch7/http1
$ ./http1 &
```

다음과 같은 출력을 얻는다.

```
$ go build gopl.io/ch1/fetch
$ ./fetch http://localhost:8000
shoes: $50.00
socks: $5.00
```

이 서버에는 모든 요청에 대해 URL과 무관하게 전체 재고 목록을 나열하는 기능만 있다. 좀 더 현실적인 서버라면 다양한 URL을 정의해 여러 동작을 수행할 것이다. 현재의 동작을 /list로 하고 /price?item=socks와 같은 요청이 오면 특정 항목의 가격을 보고하는 /price 를 추가해보자.

```go
gopl.io/ch7/http2
func (db database) ServeHTTP(w http.ResponseWriter, req *http.Request) {
    switch req.URL.Path {
    case "/list":
        for item, price := range db {
            fmt.Fprintf(w, "%s: %s\n", item, price)
        }
    case "/price":
        item := req.URL.Query().Get("item")
        price, ok := db[item]
        if !ok {
            w.WriteHeader(http.StatusNotFound) // 404
            fmt.Fprintf(w, "no such item: %q\n", item)
            return
        }
        fmt.Fprintf(w, "%s\n", price)
    default:
        w.WriteHeader(http.StatusNotFound) // 404
        fmt.Fprintf(w, "no such page: %s\n", req.URL)
    }
}
```

이제 핸들러가 URL의 경로 req.URL.Path에 따라 어떤 로직을 수행할지 결정한다. 핸들러가 경로를 인식하지 못하면 w.WriteHeader(http.StatusNotFound)를 호출해 클라이언트에게 HTTP 오류를 보고한다. 이 작업은 w에 텍스트를 출력하기 전에 수행해야 한다(덧붙이자면 http.ResponseWriter도 인터페이스다. 이 인터페이스는 io.Writer를 확장해 HTTP 응답 헤더를 보내는 메소드를 추가한다). 이때에도 도우미 함수 http.Error를 사용할 수 있다.

```
msg := fmt.Sprintf("no such page: %s\n", req.URL)
http.Error(w, msg, http.StatusNotFound) // 404
```

/price 호출 시의 케이스[case]문은 URL의 Query 메소드를 사용해 HTTP 요청 파라미터를 맵으로 파싱하며, 이 맵은 정확히는 net/url 패키지에 있는 멀티맵 타입인 url.Values (6.2.1절)다. 이 케이스문은 파싱 후 첫 번째 item 파라미터를 찾아 가격을 조회한다. 항목을 찾지 못한 경우 오류를 보고한다.

다음은 새 서버의 구동 예제다.

```
$ go build gopl.io/ch7/http2
$ go build gopl.io/ch1/fetch
$ ./http2 &
$ ./fetch http://localhost:8000/list
shoes: $50.00
socks: $5.00
$ ./fetch http://localhost:8000/price?item=socks
$5.00
$ ./fetch http://localhost:8000/price?item=shoes
$50.00
$ ./fetch http://localhost:8000/price?item=hat
no such item: "hat"
$ ./fetch http://localhost:8000/help
no such page: /help
```

물론 ServeHTTP에는 케이스문을 얼마든지 추가할 수 있지만 실제 애플리케이션에서는 각 케이스의 로직을 별도의 함수나 메소드로 정의하는 것이 더 편리하다. 또한 관련 있는 URL 들에는 유사한 로직이 필요할 수 있다. 이를테면 여러 이미지 파일이 /images/*.png 형태의 URL을 공유할 수 있다. 이를 위해 net/http는 요청 멀티플렉서인 ServeMux를 제공해 URL과 핸들러 사이의 연결을 단순화한다. ServeMux는 여러 http.Handler를 하나의 http.Handler로 모은다. 여기서도 동일한 인터페이스를 충족하는 여러 타입은 대체할 수 있음을 볼 수 있다. 웹 서버는 어떤 http.Handler로의 요청도 실제 구상 타입과 관계없이 전달할 수 있다.

더 복잡한 애플리케이션에서는 여러 ServeMux를 조합해 더 난해한 전달 요청을 처리할 수 있다. Go에는 루비의 레일즈나 파이썬의 장고 같은 표준 웹 프레임워크가 없다. 이러한 프레임워크가 존재하지 않는 것은 아니지만 Go의 표준 라이브러리는 이러한 프레임워크가 필요 없을 만큼 충분히 유연하다. 또한 프레임워크는 프로젝트의 초기 단계에는 편리하지만 그에 따라 추가된 복잡성으로 인해 장기적으로 유지 보수가 어려워질 수 있다.

다음 프로그램에서 ServeMux를 생성하고 이를 통해 /list와 /price URL을 별도의 메소드로 분리된 동작 핸들러와 연결했다. 그런 다음 ListenAndServe 호출의 주 핸들러로 ServeMux를 사용했다.

gopl.io/ch7/http3
```go
func main() {
    db := database{"shoes": 50, "socks": 5}
    mux := http.NewServeMux()
    mux.Handle("/list", http.HandlerFunc(db.list))
    mux.Handle("/price", http.HandlerFunc(db.price))
    log.Fatal(http.ListenAndServe("localhost:8000", mux))
}

type database map[string]dollars

func (db database) list(w http.ResponseWriter, req *http.Request) {
    for item, price := range db {
        fmt.Fprintf(w, "%s: %s\n", item, price)
    }
}

func (db database) price(w http.ResponseWriter, req *http.Request) {
    item := req.URL.Query().Get("item")
    price, ok := db[item]
    if !ok {
        w.WriteHeader(http.StatusNotFound) // 404
        fmt.Fprintf(w, "no such item: %q\n", item)
        return
    }
    fmt.Fprintf(w, "%s\n", price)
}
```

핸들러를 등록하는 두 번의 mux.Handle 호출을 좀 더 자세히 살펴보자. 첫 번째 호출에서는 db.list가 메소드 값(6.4절)이며, 그 값의 타입은 다음과 같다.

```go
func(w http.ResponseWriter, req *http.Request)
```

그리고 호출 시 수신자 값 db로 database.list 메소드를 부른다. 따라서 db.list는 핸들러와 같은 동작을 구현하는 함수이지만 메소드가 없으므로 http.Handler 인터페이스를 충족하지 않으며, mux.Handler로 직접 전달할 수 없다.

http.HandlerFunc(db.list) 표현식은 http.HandlerFunc가 타입이므로 함수 호출이 아닌 변환이다. 이 표현식은 다음과 같이 정의돼 있다.

net/http
```go
package http

type HandlerFunc func(w ResponseWriter, r *Request)

func (f HandlerFunc) ServeHTTP(w ResponseWriter, r *Request) {
    f(w, r)
}
```

HandlerFunc는 Go의 인터페이스 메커니즘에서 특수한 몇 가지 기능을 보여준다. 이는 메소드가 있는 함수 타입이며, http.Handler 인터페이스를 충족한다. 그 안에 있는 ServeHTTP 메소드는 내부 함수를 호출한다. 따라서 HandlerFunc는 함수와 인터페이스의 유일한 메소드가 동일한 시그니처 값을 가지며, 함수 값이 인터페이스를 충족하게 하는 어댑터다. 결과적으로 이 기법은 database와 같은 하나의 타입이 http.Handler 인터페이스를 여러 가지 방법(한 번은 list 메소드, 한 번은 price 메소드 등)으로 충족시키게 한다.

이런 식으로 핸들러를 등록하는 방법은 매우 일반적이므로 ServeMux는 HandleFunc라는 도우미 함수를 통해 이 방법을 지원해 다음과 같이 핸들러 등록 코드를 간단하게 만들 수 있다.

gopl.io/ch7/http3a
```
mux.HandleFunc("/list", db.list)
mux.HandleFunc("/price", db.price)
```

위의 코드를 통해 손쉽게 여러 포트로 수신하며, 다른 URL을 정의하고 다른 핸들러로 전달하는 별개의 웹 서버를 한 프로그램으로 구성하는 방법을 알 수 있다. 그저 새로운 ServeMux를 생성하고 ListenAndServe를 한 번 더, 어쩌면 동시에 호출하면 된다. 그러나 대부분의 프로그램에서 웹 서버는 하나면 충분하다. 또한 애플리케이션에서는 여러 파일 간에 HTTP 핸들러를 정의하는 것이 일반적이며, 이 모든 파일을 애플리케이션의 ServeMux 인스턴스에 명시적으로 등록해야 한다면 꽤 귀찮을 것이다.

그러므로 net/http는 편의상 DefaultServeMux라는 전역 ServeMux 인스턴스와 패키지 수준 함수 http.Handle 및 http.HandleFunc를 제공한다. DefaultServeMux를 서버의 주 핸들러로 사용할 때는 ListenAndServe에 아무것도 전달할 필요가 없다. nil이면 된다.

이를 통해 서버의 main 함수를 다음과 같이 줄일 수 있다.

gopl.io/ch7/http4
```
func main() {
    db := database{"shoes": 50, "socks": 5}
    http.HandleFunc("/list", db.list)
    http.HandleFunc("/price", db.price)
    log.Fatal(http.ListenAndServe("localhost:8000", nil))
}
```

마지막으로 중요한 조언은, 1.7절에서 언급한 바와 같이 웹 서버는 각 핸들러를 새 고루틴에서 호출하므로 핸들러는 변수에 접근할 때 자신을 포함한 다른 고루틴에서 같은 변수를 사용하고 있을 수 있으므로 락킹[locking] 등에 주의해야 한다. 다음 두 개의 장에서 동시성에 대해 알아본다.

연습문제 7.11 클라이언트가 데이터베이스 항목을 생성, 조회, 갱신, 삭제할 수 있도록 부가적인 핸들러를 추가하라. 예를 들어 /update?item=socks&price=6 형태의 요청은 재고 목록에서 항목의 값을 갱신하고, 항목이 없거나 가격이 잘못된 경우 오류를 보고한다(경고: 이 변경은 변수가 동시에 갱신되게 한다).

연습문제 7.12 /list 핸들러를 변경해 텍스트가 아닌 HTML 테이블로 출력하라. html/template 패키지(4.6절)가 유용할 것이다.

7.8 error 인터페이스

이 책의 시작부터 error라는 미리 선언된 알 수 없는 타입의 값을 구체적인 설명 없이 생성하고 사용해 왔다. 사실 error는 단순히 오류 메시지를 반환하는 하나의 메소드가 있는 인터페이스 타입이다.

```
type error interface {
    Error() string
}
```

error를 만드는 가장 쉬운 방법은 주어진 오류 메시지에 관한 새 error를 반환하는 errors.New를 호출하는 것이다. 전체 errors 패키지는 네 줄에 불과하다.

```
package errors

func New(text string) error { return &errorString{text} }

type errorString struct { text string }

func (e *errorString) Error() string { return e.text }
```

errorString의 내부 타입은 문자열이 아닌 구조체 표현에 대한 우연한(또는 고의적인) 갱신을 방지한다. 그리고 New 메소드를 호출할 때마다 서로 다른 별개의 error 인스턴스가 할당되므로 error 인터페이스에 errorString만이 아닌 포인터 타입 *errorString도 사용했다. io.EOF와 같은 별개의 오류를 우연히 같은 메시지의 문자열과 비교했을 때 동일하게 취급되는 것을 원하지는 않을 것이다.

```
fmt.Println(errors.New("EOF") == errors.New("EOF")) // "false"
```

문자열 포매팅도 수행하는 fmt.Errorf라는 편리한 래퍼 함수가 있으므로 errors.New는 상대적으로 호출되는 경우가 많지 않다. 5장에서 fmt.Errorf를 여러 번 사용했었다.

```
package fmt

import "errors"

func Errorf(format string, args ...interface{}) error {
    return errors.New(Sprintf(format, args...))
}
```

*errorString이 가장 간단한 타입의 error이지만 그 외에도 여러 가지가 있다. 예를 들면 syscall 패키지에는 Go의 저수준 시스템 콜 API가 있다. syscall 패키지는 여러 플랫폼에서 error 인터페이스를 충족하는 숫자 타입 Error를 정의하며, 유닉스 플랫폼에서는 다음과 같이 Errno의 Error 메소드로 문자열 테이블을 조회할 수 있다.

```
package syscall

type Errno uintptr // 운영체제 오류 코드
```

```go
var errors = [...]string{
    1:   "operation not permitted",    // EPERM
    2:   "no such file or directory",  // ENOENT
    3:   "no such process",            // ESRCH
    // ...
}
func (e Errno) Error() string {
    if 0 <= int(e) && int(e) < len(errors) {
        return errors[e]
    }
    return fmt.Sprintf("errno %d", e)
}
```

다음 문장은 Errno 값 2를 갖는 인터페이스 값을 생성해 POSIX의 ENOENT 상태를 나타낸다.

```go
var err error = syscall.Errno(2)
fmt.Println(err.Error()) // "파일 또는 디렉토리 없음"
fmt.Println(err)         // "파일 또는 디렉토리 없음"
```

err의 값을 그림 7.6에 그림으로 표시했다.

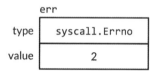

그림 7.6 정수 syscall.Errno를 갖는 인터페이스 값

Errno는 한정된 시스템 호출 오류의 집합에서 특정 오류를 지정하는 효율적인 표기법이며, 표준 error 인터페이스를 충족한다. 7.11절에서 이 인터페이스를 충족하는 다른 타입도 볼 것이다.

7.9 예제: 표현식 평가기

이 절에서는 간단한 산술 표현식^{arithmetic expression}을 평가하는 평가기^{evaluator}를 만든다. 이 언어의 모든 표현식을 나타내기 위해 Expr 인터페이스를 사용할 것이다. 지금은 이 인터페이스에 어떤 메소드도 필요하지 않지만, 나중에 추가할 것이다.

```go
// Expr은 산술 표현식이다.
type Expr interface{}
```

표현식 언어는 부동소수점 리터럴; 이항 연산자 +, -, *, /; 단항 연산자 +x와 -x; 함수 호출 pow(x, y), sin(x), sqrt(x); x나 pi 같은 변수; 괄호와 표준 연산자 우선순위로 이뤄져 있다. 모든 값은 float64 타입이다. 다음은 몇 가지 표현식의 예다.

```
sqrt(A / pi)
pow(x, 3) + pow(y, 3)
(F - 32) * 5 / 9
```

다음의 다섯 가지 구상 타입은 특정 종류의 표현식을 나타낸다. Var는 변수 참조를 나타낸다 (익스포트된 이유에 대해 곧 설명할 것이다). literal은 부동소수점 상수를 나타낸다. unary와 binary 타입은 한 개 또는 두 개의 피연산자를 갖는 Expr 타입의 표현식을 나타낸다. call 은 함수 호출을 나타낸다. 호출의 fn 필드를 pow, sin, sqrt로 제한했다.

gopl.io/ch7/eval
```
// Var는 변수를 식별한다. 예) x
type Var string

// literal은 수치형 상수이다. 예) 3.141
type literal float64

// unary는 단항 연산자 표현식을 나타낸다. 예) -x
type unary struct {
    op rune // '+', '-' 중 하나
    x  Expr
}

// binary는 이항 연산자 표현식을 나타낸다. 예) x+y
type binary struct {
    op   rune // '+', '-', '*', '/' 중 하나
    x, y Expr
}

// call은 함수 호출 표현식을 나타낸다. 예) sin(x)
type call struct {
    fn   string // "pow", "sin", "sqrt" 중 하나
    args []Expr
}
```

변수를 갖는 표현식을 평가하려면 변수명을 값과 매핑하는 환경environment이 필요하다.

```
type Env map[Var]float64
```

또한 주어진 환경에서 표현식 값을 반환하는 Eval 메소드를 표현식의 종류별로 정의해야 한다. 모든 표현식에는 이 메소드가 있어야 하므로 Expr 인터페이스에 추가했다. 이 패키지 는 Expr, Env, Var 타입만을 노출한다. 사용자는 평가기를 사용할 때 그 외의 표현식 타입에 접근할 필요가 없다.

```
type Expr interface {
    // Eval은 환경 env 안에서의 Expr 값을 반환한다.
    Eval(env Env) float64
}
```

구상 Eval 메소드는 다음과 같다. Var의 메소드는 환경을 조회하고 변수가 정의돼 있지 않으면 0을 반환하며, literal의 메소드는 단순히 리터럴 값을 반환한다.

```go
func (v Var) Eval(env Env) float64 {
    return env[v]
}
func (l literal) Eval(_ Env) float64 {
    return float64(l)
}
```

unary와 binary의 Eval 메소드는 재귀적으로 피연산자를 평가하고, 피연산자에 연산 op를 적용한다. 0 또는 무한대로 나누는 경우도 유한하지는 않지만, 결과를 생성하기 때문에 오류로 취급하지 않는다. 마지막으로 call의 메소드는 pow, sin, sqrt 함수로 인자를 평가하고, math 패키지에 있는 대응하는 함수를 호출한다.

```go
func (u unary) Eval(env Env) float64 {
    switch u.op {
    case '+':
        return +u.x.Eval(env)
    case '-':
        return -u.x.Eval(env)
    }
        panic(fmt.Sprintf("unsupported unary operator: %q", u.op))
}
func (b binary) Eval(env Env) float64 {
    switch b.op {
    case '+':
        return b.x.Eval(env) + b.y.Eval(env)
    case '-':
        return b.x.Eval(env) - b.y.Eval(env)
    case '*':
        return b.x.Eval(env) * b.y.Eval(env)
    case '/':
        return b.x.Eval(env) / b.y.Eval(env)
    }
    panic(fmt.Sprintf("unsupported binary operator: %q", b.op))
}
func (c call) Eval(env Env) float64 {
    switch c.fn {
    case "pow":
        return math.Pow(c.args[0].Eval(env), c.args[1].Eval(env))
    case "sin":
        return math.Sin(c.args[0].Eval(env))
    case "sqrt":
        return math.Sqrt(c.args[0].Eval(env))
    }
    panic(fmt.Sprintf("unsupported function call: %s", c.fn))
}
```

이런 메소드 중 일부는 실패할 수 있다. 예를 들어 call 표현식에는 알 수 없는 함수 또는 잘못된 개수의 인자가 올 수 있다. 또한 unary나 binary 표현식에 !나 < 같은 잘못된 연산자가 올 수도 있다(다음의 Parse 함수에서는 이런 일이 일어나지 않을 것이지만). 이러한 오류 Eval이

패닉을 일으키게 한다. 그 외에 환경에는 없는 Var를 평가하는 등의 오류에서는 Eval이 잘못된 결과를 반환할 뿐이다. 이러한 오류는 모두 평가하기 전에 Expr을 조사해 발견할 수 있다. 이것이 곧 보게 될 Check 메소드의 역할이지만, 일단 Eval부터 테스트해보자.

다음 TestEval 함수는 평가기의 테스트다. 이 함수는 11장에서 설명할 testing 패키지를 사용하지만, 지금은 t.Errorf를 호출하면 오류를 보고한다는 것만 알면 충분하다. 이 함수는 세 가지 표현식과 표현식별로 다른 환경을 정의하는 입력 테이블을 순회한다. 첫 번째 표현식은 주어진 영역 A에서 원의 반지름을 계산하고, 두 번째는 변수 x와 y로 정의된 정육면체의 합을 계산하며, 세 번째는 화씨온도 F를 섭씨로 변환한다.

```go
func TestEval(t *testing.T) {
    tests := []struct {
        expr string
        env  Env
        want string
    }{
        {"sqrt(A / pi)", Env{"A": 87616, "pi": math.Pi}, "167"},
        {"pow(x, 3) + pow(y, 3)", Env{"x": 12, "y": 1}, "1729"},
        {"pow(x, 3) + pow(y, 3)", Env{"x": 9, "y": 10}, "1729"},
        {"5 / 9 * (F - 32)", Env{"F": -40}, "-40"},
        {"5 / 9 * (F - 32)", Env{"F": 32}, "0"},
        {"5 / 9 * (F - 32)", Env{"F": 212}, "100"},
    }
    var prevExpr string
    for _, test := range tests {
        // expr을 변경시에만 출력한다.
        if test.expr != prevExpr {
            fmt.Printf("\n%s\n", test.expr)
            prevExpr = test.expr
        }
        expr, err := Parse(test.expr)
        if err != nil {
            t.Error(err) // 파싱 오류
            continue
        }
        got := fmt.Sprintf("%.6g", expr.Eval(test.env))
        fmt.Printf("\t%v => %s\n", test.env, got)
        if got != test.want {
            t.Errorf("%s.Eval() in %v = %q, want %q\n",
                test.expr, test.env, got, test.want)
        }
    }
}
```

테스트는 테이블의 각 항목에 대해 표현식을 분석하고 환경 내에서 평가한 후 결과를 출력한다. 여기에는 Parse 함수까지 보여줄 공간이 없지만, go get으로 패키지를 다운로드하면 볼 수 있을 것이다.

go test 명령(11.1절)은 패키지의 테스트를 수행한다.

```
$ go test -v gopl.io/ch7/eval
```

-v 플래그로 보통 이와 같이 성공하는 테스트에서는 생략되는 테스트의 출력 결과를 볼 수 있다. 다음은 테스트에서 fmt.Printf 구문의 출력이다.

```
sqrt(A / pi)
    map[A:87616 pi:3.141592653589793] => 167

pow(x, 3) + pow(y, 3)
    map[x:12 y:1] => 1729
    map[x:9 y:10] => 1729

5 / 9 * (F - 32)
    map[F:-40] => -40
    map[F:32] => 0
    map[F:212] => 100
```

다행히도 지금까지의 입력 값은 문법에 맞지만 항상 그렇게 운이 좋기를 기대할 수는 없다. 심지어 인터프리트 언어에서도 일반적으로 프로그램을 구동하지 않고도 찾을 수 있는 오류인 문법에 대한 정적 오류 검사를 수행한다. 정적 검사와 동적 검사를 분리하면 오류를 더 빠르게 찾을 수 있으며, 매번 표현식을 계산할 때마다 많은 검사를 하지 않고 단 한 번만 수행할 수 있다.

Expr 인터페이스에 다른 메소드를 추가해보자. Check 메소드는 표현식 문법의 트리에서 정적 오류를 확인한다. 이 메소드의 vars 파라미터는 잠시 후 설명한다.

```
type Expr interface {
    Eval(env Env) float64
    // Check는 이 Expr에서 오류를 보고하고 Vars를 집합에 추가한다.
    Check(vars map[Var]bool) error
}
```

구상 Check 메소드는 다음과 같다. literal과 Var의 표현식은 실패할 수 없으므로 Check 메소드는 이 타입일 때 nil을 반환한다. unary와 binary의 메소드는 먼저 연산자가 유효한지 확인한 후 재귀적으로 피연산자를 확인한다. call의 메소드도 마찬가지로 먼저 함수가 알고 있는 함수이고 인자의 개수가 맞는지 확인한 후 재귀적으로 각 인자를 확인한다.

```
func (v Var) Check(vars map[Var]bool) error {
    vars[v] = true
    return nil
}
func (literal) Check(vars map[Var]bool) error {
    return nil
}
```

```go
func (u unary) Check(vars map[Var]bool) error {
    if !strings.ContainsRune("+-", u.op) {
        return fmt.Errorf("unexpected unary op %q", u.op)
    }
    return u.x.Check(vars)
}

func (b binary) Check(vars map[Var]bool) error {
    if !strings.ContainsRune("+-*/", b.op) {
        return fmt.Errorf("unexpected binary op %q", b.op)
    }
    if err := b.x.Check(vars); err != nil {
        return err
    }
    return b.y.Check(vars)
}

func (c call) Check(vars map[Var]bool) error {
    arity, ok := numParams[c.fn]
    if !ok {
        return fmt.Errorf("unknown function %q", c.fn)
    }
    if len(c.args) != arity {
        return fmt.Errorf("call to %s has %d args, want %d",
            c.fn, len(c.args), arity)
    }
    for _, arg := range c.args {
        if err := arg.Check(vars); err != nil {
            return err
        }
    }
    return nil
}

var numParams = map[string]int{"pow": 2, "sin": 1, "sqrt": 1}
```

다음은 잘못된 입력과 그 때 발생하는 오류를 두 그룹으로 나열한 것이다. Parse 함수(도시하지 않음)는 문법 오류를 보고하고, Check 함수는 의미상의 오류를 보고한다.

```
x % 2               unexpected '%'
math.Pi             unexpected '.'
!true               unexpected '!'
"hello"             unexpected '"'
log(10)             unknown function "log"
sqrt(1, 2)          call to sqrt has 2 args, want 1
```

Check의 인자인 Var들은 표현식 내의 변수명들을 모은다. 표현식이 성공하려면 각각의 변수가 환경 안에 있어야 한다. 이 집합은 논리적으로 Check 호출의 결과이지만 메소드가 재귀 함수이므로 Check에서 전달된 파라미터의 집합을 채우는 것이 더 편리하다. 사용자는 초기 호출시 빈 집합을 제공해야 한다.

3.2절에서는 컴파일 시에 고정된 함수 f(x, y)를 도식했다. 이제는 문자열로 주어진 표현식을 분석하고 확인하고 평가할 수 있으므로, 실행 시 사용자로부터 표현식을 받아서 해당 함수를 도식하는 웹 애플리케이션을 만들 수 있다. vars 집합을 이용해 표현식이 두 변수 x와 y로만 이뤄진 함수인지 확인할 수 있다(실제로는 편의상 반지름 r도 제공할 것이므로 변수는 세 개다). 그리고 이후의 함수에서 40,000번의 평가(100×100 셀, 각 셀별로 네 개의 모서리)마다 검사를 반복하지 않기 위해 평가를 시작하기 전에 Check 메소드를 사용해 문법에 맞지 않는 표현식은 받아들이지 않을 것이다.

parseAndCheck 함수는 이러한 분석과 확인 단계를 결합한다.

<u>gopl.io/ch7/surface</u>
```go
import "gopl.io/ch7/eval"

func parseAndCheck(s string) (eval.Expr, error) {
    if s == "" {
        return nil, fmt.Errorf("empty expression")
    }
    expr, err := eval.Parse(s)
    if err != nil {
        return nil, err
    }
    vars := make(map[eval.Var]bool)
    if err := expr.Check(vars); err != nil {
        return nil, err
    }
    for v := range vars {
        if v != "x" && v != "y" && v != "r" {
            return nil, fmt.Errorf("undefined variable: %s", v)
        }
    }
    return expr, nil
}
```

이 프로그램을 웹 애플리케이션으로 만들려면 친숙한 http.HandlerFunc 시그니처를 갖는 다음의 plot 함수만 있으면 된다.

```go
func plot(w http.ResponseWriter, r *http.Request) {
    r.ParseForm()
    expr, err := parseAndCheck(r.Form.Get("expr"))
    if err != nil {
        http.Error(w, "bad expr: "+err.Error(), http.StatusBadRequest)
        return
    }
    w.Header().Set("Content-Type", "image/svg+xml")
    surface(w, func(x, y float64) float64 {
        r := math.Hypot(x, y) // distance from (0,0)
        return expr.Eval(eval.Env{"x": x, "y": y, "r": r})
    })
}
```

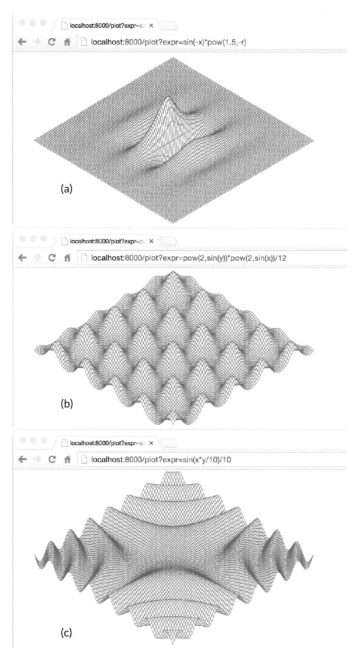

그림 7.7 세 함수의 도식화: (a) sin(−x)*pow(1.5,−r); (b) pow(2,sin(y))*pow(2,sin(x))/12; (c) sin(x*y/10)/10

plot 함수는 HTTP 요청에서 주어진 표현식을 분석하고 확인한 후 이를 사용해 두 변수로 이뤄진 익명 함수를 생성한다. 익명 함수는 원래의 표면 도식 프로그램에 있는 고정된 함수 f와 동일한 시그니처 값을 갖지만, 대신 사용자가 제공한 표현식을 평가한다. 환경은 x, y 및 반지름 r을 정의한다. 마지막으로 plot은 gopl.io/ch3/surface의 main 함수를 도식화할 함수와 출력할 io.Writer를 파라미터로 받아 출력에 고정된 함수 f와 os.Stdout 대신 io.Writer를 사용하도록 수정한 surface 함수를 호출한다. 그림 7.7은 이 프로그램에 의해 생성된 세 함수의 도식을 보여준다.

연습문제 7.13 Expr에 String 메소드를 추가해 문법 트리를 포매팅해 출력하라. 이 결과를 다시 분석했을 때 동일한 트리가 생성되는지 확인하라.

연습문제 7.14 Expr 인터페이스를 충족하는 새 구상 타입을 정의하고, 피연산자의 최솟값을 계산하는 등의 새 연산을 제공하라. Parse 함수는 이 새로운 타입의 인스턴스를 생성하지 않으므로 Parse 함수를 사용하려면 문법 트리를 직접 구축해야 한다(또는 파서를 확장하라).

연습문제 7.15 표준 입력에서 하나의 표현식을 읽고 사용자에게 변수의 값을 물어본 후 결과 환경에서 표현식을 평가하는 프로그램을 작성하라. 모든 오류를 적절하게 처리하라.

연습문제 7.16 웹 기반 계산기 프로그램을 작성하라.

7.10 타입 단언

타입 단언Type Assertion은 인터페이스 값에 적용되는 연산이다. 구문적으로는 x.(T)의 형태며, x는 인터페이스 타입의 표현식이고, T는 '단언' 타입이다. 타입 단언은 피연산자의 동적 타입이 단언 타입과 일치하는지 확인한다.

단언에는 두 가지 경우의 수가 있다. 첫 번째로 단언 타입 T가 구상 타입이면 타입 단언은 x의 동적 타입이 T와 같은지 확인한다. 타입이 확인되면 타입 단언의 결과는 타입이 T인 x의 동적 값이다. 다르게 말하면 구상 타입 단언은 피연산자의 구상 값을 추출한다. 확인되지 않으면 이 연산은 패닉을 일으킨다. 예를 들면 다음과 같다.

```
var w io.Writer
w = os.Stdout
f := w.(*os.File)      // 성공: f == os.Stdout
c := w.(*bytes.Buffer) // 패닉: 인터페이스에 *bytes.Buffer가 아닌 *os.File이 있음
```

두 번째로 단언 타입 T가 인터페이스 타입이면 타입 단언은 x의 동적 타입이 T를 충족하는지 확인한다. 타입이 확인되면 동적 값이 추출되지 않는다. 결과는 여전히 같은 타입과 값으로 구성된 인터페이스 값이지만, 대신 이 결과는 인터페이스 타입 T가 된다. 달리 말하면 인터페이스 타입에 대한 타입 단언은 표현식의 타입을 변경해 다른(그리고 보통 더 많은) 메소드에 접근할 수 있게 하지만, 인터페이스 값 내부의 동적 타입과 값은 유지한다.

다음 예제에서 첫 번째 타입 단언 후에는 w와 rw에 os.Stdout이 할당돼 둘 다 동적 타입 *os.File 이 되지만 io.Writer인 w는 파일의 Write 메소드만 노출하고 rw는 Read 메소드도 노출한다.

```
var w io.Writer
w = os.Stdout
rw := w.(io.ReadWriter) // 성공: *os.File에는 Read와 Write가 모두 있음

w = new(ByteCounter)
rw = w.(io.ReadWriter) // 패닉: *ByteCounter에는 Read 메소드가 없음
```

피연산자가 nil 인터페이스 값이면 어떤 타입으로 단언하더라도 실패한다. (더 적은 수의 메소드 가 있는) 덜 제한적인 인터페이스 타입으로의 단언은 nil일 때를 제외하면 할당과 동일하게 동작하므로 거의 사용되지 않는다.

```
w = rw                // io.ReadWriter는 io.Writer로 할당할 수 있음
w = rw.(io.Writer) // rw == nil일 때에만 실패
```

인터페이스 값의 동적 타입이 확실치 않아서 특정 타입인지 확인하고 싶을 때가 종종 있다. 다음의 선언과 같이 타입 단언에 두 개의 결과를 할당하면 실패 시 패닉을 일으키는 대신 부가적으로 성공 여부를 나타내는 불리언 값을 두 번째 결과로 반환한다.

```
var w io.Writer = os.Stdout
f, ok := w.(*os.File)      // 성공:  ok, f == os.Stdout
b, ok := w.(*bytes.Buffer) // 실패: !ok, b == nil
```

두 번째 결과는 일반적으로 ok라는 변수에 할당한다. 이 연산에 실패하면 ok가 거짓이며, 첫 번째 결과는 이 예제에서 nil *bytes.Buffer인 단언 타입의 제로 값이 된다.

결과 ok는 종종 다음에 무엇을 할지 결정하는 데 사용된다. 확장된 형태의 if문은 이 동작을 매우 간결하게 한다.

```
if f, ok := w.(*os.File); ok {
    // ...f 사용...
}
```

타입 단언의 피연산자가 변수이면 새 지역 변수 이름을 짓는 대신 다음과 같이 기존 이름을 재사용해 원래 변수를 가리는 것을 종종 볼 수 있다.

```
if w, ok := w.(*os.File); ok {
    // ...w 사용...
}
```

7.11 타입 단언으로 오류 식별

os 패키지의 파일 작업에서 반환될 수 있는 오류를 생각해보자. I/O는 여러 가지 이유로 실패할 수 있지만 주로 세 가지의 실패를 각기 다르게 처리해야 한다. 파일이 이미 있음(만들 때), 파일 없음(읽을 때), 권한 거부됨 등이 그것이다. os 패키지는 이러한 오류에 대해 세

가지 도우미 함수를 제공해 주어진 error 값이 나타내는 실패를 분류한다.

```
package os

func IsExist(err error) bool
func IsNotExist(err error) bool
func IsPermission(err error) bool
```

단순한 구현에서는 오류 메시지에 특정 문자열이 포함돼 있는지 여부를 통해 이러한 전제 조건을 확인하려 할 수 있다.

```
func IsNotExist(err error) bool {
    // NOTE: 견고하지 않음!
    return strings.Contains(err.Error(), "file does not exist")
}
```

하지만 I/O 오류를 처리하는 로직은 플랫폼별로 다양하기 때문에 이 접근 방법은 견고하지 않을 뿐더러 같은 오류가 다른 오류 메시지로 보고될 수도 있다. 오류 메시지의 부분 문자열을 확인하는 것은 테스트 시 함수가 예상대로 실패하는지를 알아보는 데는 유용할 수 있지만 운영 코드에는 적합하지 않다.

좀 더 확실한 방법은 전용 타입으로 구조화된 오류 값을 표시하는 것이다. os 패키지는 PathError라는 타입으로 Open이나 Close 같은 파일 경로에 대한 작업 실패를 정의하며, 그 변형인 LinkError로 Symlink나 Rename 등의 두 파일과 관련된 오류를 설명한다. 다음은 os.PathError다.

```
package os

// PathError는 오류 및 오류를 유발한 작업과 파일 경로를 기록한다.
type PathError struct {
    Op   string
    Path string
    Err  error
}
func (e *PathError) Error() string {
    return e.Op + " " + e.Path + ": " + e.Err.Error()
}
```

대부분의 사용자는 PathError에 대해 신경 쓰지 않고 모든 오류를 처리할 때 공통적으로 오류의 Error 메소드를 호출한다. PathError의 Error 메소드는 단순히 필드를 연결해 메시지를 구성하지만, PathError의 구조체에서 오류의 내부 구성 요소를 유지한다. 사용자는 오류의 유형을 구별하기 위해 타입 단언으로 특정 타입의 오류를 검출할 수 있다. 특정 타입에는 단순한 문자열보다 더 상세한 내용이 있다.

```
_, err := os.Open("/no/such/file")
fmt.Println(err) // "/no/such/file 열기: 파일 또는 디렉토리 없음"
fmt.Printf("%#v\n", err)
// 출력:
// &os.PathError{Op:"open", Path:"/no/such/file", Err:0x2}
```

세 개의 도우미 함수는 이러한 방식으로 동작한다. 예를 들어 다음의 IsNotExist는 오류가 syscall.ENOENT(7.8절) 또는 별도의 오류 os.ErrNotExist(5.4.2절의 io.EOF를 보라)와 같거나 내부 타입이 둘 중 하나인 *PathError인지 여부를 보고한다.

```go
import (
    "errors"
    "syscall"
)

var ErrNotExist = errors.New("file does not exist")
// IsNotExist는 보고서의 오류가 파일이나 디렉토리 없음을
// 나타내는지를 불리언으로 반환한다. 이 함수는
// ErrNotExist와 일부 syscall 오류를 충족한다.
func IsNotExist(err error) bool {
    if pe, ok := err.(*PathError); ok {
        err = pe.Err
    }
    return err == syscall.ENOENT || err == ErrNotExist
}
```

그리고 그 결과는 다음과 같다.

```go
_, err := os.Open("/no/such/file")
fmt.Println(os.IsNotExist(err)) // "true"
```

물론 fmt.Errorf 호출 등으로 인해 오류 메시지가 더 큰 문자열로 결합되면 PathError의 구조가 소실된다. 오류 식별은 작업이 실패한 후 오류가 호출자에게 전파되기 전에 즉시 수행해야 한다.

7.12 인터페이스 타입 단언으로 동작 조회

다음의 로직은 net/http 웹 서버에서 "Content-type: text/html" 같은 헤더 필드를 작성하는 부분과 유사하다. io.Writer w는 HTTP 응답을 나타낸다. w에 기록된 바이트는 최종적으로 누군가의 웹 브라우저에 보내진다.

```go
func writeHeader(w io.Writer, contentType string) error {
    if _, err := w.Write([]byte("Content-Type: ")); err != nil {
        return err
    }
    if _, err := w.Write([]byte(contentType)); err != nil {
        return err
    }
    // ...
}
```

Write 메소드는 바이트 슬라이스를 받아서 문자열로 쓰기 때문에 []byte(...) 변환이 필요하다. 이 변환은 메모리를 할당하고 복사본을 만들지만 복사본은 복사 후 즉시 폐기된다.

이 부분이 웹 서버의 핵심이고, 조사 결과 느려지는 원인이 메모리 할당이었다고 가정해보자. 여기서 메모리 할당을 피할 수 있는가?

io.Writer 인터페이스는 w 안의 구상 타입에 대한 단 한 가지 사실만을 알려준다. 즉, 이 타입에 바이트를 쓸 수 있다는 점이다. net/http 패키지의 안쪽을 들여다보면 이 프로그램의 동적 타입 w에는 임시 복사본을 할당하지 않아서 문자열을 효율적으로 복사하게 하는 WriteString 메소드도 있음을 알 수 있다(대충 짐작한 걸로 보이겠지만 사실 *bytes.Buffer, *os.File, *bufio.Writer 등 io.Writer를 충족시키는 여러 중요한 타입에는 WriteString 메소드가 있다).

임의의 io.Writer w에 WriteString이 있다고 가정할 수는 없다. 대신 WriteString 메소드만 있는 새 인터페이스를 정의하고 타입 단언으로 동적 타입 w가 이 인터페이스를 충족하는지 확인할 수 있다.

```
// writeString은 s를 w에 쓴다.
// w에 WriteString 메소드가 있으면 w.Write 대신 호출된다.
func writeString(w io.Writer, s string) (n int, err error) {
    type stringWriter interface {
        WriteString(string) (n int, err error)
    }
    if sw, ok := w.(stringWriter); ok {
        return sw.WriteString(s) // 복사하지 않음
    }
    return w.Write([]byte(s)) // 임시 복사본 할당
}

func writeHeader(w io.Writer, contentType string) error {
    if _, err := writeString(w, "Content-Type: "); err != nil {
        return err
    }
    if _, err := writeString(w, contentType); err != nil {
        return err
    }
    // ...
}
```

위에서는 중복을 막기 위해 확인 코드를 유틸리티 함수 writeString으로 옮겼지만 이 확인 코드는 유용하기 때문에 표준 라이브러리도 io.WriteString으로 이 코드를 제공한다. 이것이 io.Writer에 문자열을 쓸 때 권장되는 방법이다.

이 예제에서 이상한 부분은 WriteString 메소드와 필요한 동작을 정의하는 표준 인터페이스가 없다는 점이다. 또한 구상 타입이 stringWriter 인터페이스를 충족하는지 여부가 구상 타입과 인터페이스 타입 간의 관계가 아닌 메소드로만 단언된다. 이는 위의 기법은 특정 타입이 다음과 같은 인터페이스를 충족한다면 WriteString이 Write([]byte(s))와 동일한 효과를 갖는다는 가정에 따름을 의미한다.

```
interface {
    io.Writer
    WriteString(s string) (n int, err error)
}
```

io.WriteString은 이 가정에 대해 문서화하고 있지만, 이 함수를 호출하는 함수에서도 이 가정에 대해 문서화했을 가능성은 낮다. 특정 타입의 메소드를 정의하는 것은 그 동작 방식에 대한 묵시적인 동의로 취급된다. Go를 처음 접해보는 개발자 중 특히 엄격한 타입 언어에 익숙한 개발자는 명시적으로 의도를 표현하지 않는 점에 불안을 느낄 수 있지만 실제로는 별 문제가 되지 않는다. 빈 인터페이스 interface{} 외에는 한 인터페이스 타입이 우연히 다른 인터페이스 타입을 충족하는 경우는 거의 없다.

앞의 writeString 함수는 타입 단언으로 일반 인터페이스 타입의 값이 특정 인터페이스 타입을 충족하는지 확인했으며, 충족하는 경우 그 인터페이스의 동작을 사용했다. 이 기법은 대상 인터페이스가 io.ReadWriter와 같은 표준 인터페이스인지 또는 stringWriter와 같은 사용자 정의 인터페이스인지와 무관하게 사용할 수 있다.

이는 fmt.Fprintf에서 error 또는 fmt.Stringer를 충족하는 값과 그렇지 않은 값을 구별하는 방법이기도 하다. fmt.Fprint 안에는 다음처럼 하나의 피연산자를 문자열로 변환하는 단계가 있다.

```
package fmt
func formatOneValue(x interface{}) string {
    if err, ok := x.(error); ok {
        return err.Error()
    }
    if str, ok := x.(Stringer); ok {
        return str.String()
    }
    // ...다른 모든 타입들...
}
```

x가 두 인터페이스 중 하나를 충족하면 충족하는 인터페이스로 값을 포매팅한다. 그렇지 않다면 기본적으로 다른 모든 타입을 리플렉션으로 어느 정도 균일하게 처리한다. 12장에서 그 방법을 알아본다.

다시 말하자면 이런 식으로 모든 타입의 String 메소드는 출력하기에 적합한 문자열을 반환하는 fmt.Stringer에서의 동작에 부합한다고 가정하게 된다.

7.13 타입 변환

인터페이스는 두 가지 방식으로 사용한다. 첫 번째는 인터페이스의 메소드로 인터페이스를 충족하는 구상 타입의 유사도를 표현하고 구상 타입의 세부 구현과 고유 작업을 숨기는 방식으로, io.Reader, io.Writer, fmt.Stringer, sort.Interface, http.Handler, error가 그 좋은 예다. 이때의 중점은 구상 타입이 아닌 메소드에 있다.

두 번째는 다양한 구상 타입 값을 저장할 수 있는 인터페이스 값의 기능을 활용해 인터페이스를 이러한 타입들의 결합으로 간주하는 것이다. 이러한 타입을 동적으로 식별하고 각각의 경우를 다르게 취급하기 위해 타입 단언을 사용한다. 이 방식에서는 중점이 (실제로 존재한다면) 인터페이스의 메소드가 아닌 인터페이스를 충족하는 구상 타입에 있으며, 정보를 은폐하지 않는다. 그런 다음에 인터페이스를 구별 가능한 결합으로 사용하는 방법을 설명할 것이다.

객체지향 프로그래밍에 익숙하다면 이 두 방식을 서브타입 다형성subtype polymorphism과 애드혹 다형성ad hoc polymorphism으로 인식할지 모르지만, 이 용어를 기억할 필요는 없다. 7장의 나머지 부분에서는 두 번째 방식의 예제를 제시할 것이다.

Go의 SQL 데이터베이스 쿼리 API는 다른 언어들에서처럼 쿼리의 고정 부분과 변수 부분을 깔끔하게 분리할 수 있게 한다. 예제 클라이언트는 다음과 같다.

```
import "database/sql"

func listTracks(db sql.DB, artist string, minYear, maxYear int) {
    result, err := db.Exec(
        "SELECT * FROM tracks WHERE artist = ? AND ? <= year AND year <= ?",
        artist, minYear, maxYear)
    // ...
}
```

Exec 메소드는 쿼리 문자열의 '?'를 각각 대응하는 SQL 리터럴 인자 값인 불리언, 숫자, 문자열 또는 nil로 치환한다. 이렇게 쿼리를 생성하면 공격자가 부적절한 입력 데이터를 사용해 쿼리의 제어권을 획득하는 SQL 인젝션 공격을 막을 수 있다. Exec 안에서 각 인자 값을 SQL 리터럴 표현으로 변환하는 다음과 같은 함수를 찾을 수 있다.

```
func sqlQuote(x interface{}) string {
    if x == nil {
        return "NULL"
    } else if _, ok := x.(int); ok {
        return fmt.Sprintf("%d", x)
    } else if _, ok := x.(uint); ok {
        return fmt.Sprintf("%d", x)
    } else if b, ok := x.(bool); ok {
        if b {
            return "TRUE"
        }
        return "FALSE"
    } else if s, ok := x.(string); ok {
        return sqlQuoteString(s) // (not shown)
    } else {
        panic(fmt.Sprintf("unexpected type %T: %v", x, x))
    }
}
```

switch 구문은 값의 동등성을 연속해서 비교하는 연쇄 if-else문을 단순화한다. 이와 유사한 타입 스위치 구문은 타입 단언에서의 연쇄 if-else문을 단순화한다.

타입 스위치의 가장 간단한 형태는 일반적인 스위치 구문에서 피연산자가 x.(type)인 것처럼 보이며(문자 그대로 키워드 type) 각 케이스에 하나 이상의 타입이 있다. 타입 스위치는 인터페이스 값의 동적 타입으로 다중 분기할 수 있다. x == nil일 때 nil 케이스가 적용되고 default 케이스는 적용되는 케이스가 없는 경우 수행된다. sqlQuote의 타입 스위치에는 다음과 같은 케이스가 있을 것이다.

```
switch x.(type) {
case nil:       // ...
case int, uint: // ...
case bool:      // ...
case string:    // ...
default:        // ...
}
```

일반적인 스위치 구문(1.8절)과 마찬가지로 케이스는 순서대로 평가되며, 일치하는 케이스가 있을 때 케이스의 본문이 실행된다. 한 개 이상의 케이스 타입이 인터페이스일 때는 동시에 두 개의 케이스가 일치할 수 있으므로 케이스의 순서가 중요하다. default 케이스의 위치는 다른 케이스와 무관하다. fallthrough는 허용되지 않는다.

원래 함수에서 bool과 string의 케이스에는 타입 단언으로 추출한 값이 필요하다는 것을 알 수 있다. 이런 경우가 많기 때문에 타입 스위치 구문에는 추출된 값을 각 케이스에 새 변수로 제공하는 확장된 형태가 있다.

```
switch x := x.(type) { /* ... */ }
```

새 변수도 x로 부른다. 즉, 타입 단언에서와 마찬가지로 보통 변수명을 재활용한다. 타입 스위치는 switch문처럼 묵시적인 어휘 블록을 생성하므로 새 변수 x는 외부 블록의 변수 x와 충돌하지 않는다. 각 case도 묵시적으로 분리된 어휘 블록을 생성한다.

sqlQuote를 타입 스위치의 확장 형태를 사용해 다시 작성하면 훨씬 더 깔끔해진다.

```
func sqlQuote(x interface{}) string {
    switch x := x.(type) {
    case nil:
        return "NULL"
    case int, uint:
        return fmt.Sprintf("%d", x) // x는 interface{} 타입을 갖는다.
    case bool:
        if x {
            return "TRUE"
        }
        return "FALSE"
    case string:
        return sqlQuoteString(x) // (보이지 않음)
    default:
        panic(fmt.Sprintf("unexpected type %T: %v", x, x))
    }
}
```

이 버전에서는 각각의 단일 타입 케이스 블록에서 변수 x가 케이스와 같은 타입을 갖는다. 예를 들어 x는 bool 케이스에서 bool 타입이고, string 케이스에서 string이다. 다른 케이스에서 x는 switch 피연산자의 (인터페이스) 타입이며, 이 예제에서는 interface{}다. int와 unit처럼 여러 케이스에서 같은 작업을 할 때는 타입 스위치에서 쉽게 결합할 수 있다. sqlQuote는 어떤 타입의 인자도 받을 수 있지만 인자의 타입이 타입 스위치의 케이스 중 하나와 일치할 때에만 완료된다. 그렇지 않으면 '예상치 못한 타입' 메시지로 패닉을 일으킨다. x의 타입은 interface{}지만 int, uint, bool, string, nil의 구별 가능한 집합으로 간주한다.

7.14 예제: 토큰 기반 XML 디코딩

4.5절에서 JSON 문서를 encoding/json 패키지의 Marshal과 Unmarshal 함수를 통해 Go의 데이터 구조로 디코딩하는 방법을 봤었다. encoding/xml 패키지도 이와 유사한 API를 제공한다. 이 방식은 문서 트리를 구축할 때는 편리하지만 대부분의 프로그램에서는 그럴 필요가 없다. encoding/xml 패키지에는 XML을 디코딩하는 저수준의 토큰 기반 API도 있다. 토큰 기반 방식에서는 파서가 입력을 받아 주로 네 가지(StartElement, EndElement, CharData, Comment) encoding/xml 패키지의 구상 타입으로 이뤄진 토큰의 스트림을 생성한다. (*xml.Decoder).Token을 호출할 때마다 토큰을 반환한다.

관련된 API를 다음에 표시했다.

```
encoding/xml
    package xml

    type Name struct {
        Local string // 예) "Title" 또는 "id"
    }

    type Attr struct { // 예) name="value"
        Name  Name
        Value string
    }

    // Token에는 StartElement, EndElement, CharData,
    // Comment 및 일부 특수한 타입이 포함된다(보이지 않음).
    type Token interface{}
    type StartElement struct { // 예) <name>
        Name Name
        Attr []Attr
    }

    type EndElement struct { Name Name }  // 예) </name>
    type CharData []byte                  // 예) <p>CharData</p>
    type Comment []byte                   // 예) <!-- Comment -->

    type Decoder struct{ /* ... */ }
```

```
func NewDecoder(io.Reader) *Decoder
func (*Decoder) Token() (Token, error) // 시퀀스의 다음 Token 반환
```

메소드가 없는 Token 인터페이스도 구별 가능한 집합의 예다. **io.Reader**와 같은 전통적인 인터페이스는 충족하는 구상 타입의 세부 사항을 숨겨서 새로운 구현을 만들 수 있게 한다. 각 구상 타입은 동일하게 취급한다. 반면에 구별 가능한 집합을 충족하는 구상 타입들은 설계에 의해 고정돼 있으며, 숨기지 않고 노출돼 있다. 구별 가능한 집합의 타입에는 몇 가지 메소드가 있다. 이 타입에 적용되는 함수를 타입 스위치의 케이스로 명시했으며, 각각의 케이스마다 다른 로직이 있다.

다음의 xmlselect 프로그램은 XML 문서 트리 내에서 특정 원소의 하위 텍스트를 출력한다. 앞의 API를 사용해 트리를 구체화하지 않고도 입력을 한 번 순회해 작업할 수 있다.

gopl.io/ch7/xmlselect

```go
// Xmlselect는 XML 문서에서 선택된 원소의 텍스트를 출력한다.
package main

import (
    "encoding/xml"
    "fmt"
    "io"
    "os"
    "strings"
)

func main() {
    dec := xml.NewDecoder(os.Stdin)
    var stack []string // 원소명의 스택
    for {
        tok, err := dec.Token()
        if err == io.EOF {
            break
        } else if err != nil {
            fmt.Fprintf(os.Stderr, "xmlselect: %v\n", err)
            os.Exit(1)
        }
        switch tok := tok.(type) {
        case xml.StartElement:
            stack = append(stack, tok.Name.Local) // push
        case xml.EndElement:
            stack = stack[:len(stack)-1] // pop
        case xml.CharData:
            if containsAll(stack, os.Args[1:]) {
                fmt.Printf("%s: %s\n", strings.Join(stack, " "), tok)
            }
        }
    }
}
```

```
// containsAll은 x가 순서대로 y의 원소를 포함하는지를 보고한다.
func containsAll(x, y []string) bool {
    for len(y) <= len(x) {
        if len(y) == 0 {
            return true
        }
        if x[0] == y[0] {
            y = y[1:]
        }
        x = x[1:]
    }
    return false
}
```

main의 루프에서 StartElement를 마주칠 때마다 스택에 원소의 이름을 밀어 넣고, EndElement마다 스택에서 이름을 꺼낸다. 이 API는 형식에 맞지 않는 문서에서도 StartElement와 EndElement의 토큰 순서가 제대로 일치하도록 보장한다. Comment는 무시한다. xmlselect가 CharData를 마주치면 스택에 커맨드라인 인자로 지정된 원소들이 모두 순서대로 있을 때에만 텍스트를 출력한다.

다음 명령은 두 div 원소 밑에 있는 h2 원소의 텍스트만 출력한다. 입력은 그 자체로 XML 문서인 XML 사양서다.

```
$ go build gopl.io/ch1/fetch
$ ./fetch http://www.w3.org/TR/2006/REC-xml11-20060816 |
    ./xmlselect div div h2
html body div div h2: 1 Introduction
html body div div h2: 2 Documents
html body div div h2: 3 Logical Structures
html body div div h2: 4 Physical Structures
html body div div h2: 5 Conformance
html body div div h2: 6 Notation
html body div div h2: A References
html body div div h2: B Definitions for Character Normalization
...
```

연습문제 7.17 CSS처럼 원소를 이름 외에 속성으로도 선택할 수 있도록 xmlselect를 확장해, 이를테면 <div id="page" class="wide">와 같은 원소를 이름 외에 일치하는 id나 class로도 선택할 수 있게 하라.

연습문제 7.18 토큰 기반 디코더 API를 사용해 임의의 XML 문서를 읽고, 그것을 나타내는 일반적인 노드의 트리를 생성하는 프로그램을 작성하라. 노드에는 두 가지 종류가 있다. CharData 노드는 텍스트 문자열을 나타내고, Element 노드는 명명된 원소와 그 속성을 나타낸다. 각 원소 노드에는 자식 노드의 슬라이스가 있다.

다음과 같은 선언이 도움이 될 것이다.

```
import "encoding/xml"
```

```
type Node interface{} // CharData 또는 *Element
type CharData string
type Element struct {
    Type     xml.Name
    Attr     []xml.Attr
    Children []Node
}
```

7.15 몇 마디 조언

초보 Go 개발자는 새 패키지를 설계할 때 종종 인터페이스의 집합부터 만들고 나중에 인터페이스를 충족하는 구상 타입을 정의한다. 이렇게 하면 한 개의 구현만 있는 여러 인터페이스가 만들어지게 된다. 하지만 이렇게 하지 말라. 이러한 인터페이스는 불필요한 추상화다. 여기에는 실행 시 비용도 추가된다. 어떤 타입이나 구조체 필드의 메소드를 패키지 외부에서 볼 수 있는지는 익스포트 메커니즘(6.6절)으로 제한할 수 있다. 인터페이스는 두 개 이상의 구상 타입을 같은 방식으로 처리해야 할 때에만 필요하다.

의존성으로 인해 구상 타입과 이를 충족하는 인터페이스가 서로 다른 패키지에 있어야 하는 경우는 예외로 한다. 그 경우 인터페이스는 두 패키지를 분리하는 좋은 방법이다.

Go에서 인터페이스는 두 개 이상의 타입을 충족할 때에만 사용되므로 특정 구현을 추상화하기 위해 반드시 필요하다. 결과적으로 인터페이스는 적은 수의 간단한 메소드로만 이뤄지며, 보통 io.Writer나 fmt.Stringer처럼 단 하나의 메소드를 갖는다. 소수의 인터페이스가 새 타입을 충족하기도 쉽다. 필요한 것만 정의하는 것이 경험적으로 좋은 인터페이스 설계다.

이걸로 메소드와 인터페이스에 대한 여행을 마친다. Go에는 객체지향 스타일의 프로그래밍에 대한 많은 지원이 있지만, 이것이 객체지향 프로그래밍만을 사용해야 한다는 뜻은 아니다. 모든 것이 객체가 될 필요는 없다. 독립 함수도 캡슐화되지 않은 데이터 타입과 마찬가지로 필요할 때가 있다. 이 책의 처음 다섯 개의 장에 나오는 예제에서는 fmt.Printf와 같은 일반 함수 호출에 비해 input.Scan 등의 메소드 호출을 거의 사용하지 않았다는 점도 같이 살펴보라.

8장
고루틴과 채널

프로그램을 여러 자율적인 동작의 조합으로 표현하는 동시성 프로그래밍은 근래에 그 중요성이 더욱 부각되고 있다. 웹 서버는 한 번에 수천 개의 클라이언트 요청을 처리한다. 태블릿과 모바일 앱은 사용자 인터페이스의 애니메이션을 렌더링하면서 동시에 백그라운드에서 연산이나 네트워크 요청을 처리한다. 심지어 전통적인 배치 문제(데이터의 일부를 읽고 계산한 후 출력하는)에서도 I/O 작업의 대기 시간latency을 숨기고, 현대 컴퓨터에서 매년 수는 늘어나지만 속도는 늘어나지 않는 다수의 프로세서를 활용하기 위해 동시성을 사용한다.

Go는 두 가지 스타일의 동시성 프로그래밍 스타일을 지원한다. 8장은 독립적인 작업(고루틴 goroutine) 간에 값을 전달하지만, 변수는 대부분 단일 작업에 국한되는 모델인 CSP(상호 통신하는 연속된 프로세스communicating sequential process)를 지원하는 고루틴과 채널을 설명한다. 9장에서는 다른 주류 언어에서 스레드를 사용했을 경우 익숙할 좀 더 전통적인 공유 메모리 기반 멀티스레딩의 관점을 일부 다룬다. 9장은 또한 동시성 프로그래밍에서 일부 중요한 위험과 함정에 대해서도 언급하지만, 8장에서는 이에 대해 깊게 파고들지는 않을 것이다.

동시성 지원은 Go의 큰 장점 중 하나이지만 동시성 프로그램의 원리는 본질적으로 순차 프로그램보다 어려우며, 순차 프로그램에서 얻어진 직관은 때로 잘못된 길로 인도할 수 있다. 동시성에 대해 처음 접해본다면 다음 두 장의 예제에 대해 좀 더 자세히 살펴보기를 권한다.

8.1 고루틴

Go에서는 동시에 수행되는 작업을 고루틴이라 한다. 하나는 일부 연산을 수행하고 나머지 하나는 일부 출력을 수행하며, 서로 호출하지 않는 두 개의 함수가 있는 프로그램을 가정해 보자. 순차 프로그램이라면 한 함수를 호출한 뒤 다른 함수를 호출하겠지만 두 개 이상의 고루틴이 있는 동시성 프로그램에서는 두 함수의 호출이 동시에 일어난다. 잠시 후 이러한 프로그램을 살펴볼 것이다.

운영체제의 스레드나 다른 언어의 스레드를 사용해봤다면 당장은 고루틴이 스레드와 유사하다고 가정하고 올바르게 프로그램을 작성할 수 있을 것이다. 스레드와 고루틴의 차이는 근본적으로 질적인 것이 아닌 양적인 것이며, 9.8절에서 설명할 것이다.

프로그램이 시작된 뒤 유일한 고루틴은 main 함수를 호출하는 것이므로 이를 메인 고루틴이라 한다. 새 고루틴은 go문에 의해 생성된다. 문법적으로 go문은 키워드 go가 앞에 붙는 일반 함수 또는 메소드 호출이다. go문은 함수가 새로 만든 고루틴에서 호출되게 한다. go문 자체는 즉시 완료된다.

```
f()     // f() 호출; 반환 대기
go f() // f()를 호출하는 고루틴 생성; 대기하지 않음
```

다음 예제에서 메인 고루틴은 45번째 피보나치 수를 계산한다. 이 예제는 몹시 비효율적인 재귀 알고리즘을 사용하기 때문에 실행에 상당한 시간이 소요되며, 그 사이에 움직이는 텍스트 기반 '스피너spinner'를 표시해 사용자에게 프로그램이 실행되고 있는지를 시각적으로 표시하려 한다.

```
gopl.io/ch8/spinner
func main() {
    go spinner(100 * time.Millisecond)
    const n = 45
    fibN := fib(n) // 느림
    fmt.Printf("\rFibonacci(%d) = %d\n", n, fibN)
}

func spinner(delay time.Duration) {
    for {
        for _, r := range `-\|/` {
            fmt.Printf("\r%c", r)
            time.Sleep(delay)
        }
    }
}

func fib(x int) int {
    if x < 2 {
        return x
    }
    return fib(x-1) + fib(x-2)
}
```

몇 초간의 애니메이션 후 fib(45) 호출이 반환되고 main 함수는 결과를 출력한다.

```
Fibonacci(45) = 1134903170
```

그 후 main 함수가 반환된다. 이때 모든 고루틴이 중지된 후 프로그램이 종료된다. main에서 반환되거나 프로그램이 종료되는 것 외에 프로그램에서 한 고루틴이 다른 고루틴을 종료하는 방법은 없지만, 고루틴에게 스스로 종료하도록 요청하는 방법은 있으며, 이에 대해 나중에 살펴볼 것이다.

이 예제 프로그램은 스피닝과 피보나치 연산이라는 두 개의 독립적인 활동의 구성으로 표현된 것을 알 수 있다. 각각은 별도의 함수로 작성했지만, 둘 다 동시에 진행된다.

8.2 예제: 동시 시계 서버

서버는 보통 여러 클라이언트에서의 접속을 동시에 처리하며, 각 클라이언트는 본질적으로 서로 독립돼 있으므로 네트워킹은 동시성을 사용하기에 자연스러운 분야다. 이 절에서는 TCP, UDP 또는 유닉스 도메인 소켓으로 통신하는 네트워크 기반 클라이언트와 서버 프로그램을 개발하기 위한 구성 요소를 제공하는 net 패키지를 소개한다. 1장부터 사용해 온 net/http 패키지는 net 패키지의 함수 위에 구축돼 있다.

첫 번째 예제는 매 초마다 클라이언트에게 현재 시간을 출력하는 순차 시계 서버다.

gopl.io/ch8/clock1
```go
// Clock1은 주기적으로 시간을 출력하는 TCP 서버다.
package main

import (
    "io"
    "log"
    "net"
    "time"
)

func main() {
    listener, err := net.Listen("tcp", "localhost:8000")
    if err != nil {
        log.Fatal(err)
    }
    for {
        conn, err := listener.Accept()
        if err != nil {
            log.Print(err) // 예) 접속 중단
            continue
        }
        handleConn(conn) // 한 번에 하나의 접속 처리
    }
}
```

```
func handleConn(c net.Conn) {
    defer c.Close()
    for {
        _, err := io.WriteString(c, time.Now().Format("15:04:05\n"))
        if err != nil {
            return // 예) 클라이언트 접속 해제
        }
        time.Sleep(1 * time.Second)
    }
}
```

Listen 함수는 네트워크 포트에서 들어오는 연결을 대기하는 객체인 net.Listener를 생성하며, 이 예제에서는 TCP 포트 localhost:8000에서 대기한다. 리스너의 Accept 메소드는 들어오는 연결 요청이 이뤄질 때까지 대기하며, 그 후 연결을 나타내는 net.Conn 객체를 반환한다.

handleConn 함수는 하나의 완료된 클라이언트 연결을 처리한다. 이 함수는 루프에서 현재 시간인 time.Now()를 클라이언트에게 보낸다. net.Conn은 io.Writer 인터페이스를 충족하므로 여기에 직접 쓸 수 있다. 이 루프는 쓰기에 실패할 때 종료되며, 이는 대부분 클라이언트가 접속을 해제해 handleConn이 Close 메소드로의 지연된 호출로 연결을 닫고 다른 접속 요청을 대기하는 상태로 돌아가기 때문이다.

time.Time.Format 메소드는 예제에서의 날짜와 시간 정보를 포매팅하는 방법을 제공한다. 인수는 Mon Jan 2 03:04:05PM 2006 UTC-0700로 지정된 기준 시간의 포매팅 방법을 나타내는 템플릿이다. 기준 시간에는 8개의 구성 요소(요일, 월, 날짜 등)가 있다. 이중 어떤 것이든 순서 없이 Format 문자열에 나올 수 있다. 선택된 날짜와 시간 구성 요소가 지정된 포맷으로 표시된다. 여기서는 시간 중 시, 분, 초만 사용하고 있다. time 패키지는 time.RFC1123 같은 여러 개의 표준 시간 포맷 템플릿을 정의한다. 반대로 time.Parse로 시간을 파싱할 때에도 동일한 방식을 사용한다.

서버에 연결하려면 네트워크 연결을 제어하는 표준 유틸리티 프로그램인 nc('netcat')와 같은 클라이언트 프로그램이 필요하다

```
$ go build gopl.io/ch8/clock1
$ ./clock1 &
$ nc localhost 8000
13:58:54
13:58:55
13:58:56
13:58:57
^C
```

클라이언트는 유닉스 시스템에서 셸에 의해 ^C로 표시되는 Control-C로 클라이언트를 중단할 때까지 서버가 보내온 시간을 매 초마다 표시한다. nc나 netcat이 시스템에 설치돼 있지 않은 경우 telnet을 이용하거나 net.Dial을 이용해 TCP 서버에 접속하는 다음과 같은 간단한 Go 버전 netcat을 사용할 수 있다.

gopl.io/ch8/netcat1
```go
// Netcat1은 읽기 전용 TCP 클라이언트다.
package main

import (
    "io"
    "log"
    "net"
    "os"
)

func main() {
    conn, err := net.Dial("tcp", "localhost:8000")
    if err != nil {
        log.Fatal(err)
    }
    defer conn.Close()
    mustCopy(os.Stdout, conn)
}

func mustCopy(dst io.Writer, src io.Reader) {
    if _, err := io.Copy(dst, src); err != nil {
        log.Fatal(err)
    }
}
```

이 프로그램은 연결에서 파일 끝 상태 또는 오류가 발생할 때까지 데이터를 읽고 표준 출력에 쓴다. mustCopy 함수는 이 절의 여러 예제에서 사용되는 유틸리티다. 왼쪽과 오른쪽두 터미널에서 두 클라이언트를 동시에 실행해보자.

```
$ go build gopl.io/ch8/netcat1
$ ./netcat1
13:58:54                              $ ./netcat1
13:58:55
13:58:56
^C
                                      13:58:57
                                      13:58:58
                                      13:58:59
                                      ^C
$ killall clock1
```

killall 명령은 지정된 이름의 모든 프로세스를 죽이는 유닉스 유틸리티다.

서버가 순차적으로 처리하므로 두 번째 클라이언트는 첫 번째 클라이언트가 끝날 때까지 대기해야 한다. 이 서버는 한 번에 한 클라이언트와 통신한다. 이 서버가 동시성을 갖게 하려면 작은 부분 하나만 변경하면 된다. handleConn 호출에 go 키워드를 추가하면 각 호출이 자신의 고루틴에서 구동되게 한다.

```
gopl.io/ch8/clock2
    for {
        conn, err := listener.Accept()
        if err != nil {
            log.Print(err) // 예) 접속 중단
            continue
        }
        go handleConn(conn) // 접속을 동시에 처리
    }
```

이제 여러 클라이언트가 동시에 시간을 받을 수 있다.

```
$ go build gopl.io/ch8/clock2
$ ./clock2 &
$ go build gopl.io/ch8/netcat1
$ ./netcat1
14:02:54                          $ ./netcat1
14:02:55                          14:02:55
14:02:56                          14:02:56
14:02:57                          ^C
14:02:58
14:02:59                          $ ./netcat1
14:03:00                          14:03:00
14:03:01                          14:03:01
^C                                14:03:02
                                  ^C
$ killall clock2
```

연습문제 8.1 clock2가 포트 번호를 받게 수정하고 동시에 여러 시계 서버의 클라이언트로
동작하는 clockwall 프로그램을 작성해 각 서버에서 시간을 읽고 결과를 사무실 벽의 시계
처럼 테이블로 표시하라. 지리적으로 분산된 컴퓨터를 사용할 수 있다면 각 인스턴스를 원격
에서 실행하라. 그렇지 않다면 로컬 인스턴스를 각기 다른 포트에 가짜 시간대로 실행하라.

```
$ TZ=US/Eastern    ./clock2 -port 8010 &
$ TZ=Asia/Tokyo    ./clock2 -port 8020 &
$ TZ=Europe/London ./clock2 -port 8030 &
$ clockwall NewYork=localhost:8010 London=localhost:8030 Tokyo=localhost:8020
```

연습문제 8.2 동시 파일 전송 프로토콜[FTP] 서버를 구현하라. 이 서버는 각 클라이언트가
보내오는 디렉토리 변경 cd, 디렉토리 목록 조회 ls, 파일 내용 보내기 get, 연결 종료 close
등의 명령을 해석해야 한다. 표준 ftp 명령을 클라이언트로 사용하거나 직접 클라이언트를
작성할 수 있다.

8.3 예제: 동시 에코 서버

시계 서버는 한 연결에 하나의 고루틴을 사용했다. 이 절에서는 연결마다 여러 고루틴을
사용하는 에코 서버를 구축할 것이다. 대부분의 에코 서버는 단순히 읽은 내용을 출력하며,

이는 다음의 간단한 handleConn 버전으로 수행할 수 있다.

```
func handleConn(c net.Conn) {
    io.Copy(c, c) // NOTE: 오류 무시
    c.Close()
}
```

다음의 handleConn 버전처럼 좀 더 재미있는 에코 서버에서는 처음엔 크게 응답("HELLO!")하고 일정 시간 이후 중간 크기로 응답("Hello!")한 후 완전히 끝나기 전에 조용히("hello!") 응답해 실제 에코의 반향을 흉내 낼 수 있다.

gopl.io/ch8/reverb1
```
func echo(c net.Conn, shout string, delay time.Duration) {
    fmt.Fprintln(c, "\t", strings.ToUpper(shout))
    time.Sleep(delay)
    fmt.Fprintln(c, "\t", shout)
    time.Sleep(delay)
    fmt.Fprintln(c, "\t", strings.ToLower(shout))
}

func handleConn(c net.Conn) {
    input := bufio.NewScanner(c)
    for input.Scan() {
        echo(c, input.Text(), 1*time.Second)
    }
    // NOTE: input.Err()에서의 잠재적인 오류 무시
    c.Close()
}
```

클라이언트 프로그램이 터미널 입력을 서버로 보내면서 동시에 서버의 응답을 출력으로 복사하도록 개선해야 하며, 이는 동시성을 사용할 또 다른 기회다.

gopl.io/ch8/netcat2
```
func main() {
    conn, err := net.Dial("tcp", "localhost:8000")
    if err != nil {
        log.Fatal(err)
    }
    defer conn.Close()
    go mustCopy(os.Stdout, conn)
    mustCopy(conn, os.Stdin)
}
```

메인 고루틴이 표준 입력을 읽어 서버로 전송하는 동안 두 번째 고루틴은 서버의 응답을 읽고 출력한다. 예를 들어 사용자가 터미널에서 Control-D(^D)(또는 마이크로소프트 윈도우에서는 Control-Z)를 눌러 메인 고루틴으로의 입력이 끝나면 다른 고루틴에 할 일이 남아 있더라도 프로그램이 종료된다(8.4.1절에서 채널을 통해 양측이 끝날 때까지 프로그램이 대기하게 하는 방법을 알아볼 것이다).

다음 절에서 클라이언트의 입력은 왼쪽에 정렬하고, 서버의 응답은 들여 쓰기했다. 클라이언트는 에코 서버에게 세 번 소리친다.

```
$ go build gopl.io/ch8/reverb1
$ ./reverb1 &
$ go build gopl.io/ch8/netcat2
$ ./netcat2
Hello?
    HELLO?
    Hello?
            hello?
Is there anybody there?
    IS THERE ANYBODY THERE?
Yooo-hooo!
    Is there anybody there?
    is there anybody there?
    YOOO-HOOO!
    Yooo-hooo!
    yooo-hooo!
^D
$ killall reverb1
```

클라이언트가 세 번째 소리친 것은 두 번째 소리가 없어질 때까지 처리되지 않으며, 이는 매우 비현실적이다. 실제 에코라면 세 개의 독립적인 외침의 조합으로 이뤄져 있을 것이다. 이를 흉내 내려면 더 많은 고루틴이 필요하다. 여기서도 go 키워드만 추가하면 되며, 이번에는 echo 호출에 추가한다.

gopl.io/ch8/reverb2
```go
func handleConn(c net.Conn) {
    input := bufio.NewScanner(c)
    for input.Scan() {
        go echo(c, input.Text(), 1*time.Second)
    }
    // NOTE: input.Err()에서의 잠재적인 오류 무시
    c.Close()
}
```

go로 시작한 함수의 인자는 go문 자체가 실행될 때 평가된다. 따라서 input.Text()는 메인 고루틴에서 평가된다.

이제 에코는 같은 시간에 동시 처리된다.

```
$ go build gopl.io/ch8/reverb2
$ ./reverb2 &
$ ./netcat2
Is there anybody there?
    IS THERE ANYBODY THERE?
```

```
Yooo-hooo!
    Is there anybody there?
    YOOO-HOOO!
    is there anybody there?
    Yooo-hooo!
    yooo-hooo!
^D
$ killall reverb2
```

서버가 여러 클라이언트에서의 접속을 동시에 처리할 뿐만 아니라 하나의 접속에서도 동시에 처리하게 하기 위해 필요한 것은 두 개의 go 키워드를 삽입하는 것뿐이었다.

그러나 이러한 키워드를 추가할 때는 net.Conn의 메소드를 동시에 호출해도 되는지에 대해 세심하게 고려해야 하며, 대부분의 타입은 동시에 호출할 수 없다. 9장에서 동시 안전성의 중요한 개념들을 다룰 것이다.

8.4 채널

고루틴이 Go 프로그램의 동작이라면 채널^{channel}은 고루틴 간의 연결이다. 채널은 한 고루틴이 다른 고루틴으로 값을 보내기 위한 통신 메커니즘이다. 각 채널은 채널의 요소 타입이라는 특정 타입 값의 통로다. int 타입의 요소를 갖는 채널은 chan int로 작성한다.

채널을 생성하려면 내장된 make 함수를 사용한다.

```
ch := make(chan int) // ch는 'chan int' 타입을 갖는다.
```

채널은 맵과 마찬가지로 make로 생성된 데이터 구조에 대한 참조다. 채널을 복사하거나 함수의 인자로 전달할 때는 참조를 복사하기 때문에 호출자와 피호출자는 같은 데이터 구조를 참조한다. 다른 참조 타입과 마찬가지로 채널의 제로 값은 nil이다.

같은 타입의 두 채널은 ==로 비교할 수 있다. 두 채널이 같은 채널 데이터 구조에 대한 참조인 경우 비교 결과는 참이다. 또한 채널은 nil과도 비교할 수 있다.

채널에는 합쳐서 통신이라 부르는 두 개의 주요 작업인 송신과 수신이 있다. 송신 구문은 한 고루틴에서 채널을 통해 그에 대응하는 수신 표현식이 있는 다른 고루틴으로 값을 전달한다. 두 작업 모두 <- 연산자로 작성한다. 송신 구문에서는 <-로 채널과 값 피연산자를 분리한다. 수신 표현식에서는 <-가 채널 피연산자 앞에 온다. 결과를 사용하지 않는 수신 표현식도 유효하다.

```
ch <- x   // 송신 구문
x = <-ch // 할당문 안의 수신 표현식
<-ch      // 수신 구문; 결과는 버려짐
```

채널의 세 번째 작업인 close는 이 채널에 더 이상 값을 보내지 않음을 나타내는 플래그를 설정한다. 이후 송신을 시도하면 패닉이 일어난다. 닫힌 채널에 대한 수신 작업은 지금까지 송신된 값을 더 이상 남아있지 않을 때까지 산출한다. 이후의 수신 작업은 즉시 완료되며, 채널 요소 타입의 제로 값을 산출한다.

채널을 닫으려면 내장된 close 함수를 호출한다.

```
close(ch)
```

기본 make 호출로 생성된 채널은 버퍼 없는 채널이지만 make에 부가적인 두 번째 정수 인자로 채널의 용량을 지정할 수 있다. 용량이 0이 아닌 경우 버퍼 채널을 생성한다.

```
ch = make(chan int)     // 버퍼 없는 채널
ch = make(chan int, 0) // 버퍼 없는 채널
ch = make(chan int, 3) // 용량이 3인 버퍼 채널
```

버퍼 없는 채널부터 살펴본 후 8.4.4절에서 버퍼 채널에 대해 알아볼 것이다.

8.4.1 버퍼 없는 채널

버퍼 없는 채널에 대한 송신 작업은 동일 채널상에서 이에 대응하는 고루틴이 값의 수신을 완료해 두 고루틴이 재개할 수 있을 때까지 보내는 고루틴을 중단시킨다. 반대로 수신 작업이 먼저 시도됐다면 수신하는 고루틴은 동일 채널상의 다른 고루틴이 송신을 수행할 때까지 중단된다.

버퍼 없는 채널에서의 통신은 송신과 수신 고루틴이 **동기화**되게 한다. 이 때문에 버퍼 없는 채널은 **동기 채널**이라고도 한다. 값이 버퍼 없는 채널을 통해 전송되면 송신하는 고루틴에서 인지하기 전에 값의 수신이 일어난다.

동기화에 대한 논의에서 x가 y 이전에 발생한다면 단순히 x가 y보다 시간상으로 먼저 일어난다는 뜻이 아니다. 먼저 일어날 것이 보장되기 때문에 선행 작업인 변수 갱신 등이 완료되고, 이러한 값에 의존할 수 있다는 것을 의미한다.

x가 y 이전에 발생하지 않고 이후에 발생하지도 않는다면 x가 y가 동시concurrent에 일어난다고 말한다. 이는 x와 y가 동시에 일어나야 한다는 것이 아니며, 단지 그 순서에 대해 어떤 가정도 할 수 없다는 뜻이다. 9장에서 살펴보겠지만 프로그램 실행 중에 두 고루틴이 같은 변수에 동시 접근해 발생하는 문제를 피하기 위해서는 특정 이벤트의 순서를 지정할 필요가 있다.

8.3절의 클라이언트 프로그램은 서버로의 입력을 메인 고루틴에서 복사했으므로 백그라운드의 고루틴이 실행 중이더라도 입력 스트림이 닫히면 클라이언트 프로그램이 종료됐다. 이 프로그램이 종료하기 전에 백그라운드의 고루틴 작업이 완료되기를 기다리게 하려면 채널을 사용해 두 고루틴을 동기화해야 한다.

```
gopl.io/ch8/netcat3
func main() {
    conn, err := net.Dial("tcp", "localhost:8000")
    if err != nil {
        log.Fatal(err)
    }
    done := make(chan struct{})
    go func() {
        io.Copy(os.Stdout, conn) // NOTE: 오류 무시
        log.Println("done")
        done <- struct{}{} // main 고루틴에 신호를 보냄
    }()
    mustCopy(conn, os.Stdin)
    conn.Close()
    <-done // 백그라운드 고루틴 완료 대기
}
```

사용자가 표준 입력 스트림을 닫으면 mustCopy가 반환되고 메인 고루틴이 conn.Close()를 호출해 양쪽 네트워크 접속을 모두 닫는다. 쓰는 쪽 접속을 닫으면 서버가 파일 끝 상태를 보게 된다. 읽는 쪽 접속을 닫으면 백그라운드 고루틴의 io.Copy 호출이 '닫힌 접속에서 읽기' 오류를 반환하기 때문에 오류 로그를 제외했다. 연습문제 8.3에서 더 나은 해결책을 제안한다(go 구문이 흔히 일어나는 생성자인 리터럴 함수를 호출하는 것을 알 수 있다).

백그라운드 고루틴은 반환하기 전에 메시지를 기록하고 done 채널에 값을 보낸다. 메인 고루틴은 반환하기 전에 이 값을 받을 때까지 대기한다. 결과적으로 프로그램은 항상 종료하기 전에 "done" 메시지를 기록한다.

채널을 통해 전송된 메시지에는 두 가지 중요한 측면이 있다. 각 메시지에는 값이 있지만 때로는 통신 여부와 통신이 일어나는 순간도 값만큼 중요하다. 이 측면을 강조할 때는 메시지를 이벤트라고 한다. 이벤트에 추가적인 정보가 없고 그 유일한 목적이 동기화일 때에는 요소 타입이 struct{}인 채널을 사용해 이 부분을 강조하지만, 그 목적에는 done <- 1이 done <- struct{}{}보다 간결하므로 보통 bool 채널이나 int 채널을 사용한다.

연습문제 8.3 netcat3에서 인터페이스 값 conn은 TCP 연결을 나타내는 구상 타입 *net.TCPConn이다. TCP 연결은 CloseRead와 CloseWrite 메소드로 독립적으로 닫을 수 있는 두 부분으로 구성돼 있다. 연결의 쓰는 부분만 닫아서 표준 입력이 닫힌 후에도 프로그램이 reverb1 서버의 마지막 에코를 표시할 때까지 계속되도록 netcat3의 메인 고루틴을 수정하라(reverb2 서버에 이 작업을 적용하는 것은 더 어렵다. 연습문제 8.4를 참조하라).

8.4.2 파이프라인

채널을 통해 한 고루틴의 출력을 다른 고루틴의 입력으로 연결할 수 있다. 이를 파이프라인 pipeline이라 한다. 다음 프로그램은 그림 8.1에서와 같이 두 개의 채널로 연결된 세 개의 고루틴으로 구성돼 있다.

그림 8.1 3단 파이프라인

첫 번째 고루틴인 counter는 정수 0, 1, 2 등을 생성하고 이 정수를 채널을 통해 두 번째 고루틴인 squarer로 보내며, squarer는 받은 값들을 제곱하고 결과를 다른 채널을 통해 세 번째 고루틴인 printer로 보내고, 세 번째 고루틴인 printer는 제곱 값을 받아서 출력한다. 이 예제에서는 간결하게 하기 위해 의도적으로 매우 간단한 함수를 사용했지만 실제 프로그램이라면 이 정도 사소한 연산에 고루틴까지 사용할 필요는 없을 것이다.

gopl.io/ch8/pipeline1

```go
func main() {
    naturals := make(chan int)
    squares := make(chan int)
    // Counter
    go func() {
        for x := 0; ; x++ {
            naturals <- x
        }
    }()

    // Squarer
    go func() {
        for {
            x := <-naturals
            squares <- x * x
        }
    }()

    // Printer (main 고루틴에서)
    for {
        fmt.Println(<-squares)
    }
}
```

예상했듯이 이 프로그램은 0, 1, 4, 9 등의 제곱을 무한대로 출력한다. 이러한 파이프라인은 무한 루프가 포함된 고루틴 간의 영구적 통신에 채널을 사용하는 서버 프로그램에서 찾아볼 수 있다. 그러나 파이프라인을 통해 유한한 값만을 보내려면 어떻게 해야 하는가?

송신자가 더 이상 채널에 값이 전송되지 않을 것을 알고 있다면 이 사실을 수신자의 고루틴에게 알려서 기다리지 않게 할 수 있다. 내장된 **close** 함수로 채널을 닫으면 이 작업을 수행한다.

```
close(naturals)
```

닫힌 채널에 송신하면 패닉을 일으킨다. 닫힌 채널이 모두 소진된 후, 즉 마지막 송신 요소가 수신된 후의 수신 작업은 기다리지 않고 제로 값을 산출한다. 앞의 코드로 naturals 채널을 닫으면 squarer의 루프가 무한대의 제로 값 스트림을 받고, 계속해서 프린터로 0을 보내게 된다.

채널이 닫혔는지를 직접 확인하는 방법은 없지만 두 개의 결과를 반환하는 수신 작업의 변종이 있다. 수신된 채널 요소 및 보통 ok로 부르며 수신에 성공하면 true를 반환하고 닫혔거나 소진된 채널에서 수신하면 false를 반환하는 불리언 값이 그것이다. 이 기능으로 squarer의 루프를 수정해 naturals 채널이 소진됐을 때 루프를 중지하고 squares 채널을 닫을 수 있다.

```
// Squarer
go func() {
    for {
        x, ok := <-naturals
        if !ok {
            break // 채널이 닫히고 소진됨
        }
        squares <- x * x
    }
    close(squares)
}()
```

위의 문법은 어색하며, 이와 같은 패턴이 일반적이므로 Go 언어에서는 range 루프로 채널을 순회할 수 있게 했다. 이 방법은 채널로 보내지는 모든 값을 받고 마지막 값을 받은 후 루프를 종료하기에 더 편리하다.

다음의 파이프라인에서 counter 고루틴은 100회의 반복 후 루프를 종료할 때 naturals 채널을 닫아서 squarer가 자신의 루프를 종료하고 squares 채널을 닫게 한다(더 복잡한 프로그램에서는 counter와 squarer 함수가 처음부터 지연된 close를 호출하는 것이 효율적이다). 마지막으로 메인 고루틴이 자신의 루프를 종료하고 프로그램이 종료된다.

gopl.io/ch8/pipeline2
```
func main() {
    naturals := make(chan int)
    squares := make(chan int)

    // Counter
    go func() {
        for x := 0; x < 100; x++ {
            naturals <- x
        }
        close(naturals)
    }()
```

```
        // Squarer
        go func() {
            for x := range naturals {
                squares <- x * x
            }
            close(squares)
        }()
        // Printer (main 고루틴에서)
        for x := range squares {
            fmt.Println(x)
        }
    }
```

항상 다 쓴 채널을 닫을 필요는 없다. 모든 데이터가 송신된 후 수신하는 고루틴에게 다 보냈다는 사실을 알려야 할 때에만 닫으면 된다. 가비지 콜렉터는 닫혀있는지 여부와 상관 없이 참조할 수 없는 채널의 자원을 회수한다(열린 파일 닫기 작업과 혼동하지 말라. 다 쓴 파일은 항상 Close 메소드를 호출해야 한다).

이미 닫힌 채널을 닫으려 하면 nil 채널을 닫을 때와 마찬가지로 패닉이 발생한다. 채널을 닫는 작업은 8.9절에서 다루게 될 브로드캐스트 방식으로서의 역할도 있다.

8.4.3 단방향 채널 타입

프로그램이 성장함에 따라 큰 함수는 자연히 작은 조각으로 분리된다. 앞의 예제는 main의 지역 변수인 두 개의 채널로 통신하는 세 개의 고루틴을 사용했다. 이 프로그램은 자연스럽 게 세 개의 함수로 구분된다.

```
func counter(out chan int)
func squarer(out, in chan int)
func printer(in chan int)
```

파이프라인 중간의 squarer 함수는 두 개의 파라미터로 입력 채널과 출력 채널을 받는다. 둘 다 같은 타입이지만 목적은 반대다. in은 받기만 하고 out은 보내기만 한다. in과 out의 이름은 이러한 의도를 나타내지만, squarer는 여전히 in으로 보내거나 out에서 받을 수 있다.

이런 동작은 일반적인 것이다. 채널이 함수의 파라미터로 주어지면 거의 항상 받기 전용이 나 보내기 전용으로 사용된다.

Go의 타입 시스템은 이러한 의도를 문서화하고 오용을 방지하기 위해 보내기 동작이나 받기 동작 중 한 가지만 노출하는 단방향 채널 타입을 제공한다. chan<- int 타입은 int를 보내 기만 하는 채널로 보내기는 허용하지만 받기는 허용하지 않는다. 반대로 <-chan int 타입은 int를 받기만 하는 채널로 받기는 허용하지만 보내기는 허용하지 않는다(chan 키워드에 상대적 인 화살표 <-의 위치를 기억하라). 이 원칙을 위반하면 컴파일 시 감지된다.

close 동작은 채널에 더 이상의 송신이 일어나지 않을 것을 가정하고 이 작업은 보내는 고루틴에서만 호출할 수 있기 때문에 받기 전용 채널을 닫으려고 하면 컴파일 시 오류가 발생한다.

다음과 같이 제곱 파이프라인을 단방향 채널 타입을 사용해 한 번 더 예시했다.

gopl.io/ch8/pipeline3
```go
func counter(out chan<- int) {
    for x := 0; x < 100; x++ {
        out <- x
    }
    close(out)
}

func squarer(out chan<- int, in <-chan int) {
    for v := range in {
        out <- v * v
    }
    close(out)
}

func printer(in <-chan int) {
    for v := range in {
        fmt.Println(v)
    }
}

func main() {
    naturals := make(chan int)
    squares := make(chan int)
    go counter(naturals)
    go squarer(squares, naturals)
    printer(squares)
}
```

counter(naturals) 호출은 chan int 타입인 naturals를 묵시적으로 파라미터 타입 chan<-int로 변환한다. printer(squares) 호출도 이와 유사한 <-chan int로의 묵시적 변환을 수행한다. 양방향 채널에서 단방향 채널 타입으로의 변환은 어떤 할당문에서든 할 수 있다. 그러나 되돌릴 수는 없다. 한 번 chan<- int와 같은 단방향 타입 값이 되면 이 값에서 같은 채널 데이터 구조를 참조하는 chan int 타입의 값을 얻는 방법은 없다.

8.4.4 버퍼 채널

버퍼 채널은 요소의 큐queue를 갖고 있다. 이 큐의 최대 크기는 make로 만들 때 용량 인자에 의해 결정된다. 다음 구문은 세 개의 string 값을 유지할 수 있는 버퍼 채널을 만든다. 그림 8.2에 ch와 참조하는 채널을 표시했다.

```
ch = make(chan string, 3)
```

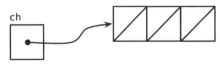

그림 8.2 빈 버퍼 채널

버퍼 채널에서 송신 작업은 큐의 뒤쪽으로 요소를 삽입하고, 수신 작업은 큐의 앞쪽에서 요소를 제거한다. 채널이 가득 찬 경우 송신 작업은 다른 고루틴의 수신 작업으로 공간이 생길 때까지 대기한다. 반대로 채널이 비어있는 경우의 수신 작업은 다른 고루틴에서 값이 송신될 때까지 대기한다.

이 채널에는 값을 세 개까지 대기 없이 보낼 수 있다.

```
ch <- "A"
ch <- "B"
ch <- "C"
```

이때 채널은 가득 차고(그림 8.3) 네 번째 송신 구문은 대기하게 된다.

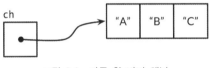

그림 8.3 가득 찬 버퍼 채널

값을 한 개 받으면 다음과 같다.

```
fmt.Println(<-ch) // "A"
```

채널은 가득 차 있지도 않고 비어있지도 않게 돼(그림 8.4) 송신 작업과 수신 작업이 모두 대기 없이 수행될 수 있다. 채널의 버퍼는 이러한 방식으로 송신 고루틴과 수신 고루틴을 분리한다.

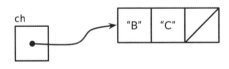

그림 8.4 부분적으로 찬 버퍼 채널

그럴 일은 거의 없겠지만 프로그램에서 채널 버퍼의 용량을 알아야 한다면 내장된 **cap** 함수를 호출하면 된다.

```
fmt.Println(cap(ch)) // "3"
```

내장된 len 함수를 채널에 사용하면 현재 버퍼된 요소의 개수를 반환한다. 동시성 프로그램에서 이 정보는 얻는 즉시 낡은 값이 된다는 한계가 있지만, 오류 진단이나 성능 최적화 시에 유용할 수도 있다.

```
fmt.Println(len(ch)) // "2"
```

수신 작업을 두 번 더 수행하면 채널은 다시 비게 되고, 네 번째 수신 작업은 대기한다.

```
fmt.Println(<-ch) // "B"
fmt.Println(<-ch) // "C"
```

이 예제에서는 송신과 수신 작업을 동일한 고루틴에서 수행했지만 실제 프로그램에서는 보통 별개의 고루틴이 수행하게 된다. 초보자는 때때로 그 간단한 문법에 매혹돼 한 고루틴 안에서 버퍼 채널을 큐로 사용하고 싶어 하지만 이는 실수다. 채널은 고루틴 스케줄링과 깊게 연관돼 있으므로 채널에서 받는 다른 고루틴이 없다면 송신자(및 아마도 전체 프로그램)가 영원히 대기하게 되는 위험을 안고 있다. 간단한 큐로 충분하다면 슬라이스를 사용하라.

다음 예제는 버퍼 채널을 사용하는 애플리케이션을 보여준다. 이 프로그램은 지리적으로 분산된 세 개의 미러 서버로 동시에 요청한다. 이후 응답들을 버퍼 채널로 보내고 제일 먼저 도착한 최초의 응답만 반환한다. 따라서 mirroredQuery는 나머지 두 느린 서버가 응답하기 도 전에 결과를 반환한다(덧붙이자면 예제에서와 같이 여러 고루틴이 동시에 한 채널에 값을 보내거나 동시에 한 채널에서 값을 받는 것은 매우 일반적인 일이다).

```
func mirroredQuery() string {
    responses := make(chan string, 3)
    go func() { responses <- request("asia.gopl.io") }()
    go func() { responses <- request("europe.gopl.io") }()
    go func() { responses <- request("americas.gopl.io") }()
    return <-responses // 가장 빠른 응답 반환
}
func request(hostname string) (response string) { /* ... */ }
```

버퍼되지 않은 채널을 사용했다면 두 느린 고루틴은 수신자가 없는 채널로 응답을 송신하는 과정에서 막혔을 것이다. 이 상황을 고루틴 유출goroutine leak이라 하며, 버그다. 쓰레기 변수와는 달리 유출된 고루틴은 자동으로 수집되지 않으므로 더 이상 필요하지 않은 고루틴은 반드시 스스로 종료하게 해야 한다.

버퍼되지 않은 채널과 버퍼 채널 및 버퍼 채널의 용량에 대한 선택은 모두 프로그램의 정확성에 영향을 미칠 수 있다. 버퍼되지 않은 채널에서는 모든 송신 작업이 수신 작업과 동기화되므로 더 강력한 동기화를 보장한다. 버퍼 채널에서는 두 작업이 분리된다. 또한 채널로 보낼 값 개수의 상한선을 알고 있다면 그 크기만큼의 버퍼 채널을 만들고, 모든 송신 작업을 첫 번째 값이 수신되기 전에 수행하는 것도 드문 일이 아니다. 버퍼 용량을 충분히 할당하지 못한 경우 프로그램이 교착 상태에 빠지게 된다.

채널 버퍼링은 프로그램의 성능에도 영향을 미칠 수 있다. 케이크 가게의 세 요리사가 한 명은 빵을 굽고 한 명은 크림으로 장식하고 한 명은 생산 라인에서 다음 요리사에게 전달하기 전에 이름을 새기는 것을 상상해보라. 작은 주방에서라면 각 요리사가 케이크를 완성한 후 다음 요리사가 받을 준비가 될 때까지 기다려야 한다. 이 과정은 버퍼되지 않은 채널에서의 통신과 유사하다.

각 요리사 사이에 케이크 한 개 분량의 공간이 있다면 요리사는 완성된 케이크를 이 공간에 놓고 즉시 다음 작업을 시작할 수 있다. 이는 용량이 1인 버퍼 채널과 유사하다. 요리사들의 평균 작업 시간이 일정하게 유지된다면 일시적인 시간차가 제거돼 대부분의 넘기는 작업이 빠르게 진행될 것이다. 요리사 사이에 더 많은 공간(큰 버퍼)이 있다면 한 요리사가 잠시 쉬었다가 빠르게 따라잡는 식의 더 큰 시간차가 생기더라도 이를 제거해 생산 라인을 지연시키지 않을 것이다.

한편 생산 라인의 초기 단계가 다음 단계보다 계속 빠르게 유지되면 그 사이의 버퍼는 항상 가득 차 있게 된다. 반대로 후기 단계가 빠르다면 버퍼는 늘 비어 있다. 이 경우의 버퍼는 아무런 장점이 없다.

생산 라인의 비유는 채널과 고루틴을 설명하기에 유용하다. 예를 들어 두 번째 단계가 더 복잡하다면 요리사 한 명으로는 첫 번째 요리사의 공급을 따라잡거나 세 번째 요리사의 수요를 충족할 수 없다. 이 문제를 해결하기 위해 같은 작업을 수행하지만 독립적으로 작업하는 다른 요리사를 고용해 두 번째 단계를 도울 수 있다. 이는 같은 채널로 통신하는 다른 고루틴을 만드는 것과 유사하다.

여기에 보여줄 공간은 없지만 gopl.io/ch8/cake 패키지는 이 케이크 가게를 시뮬레이션하며, 여기에는 변경할 수 있는 일부 파라미터도 있다. 이 패키지에는 위의 시나리오에 대한 몇 가지 벤치마크(11.4절)도 포함돼 있다.

8.5 병렬 루프

이 절에서는 루프의 모든 반복을 병렬로 실행하는 몇 가지 일반적인 동시성 패턴을 살펴볼 것이다. 전체 크기의 이미지에서 썸네일 크기의 이미지를 생성하는 문제를 생각해보자. gopl.io/ch8/thumbnail 패키지에는 한 이미지의 크기를 변경하는 ImageFile 함수가 있다. 여기서는 그 구현을 보여주지는 않지만 대신 gopl.io에서 다운로드할 수 있다.

```
gopl.io/ch8/thumbnail
    package thumbnail

    // ImageFile은 infile에서 이미지를 읽고
    // 같은 디렉토리에 썸네일 크기의 이미지를 생성한다.
    // 생성된 파일명을 반환한다. 예) "foo.thumb.jpg".
    func ImageFile(infile string) (string, error)
```

다음 프로그램은 이미지 파일명의 목록을 순회하고 각각에 대한 썸네일을 생성한다.

gopl.io/ch8/thumbnail

```go
// makeThumbnails는 지정된 파일들의 썸네일을 생성한다.
func makeThumbnails(filenames []string) {
    for _, f := range filenames {
        if _, err := thumbnail.ImageFile(f); err != nil {
            log.Println(err)
        }
    }
}
```

각 크기 변경 작업은 독립적이므로 파일을 처리하는 순서는 중요하지 않다. 서로 완전히 독립적인 하위 문제들로 구성된 이와 같은 문제는 처치 곤란 병렬^{embarassingly parallel}로 설명된다. 처치 곤란 병렬 문제는 동시성을 구현하고 병렬 처리의 양에 따라 선형적으로 확장되는 성능을 보기에 가장 쉽다.

파일 I/O의 지연 시간을 숨기고 이미지 크기 변경 계산에 여러 개의 CPU를 사용하기 위해 이 작업 전체를 병렬로 실행해보자. 첫 번째 동시성 버전에서는 go 키워드만 추가한다. 지금은 오류를 무시하고 나중에 처리하자.

```go
// NOTE: 잘못된 코드!
func makeThumbnails2(filenames []string) {
    for _, f := range filenames {
        go thumbnail.ImageFile(f) // NOTE: 오류 무시
    }
}
```

이 버전은 진짜 빠르게 실행된다(사실 너무 빨라서 원본보다 더 적은 시간이 소요되며, 심지어 파일 목록의 슬라이스에 요소가 한 개뿐일 때도 마찬가지다). 병렬 처리가 없다면 어떻게 동시성 버전이 더 빠르게 수행될 수 있는가? 답은 makeThumbnails가 의도된 동작을 완료하기 전에 반환하는 것이다. 이 함수는 모든 고루틴을 파일명마다 하나씩 동시에 시작하지만 완료될 때까지 기다리지는 않는다.

고루틴이 완료될 때까지 기다리는 직접적인 방법은 없지만, 대신 내부 고루틴이 외부 고루틴에게 공유된 채널로 이벤트를 보내 완료를 보고하도록 변경할 수 있다. 정확히 len (filenames)만큼의 내부 고루틴이 있다는 것을 알고 있기 때문에 외부 고루틴은 반환하기 전에 그만큼의 이벤트 개수를 세기만 하면 된다.

```go
// makeThumbnails3는 지정된 파일들의 썸네일을 병렬로 생성한다.
func makeThumbnails3(filenames []string) {
    ch := make(chan struct{})
    for _, f := range filenames {
        go func(f string) {
            thumbnail.ImageFile(f) // NOTE: 오류 무시
            ch <- struct{}{}
        }(f)
    }
```

```
    // 고루틴들이 완료될 때까지 대기한다.
    for range filenames {
        <-ch
    }
}
```

바깥쪽 for 루프의 f 선언을 사용하는 대신 리터럴 함수에 f 값을 명시적인 인자로 전달했다.

```
for _, f := range filenames {
    go func() {
        thumbnail.ImageFile(f) // NOTE: 부정확!
        // ...
    }()
}
```

앞의 5.6.1절에서 설명한 익명 함수 안에서 루프 변수가 캡처되는 문제를 생각해보자. 위의 단일 변수 f는 모든 익명 함수 값으로 공유되고 연속된 루프의 반복으로 인해 갱신된다. 새 고루틴이 리터럴 함수를 시작할 때 for 루프가 f를 갱신하고 다른 반복을 시작하거나 (대부분) 루프 자체가 완전히 종료될 수 있으므로 이후의 모든 고루틴이 f 값을 읽을 때는 f에 슬라이스의 마지막 요소 값이 있게 된다. 명시적인 파라미터를 추가하면 go 구문이 실행되는 시점의 f 값을 사용하게 강제할 수 있다.

각 작업자의 고루틴에서 값을 main으로 반환하려면 어떻게 해야 하는가? thumbnail. ImageFile 호출에서 파일 생성에 실패하면 오류를 반환한다. 다음 버전의 makeThumbnails는 크기 변경 작업에서 오류가 발생하면 수신한 첫 번째 오류를 반환한다.

```
// makeThumbnails4는 지정된 파일들의 썸네일을 병렬로 생성한다.
// 중간에 실패하면 오류를 반환한다.
func makeThumbnails4(filenames []string) error {
    errors := make(chan error)

    for _, f := range filenames {
        go func(f string) {
            _, err := thumbnail.ImageFile(f)
            errors <- err
        }(f)
    }

    for range filenames {
        if err := <-errors; err != nil {
            return err // NOTE: 오류: 고루틴 유출!
        }
    }
    return nil
}
```

이 함수에는 미묘한 버그가 있다. 최초에 nil이 아닌 오류를 받으면 오류를 호출자에게 반환하고 errors 채널에서 수신하는 고루틴을 남기지 않는다. 각각의 나머지 작업자 고루틴에서 해당 채널에 값을 보내려고 하면 영구히 대기하고 종료되지 않을 것이다. 이 상황을 고루틴 유출 (8.4.4절)이라 하며, 이로 인해 전체 프로그램이 막히거나 메모리 부족이 발생할 수 있다.

가장 간단한 해결 방법은 충분한 용량의 버퍼 채널을 사용해 어떤 작업자의 고루틴도 메시지를 보낼 때 대기하지 않게 하는 것이다(다른 해결책은 메인 고루틴이 첫 번째 오류를 반환하면서 즉시 다른 고루틴을 생성해 채널을 소진하는 것이다).

다음 버전의 makeThumbnails는 버퍼 채널을 사용해 생성된 이미지 파일명과 오류를 같이 반환한다.

```
// makeThumbnails5는 지정된 파일들의 썸네일을 병렬로 생성한다.
// 생성된 파일명을 임의의 순으로 반환하며
// 중간에 실패하면 오류를 반환한다.
func makeThumbnails5(filenames []string) (thumbfiles []string, err error) {
    type item struct {
        thumbfile string
        err       error
    }

    ch := make(chan item, len(filenames))
    for _, f := range filenames {
        go func(f string) {
            var it item
            it.thumbfile, it.err = thumbnail.ImageFile(f)
            ch <- it
        }(f)
    }

    for range filenames {
        it := <-ch
        if it.err != nil {
            return nil, it.err
        }
        thumbfiles = append(thumbfiles, it.thumbfile)
    }

    return thumbfiles, nil
}
```

다음과 같은 makeThumbnails의 최종 버전은 새 파일이 차지하는 전체 바이트 수를 반환한다. 이전 버전과는 다르게 파일명을 슬라이스가 아닌 문자열 채널로 받기 때문에 루프 반복 회수를 예측할 수 없다.

(마지막으로 시작한 고루틴이 아닐 수도 있는) 마지막 고루틴이 완료될 때를 알려면 각 고루틴이 시작하기 전에 카운터를 증가시키고 각 고루틴이 완료될 때 감소시켜야 한다. 이를 위해서는 여러 고루틴에서 안전하게 변경할 수 있고, 0이 될 때까지 기다리게 할 수 있는 특별한 카운터가 필요하다. 이러한 카운터 타입을 sync.WaitGroup이라 하며, 다음 코드는 그 사용법을 보여준다.

```
// makeThumbnails6는 채널에서 받은 각 파일의 썸네일을 생성한다.
// 생성한 파일이 차지하는 바이트 수를 반환한다.
func makeThumbnails6(filenames <-chan string) int64 {
    sizes := make(chan int64)
    var wg sync.WaitGroup // 구동 중인 고루틴 수
    for f := range filenames {
        wg.Add(1)
        // worker
        go func(f string) {
            defer wg.Done()
            thumb, err := thumbnail.ImageFile(f)
            if err != nil {
                log.Println(err)
                return
            }
            info, _ := os.Stat(thumb) // 오류를 무시해도 됨
            sizes <- info.Size()
        }(f)
    }

    // closer
    go func() {
        wg.Wait()
        close(sizes)
    }()

    var total int64
    for size := range sizes {
        total += size
    }
    return total
}
```

Add와 Done 메소드는 서로 비대칭이다. 카운터를 증가시키는 Add는 작업자의 고루틴 안에서가 아니라 고루틴을 시작하기 전에 호출해야 한다. 그렇지 않으면 Add가 반드시 'closer' 고루틴이 Wait을 호출하기 전에 실행되게 할 수 없을 것이다. 또한 Add는 파라미터를 받지만 Done은 받지 않는다. Done은 Add(-1)과 같다. defer를 사용해 오류가 발생할 때에도 카운터가 감소하게 했다. 위 코드의 구조는 반복 횟수를 모르는 병렬 루프에서 일반적이고 이상적인 패턴이다.

sizes 채널은 각 파일 크기를 메인 고루틴으로 돌려주며, 메인 고루틴에서는 range 루프로 파일 크기를 받고 그 합을 계산한다. sizes 채널을 닫기 전에 작업자가 완료할 때까지 기다리는 closer 고루틴을 어떻게 생성했는지 살펴보라. 대기와 닫기 두 작업은 sizes 루프와 동시에 일어나야 한다. 다른 방법도 살펴보자. 메인 고루틴에서 대기 작업이 루프 전에 위치한다면 끝나지 않을 것이며, 루프 후에 위치한다면 아무도 채널을 닫지 않아서 루프가 완료되지 않으므로 이 코드에 도달할 수 없을 것이다.

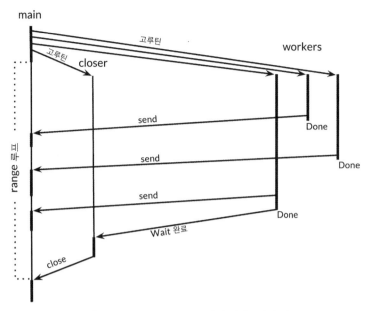

그림 8.5 makeThumbnails6에서 이벤트의 순서

그림 8.5에 makeThumbnails6 함수에서의 이벤트 순서를 표시했다. 세로줄은 고루틴들을 나타낸다. 얇은 부분은 대기 구간이며, 두꺼운 부분은 활동 구간이다. 대각선 화살표는 이벤트가 동기화된 고루틴들을 나타낸다. 시간은 아래로 흐른다. 메인 고루틴은 range 루프에서 작업자가 값을 보내거나 closer가 채널을 닫기를 기다리는 데 대부분의 시간을 보낸다는 것을 알 수 있다.

연습문제 8.4 reverb2 서버가 연결마다 sync.WaitGroup을 사용해 활성화된 echo 고루틴 개수를 세도록 수정하라. 활성화 수가 0이 되면 연습문제 8.3에 설명한 대로 TCP 접속의 쓰기 부분을 닫는다. 이 예제에서 수정한 netcat3 클라이언트가 여러 동시 입력에서 표준 입력이 닫힌 뒤에도 마지막 에코를 대기하는지 확인하라.

연습문제 8.5 3.3절의 만델브로트 프로그램이나 3.2절의 3차원 표면 계산 프로그램과 같이 CPU를 많이 사용하는 순차 프로그램을 선택하고 그 통신에 채널을 사용해 메인 루프를 병렬로 실행하라. 멀티프로세서 시스템에서 얼마나 더 빠르게 실행되는가? 최적의 고루틴 개수는 몇 개인가?

8.6 예제: 동시 웹 크롤러

5.6절에서 너비 우선 순으로 웹 링크 그래프를 탐색하는 간단한 웹 크롤러를 만들었다. 이 절에서는 크롤러에 동시성을 추가해 독립적인 crawl 호출이 웹의 I/O 병렬 처리를 활용할 수 있게 할 것이다. crawl 함수는 gopl.io/ch5/findlinks3에서와 동일하다.

gopl.io/ch8/crawl1

```go
func crawl(url string) []string {
    fmt.Println(url)
    list, err := links.Extract(url)
    if err != nil {
        log.Print(err)
    }
    return list
}
```

main 함수는 breadthFirst(5.6절)와 유사하다. 이전과 같이 작업 목록에 작업이 필요한 항목의 큐를 기록하며, 각 항목은 크롤링할 URL의 목록이지만 이번에는 슬라이스 대신 채널이 큐를 나타낸다. crawl 호출은 독자적인 고루틴에서 일어나며, 발견한 링크를 작업 목록으로 돌려준다.

```go
func main() {
    worklist := make(chan []string)

    // 커맨드라인 인자로 시작
    go func() { worklist <- os.Args[1:] }()

    // 웹을 동시에 탐색
    seen := make(map[string]bool)
    for list := range worklist {
        for _, link := range list {
            if !seen[link] {
                seen[link] = true
                go func(link string) {
                    worklist <- crawl(link)
                }(link)
            }
        }
    }
}
```

크롤링하는 고루틴은 link를 명시적인 파라미터로 받아서 5.6.1절에서 살펴본 루프 변수 캡처 문제를 방지하고 있다. 또한 최초의 작업 목록에 커맨드라인 인수를 보내는 과정은 자신의 고루틴에서 수행돼야만 메인 고루틴과 크롤러 고루틴이 아무도 받지 않을 때 서로에게 보내려는 교착 상태인 데드락deadlock을 방지할 수 있다. 다른 해결책은 버퍼 채널을 사용하는 것이다.

지금의 크롤러는 높은 동시성을 갖고 URL을 마구잡이로 출력하지만 두 가지 문제점이 있다. 첫 번째 문제는 몇 초간 실행된 뒤의 로그에 오류 메시지로 스스로를 드러낸다.

```
$ go build gopl.io/ch8/crawl1
$ ./crawl1 http://gopl.io/
http://gopl.io/
https://golang.org/help/
```

```
https://golang.org/doc/
https://golang.org/blog/
...
2015/07/15 18:22:12 Get ...: dial tcp: lookup blog.golang.org: no such host
2015/07/15 18:22:12 Get ...: dial tcp 23.21.222.120:443: socket:
                                                too many open files
...
```

최초 오류 메시지는 확실한 도메인에 대한 DNS 조회 실패라는 놀랄 만한 보고다. 그 후의 오류 메시지가 원인을 밝힌다. 이 프로그램은 과도한 네트워크 연결을 동시에 수행하기 때문에 프로세스당 열린 파일 개수 제한을 초과해 DNS 조회나 net.Dial 호출 등의 작업이 실패했다.

이 프로그램은 지나치게 병렬적이다. 시스템에는 항상 연산 위주 부하에서 CPU 코어 개수, 로컬 디스크 I/O 작업 시 스핀들이나 헤드 개수, 스트리밍 부하 시 네트워크 대역폭이나 웹 서비스의 허용 용량 등의 제약 조건이 있기 때문에 무제한의 병렬성이 나은 경우는 거의 없다. 해결 방법은 병렬 처리 개수를 제한해 가용한 리소스의 병렬성 기준을 맞추는 것이다. 이 예제에서의 간단한 방법은 이를테면 n이 파일 디스크립터의 최대 개수보다 20개 정도 적은 수라고 할 때 한 번에 n개 이상의 links.Extract 호출이 활성화되지 않게 하는 것이다. 이는 붐비는 나이트클럽의 도어맨이 다른 손님이 퇴장했을 때에만 입장을 받는 것과 유사하다.

용량이 n인 버퍼 채널로 카운팅 세마포어라는 기초적인 동시성 모델을 만들어 병렬성을 제한할 수 있다. 개념적으로 채널 버퍼의 빈 슬롯 n개는 각각 처리 수행 주체에 대한 토큰을 나타낸다. 채널에 값을 송신하면 토큰을 획득하고, 채널에서 값을 수신하면 토큰을 해제해 새 빈 슬롯을 만든다. 이렇게 해 최대 n개의 송신 작업이 수신 작업의 개입 없이 일어나게 한다(채널 버퍼의 차 있는 슬롯을 토큰으로 간주하는 것이 더 직관적이지만 대신 빈 슬롯을 사용하면 생성 후 채널 버퍼를 채울 필요가 없다). 채널 요소 타입은 중요하지 않으므로 크기가 0인 struct{}를 사용한다.

토큰을 획득하고 해제하는 작업으로 links.Extract 호출을 제한해 한 번에 최대 20번의 호출만 일어나게 crawl 함수를 재작성해보자. 세마포어 연산은 최대한 제한하는 I/O 연산과 가까이 있는 것이 좋다.

gopl.io/ch8/crawl2
```
    // tokens는 최대 20개의 동시 요청을 강제하는
    // 카운팅 세마포어다.
    var tokens = make(chan struct{}, 20)

    func crawl(url string) []string {
        fmt.Println(url)
        tokens <- struct{}{} // 토큰 획득
        list, err := links.Extract(url)
        <-tokens // 토큰 해제
```

```
        if err != nil {
            log.Print(err)
        }
        return list
    }
```

두 번째 문제는 프로그램이 초기 URL에서 도달 가능한 모든 링크를 찾은 후에도 종료되지 않는다는 것이다(물론 초기 URL을 주의 깊게 선택하거나 연습문제 8.6의 깊이 제한 기능을 구현하지 않았다면 이 문제를 발견하지 못했을 것이다). 프로그램이 종료되려면 작업 목록이 비어 있고 활성화된 크롤링 고루틴이 없을 때 메인 루프에서 빠져나와야 한다.

```
func main() {
    worklist := make(chan []string)
    var n int // 작업 목록에 대기 중인 작업 개수

    // 커맨드라인 인수로 시작
    n++
    go func() { worklist <- os.Args[1:] }()

    // 웹을 동시에 탐색
    seen := make(map[string]bool)
    for ; n > 0; n-- {
        list := <-worklist
        for _, link := range list {
            if !seen[link] {
                seen[link] = true
                n++
                go func(link string) {
                    worklist <- crawl(link)
                }(link)
            }
        }
    }
}
```

이 버전에서는 카운터 n으로 작업 목록에 보냈지만 아직 수행되지 않은 작업의 개수를 추적한다. 항목을 작업 목록에 전송해야 할 때마다 n을 증가시키며, 한 번은 최초의 커맨드라인 인자들을 보내기 전이고 그 후 크롤러 고루틴을 시작할 때마다 반복된다. n이 0이면 더 이상 수행할 작업이 없으므로 메인 루프가 종료된다.

이제 동시 크롤러는 오류 없이 5.6절의 너비 우선 크롤러보다 20배 빠르게 동작하며, 작업을 완료해야 하는 경우 제대로 종료된다.

다음 프로그램은 과도한 동시성의 문제에 대한 또 다른 해결책을 보여준다. 이 버전은 카운팅 세마포어가 없는 원본 crawl 함수를 사용하지만, 이 함수를 20개의 크롤러 고루틴에서 호출해 한 번에 최대 20개의 HTTP 요청만 발생하게 한다.

```
func main() {
    worklist := make(chan []string)  // URL 목록. 중복이 있을 수 있음
    unseenLinks := make(chan string) // URL 중복 제거

    // 커맨드라인 인자를 작업 목록에 추가
    go func() { worklist <- os.Args[1:] }()

    // 20개의 고루틴을 생성해 찾아보지 않은 항목을 탐색
    for i := 0; i < 20; i++ {
        go func() {
            for link := range unseenLinks {
                foundLinks := crawl(link)
                go func() { worklist <- foundLinks }()
            }
        }()
    }

    // 메인 고루틴은 작업 목록의 항목에서 중복을 제거하고
    // 아직 찾아보지 않은 항목을 크롤러에 보낸다.
    seen := make(map[string]bool)
    for list := range worklist {
        for _, link := range list {
            if !seen[link] {
                seen[link] = true
                unseenLinks <- link
            }
        }
    }
}
```

크롤러 고루틴은 모두 같은 채널인 unseenLinks에서 메시지를 받는다. 메인 고루틴은 수신한 항목이 작업 목록에 중복되지 않게 하며, 각 작업 대상 항목을 unseenLinks 채널을 통해 크롤러 고루틴으로 전달한다.

seen 맵은 메인 고루틴 내에 제한된다. 즉 이 맵은 메인 고루틴에서만 접근할 수 있다. 제한은 다른 정보 은닉 방식과 마찬가지로 프로그램의 정확성을 보장할 수 있게 한다. 예를 들어 지역 변수는 선언된 함수 외부에서 이름으로 참조할 수 없다. 함수에서 탈출하지 않은 변수(2.3.4절)는 함수 외부에서 접근할 수 없다. 그리고 객체의 캡슐화된 필드는 해당 객체의 메소드 외에는 접근할 수 없다. 정보 은닉은 이 모든 경우에 프로그램 내의 의도되지 않은 상호작용을 제한할 수 있게 한다.

crawl로 찾은 링크는 전용 고루틴에서 작업 목록으로 전달돼 교착 상태를 방지한다.

이 예제에서는 공간을 절약하기 위해 종료 문제를 다루지 않았다.

연습문제 8.6 동시 크롤러에 깊이 제한을 추가하라. 사용자가 -depth=3을 설정하면 최대 3개의 링크로 접근 가능한 URL만 가져오게 하라.

연습문제 8.7 웹사이트의 로컬 미러를 생성하는 동시성 프로그램을 작성해 접근 가능한 각 페이지를 가져와서 로컬 디스크의 디렉토리에 기록하라. 원본 도메인 내의 페이지만(예를

들면 golang.org) 가져와야 한다. 미러된 페이지의 URL은 필요시 원본이 아닌 미러 페이지를
참조하게 변경해야 한다.

8.7 select를 통한 다중화

다음 프로그램은 로켓 발사 시 카운트다운을 수행한다. time.Tick 함수는 이벤트를 주기적
으로 보내서 메트로놈처럼 동작하는 채널을 반환한다. 각 이벤트의 값은 타임스탬프이지만
값의 내용은 전달되는 이벤트에 비해 중요하지 않다.

gopl.io/ch8/countdown1
```
func main() {
    fmt.Println("Commencing countdown.")
    tick := time.Tick(1 * time.Second)
    for countdown := 10; countdown > 0; countdown-- {
        fmt.Println(countdown)
        <-tick
    }
    launch()
}
```

이제 카운트다운 중에 리턴 키를 눌러서 발사를 중단하는 기능을 추가해보자. 먼저 표준 입력
에서 한 바이트를 읽는 고루틴을 시작하고 읽기에 성공하면 abort라는 채널에 값을 보낸다.

gopl.io/ch8/countdown2
```
abort := make(chan struct{})
go func() {
    os.Stdin.Read(make([]byte, 1)) // 한 바이트 읽기
    abort <- struct{}{}
}()
```

이제 카운트다운 루프의 각 반복에서 둘 중 하나의 채널에 이벤트가 도착하기를 기다려야
한다. 모든 것이 정상일 때는(NASA 용어로 'nominal') ticker 채널에, '비정상'일 때는 abort 채널
에 이벤트가 발생한다. 어떤 작업을 먼저 하더라도 완료될 때까지 대기하기 때문에 단순히
각각의 채널에서 한 번씩 이벤트를 받을 수는 없다. 이러한 작업은 select 구문을 사용해
다중화multiplexing해야 한다.

```
select {
case <-ch1:
    // ...
case x := <-ch2:
    // ...x 사용...
case ch3 <- y:
    // ...
default:
    // ...
}
```

select문의 일반적인 형태는 이와 같다. 여기에는 switch문처럼 여러 케이스와 부가적인 default 케이스가 있다. 각 케이스는 통신(특정 채널에서의 송신 또는 수신 작업)과 관련된 구문 블록을 지정한다. 수신 표현식은 첫 번째 케이스에서처럼 독자적으로 나타나거나 두 번째 케이스에서처럼 짧은 변수 선언으로 나타난다. 두 번째 형태로 수신된 값을 참조할 수 있다.

select는 일부 케이스의 통신이 진행할 수 있을 때까지 대기한다. 그 후 해당 통신을 수행하고 케이스에 연관된 문장을 실행한다. 다른 통신은 발생하지 않는다. 케이스가 없는 select인 select{}는 영구히 대기한다.

이제 로켓 발사 프로그램으로 돌아가 보자. time.After 함수는 즉시 채널을 반환하고 지정된 시간 이후 해당 채널에 값을 한 개 전달하는 새 고루틴을 시작한다. 다음 select문은 abort 이벤트나 10초가 지났음을 알리는 이벤트 중 먼저 도착하는 이벤트를 기다린다. 중단 없이 10초가 지나면 발사가 시작된다.

```go
func main() {
    // ...abort 채널 생성...

    fmt.Println("Commencing countdown.  Press return to abort.")
    select {
    case <-time.After(10 * time.Second):
        // 아무것도 하지 않음
    case <-abort:
        fmt.Println("Launch aborted!")
        return
    }
    launch()
}
```

다음 예제는 더 미묘하다. 버퍼 크기가 1인 채널 ch는 가득 차 있거나 비어 있거나 둘 중 하나이므로 i가 짝수일 때 송신하거나 i가 홀수일 때 수신하는 두 케이스 중 한 가지만 수행할 수 있다. 이 예제는 항상 0 2 4 6 8을 출력한다.

```go
ch := make(chan int, 1)
for i := 0; i < 10; i++ {
    select {
    case x := <-ch:
        fmt.Println(x) // "0" "2" "4" "6" "8"
    case ch <- i:
    }
}
```

여러 케이스가 준비 상태라면 select는 임의로 하나를 선택해 모든 채널이 같은 비율로 선택되게 한다. 이전 예제에서 버퍼 크기를 증가시키면 버퍼가 차 있지도 비어 있지도 않은 상태에서의 select문은 비유하자면 동전을 던지는 것과 마찬가지이므로 출력을 예상할 수 없게 된다.

발사 프로그램이 카운트다운을 출력하게 해보자. 다음 select문은 각 루프의 반복에서 1초까지만 abort를 기다리게 한다.

gopl.io/ch8/countdown3
```go
func main() {
    // ...abort 채널 생성...

    fmt.Println("Commencing countdown.  Press return to abort.")
    tick := time.Tick(1 * time.Second)
    for countdown := 10; countdown > 0; countdown-- {
        fmt.Println(countdown)
        select {
        case <-tick:
            // 아무것도 하지 않음
        case <-abort:
            fmt.Println("Launch aborted!")
            return
        }
    }
    launch()
}
```

time.Tick 함수는 루프에서 time.Sleep을 호출하고 깨어날 때마다 이벤트를 보내는 고루틴과 유사하게 동작한다. 위의 카운트다운 함수는 반환된 후 tick에서 더 이상 이벤트를 받지 않지만 티커ticker 고루틴은 여전히 활성화돼 있어서 아무도 수신하지 않는 고루틴으로 쓸데없이 이벤트를 보낸다(고루틴 유출, 8.4.4절).

Tick 함수는 편리하지만 전체 애플리케이션에 걸쳐 틱tick이 필요할 때에만 적합하다. 그렇지 않다면 다음 패턴을 사용해야 한다.

```go
ticker := time.NewTicker(1 * time.Second)
<-ticker.C // 티커 채널에서 수신
ticker.Stop() // 티커의 고루틴 종료
```

때로는 채널이 준비되지 않았을 때에도 대기하지 않고 송신이나 수신을 하고 싶을 수 있다(대기 없는 통신non-blocking communication). select문으로 이 작업도 할 수 있다. select는 다른 모든 통신을 즉시 수행할 수 없을 때 실행되는 default 케이스를 가질 수 있다.

다음 select문은 수신할 값이 있는 경우 abort 채널에서 수신한다. 그렇지 않으면 아무것도 하지 않는다. 이것이 대기 없는 수신이다. 주기적으로 수행하는 것을 채널 폴링channel polling이라 한다.

```go
select {
case <-abort:
    fmt.Printf("Launch aborted!\n")
    return
default:
    // 아무것도 하지 않음
}
```

채널의 제로 값은 nil이다. 놀랍게도 nil 채널이 유용할 때가 있다. nil 채널로의 송수신 동작은 영구히 대기하므로 select문에서 케이스의 채널이 nil이면 선택되지 않는다. 이를 이용해 nil로 시간 초과나 취소, 다른 입력 이벤트에 응답, 결과 출력 등의 케이스를 활성화하거나 비활성화할 수 있다. 다음 절에서 그 예제를 살펴볼 것이다.

연습문제 8.8 select문으로 8.3절의 에코 서버에 타임아웃을 추가해 10초 동안 아무런 요청이 없는 클라이언트의 접속을 해제하라.

8.8 예제: 동시 디렉토리 탐색

이 절에서는 유닉스의 du 명령처럼 커맨드라인에서 지정된 디렉토리의 디스크 사용량을 보고하는 프로그램을 만들 것이다. 대부분의 작업은 dir 디렉토리를 dirents 도우미 함수로 순회하는 다음과 같은 walkDir 함수가 수행한다.

gopl.io/ch8/du1
```
// walkDir은 dir부터 파일 트리를 재귀적으로 탐색하며
// 찾은 파일의 크기를 fileSizes로 보낸다.
func walkDir(dir string, fileSizes chan<- int64) {
    for _, entry := range dirents(dir) {
        if entry.IsDir() {
            subdir := filepath.Join(dir, entry.Name())
            walkDir(subdir, fileSizes)
        } else {
            fileSizes <- entry.Size()
        }
    }
}

// dirents은 dir 디렉토리의 항목을 반환한다.
func dirents(dir string) []os.FileInfo {
    entries, err := ioutil.ReadDir(dir)
    if err != nil {
        fmt.Fprintf(os.Stderr, "du1: %v\n", err)
        return nil
    }
    return entries
}
```

ioutil.ReadDir 함수는 os.FileInfo 슬라이스를 반환한다(단일 파일에 대한 os.Stat 호출의 결과와 같다). walkDir은 각 하위 디렉토리에서 스스로를 재귀적으로 호출하고 각 파일에서 fileSizes 채널에 메시지를 보낸다. 메시지는 바이트 단위 파일 크기다.

다음 main 함수는 두 개의 고루틴을 사용한다. 백그라운드 고루틴은 커맨드라인에서 지정된 각 디렉토리에 walkDir을 호출하고 마지막으로 fileSizes 채널을 닫는다. 메인 고루틴은 채널에서 받은 파일 크기의 합을 계산한 후 마지막으로 총합을 출력한다.

```
// du1 명령은 디렉토리 안의 파일의 디스크 사용량을 계산한다.
package main

import (
    "flag"
    "fmt"
    "io/ioutil"
    "os"
    "path/filepath"
)

func main() {
    // 최초 디렉토리를 정한다.
    flag.Parse()
    roots := flag.Args()
    if len(roots) == 0 {
        roots = []string{"."}
    }

    // 파일 트리 탐색
    fileSizes := make(chan int64)
    go func() {
        for _, root := range roots {
            walkDir(root, fileSizes)
        }
        close(fileSizes)
    }()

    // 결과 출력
    var nfiles, nbytes int64
    for size := range fileSizes {
        nfiles++
        nbytes += size
    }
    printDiskUsage(nfiles, nbytes)
}

func printDiskUsage(nfiles, nbytes int64) {
    fmt.Printf("%d files  %.1f GB\n", nfiles, float64(nbytes)/1e9)
}
```

이 프로그램은 결과를 출력하기 전에 오랫동안 멈춰 있다.

```
$ go build gopl.io/ch8/du1
$ ./du1 $HOME /usr /bin /etc
213201 files  62.7 GB
```

이 프로그램이 진행 과정을 알려주면 더 좋을 것이다. 그러나 단순히 루프 안으로 printDiskUsage 호출을 옮기면 수천 줄의 출력이 발생할 것이다.

다음과 같은 du의 변형에서는 모든 사용자가 진행 메시지를 보고 싶어 하진 않을 것이므로 -v 플래그가 지정된 경우에만 주기적으로 총합을 출력한다. roots를 순회하는 백그라운드 고루틴은 그대로다. 이제 메인 고루틴은 티커를 사용해 500ms마다 이벤트를 생성하고 select문으로 이벤트를 기다리다가 파일 크기 메시지가 오면 총합을 갱신하고 틱 이벤트가 오면 현재의 총합을 출력한다. -v 플래그가 지정되지 않으면 tick 채널은 nil로 남아 있고, 이때의 select 케이스는 효율적으로 비활성화된다.

```
gopl.io/ch8/du2
    var verbose = flag.Bool("v", false, "show verbose progress messages")

    func main() {
        // ...백그라운드 고루틴 시작...

        // 주기적으로 결과 출력
        var tick <-chan time.Time
        if *verbose {
            tick = time.Tick(500 * time.Millisecond)
        }
        var nfiles, nbytes int64
    loop:
        for {
            select {
            case size, ok := <-fileSizes:
                if !ok {
                    break loop // fileSizes가 닫혔음
                }
                nfiles++
                nbytes += size
            case <-tick:
                printDiskUsage(nfiles, nbytes)
            }
        }
        printDiskUsage(nfiles, nbytes) // 최종 총합
    }
```

이 프로그램은 더 이상 range 루프를 사용하지 않으므로 첫 번째 select 케이스의 수신 작업에서 두 개의 결과를 받는 형태를 사용해 fileSizes 채널이 닫혔는지를 명시적으로 확인해야 한다. 채널이 닫힌 경우 프로그램이 루프에서 빠져나온다. 레이블이 붙은 break문 은 select문과 for 루프를 모두 빠져나온다. 레이블이 없는 break였다면 select만 빠져나 와서 다음 반복에 다시 루프가 시작됐을 것이다.

이제 이 프로그램은 갱신 상태를 천천히 보여준다.

```
$ go build gopl.io/ch8/du2
$ ./du2 -v $HOME /usr /bin /etc
28608 files  8.3 GB
54147 files  10.3 GB
93591 files  15.1 GB
127169 files  52.9 GB
175931 files  62.2 GB
213201 files  62.7 GB
```

그러나 여전히 완료될 때까지 너무 오래 걸린다. 모든 walkDir 호출을 동시에 하지 못할 이유가 없으므로 디스크 시스템에 병렬성을 추가하자. 다음 세 번째 버전의 du는 walkDir 을 호출할 때마다 새 고루틴을 만든다. 이 버전은 sync.WaitGroup(8.5절)으로 활성화된

walkDir 호출의 수를 세고 closer 고루틴에서 카운터가 0이 됐을 때 fileSizes 채널을 닫는다.

gopl.io/ch8/du3

```go
func main() {
    // ...루트 결정...

    // 파일 트리의 각 루트를 병렬로 탐색
    fileSizes := make(chan int64)
    var n sync.WaitGroup
    for _, root := range roots {
        n.Add(1)
        go walkDir(root, &n, fileSizes)
    }
    go func() {
        n.Wait()
        close(fileSizes)
    }()
    // ...select 루프...
}

func walkDir(dir string, n *sync.WaitGroup, fileSizes chan<- int64) {
    defer n.Done()
    for _, entry := range dirents(dir) {
        if entry.IsDir() {
            n.Add(1)
            subdir := filepath.Join(dir, entry.Name())
            go walkDir(subdir, n, fileSizes)
        } else {
            fileSizes <- entry.Size()
        }
    }
}
```

이 프로그램은 피크 시 수천 개의 고루틴을 생성하기 때문에 8.6절의 웹 크롤러에서와 마찬가지로 dirents에 카운팅 세마포어를 사용해 너무 많은 파일을 동시에 열지 않도록 변경해야 한다.

```go
// sema는 dirents의 동시성을 제한하기 위한 카운팅 세마포어다.
var sema = make(chan struct{}, 20)

// dirents는 dir디렉토리의 항목을 반환한다.
func dirents(dir string) []os.FileInfo {
    sema <- struct{}{}        // 토큰 획득
    defer func() { <-sema }() // 토큰 해제
    // ...
```

이 버전은 시스템에 따라 많이 다를 수는 있지만 이전 버전보다 수 배 빠르게 실행된다.

연습문제 8.9 각 root 디렉토리별 총합을 계산하고 주기적으로 출력하는 du 버전을 작성하라.

8.9 취소

때로는 고루틴이 현재 수행 중인 작업을 중지하게 지시할 필요가 있으며, 예를 들면 클라이언트 대신 계산을 수행하는 웹 서버에서 클라이언트의 접속이 끊긴 경우가 있다.

모든 공유된 변수가 정의되지 않은 상태로 바뀌기 때문에 한 고루틴이 다른 고루틴을 직접 종료할 수는 없다. 로켓 발사 프로그램(8.7절)에서는 abort라는 채널에 값을 하나 보내서 카운트다운 고루틴이 스스로를 중단하게 요청했다. 그러나 두 개 또는 임의의 개수의 고루틴을 취소할 때는 어떻게 해야 하는가?

한 가지 방법은 abort 채널에 취소할 고루틴 개수만큼의 이벤트를 보내는 것이다. 그러나 고루틴 중 일부가 이미 스스로를 종료한 경우에는 카운트^{count}가 너무 커져서 송신 작업을 더 이상 진행할 수 없을 것이다. 반대로 이런 고루틴이 다른 고루틴을 생성했다면 카운트가 너무 적어서 일부 고루틴은 취소 사실을 모른 채 남아있을 것이다. 일반적으로 특정 시간에 얼마나 많은 고루틴이 동작 중인지는 알기 어렵다. 게다가 한 고루틴이 abort 채널에서 값을 받으면 이 값을 소진하기 때문에 다른 고루틴에서는 값을 볼 수 없다. 취소의 경우에는 채널에 이벤트를 브로드캐스트해 여러 고루틴에서 취소 이벤트가 발생한 것을 볼 수 있고 나중에도 이벤트가 발생했었다는 것을 볼 수 있는 안정적인 메커니즘이 필요하다.

채널이 닫히고 송신된 모든 값을 소진한 이후에는 수신 작업이 즉시 수행되고 제로 값을 반환하던 것을 떠올려보자. 이 기능을 이용해 브로드캐스트 메커니즘을 만들 수 있다. 채널에 값을 보내는 대신 닫는 것이다.

이전 절의 du 프로그램에 간단한 몇 가지 변경으로 취소 기능을 추가할 수 있다. 먼저 어떤 값도 보내지지 않지만 닫히면 프로그램이 하던 일을 중단하도록 알리는 취소 채널을 생성한다. 또한 호출 시점의 취소 상태를 확인하거나 폴링하는 유틸리티 함수인 cancelled를 정의할 것이다.

gopl.io/ch8/du4

```
var done = make(chan struct{})

func cancelled() bool {
    select {
    case <-done:
        return true
    default:
        return false
    }
}
```

다음으로 보통 터미널에 연결돼 표준 입력을 읽는 고루틴을 생성한다. 입력을 읽는 대로(예를 들어 사용자가 리턴 키를 누르면) 이 고루틴은 done 채널을 닫아서 취소 상태를 브로드캐스트한다.

```
// 입력이 감지되면 탐색을 취소한다.
go func() {
    os.Stdin.Read(make([]byte, 1)) // 한 바이트 읽기
    close(done)
}()
```

이제 취소에 응답하는 고루틴을 만들어야 한다. 메인 고루틴의 select문에 done 채널에서 수신을 시도하는 세 번째 케이스를 추가한다. main 함수는 이 케이스가 선택되면 반환되지만 반환되기 전에 fileSizes 채널을 소진해 채널이 닫힐 때까지의 모든 값을 폐기해야 한다. 이 작업은 활성화된 walkDir 호출에서 fileSizes 송신을 대기하지 않고 실행이 완료되게 하기 위한 것이다.

```
for {
    select {
    case <-done:
        // 기존의 고루틴이 완료되도록 fileSizes를 소진한다.
        for range fileSizes {
            // 아무것도 하지 않음
        }
        return
    case size, ok := <-fileSizes:
        // ...
    }
}
```

walkDir 고루틴은 시작 시 취소 상태를 폴링하고 취소 상태이면 아무것도 하지 않고 반환한다. 이렇게 해서 취소 이후 생성된 모든 고루틴이 아무 작업도 하지 않게 한다.

```
func walkDir(dir string, n *sync.WaitGroup, fileSizes chan<- int64) {
    defer n.Done()
    if cancelled() {
        return
    }
    for _, entry := range dirents(dir) {
        // ...
    }
}
```

walkDir의 루프 안에서 취소 상태를 다시 폴링해 취소 이벤트 이후 더 이상 고루틴을 생성하지 않게 하는 것이 도움이 될 수 있다. 취소에는 희생이 따른다. 빠르게 응답하려면 종종 프로그램 로직에 더 많이 관여해야 한다. 취소 이벤트 후 고비용의 작업이 더 이상 시작되지 않게 하려면 코드에서 여러 부분을 고쳐야 하지만, 대부분의 경우 일부 중요한 부분에서만 취소 상태를 확인하면 된다.

이 프로그램을 간단하게 조사해보면 dirents에서 세마포어 토큰을 얻을 때 병목현상이 발생한다는 것을 알 수 있다. 다음과 같은 select는 이 작업을 취소할 수 있게 해서 취소에 걸리는 시간을 보통의 수백 밀리초에서 10밀리초로 줄였다.

```
func dirents(dir string) []os.FileInfo {
    select {
    case sema <- struct{}{}: // 토큰 획득
    case <-done:
        return nil // 취소됨
    }
    defer func() { <-sema }() // 토큰 해제

    // ...디렉토리 읽기...
}
```

이제 취소가 일어나면 모든 백그라운드 고루틴이 더 빠르게 중지되고 main 함수로 돌아간다. 물론 main이 반환되면 프로그램이 종료되므로 main 함수가 스스로를 정리하는지 여부를 알기는 어렵다. 테스트할 때 사용할 수 있는 편리한 방법이 있다. 취소 이벤트 시 main에서 반환하는 대신 panic을 호출하면 런타임이 프로그램 내의 모든 고루틴 스택 전체를 보여준다. 메인 고루틴만 남아 있다면 이후에 스스로 정리할 것이다. 하지만 다른 고루틴들이 남아 있다면 제대로 취소되지 않았거나, 취소됐지만 취소에 시간이 걸렸을 수 있다. 간단하게 조사해볼 가치가 있을 것이다. 패닉 덤프에는 이러한 경우를 구별하기에 충분한 정보가 종종 포함돼 있다.

연습문제 8.10 HTTP 요청은 http.Request 구조체의 부가적인 Cancel 채널을 닫아서 취소할 수 있다. 8.6절의 웹 크롤러가 취소할 수 있게 수정하라.

힌트: 편의 함수 http.Get은 Request를 사용자가 직접 수정할 수 없다. 대신 http.NewRequest로 요청을 생성하고 Cancel 필드를 지정한 후 http.DefaultClient.Do(req)를 호출해 요청을 수행하라.

연습문제 8.11 8.4.4절의 mirroredQuery 접근 방법에 따라 여러 URL로 동시에 요청을 보내는 fetch의 변형을 구현하라. 첫 번째 응답이 도착하는 대로 다른 요청을 취소하라.

8.10 예제: 채팅 서버

여러 사용자가 서로에게 텍스트 메시지를 브로드캐스트할 수 있게 하는 채팅 서버로 8장을 마무리한다. 이 프로그램에는 네 가지 종류의 고루틴이 있다. main과 broadcaster 고루틴에 인스턴스가 하나씩 있고, 각 클라이언트 접속마다 handleConn 한 개와 clientWriter 한 개가 있다. 브로드캐스터는 세 가지 종류의 메시지에 응답해야 하기 때문에 select의 사용법을 설명하기 좋다.

다음과 같은 메인 고루틴의 역할은 클라이언트에서 들어오는 네트워크 접속 요청을 수신하고 연결하는 것이다. main은 각 연결마다 8장의 시작부분에서 살펴본 동시 에코 서버에서처럼 새 handleConn 고루틴을 만든다.

gopl.io/ch8/chat

```
func main() {
    listener, err := net.Listen("tcp", "localhost:8000")
    if err != nil {
        log.Fatal(err)
    }

    go broadcaster()
    for {
        conn, err := listener.Accept()
        if err != nil {
            log.Print(err)
            continue
        }
        go handleConn(conn)
    }
}
```

다음은 브로드캐스터다. 지역 변수 `clients`는 현재 접속된 클라이언트들의 집합을 기록한다. 각 클라이언트에 대해 기록하는 유일한 정보는 나중에 살펴볼 송신 메시지 채널의 식별자다.

```
type client chan<- string // 나가는 메시지 채널

var (
    entering = make(chan client)
    leaving  = make(chan client)
    messages = make(chan string) // 수신된 모든 클라이언트 메시지
)

func broadcaster() {
    clients := make(map[client]bool) // 모든 접속된 클라이언트
    for {
        select {
        case msg := <-messages:
            // 수신된 메시지를 모든 클라이언트로 나가는
            // 메시지 채널에 브로드캐스트한다.
            for cli := range clients {
                cli <- msg
            }
        case cli := <-entering:
            clients[cli] = true
        case cli := <-leaving:
            delete(clients, cli)
            close(cli)
        }
    }
}
```

브로드캐스터는 클라이언트가 들어오고 나가는 것을 알리기 위해 전역 `entering` 채널과 `leaving` 채널을 수신한다. 이러한 이벤트 중 하나를 수신하면 `clients` 집합을 갱신하고, 수신한 이벤트가 퇴장이었다면 클라이언트로 나가는 메시지 채널을 닫는다. 또한 브로드캐

스터는 각 클라이언트가 모든 메시지를 보내는 전역 messages 채널 이벤트도 수신한다. 브로드캐스터가 이러한 이벤트 중 하나를 수신하면 접속하고 있는 모든 클라이언트로 메시지를 브로드캐스트한다.

이제 클라이언트별 고루틴을 살펴보자. handleConn 함수는 클라이언트에게 나가는 메시지 채널을 새로 생성하고 이 클라이언트의 입장을 entering 채널로 브로드캐스터에게 알린다. 그 다음 클라이언트가 보내는 모든 텍스트를 읽고 줄 단위로 송신자의 식별자를 앞에 붙인 후 전역 수신 메시지 채널을 통해 브로드캐스터에게 전달한다. 클라이언트에게서 더 이상 읽을 메시지가 없으면 handleConn은 leaving 채널로 클라이언트의 퇴장을 알리고 연결을 닫는다.

```go
func handleConn(conn net.Conn) {
    ch := make(chan string) // 나가는 클라이언트 메시지
    go clientWriter(conn, ch)

    who := conn.RemoteAddr().String()
    ch <- "You are " + who
    messages <- who + " has arrived"
    entering <- ch

    input := bufio.NewScanner(conn)
    for input.Scan() {
        messages <- who + ": " + input.Text()
    }
    // NOTE: input.Err()에서의 잠재적인 오류 무시

    leaving <- ch
    messages <- who + " has left"
    conn.Close()
}

func clientWriter(conn net.Conn, ch <-chan string) {
    for msg := range ch {
        fmt.Fprintln(conn, msg) // NOTE: 네트워크 오류 무시
    }
}
```

또한 handleConn은 클라이언트마다 clientWriter 고루틴을 생성해 클라이언트의 송신 메시지 채널로 브로드캐스트된 메시지를 받고, 받은 메시지를 클라이언트의 네트워크 연결에 쓴다. 클라이언트의 쓰는 루프는 브로드캐스터가 leaving 알림을 받고 채널을 닫을 때 종료된다.

다음은 한 컴퓨터에서 별도의 창에 있는 두 클라이언트가 netcat으로 채팅할 때 서버의 동작을 표시한 것이다.

```
$ go build gopl.io/ch8/chat
$ go build gopl.io/ch8/netcat3
```

```
$ ./chat &
$ ./netcat3
You are 127.0.0.1:64208
127.0.0.1:64211 has arrived        $ ./netcat3
Hi!                                You are 127.0.0.1:64211
127.0.0.1:64208: Hi!
                                   127.0.0.1:64208: Hi!
                                   Hi yourself.
127.0.0.1:64211: Hi yourself.      127.0.0.1:64211: Hi yourself.
^C
                                   127.0.0.1:64208 has left

$ ./netcat3
You are 127.0.0.1:64216              127.0.0.1:64216 has arrived
                                     Welcome.
127.0.0.1:64211: Welcome.           127.0.0.1:64211: Welcome.
                                     ^C
127.0.0.1:64211 has left
```

이 프로그램은 n명의 클라이언트에게 채팅 세션을 호스팅하면서 $2n+2$개의 동시에 통신하는 고루틴을 구동하지만, 명시적인 잠금 작업(9.2절)은 필요하지 않다. clients 맵은 단일 고루틴인 브로드캐스터에 한정되므로 동시에 접근할 수 없다. 여러 고루틴에서 공유하는 유일한 변수는 채널과 net.Conn의 인스턴스이며, 둘 다 동시에 접근할 수 있다. 제한, 동시성 안전, 고루틴 간 변수 공유의 의미에 대해서는 9장에서 자세히 알아본다.

연습문제 8.12 새 클라이언트가 입장할 때마다 현재의 클라이언트 목록을 브로드캐스터가 알리게 하라. 이렇게 하려면 clients 목록이 필요하며, entering과 leaving 채널에서 클라이언트의 이름도 기록해야 한다.

연습문제 8.13 채팅 서버가 마지막 5분 안에 어떤 메시지도 전송하지 않는 등의 유휴 클라이언트의 접속을 해제하게 하라. 힌트: 다른 고루틴에서 conn.Close()를 호출하면 input.Scan() 등에 의해 활성화된 Read 호출로 인한 대기 상태를 해제한다.

연습문제 8.14 각 클라이언트가 입장 시 이름을 제공하게 채팅 서버의 네트워크 프로토콜을 변경하라. 각 메시지에 붙이는 송신자의 식별자로 네트워크 주소 대신 이 이름을 사용하라.

연습문제 8.15 한 클라이언트 프로그램에서 적시에 데이터를 읽지 못하면 궁극적으로 모든 클라이언트가 멈추게 된다. 클라이언트로 쓰는 고루틴에서 쓸 준비가 돼 있지 않으면 대기하지 않고 넘기도록 브로드캐스터를 수정하라. 아니면 각 클라이언트로 나가는 채널에 버퍼를 추가해 대부분의 메시지가 폐기되지 않게 하라. 브로드캐스터는 이 채널에 대기 없는 전송을 사용해야 한다.

9장
공유 변수를 이용한 동시성

8장에서 고루틴과 채널을 통해 직접적이고 자연스럽게 동시성을 표현하는 여러 프로그램을 살펴봤다. 그러나 그 과정에서 개발자가 동시성 코드를 작성할 때 명심해야 하는 중요하고 미묘한 문제들은 상세하게 다루지 않았다.

9장에서는 동시성concurrency 메커니즘에 대해 더 자세히 살펴본다. 특히 여러 고루틴에서 변수를 공유할 때의 문제와 이러한 문제를 인지하기 위한 분석 기술 및 이를 해결하기위한 패턴들에 대해 알아본다. 마지막으로 고루틴과 운영체제 스레드 간의 기술적 차이점을 설명한다.

9.1 경쟁 상태

하나의 고루틴으로 구성된 순차 프로그램에서의 실행 순서는 잘 알려진 대로 프로그램 로직program logic에 의해 결정된다. 이를테면 여러 문장이 있을 때 첫 번째 문장이 두 번째 문장보다 먼저 실행되는 식이다. 두 개 이상의 고루틴이 있는 프로그램에서 각 고루틴 안의 실행은 잘 알려진 순서를 따르지만, 일반적으로 한 고루틴 안의 이벤트 x가 다른 고루틴 안의 이벤트 y보다 먼저일지 나중일지, 혹은 동시에 일어날지에 대해서는 알 수 없다. 한 이벤트가 다른 이벤트보다 먼저 일어난다고 확신할 수 없을 때 이벤트 x와 y가 동시concurrent에 일어난다고 한다.

순차 프로그램에서 올바르게 작동하는 함수를 생각해보자. 이 함수를 두 개 이상의 고루틴에서 부가적인 동기화 과정 없이 동시에 호출해도 제대로 동작하면 이 함수가 동시성에 안전concurrency-safe하다고 한다. 이 개념은 메소드나 특정 타입의 연산 등의 서로 협력하는 함수들로 일반화할 수 있다. 특정 타입의 모든 접근 가능한 메소드와 연산이 동시성에 안전할 때 해당 타입이 동시성에 안전하다고 한다.

프로그램 내의 모든 구상 타입들을 동시성에 안전하게 만들지 않고도 동시성에 안전한 프로그램을 만들 수 있다. 사실 동시성에 안전한 타입은 일반적이지 않으므로 안전하다고 문서에 명시돼 있는 경우에만 해당 타입의 변수에 동시 접근해야 한다. 대부분의 변수는 단일 고루틴으로 제한하거나 상위 수준의 상호 배제 불변성을 통해 동시 접근을 방지한다. 9장에서는 이런 용어들에 대해 설명한다.

반면에 익스포트된 패키지 수준 함수는 일반적으로 동시성에 안전할 것이라고 예상할 수 있다. 패키지 수준 변수는 단일 고루틴으로 제한할 수 없기 때문에 이러한 변수를 수정하는 함수는 상호 배제를 강제해야 한다.

함수를 동시에 호출할 수 없는 원인으로는 교착 상태$^{dead\ lock,\ live\ lock}$, 자원 고갈 등이 있다. 이 모두에 대해 알아보기에는 지면에 한계가 있으므로 가장 중요한 경쟁 상태에 초점을 맞출 것이다.

경쟁 상태$^{race\ condition}$는 프로그램이 여러 고루틴의 작업 간 간섭으로 인해 올바른 결과를 반환하지 못하는 상태를 말한다. 경쟁 상태는 프로그램에 숨어 있다가 높은 부하, 특정 컴파일러, 플랫폼, 아키텍처 등의 특별한 경우에만 가끔 나타나기 때문에 매우 위험하다. 이로 인해 경쟁 상태는 재현과 진단이 어렵다.

경쟁 상태의 심각성은 보통 재정적 손실에 비유해 설명하기 때문에 다음과 같이 간단한 은행 계좌 프로그램을 살펴보자.

```
// bank 패키지는 한 계좌가 개설된 은행을 구현한다.
package bank

var balance int

func Deposit(amount int) { balance = balance + amount }

func Balance() int { return balance }
```

(Deposit 함수의 본문은 같은 의미의 balance += amount로도 작성할 수 있지만 긴 형태가 더 설명하기 쉽다)

이런 사소한 프로그램에서는 Deposit과 Balance를 어떤 순서로 호출하더라도 Balance가 이전에 입금한 금액의 합을 정확하게 반환해 올바른 결과가 나온다는 것을 한눈에 알 수 있다. 그러나 이 함수들을 순서대로가 아니라 동시에 호출한다면 Balance는 더 이상 올바른 결과를 보장할 수 없게 된다. 공동 은행 계좌에 대한 두 번의 거래를 나타내는 다음과 같은 두 개의 고루틴을 생각해보자.

```
// Alice:
go func() {
    bank.Deposit(200)               // A1
    fmt.Println("=", bank.Balance()) // A2
}()
```

```
// Bob:
go bank.Deposit(100)                        // B
```

앨리스가 200달러를 예금하고 잔고를 확인하는 동안 밥이 100달러를 예금했다. 이때 A1과 A2가 B와 동시에 발생하기 때문에 발생의 순서를 예측할 수 없다. 직관적으로 '앨리스 먼저', '밥 먼저', '앨리스/밥/앨리스'의 세 가지 순서만 있다고 생각할 수 있다. 다음 표는 balance 변수의 값을 각 단계별로 나타낸다. 인용된 문자열은 출력된 잔고다.

```
    Alice first              Bob first          Alice/Bob/Alice
          0                      0                      0
 A1    200              B      100           A1     200
 A2 "= 200"             A1     300           B      300
 B     300              A2 "= 300"           A2 "= 300"
```

어떤 경우에도 최종 잔액은 300달러다. 유일한 차이는 앨리스의 잔고가 밥의 거래를 포함하는지 여부이지만, 고객은 어떤 경우에도 만족할 것이다.

그러나 이러한 직감은 잘못된 것이다. 발생할 수 있는 네 번째 경우가 있으며, 이는 앨리스가 예금하는 사이인 잔고를 읽고(balance + amount) 갱신하기 전(balance = ...)에 밥이 예금해서 밥의 거래 내역이 사라질 때다. 이는 앨리스의 입금 작업 A1이 실제로는 읽기와 쓰기 두 동작의 연속이기 때문이다. 두 동작을 각각 A1r과 A1w라 하자. 다음은 문제의 간섭 현상이다.

```
   Data race
           0
  A1r      0             ... = balance + amount
  B      100
  A1w    200             balance = ...
  A2  "= 200"
```

A1r 이후 표현식 balance + amount의 결과는 200이므로 중간의 예금에도 불구하고 이 값이 A1w에 기록된다. 최종 잔액은 200달러에 불과하다. 은행은 밥의 지출로 인해 100달러 더 부자가 됐다.

이 프로그램에는 데이터 경쟁^{data race}이라는 특정한 경쟁 조건이 포함돼 있다. 데이터 경쟁은 두 고루틴이 동시에 같은 변수에 접근하고, 이 중에 적어도 한 접근에서 갱신이 일어날 때 발생한다.

데이터 경쟁에 단일 기계 워드보다 큰 인터페이스, 문자열, 슬라이스 등의 변수가 포함되면 상황이 더 악화된다. 다음 코드는 x를 길이가 다른 두 슬라이스로 동시에 갱신한다.

```
var x []int
go func() { x = make([]int, 10) }()
go func() { x = make([]int, 1000000) }()
x[999999] = 1 // NOTE: 정의되지 않은 동작; 메모리가 깨질 수 있음!
```

마지막 문에서의 x 값은 정의돼 있지 않다. x는 nil, 길이 10의 슬라이스 또는 길이 1,000,000의 슬라이스가 될 수 있다. 하지만 슬라이스에는 포인터, 길이, 용량의 세 부분이 있다는 점을 생각해보라. 첫 번째 make 호출에서 포인터를 받고 두 번째 호출에서 길이를 받으면 x는 정의된 길이는 1,000,000이지만 내부 배열에는 10개의 원소만 존재하는 괴물이 된다.

이런 경우에 원소를 999,999개까지 저장하는 작업은 임의의 먼 위치에 있는 메모리를 망가뜨려 예측할 수 없는 결과를 발생시키고, 버그 위치 추정을 어렵게 할 것이다. 이러한 의미상 지뢰밭은 정의되지 않은 동작으로 불리며, C 개발자들에게 널리 알려져 있다. 다행히 Go에서는 C만큼 심각한 문제가 되는 경우가 많지 않다.

동시성 프로그램은 여러 순차 프로그램을 교차해 배치한 것이라는 생각은 잘못된 것이다. 9.4절에서 볼 수 있듯이 데이터 경쟁으로 인해 더 이상한 결과도 나올 수 있다. 많은 개발자(심지어 매우 영리한 사람도)는 가끔 자신의 프로그램에 알려진 데이터 경쟁을 "상호 배제 비용이 너무 크다", "이 로직은 로깅에만 쓴다", "메시지 몇 개 놓쳐도 상관없다" 등으로 정당화한다. 자신이 사용하는 컴파일러와 플랫폼에서 문제가 없다면 개발자에게 거짓된 확신을 줄 수 있다. 일반적인 규칙은 좋은 데이터 경쟁은 없다는 것이다. 그렇다면 프로그램에서 어떻게 해야 데이터 경쟁을 피할 수 있을까?

매우 중요하기 때문에 정의를 한 번 더 반복한다. 데이터 경쟁은 두 고루틴이 같은 변수를 동시에 접근하고, 그중 최소 한 개의 접근에서 변수를 갱신할 때 일어난다. 이 정의에 따르면 데이터 경쟁을 피하는 방법은 세 가지다.

첫 번째 방법은 변수를 갱신하지 않는 것이다. 각 키가 처음 요청될 때 채워지는 다음과 같은 맵을 생각해보자. Icon을 순차적으로 호출하면 프로그램이 잘 작동하지만, 동시에 호출하면 맵 접근에서 데이터 경쟁이 발생한다.

```go
var icons = make(map[string]image.Image)
func loadIcon(name string) image.Image

// NOTE: 동시성에 안전하지 않음!
func Icon(name string) image.Image {
    icon, ok := icons[name]
    if !ok {
        icon = loadIcon(name)
        icons[name] = icon
    }
    return icon
}
```

추가 고루틴을 생성하기 전에 맵을 필요한 모든 항목으로 초기화하고, 그 후 절대 수정하지 않는다면 고루틴이 몇 개이든 각각 맵을 읽기만 하기 때문에 안전하게 Icon을 동시에 호출할 수 있다.

```go
var icons = map[string]image.Image{
    "spades.png":   loadIcon("spades.png"),
    "hearts.png":   loadIcon("hearts.png"),
    "diamonds.png": loadIcon("diamonds.png"),
    "clubs.png":    loadIcon("clubs.png"),
}
// 동시성 안전
func Icon(name string) image.Image { return icons[name] }
```

이 예제에서 icons 변수는 프로그램의 main 함수가 구동되기 전인 패키지 초기화 과정에서 할당된다. 한 번 초기화된 다음에는 icons가 변경되지 않는다. 변경되지 않거나 불변인 자료 구조는 본질적으로 동시성에 안전하며 동기화할 필요가 없다. 하지만 은행 계좌와 같이 갱신이 반드시 필요할 때는 당연히 이 방법을 사용할 수 없다.

데이터 경쟁을 방지하는 두 번째 방법은 여러 고루틴에서의 변수 접근을 피하는 것이다. 이는 8장의 여러 프로그램이 취한 방법이다. 예를 들어 동시 웹 크롤러(8.6절)에서는 메인 고루틴만이 seen 맵에 접근했으며, 채팅 서버(8.10절)에서는 broadcaster 고루틴만이 clients 맵에 접근했다. 이러한 변수는 단일 고루틴에 국한된다.

다른 고루틴은 변수에 직접 접근할 수 없기 때문에 변수를 조회하거나 갱신하려면 변수를 갖고 있는 고루틴에게 채널로 요청해야 한다. 이것이 Go의 슬로건인 "메모리 공유로 통신하지 말라. 대신 통신으로 메모리를 공유하라."의 의미다. 채널 요청으로 제한된 변수로의 접근을 중개하는 고루틴을 해당 변수의 관리 고루틴이라 한다. 예를 들어 broadcaster 고루틴은 clients 맵으로의 접근을 관리한다.

다음은 balance 변수가 관리 고루틴인 teller에만 국한되게 재작성한 은행 예제다.

gopl.io/ch9/bank1

```
// bank 패키지는 동시성에 안전한 한 개의 계좌가 개설된 은행 프로그램을 제공한다.
package bank

var deposits = make(chan int) // deposit으로 amount를 보낸다.
var balances = make(chan int) // balance를 받는다.

func Deposit(amount int) { deposits <- amount }
func Balance() int       { return <-balances }

func teller() {
    var balance int // balance는 teller 고루틴에 국한된다.
    for {
        select {
        case amount := <-deposits:
            balance += amount
        case balances <- balance:
        }
    }
}

func init() {
    go teller() // 관리 고루틴 시작
}
```

심지어 변수가 전체 수명 주기 동안 단일 고루틴 안에 국한될 수 없는 경우에도 제한 조치를 통해 동시 접근 문제를 해결할 수도 있다. 예를 들어 파이프라인 안의 고루틴들은 일반적으로 채널을 통해 변수 주소를 단계별로 전달해 변수를 공유한다. 파이프라인의 각 단계에서 다음 단계로 변수를 전달한 후 이 변수에 접근하지 않는다면 모든 변수 접근은 순차적으로 이뤄진다. 결과적으로 변수는 파이프라인의 한 단계에 국한되며, 다음 단계에서 반복되는 식이다. 이 방식을 직렬 제한serial confinement이라 하기도 한다.

다음 예제에서 Cakes는 처음에는 baker 고루틴에 직렬 제한되고, 그 다음엔 icer 고루틴에 직렬 제한된다.

```
type Cake struct{ state string }
func baker(cooked chan<- *Cake) {
    for {
        cake := new(Cake)
        cake.state = "cooked"
        cooked <- cake // baker는 이 cake를 다시는 건드리지 않는다.
    }
}
func icer(iced chan<- *Cake, cooked <-chan *Cake) {
    for cake := range cooked {
        cake.state = "iced"
        iced <- cake // icer는 이 cake를 다시는 건드리지 않는다.
    }
}
```

데이터 경쟁을 방지하는 세 번째 방법은 여러 고루틴에서의 변수 접근은 허용하지만 한 번에 하나씩만 접근하는 것이다. 이러한 접근 방식을 상호 배제mutual exclusion라 하며 다음 절의 주제다.

연습문제 9.1 gopl.io/ch9/bank1 프로그램에 Withdraw(amount int) bool 함수를 추가하라. 결과는 거래 성공 또는 자금 부족으로 인한 거래 실패를 표시해야 한다. 관리 고루틴으로 전송하는 메시지는 출금액 및 관리 고루틴이 Withdraw로 불리언 결과를 반환할 새 채널 두 가지가 있어야 한다.

9.2 상호 배제: sync.Mutex

8.6절에서는 버퍼된 채널을 카운팅 세마포어로 사용해 동시에 HTTP 요청을 생성하는 고루틴의 개수가 20개를 넘지 않게 했다. 같은 개념으로 용량이 1인 채널을 사용해 최대 한 개의 고루틴만 공유 변수에 접근하게 할 수 있다. 1까지만 세는 세마포어를 이진 세마포어binary semaphore라 한다.

```
gopl.io/ch9/bank2
   var (
       sema    = make(chan struct{}, 1) // balance를 보호하는 이진 세마포어
       balance int
   )
```

```
func Deposit(amount int) {
    sema <- struct{}{} // 토큰 획득
    balance = balance + amount
    <-sema // 토큰 해제
}
func Balance() int {
    sema <- struct{}{} // 토큰 획득
    b := balance
    <-sema // 토큰 해제
    return b
}
```

이 방식의 상호 배제는 sync 패키지의 Mutex 타입에서 직접 지원되므로 매우 유용하다. 이 타입의 Lock 메소드는 토큰(잠금이라 한다)을 얻고, Unlock 메소드는 잠금을 해제한다.

<u>gopl.io/ch9/bank3</u>
```
import "sync"

var (
    mu      sync.Mutex // balance 보호
    balance int
)
func Deposit(amount int) {
    mu.Lock()
    balance = balance + amount
    mu.Unlock()
}
func Balance() int {
    mu.Lock()
    b := balance
    mu.Unlock()
    return b
}
```

고루틴이 은행의 변수에 접근할 때마다(여기서는 balance만) 뮤텍스의 Lock 메소드를 호출해 전용 잠금을 얻어야 한다. 다른 고루틴에서 잠금을 획득했다면 이 작업은 다른 고루틴이 Unlock을 호출해 다시 잠금을 얻을 수 있게 될 때까지 대기한다. 이때 뮤텍스가 공유 변수를 보호한다. 관행상 뮤텍스에 의해 보호되는 변수는 뮤텍스 선언 직후에 선언한다. 이 규칙을 어기는 경우는 문서화해야 한다.

고루틴이 공유 변수를 자유롭게 읽고 변경할 수 있는 Lock과 Unlock 사이의 코드 구간을 임계 영역critical section이라 한다. 잠금을 획득한 고루틴의 Unlock 호출은 다른 고루틴이 잠금을 획득할 수 있는 상태가 되기 전에 일어난다. 고루틴은 에러 경로를 비롯한 함수의 모든 경로가 완료된 후 반드시 잠금을 해제해야 한다.

앞의 은행 프로그램은 일반적인 동시성 패턴을 예시한다. 익스포트된 함수들이 하나 이상의 변수를 캡슐화해 이 변수로의 접근을 함수(또는 객체 변수의 메소드)를 통해서만 할 수 있게 제한했다. 각 함수는 처음에 뮤텍스 잠금을 획득하고 마지막에 잠금을 해제해 동시에 공유 변수

로 접근할 수 없게 한다. 이와 같이 함수, 뮤텍스 잠금, 변수를 배열하는 것을 모니터^{monitor}라 한다(이전의 단어 '관리'는 '관리 고루틴'에서 온 것이다. 둘 다 변수에 순차적으로 접근하게 하는 중개의 의미로 사용했다).

Deposit과 Balance 함수의 임계 영역은 매우 짧으므로(한 줄, 분기 없음) 마지막에 Unlock을 호출하는 쪽이 더 직관적이다. 더 복잡하거나, 특히 오류 시 빠르게 복귀해 처리하는 임계 영역에서는 모든 실행 경로에서 Lock과 Unlock 호출이 정확하게 한 쌍을 이루고 있는지 확인하기 어렵다. 이때 Go의 defer 구문이 도움이 된다. Unlock 호출을 연기하면 임계 영역이 묵시적으로 현재 함수의 마지막까지 연장되므로 Lock 호출에서 멀리 떨어진 여러 위치에서 Unlock을 기억해 뒀다가 호출하지 않아도 된다.

```go
func Balance() int {
    mu.Lock()
    defer mu.Unlock()
    return balance
}
```

위 예제의 Unlock은 return문이 balance의 값을 읽은 후 실행되므로 Balance 함수는 동시성에 안전하다. 게다가 지역 변수 b도 필요 없다.

또한 지연된 Unlock은 임계 영역에서 패닉이 일어나도 실행되기 때문에 recover(5.10절)를 사용하는 프로그램에서는 중요할 수 있다. defer는 명시적인 Unlock 호출보다 약간 더 비싼 연산이지만, 덜 명확한 코드를 써야 할 만큼 비싸지는 않다. 동시성 프로그램에서는 항상 명확성을 선호하고, 성급한 최적화를 하지 않는다. 가능한 한 defer를 사용하고 임계 영역을 함수의 마지막까지 연장하라.

다음과 같은 Withdraw 함수를 생각해보자. 이 함수는 성공 시 잔고를 지정된 양만큼 줄이고 true를 반환한다. 그러나 거래에 필요한 잔고가 계좌에 부족하면 Withdraw는 잔고를 복원하고 false를 반환한다.

```go
// NOTE: 원자성(atomic) 없음!
func Withdraw(amount int) bool {
    Deposit(-amount)
    if Balance() < 0 {
        Deposit(amount)
        return false // 잔고 부족
    }
    return true
}
```

이 함수는 마지막에 정확한 결과를 제공하긴 하지만 성가신 부작용이 있다. 과도한 인출을 시도하면 잔고가 일시적으로 0 이하로 떨어진다. 이로 인해 동시에 인출할 때 적정한 양을 인출하더라도 불분명하게 거부될 수 있다. 따라서 밥이 스포츠카를 구입하려 하면 앨리스는 아침 커피 값을 지불할 수 없게 된다. 이 문제는 Withdraw가 단위 연산^{atomic}이 아니기 때문에 발생한다. Withdraw는 세 개의 별도 작업들로 구성돼 있으며, 각각 뮤텍스 잠금을 얻고 해제하지만 이 모두에 대한 잠금은 없다.

Withdraw가 전체 작업에 대한 뮤텍스 잠금을 얻는 것이 이상적일 것이다. 그러나 다음과 같은 방법은 통하지 않는다.

```
// NOTE: 오류!
func Withdraw(amount int) bool {
    mu.Lock()
    defer mu.Unlock()
    Deposit(-amount)
    if Balance() < 0 {
        Deposit(amount)
        return false // 잔고 부족
    }
    return true
}
```

Deposit이 두 번째로 mu.Lock()을 호출해 뮤텍스 잠금을 얻으려고 시도하지만 뮤텍스 잠금은 재진입re-entrant을 허용하지 않으므로(이미 잠긴 뮤텍스 잠금을 다시 잠글 수 없다) 교착 상태에 빠져서 더 이상 진행되지 않으며, Withdraw는 영구히 대기하게 된다.

Go의 뮤텍스에서 재진입을 허용하지 않는 이유가 있다. 뮤텍스의 목적은 공유 변수의 특정 불변 값이 프로그램 실행 중에 임계 영역에서 유지되게 하는 것이다. 불변 값 중에는 '어떤 고루틴도 공유 변수에 접근하지 않고 있음'도 있지만 그 외에 뮤텍스로 보호되는 자료 구조에 특화된 불변 값도 있을 수 있다. 고루틴이 뮤텍스 잠금을 얻을 때는 불변 값이 유지된다고 가정할 수 있다. 이 고루틴에서 잠금을 갖고 있을 때는 공유 변수를 갱신해 일시적으로 불변 속성을 위반할 수 있다. 그러나 잠금을 해제할 때는 순서가 복원되고 다시 불변 속성이 부여되게 해야 한다. 재진입 뮤텍스는 다른 고루틴에서 공유 변수에 접근하지 못하게 할 수는 있지만, 이 변수의 부가적인 불변 속성까지 보호할 수는 없다.

일반적인 해결책은 Deposit과 같은 함수를 두 개로 분할하는 것이다. 익스포트되지 않은 함수 deposit은 이미 잠금을 획득했다고 가정하고 실제 작업을 수행하며, 익스포트된 함수 Deposit은 deposit을 호출하기 전에 잠금을 획득한다. 이 경우 Withdraw를 다음과 같은 deposit으로 표현할 수 있다.

```
func Withdraw(amount int) bool {
    mu.Lock()
    defer mu.Unlock()
    deposit(-amount)
    if balance < 0 {
        deposit(amount)
        return false // 잔고 부족
    }
    return true
}
```

```
func Deposit(amount int) {
    mu.Lock()
    defer mu.Unlock()
    deposit(amount)
}
func Balance() int {
    mu.Lock()
    defer mu.Unlock()
    return balance
}
// 이 함수는 잠금 획득 상태를 필요로 한다.
func deposit(amount int) { balance += amount }
```

물론 이 deposit 함수는 실제 Withdraw 함수에서 굳이 호출할 필요가 없을 만큼 매우 간단하지만, 그 원리를 보여주기 위한 것이다.

캡슐화(6.6절)는 프로그램의 예기치 않은 상호작용을 줄여서 자료 구조의 불변 값을 유지하게 돕는다. 같은 이유로 캡슐화는 동시성 불변 값을 유지하는 데에도 도움이 된다. 뮤텍스를 사용할 때는 뮤텍스와 뮤텍스로 보호하는 변수가 패키지 수준 변수이든 구조체 필드이든 익스포트되지 않았는지를 확인하라.

9.3 읽기/쓰기 뮤텍스: sync.RWMutex

밥은 자신의 예금 100달러가 흔적도 없이 사라진 것을 보고 불안해서 은행 잔고를 초당 100번씩 확인하는 프로그램을 작성했다. 그는 집, 직장, 휴대전화에서 이 프로그램을 실행한다. 은행은 증가한 트래픽이 입출금을 지연시키고 있음을 감지했으며, 그 원인은 모든 Balance 요청이 순차적으로 실행되면서 배타적 잠금을 획득해 일시적으로 다른 고루틴의 실행을 막기 때문이었다.

Balance 함수는 변수의 상태만 읽으면 되기 때문에 Deposit이나 Withdraw 호출이 실행 중이 아니라면 여러 Balance 호출이 동시에 일어나도 사실상 안전하다. 이때는 읽기만 하는 작업은 각각 병렬로 접근할 수 있지만, 쓰기 작업은 완벽하게 배타적으로 접근해야 하는 특별한 잠금이 필요하다. 이 잠금을 다중 읽기, 단일 쓰기 잠금이라 하며, Go에서는 sync.RWMutex로 제공한다.

```
var mu sync.RWMutex
var balance int

func Balance() int {
    mu.RLock() // 읽기 잠금
    defer mu.RUnlock()
    return balance
}
```

이제 Balance 함수는 RLock과 RUnlock 메소드를 호출해 읽기 또는 공유 잠금을 획득하고 해제한다. 변경되지 않은 Deposit 함수는 mu.Lock과 mu.Unlock 메소드를 호출해 쓰기 또는 배타 잠금을 획득하고 해제한다.

변경 후 밥이 보낸 대부분의 Balance 요청은 서로 병렬로 실행되며, 더 빠르게 완료된다. 배타적으로 잠글 수 있는 시간이 더 길어졌으며, Deposit 요청을 더 빠르게 처리할 수 있다.

RLock은 임계 영역에서 공유 변수에 대한 쓰기가 없는 경우에만 사용할 수 있다. 일반적으로 로직상 읽기 전용인 함수나 메소드에서 변수를 갱신하지 않는다고 가정해서는 안 된다. 예를 들면 간단한 접근자accessor로 보이는 메소드가 실제로는 내부의 카운터를 증가시키거나, 반복 호출 시 더 빠르게 하기 위해 내부 캐시를 갱신할 수 있다. 이런 문제가 우려될 때는 배타적 잠금을 사용하라.

잠그는 대부분의 고루틴이 읽기만 하고 고루틴들이 잠금을 획득하기 위해 주기적으로 기다려야 하는 경합 상태일 때에만 RWMutex의 장점이 발휘된다. RWMutex는 내부적으로 더 복잡한 기록 과정이 필요하므로 경합이 없는 잠금에서는 일반 뮤텍스보다 느리다.

9.4 메모리 동기화

Balance 메소드에 채널 기반 또는 뮤텍스 기반의 상호 배제가 왜 필요한지 궁금할 수 있다. Balance는 어쨌든 Deposit과는 달리 단일 작업으로만 이뤄져 있으므로 다른 고루틴이 '중간에' 실행돼도 아무런 위험이 없지 않은가! 뮤텍스가 필요한 두 가지 이유가 있다. 첫 번째는 Balance가 Withdraw 같은 다른 작업 도중에 실행되지 않게 하는 것도 그 반대와 마찬가지로 중요하기 때문이다. 두 번째 (더 미묘한) 이유는 동기화가 여러 고루틴의 실행 순서를 정하는 것 이상이기 때문이다. 즉 동기화는 메모리에도 영향을 미친다.

현대 컴퓨터는 수십 개의 프로세서가 메인 메모리에 대한 각자의 지역 캐시를 갖고 있을 수 있다. 효율성을 위해 메모리에 써진 내용은 각 프로세서 안에서 쌓이며, 필요한 경우에만 메인 메모리로 반환된다. 심지어 쓰는 고루틴에 의해 작성된 순서가 아닌 다른 순서로 메모리에 저장될 수도 있다. 동기화의 기초인 채널 통신이나 뮤텍스 작업 등은 프로세서가 누적된 쓰기 작업을 반환하고 저장하게 해서 지금까지 실행한 고루틴의 결과를 다른 프로세서에서 구동되는 고루틴에서 볼 수 있게 보장한다.

다음의 코드에서 가능한 출력을 생각해보자.

```
var x, y int
go func() {
    x = 1                    // A1
    fmt.Print("y:", y, " ") // A2
}()
go func() {
    y = 1                    // B1
    fmt.Print("x:", x, " ") // B2
}()
```

이 두 고루틴은 동시에 실행되고 공유 변수에 상호 배제 없이 접근하므로 데이터 경쟁이 발생하며, 따라서 결과를 예측할 수 없을 것이다. 직관적으로 프로그램의 레이블이 붙은 구문들

간의 간섭에 의해 다음과 같은 네 가지 결과 중 하나를 출력할 것으로 예상할 수 있다.

```
y:0 x:1
x:0 y:1
x:1 y:1
y:1 x:1
```

예를 들어 네 번째 행은 A1, B1, A2, B2순이나 B1, A1, A2, B2순으로 설명할 수 있다. 그러나 다음의 두 가지 결과는 예상하지 못했을 것이다.

```
x:0 y:0
y:0 x:0
```

그러나 컴파일러, CPU 및 수많은 다른 요인에 따라 위와 같은 결과도 일어날 수 있다. 네 구문 간의 어떤 간섭으로 이 현상을 설명할 수 있을까?

한 고루틴 안에서는 각 구문의 결과가 실행 순서로 나타나게 보장된다. 고루틴은 일관된 순서를 갖는다. 그러나 채널 또는 뮤텍스를 사용한 명시적인 동기화가 없으면 각 고루틴에서의 이벤트가 동일한 순서로 나타난다고 보장할 수 없다. 고루틴 A는 y 값을 읽기 전의 x=1 쓰기 결과를 알고 있지만, 고루틴 B에서 일어나는 y로의 쓰기 결과를 모르기 때문에 결국 A는 이전의 y 값을 출력하게 된다.

동시성을 각 고루틴 구문 간의 간섭과 관련된 것으로 이해하고 싶겠지만, 앞의 예제에서 볼 수 있듯이 현대 컴파일러나 CPU는 그와 같이 동작하지 않는다. 할당과 Print가 서로 다른 변수를 참조하므로 컴파일러는 두 구문의 순서가 결과에 영향을 미칠 수 없다고 결론을 내리고 둘을 교환할 수 있다. 두 고루틴이 서로 다른 CPU에서 실행된다면 각자 캐시를 갖게 되고, 한 고루틴에서의 쓰기 결과는 캐시가 메인 메모리로 동기화되기 전까지 다른 고루틴의 Print에서 볼 수 없다.

이 모든 동시성 문제는 널리 알려진 간단한 패턴을 일관되게 사용해 회피할 수 있다. 가능한 한 변수를 단일 고루틴으로 한정하라. 그 외의 모든 변수에는 상호 배제를 사용하라.

9.5 게으른 초기화: sync.Once

고비용이 드는 초기화 단계는 꼭 필요할 때까지 늦추는 편이 좋다. 변수를 처음부터 초기화하는 것은 프로그램의 시작 시간을 늦추고, 프로그램 실행 시 항상 해당 변수를 사용하는 부분에 도달하지 않는다면 불필요한 작업이 된다. 9장의 앞에서 살펴본 icons 변수로 돌아가 보자.

```
var icons map[string]image.Image
```

다음과 같은 Icon 버전은 게으른 초기화를 사용한다.

```
func loadIcons() {
    icons = map[string]image.Image{
        "spades.png":   loadIcon("spades.png"),
        "hearts.png":   loadIcon("hearts.png"),
        "diamonds.png": loadIcon("diamonds.png"),
        "clubs.png":    loadIcon("clubs.png"),
    }
}
// NOTE: 동기화에 안전하지 않음!
func Icon(name string) image.Image {
    if icons == nil {
        loadIcons() // 일회성 초기화
    }
    return icons[name]
}
```

단일 고루틴에서만 접근하는 변수에는 위의 패턴을 사용할 수 있지만, 이 패턴은 Icon을 동시에 호출할 경우 안전하지 않다. 은행 예제의 원본 Deposit 함수와 마찬가지로 Icon은 여러 단계로 이뤄져 있다. icons가 nil인지 확인하고 icons를 읽은 후 icons를 nil이 아닌 값으로 갱신한다. 직관적으로 위의 경쟁 조건에서 최악의 결과는 loadIcons가 여러 번 호출되는 것임을 짐작할 수 있다. 첫 번째 고루틴이 아이콘을 로드하느라 바쁜 동안 Icon에 들어온 다른 고루틴도 변수가 여전히 nil임을 발견하고 마찬가지로 loadIcons를 호출할 것이다.

그러나 이 직관도 잘못된 것이다(지금쯤 당신에게 동시성에 대한 직관은 신뢰할 수 없다는 새로운 직관이 생겼기를 바란다!). 9.4절의 메모리에 관한 설명을 생각해보자. 명시적인 동기화가 없으면 컴파일러와 CPU는 각 고루틴이 일관된 순서로 동작하는 한 그 외의 메모리에 대한 접근 순서를 자유롭게 조정할 수 있다. loadIcons의 구문을 재배열한 경우 중 하나는 다음과 같다. 다음 코드는 icons 변수를 채우기 전에 빈 맵을 저장한다.

```
func loadIcons() {
    icons = make(map[string]image.Image)
    icons["spades.png"] = loadIcon("spades.png")
    icons["hearts.png"] = loadIcon("hearts.png")
    icons["diamonds.png"] = loadIcon("diamonds.png")
    icons["clubs.png"] = loadIcon("clubs.png")
}
```

따라서 고루틴에서 icons가 nil이 아님을 알았더라도 변수의 초기화가 끝났다고 가정할 수 없다.

모든 고루틴이 loadIcons의 결과를 보기 위한 가장 간단하고 정확한 방법은 뮤텍스로 동기화하는 것이다.

```
var mu sync.Mutex // icons 보호
var icons map[string]image.Image
```

```
// 동기화 안전
func Icon(name string) image.Image {
    mu.Lock()
    defer mu.Unlock()
    if icons == nil {
        loadIcons()
    }
    return icons[name]
}
```

그러나 icons로의 접근을 상호 배타적으로 강제하면 변수가 안전하게 초기화되고 이후에 변경되지 않을 때에도 두 고루틴이 동시에 변수로 접근할 수 없게 되는 문제가 있다. 이 경우 다중 읽기를 허용하는 잠금을 사용할 수 있다.

```
var mu sync.RWMutex // icons 보호
var icons map[string]image.Image

// 동기화 안전
func Icon(name string) image.Image {
    mu.RLock()
    if icons != nil {
        icon := icons[name]
        mu.RUnlock()
        return icon
    }
    mu.RUnlock()

    // 배타 잠금 획득
    mu.Lock()
    if icons == nil { // NOTE: nil인지 다시 확인해야 한다.
        loadIcons()
    }
    icon := icons[name]
    mu.Unlock()
    return icon
}
```

이제 두 개의 임계 영역이 생겼다. 고루틴은 먼저 읽기 잠금을 획득하고 맵을 참조한 후 잠금을 해제한다. 항목을 찾으면 (일반적인 경우) 반환된다. 항목을 찾지 못한 경우 고루틴은 쓰기 잠금을 획득한다. 공유 잠금을 해제하지 않고 배타 잠금으로 변경할 수 없으므로 그 사이에 icons 변수가 다른 고루틴에서 초기화되고 있는지를 다시 확인해야 한다.

위 패턴은 더 큰 동시성을 제공하는 대신 더 복잡하므로 오류가 발생하기 쉽다. 다행히 sync 패키지에는 일회성 초기화 문제에 대한 특별한 해결책인 sync.Once가 있다. Once는 개념적으로 뮤텍스와 초기화가 완료됐는지를 기록하는 불리언 변수로 이뤄져 있다. 뮤텍스는 불리언 변수와 사용자의 자료 구조를 보호한다. 그 유일한 메소드인 Do는 초기화 함수를 인자로 받는다. Once를 사용해 Icon 함수를 간결하게 해보자.

```
var loadIconsOnce sync.Once
var icons map[string]image.Image

// 동기화 안전
func Icon(name string) image.Image {
    loadIconsOnce.Do(loadIcons)
    return icons[name]
}
```

Do(loadIcons)로의 각 호출은 뮤텍스를 잠그고 불리언 변수를 확인한다. 변수가 거짓인 첫 번째 호출에서 Do는 loadIcons를 호출한 후 변수를 참으로 설정한다. 이후의 호출은 아무것도 하지 않지만 뮤텍스 동기화로 loadIcons의 결과(즉, icons)를 메모리에 유지해 다른 모든 고루틴에서 볼 수 있게 한다. 이와 같이 sync.Once를 사용해 변수가 제대로 구성될 때까지 다른 고루틴으로의 공유를 방지할 수 있다.

연습문제 9.2 sync.Once를 사용해 처음 필요할 때 참조 테이블을 초기화하도록 2.6.2절의 PopCount 예제를 다시 작성하라(사실 작고 고도로 최적화된 PopCount와 같은 함수에서는 동기화 비용이 더 클 것이다).

9.6 경쟁 상태 검출

아무리 꼼꼼하게 살펴보더라도 동시성에 관련된 실수를 하기 쉽다. 다행히도 Go 런타임과 도구에는 정교하고 사용하기 쉬운 동적 분석 도구인 경쟁 상태 검출기가 내장돼 있다.

go build, go run, go test 명령의 뒤에 -race 플래그만 추가하면 된다. 이렇게 하면 컴파일러가 실행 중 공유 변수에 대한 모든 접근을 해당 변수를 읽거나 쓰는 고루틴의 식별자와 함께 효과적으로 기록하게 수정한 버전의 애플리케이션을 빌드하거나 부가적인 코드로 테스트한다. 또한 수정된 프로그램은 go 구문, 채널 연산, (*sync.Mutex).Lock, (*sync.WaitGroup).Wait 등의 모든 동기화 이벤트를 기록한다(전체 동기화 이벤트는 언어 사양 중 Go 메모리 모델 문서에 정의돼 있다).

경쟁 상태 검출기는 이벤트 스트림을 관찰해 한 고루틴에서 최근에 다른 고루틴이 수정한 공유 변수를 중간의 동기화 과정 없이 읽거나 쓰는 경우를 감지한다. 이는 공유 변수로의 동시 접근을 나타내며, 데이터 경쟁 상태가 된다. 이 도구는 변수의 식별자와 읽는 고루틴 및 쓰는 고루틴에 활성화된 함수 호출의 스택을 출력한다. 이 정보는 보통 문제를 찾아내기에 충분하다. 9.7절에 경쟁 상태 검출기의 실제 예제가 있다.

경쟁 상태 검출기는 실제로 수행된 모든 데이터 경쟁을 보고한다. 하지만 단지 실행 시의 경쟁 상태를 감지할 수만 있다. 경쟁 상태를 발생하지 않게 할 수는 없다. 최상의 결과를 얻으려면 만든 패키지를 동시성을 사용해 테스트해야 한다.

부가적인 기록으로 인해 경쟁 상태를 검출하게 빌드된 프로그램을 실행하는 데는 더 많은 시간과 메모리가 필요하지만, 이 비용은 여러 실제 작업에서도 충분히 지불할 가치가 있다.

자주 경쟁 상태가 발생한다면 경쟁 상태 검출기를 켜놓는 편이 디버깅하는 시간을 줄여 줄 것이다.

9.7 예제: 동시 넌블로킹 캐시

이 절에서는 기존 라이브러리로는 처리하기 어렵지만 실제 동시성 프로그램에서 자주 발생하는 문제를 해결하는 추상화 계층인 동시 넌블로킹 캐시^{Concurrent Non-Blocking Cache}를 만들 것이다. 이것은 함수의 결과를 기억^{memoizing}하는 문제로, 다시 말해 함수의 결과를 캐시해한 번만 계산하게 하는 것이다. 예제의 솔루션은 동시성에 안전하며, 전체 캐시에 대한 단일 잠금 설계로 경합 상태를 방지한다.

다음과 같은 httpGetBody 함수를 기억할 함수 타입의 예제로 사용한다. 이 함수는 HTTP GET 요청을 수행하고 응답 본문을 읽는다. 이 함수 호출에는 상대적으로 고비용이 들기 때문에 불필요하게 반복하지 않게 하려 한다.

```
func httpGetBody(url string) (interface{}, error) {
    resp, err := http.Get(url)
    if err != nil {
        return nil, err
    }
    defer resp.Body.Close()
    return ioutil.ReadAll(resp.Body)
}
```

마지막 줄에 약간의 미묘한 부분이 숨어 있다. ReadAll은 두 결과 []byte와 error를 반환하지만 httpGetBody에 선언된 결과 타입(interface{}와 error)에 할당할 수 있으므로 호출의 결과를 후속 조치 없이 반환할 수 있다. httpGetBody의 반환 타입을 캐시가 기억^{memoize}하게 설계된 함수 타입에 맞게 지정했다.

다음은 캐시의 초안이다.

gopl.io/ch9/memo1
```
// memo 패키지는 동시성에 안전한
// Func 타입의 함수를 기억한다.
package memo

// Memo는 Func 호출의 결과를 캐시한다.
type Memo struct {
    f     Func
    cache map[string]result
}

// Func는 기억할 함수의 타입이다.
type Func func(key string) (interface{}, error)
```

```
type result struct {
    value interface{}
    err   error
}

func New(f Func) *Memo {
    return &Memo{f: f, cache: make(map[string]result)}
}

// NOTE: 동시성에 안전하지 않음!
func (memo *Memo) Get(key string) (interface{}, error) {
    res, ok := memo.cache[key]
    if !ok {
        res.value, res.err = memo.f(key)
        memo.cache[key] = res
    }
    return res.value, res.err
}
```

Memo 인스턴스에는 Func 타입의 기억할 함수 f와 문자열을 result로 매핑하는 캐시가 들어 있다. 각 result는 단순히 f 호출에서 반환된 결과 값의 쌍인 값과 오류다. 설계가 진행됨에 따라 몇 가지 변형을 보일 것이지만, 기본적인 측면은 모두 같다.

Memo를 사용하는 방법의 예를 아래에 제시했다. 수신하는 URL 스트림의 각 요소에 대해 Get을 호출하고, 걸린 시간과 반환된 데이터의 크기를 기록한다.

```
m := memo.New(httpGetBody)
for url := range incomingURLs() {
    start := time.Now()
    value, err := m.Get(url)
    if err != nil {
        log.Print(err)
    }
    fmt.Printf("%s, %s, %d bytes\n",
        url, time.Since(start), len(value.([]byte)))
}
```

testing 패키지를 사용해(11장의 주제) 체계적으로 기억의 효과를 알아볼 수 있다. 다음과 같은 테스트 출력에서 URL 스트림에 중복된 항목이 포함돼 있으며, 각 URL에 대한 첫 번째 (*Memo).Get 호출에는 수백 밀리초가 걸리지만, 두 번째 요청은 1밀리초 이하로 같은 양의 데이터를 반환하는 것을 알 수 있다.

```
$ go test -v gopl.io/ch9/memo1
=== RUN   Test
https://golang.org, 175.026418ms, 7537 bytes
https://godoc.org, 172.686825ms, 6878 bytes
https://play.golang.org, 115.762377ms, 5767 bytes
http://gopl.io, 749.887242ms, 2856 bytes
```

```
https://golang.org, 721ns, 7537 bytes
https://godoc.org, 152ns, 6878 bytes
https://play.golang.org, 205ns, 5767 bytes
http://gopl.io, 326ns, 2856 bytes
--- PASS: Test (1.21s)
PASS
ok  gopl.io/ch9/memo1    1.257s
```

이 테스트는 모든 Get 호출을 순차적으로 수행한다.

HTTP 요청은 병렬로 처리하기 좋기 때문에 모든 요청을 동시에 처리하게 테스트를 수정하자. 이 테스트에서는 sync.WaitGroup을 사용해 반환하기 전에 마지막 요청이 끝나기를 기다린다.

```go
m := memo.New(httpGetBody)
var n sync.WaitGroup
for url := range incomingURLs() {
    n.Add(1)
    go func(url string) {
        start := time.Now()
        value, err := m.Get(url)
        if err != nil {
            log.Print(err)
        }
        fmt.Printf("%s, %s, %d bytes\n",
            url, time.Since(start), len(value.([]byte)))
        n.Done()
    }(url)
}
n.Wait()
```

이 테스트는 훨씬 빠르게 실행되지만, 불행하게도 항상 정확하게 동작하지는 않는다. 예기치 않게 캐시 미스가 일어나거나 캐시에서 잘못된 값을 반환하거나 비정상 종료가 발생하기도 하기도 한다.

더구나 더 나쁜 점은 가끔 정확하게 동작할 때도 있다는 것이며, 그로 인해 문제가 있다는 것 자체를 모를 수도 있다. 하지만 -race 플래그를 지정하고 실행한다면 경쟁 상태 검출기 (9.6절)에서 다음과 같은 보고서를 출력할 때가 종종 있다.

```
$ go test -run=TestConcurrent -race -v gopl.io/ch9/memo1
=== RUN   TestConcurrent
...
WARNING: DATA RACE
Write by goroutine 36:
  runtime.mapassign1()
      ~/go/src/runtime/hashmap.go:411 +0x0
  gopl.io/ch9/memo1.(*Memo).Get()
      ~/gobook2/src/gopl.io/ch9/memo1/memo.go:32 +0x205
  ...
```

```
Previous write by goroutine 35:
  runtime.mapassign1()
      ~/go/src/runtime/hashmap.go:411 +0x0
  gopl.io/ch9/memo1.(*Memo).Get()
      ~/gobook2/src/gopl.io/ch9/memo1/memo.go:32 +0x205
...
Found 1 data race(s)
FAIL    gopl.io/ch9/memo1   2.393s
```

memo.go:32 참조는 두 고루틴에서 cache 맵을 중간의 동기화 과정 없이 갱신했다는 것을 알려준다. Get은 동시성에 안전하지 않다. 여기에는 데이터 경쟁이 있다.

```
28  func (memo *Memo) Get(key string) (interface{}, error) {
29      res, ok := memo.cache[key]
30      if !ok {
31          res.value, res.err = memo.f(key)
32          memo.cache[key] = res
33      }
34      return res.value, res.err
35  }
```

캐시를 동시성에 안전하게 하는 가장 간단한 방법은 모니터 기반의 동기화를 사용하는 것이다. Memo에 뮤텍스를 추가해 Get이 시작하면서 뮤텍스 잠금을 획득하고 반환하기 전에 해제해 두 cache 연산이 임계 영역 안에서 일어나게 하기만 하면 된다.

gopl.io/ch9/memo2
```
type Memo struct {
    f      Func
    mu     sync.Mutex // cache 보호
    cache map[string]result
}

// Get은 동시성에 안전하다.
func (memo *Memo) Get(key string) (value interface{}, err error) {
    memo.mu.Lock()
    res, ok := memo.cache[key]
    if !ok {
        res.value, res.err = memo.f(key)
        memo.cache[key] = res
    }
    memo.mu.Unlock()
    return res.value, res.err
}
```

이제는 동시에 테스트를 실행해도 경쟁 상태 검출기는 침묵을 유지한다. 불행히도 Memo를 이와 같이 변경하면 이전에 향상시켰던 성능을 원점으로 되돌린다. Get은 각 f 호출을 실행하는 동안 잠금을 획득해 병렬화하려 했던 모든 I/O 작업을 순차적으로 바꾼다. 이때는 기억하고 있는 함수로의 호출을 직렬화하지 않는 넌블로킹 캐시가 필요하다.

다음과 같은 Get 구현에서는 호출하는 고루틴이 잠금을 두 번 획득한다. 즉, 한 번은 조회를 위해, 또 한 번은 조회 결과가 없을 때 갱신을 위해서다. 그 사이에 다른 고루틴은 자유롭게 캐시를 사용할 수 있다.

gopl.io/ch9/memo3
```go
func (memo *Memo) Get(key string) (value interface{}, err error) {
    memo.mu.Lock()
    res, ok := memo.cache[key]
    memo.mu.Unlock()
    if !ok {
        res.value, res.err = memo.f(key)

        // 두 임계 영역 사이에서 일부 고루틴이
        // f(key)를 계산하고 맵을 갱신하기 위해 경합할 수 있다.
        memo.mu.Lock()
        memo.cache[key] = res
        memo.mu.Unlock()
    }
    return res.value, res.err
}
```

성능은 다시 향상됐지만 지금은 일부 URL을 두 번씩 가져오는 것을 알 수 있다. 이 현상은 두 개 이상의 고루틴이 동시에 같은 URL로 Get을 호출할 때 발생한다. 둘 다 캐시를 조회하고 값이 없는 것을 확인한 후 느린 함수 f를 호출한다. 그 후 둘 다 얻은 결과 값으로 맵을 갱신한다. 결과 중 하나는 다른 하나를 덮어 쓰게 된다.

이러한 중복 작업은 하지 않는 것이 이상적이다. 이 기능을 중복 억제duplicate suppression라 부르기도 한다. 다음과 같은 Memo 버전에서는 각 맵 요소가 entry 구조체에 대한 포인터다. 각 entry에는 이전과 같이 함수 f를 호출한 결과가 기억돼 있지만, 추가로 ready라는 채널이 포함돼 있다. entry의 result가 지정되면 직후에 이 채널을 닫아서 다른 고루틴에게 안전하게 entry의 결과를 읽을 수 있다고 알린다broadcast(8.9절).

gopl.io/ch9/memo4
```go
type entry struct {
    res   result
    ready chan struct{} // res가 준비되면 닫힘
}
func New(f Func) *Memo {
    return &Memo{f: f, cache: make(map[string]*entry)}
}
type Memo struct {
    f    Func
    mu   sync.Mutex // cache 보호
    cache map[string]*entry
}
```

```go
func (memo *Memo) Get(key string) (value interface{}, err error) {
    memo.mu.Lock()
    e := memo.cache[key]
    if e == nil {
        // 이 key에 대한 최초 요청
        // 이 고루틴이 값을 계산하고
        // ready 상태를 알려야 한다.
        e = &entry{ready: make(chan struct{})}
        memo.cache[key] = e
        memo.mu.Unlock()

        e.res.value, e.res.err = memo.f(key)

        close(e.ready) // ready 상태 브로드캐스트
    } else {
        // 이 key에 대한 중복 요청
        memo.mu.Unlock()

        <-e.ready // ready상태 대기
    }
    return e.res.value, e.res.err
}
```

이제 Get을 호출하면 cache 맵을 보호하는 뮤텍스 잠금을 획득하고, 맵 안의 기존 entry를 조회한 후 결과가 없으면 새 entry를 할당하고 삽입한 후 잠금을 해제한다. 기존 entry가 있다면 그 값이 아직 준비돼 있지 않을 수 있으므로(다른 고루틴에서 느린 함수 f를 호출하고 있을 수 있음) 호출하는 고루틴에서 entry의 result를 읽기 전에 entry의 '준비' 상태를 기다려야 한다. ready 채널 값을 읽어서 이 작업을 수행하며, 이는 이 작업이 채널이 닫힐 때까지 대기하기 때문이다.

기존 entry가 없다면 새 '준비되지 않은' entry를 맵에 삽입하며, 이때 현재 고루틴이 느린 함수를 호출하고 entry를 갱신한 후 (그때쯤) 기다리고 있을지 모를 다른 고루틴들에게 새 entry의 준비 상태를 알려야 한다.

entry 안의 변수 e.res.value와 e.res.err가 여러 고루틴에서 공유되는 것을 알 수 있다. entry를 생성하는 고루틴은 자신의 값을 설정하고, 다른 고루틴은 '준비' 상태가 알려진 후 그 값을 읽는다. 여러 고루틴에서 접근함에도 불구하고 어떤 뮤텍스 잠금도 필요치 않다. ready 채널은 다른 고루틴이 브로드캐스트 이벤트를 받기 전에 닫히기 때문에 첫 번째 고루틴에서 변수에 쓰는 작업은 기타 고루틴에서 읽기 전에 일어난다. 여기에는 데이터 경쟁이 없다.

이제 동시성, 중복 억제, 넌블로킹 캐시가 완료됐다.

앞의 Memo 구현은 뮤텍스로 Get을 호출하는 각 고루틴 간에 공유된 맵 변수를 보호한다. 이 설계와 맵 변수를 관리 고루틴에 국한시켜서 Get을 호출하려면 메시지를 보내야 하는 설계를 대조해보는 것도 흥미로울 것이다.

Func, result, entry의 선언은 이전과 같다.

```
// Func는 기억할 함수의 타입이다.
type Func func(key string) (interface{}, error)

// result는 Func 호출의 결과다.
type result struct {
    value interface{}
    err   error
}

type entry struct {
    res   result
    ready chan struct{} // res가 준비되면 닫힘
}
```

그러나 지금의 Memo 타입에는 Get 호출자와 관리 고루틴이 통신하는 requests 채널이 포함돼 있다. 채널의 요소 타입은 request다. Get 호출자는 이 구조체를 사용해 기억된 함수의 인자인 키와 결과가 준비됐을 때 결과를 돌려줄 다른 채널 response를 관리 고루틴으로 보낸다. 이 채널은 하나의 값만 옮긴다.

gopl.io/ch9/memo5
```
// request는 Func를 key로 호출했을 때의 결과를 요청하는 메시지다.
type request  struct {
    key      string
    response chan<- result // 사용자는 result 1개를 원한다.
}

type Memo struct{ requests chan request }

// New는 기억된 f를 반환한다. 사용자는 이후 Close를 호출해야 한다.
func New(f Func) *Memo {
    memo := &Memo{requests: make(chan request)}
    go memo.server(f)
    return memo
}

func (memo *Memo) Get(key string) (interface{}, error) {
    response := make(chan result)
    memo.requests <- request{key, response}
    res := <-response
    return res.value, res.err
}

func (memo *Memo) Close() { close(memo.requests) }
```

위의 Get 메소드는 응답 채널을 만들고 요청에 추가한 후 관리 고루틴에 보내고 나서 즉시 이 채널에서 값을 받는다.

cache 변수는 다음과 같이 관리 고루틴 (*Memo).server에 한정된다. 모니터는 루프 안에서 요청 채널이 Close 메소드로 닫힐 때까지 requests를 읽는다. 모니터는 각 요청에 대해 캐시를 조회하고 값이 없는 경우 새 entry를 추가한다.

```go
func (memo *Memo) server(f Func) {
    cache := make(map[string]*entry)
    for req := range memo.requests {
        e := cache[req.key]
        if e == nil {
            // 이 key에 대한 최초 요청
            e = &entry{ready: make(chan struct{})}
            cache[req.key] = e
            go e.call(f, req.key) // f(key) 호출
        }
        go e.deliver(req.response)
    }
}
func (e *entry) call(f Func, key string) {
    // 함수 평가
    e.res.value, e.res.err = f(key)
    // Broadcast the ready condition.
    close(e.ready)
}
func (e *entry) deliver(response chan<- result) {
    // ready 상태 대기
    <-e.ready
    // 결과를 사용자에게 보냄
    response <- e.res
}
```

뮤텍스 기반 버전과 유사한 방식으로 특정 키에 대한 첫 번째 요청에서 해당 키에 대해 함수 f를 호출하고 결과를 entry에 저장한 후 ready 채널을 닫아서 entry의 준비 상태를 알려야 한다. 이 작업은 (*entry).call로 수행한다.

같은 키에 대한 후속 요청은 맵에 entry가 있는 것을 감지하고 결과가 준비될 때까지 기다렸다가 응답 채널을 통해 Get을 호출한 클라이언트 고루틴으로 결과를 보낸다. 이 작업은 (*entry).deliver로 수행한다. call과 deliver 메소드는 관리 고루틴이 계속해서 새 요청을 생성하게 각자의 고루틴에서 호출해야 한다.

이 예제는 다수의 동시성 구조체를 복잡성 없이 만드는 두 가지 방법(공유 변수와 잠금 또는 순차 프로세스 통신)을 보여준다.

주어진 상황에서 어떤 접근이 나을지는 항상 명백하진 않지만 각각 어떻게 대응하는지 알아볼 가치는 있다. 접근법을 변경하면 코드가 더 간단해질 때도 있다.

연습문제 9.3 호출자가 부가적인 done 채널을 통해 작업을 취소(8.9절)할 수 있도록 Func 타입과 (*Memo).Get 메소드를 확장하라. 취소된 Func 호출의 결과는 캐시하면 안 된다.

9.8 고루틴과 스레드

8장에서 고루틴과 운영체제[OS] 스레드의 차이에 대해서는 나중으로 미룰 수 있다고 했다. 차이점은 본질적으로 양에 대한 것이지만 충분히 큰 양의 차이는 질적인 차이가 되며, 이는 고루틴과 스레드에서도 마찬가지다. 이제 그 둘을 구별할 때가 됐다.

9.8.1 가변 스택

각 OS의 스레드는 고정 크기의 메모리 블록(보통 최대 2MB)을 현재 진행 중인 함수 호출의 지역 변수를 저장하거나 다른 함수가 호출될 때 일시적으로 중지시키기 위한 작업 영역인 스택으로 사용한다. 이러한 고정 크기의 스택은 너무 많으며 동시에 너무 적다. 2MB 스택은 단지 WaitGroup을 대기하다가 채널을 닫는 것과 같은 작은 고루틴에서는 메모리의 엄청난 낭비다. Go 프로그램에서 한 번에 수백 또는 수천 개의 고루틴을 생성하는 것은 드문 일이 아니지만, 이 정도 크기의 스택으로는 불가능할 것이다. 또한 고정 크기 스택은 그 크기에도 불구하고 대부분의 복잡하고 깊은 재귀 함수에서는 충분치 않다. 고정된 크기를 변경하면 공간 효율성을 개선해 더 많은 스레드를 생성하거나 더 깊은 재귀 함수를 사용할 수 있지만, 고정 크기 스택에서는 두 가지 모두 불가능하다.

반면에 고루틴은 일반적으로 2KB인 작은 스택으로 시작한다. 고루틴의 스택은 OS 스레드 스택과 마찬가지로 활성화된 지역 변수와 일시적으로 중지된 함수 호출을 저장하지만, OS 스레드와는 달리 고루틴의 스택은 고정 크기가 아니다. 즉 필요한 만큼 늘어나고 줄어든다. 고루틴 스택의 최대 크기는 일반적인 고정 크기 스레드 스택보다 수배나 더 큰 1GB가 될 수도 있지만, 이 정도 크기의 스택을 사용하는 고루틴은 많지 않다.

연습문제 9.4 임의의 개수의 고루틴을 채널로 연결하는 파이프라인을 구축하라. 메모리 부족이 발생하기 전까지 파이프라인 단계를 최대 몇 개까지 만들 수 있는가? 값이 전체 파이프라인을 거치는 데 얼마나 오래 걸리는가?

9.8.2 고루틴 스케줄링

OS 스레드는 OS 커널에 의해 스케줄된다. 매 밀리초마다 하드웨어 타이머가 프로세서를 인터셉트해 커널 함수 scheduler가 호출되게 한다. 이 기능은 현재 실행 중인 스레드를 일시적으로 중단하고 메모리의 레지스터를 저장한 후 스레드 목록을 조회해 다음에 수행할 스레드를 결정하고, 메모리에서 해당 스레드의 레지스터를 복원한 후 복원된 스레드의 수행을 재개한다. OS 스레드는 커널에 의해 스케줄링되므로 한 스레드에서 다른 스레드로 제어를 넘기려면 한 사용자 스레드의 상태를 메모리에 저장하고, 다른 스레드의 상태를 복원한 후 스케줄러의 자료 구조를 갱신하는 전체 컨텍스트 전환이 필요하다. 이 동작은 지역성의 부족과 필요한 메모리 접근 횟수로 인해 느리며, 메모리에 접근하기 위해 필요한 CPU 사이클의 수가 증가함에 따라 점점 더 느려지고 있다.

Go 런타임은 *n*개의 OS 스레드에 있는 *m*개의 고루틴을 다중화(또는 스케줄링)하는 *m:n* 스케줄링 기법의 자체 스케줄러를 포함하고 있다. Go 스케줄러의 역할은 커널 스케줄러와 유사하지만 단일 Go 프로그램의 고루틴에 국한된다.

Go 스케줄러는 운영체제의 스레드 스케줄러와는 다르게 하드웨어 타이머에 의해 주기적으로 호출되지 않고 특정한 Go 언어의 기반에 의해 묵시적으로 호출된다. 예를 들어 고루틴이 time.Sleep을 호출하거나 채널 또는 뮤텍스 작업을 대기할 때는 스케줄러가 해당 고루틴을 슬립 상태로 만들고, 이후 깨워야 할 때까지 다른 고루틴을 실행한다. 이때는 커널 컨텍스트 전환이 필요하지 않으므로 고루틴의 스케줄 재조정이 스레드 스케줄을 재조정하는 것보다 훨씬 비용이 적게 든다.

연습문제 9.5 두 버퍼되지 않은 채널 간에 주고받는 식으로 메시지를 전달하는 두 고루틴이 있는 프로그램을 작성하라. 이 프로그램은 초당 얼마나 많은 통신을 유지할 수 있는가?

9.8.3 GOMAXPROCS

Go 스케줄러는 GOMAXPROCS라는 파라미터를 사용해 동시에 얼마나 많은 OS 스레드에서 Go 코드를 수행할지 결정한다. 기본 값은 시스템의 CPU 개수이기 때문에 8개의 CPU가 있는 시스템에서는 스케줄러가 한 번에 최대 8개의 OS 스레드를 사용하게 스케줄한다(GOMAXPROCS는 *m:n* 스케줄링에서 *n*에 해당한다). 슬립 상태이거나 통신을 대기하고 있는 고루틴에는 스레드가 전혀 필요치 않다. I/O 또는 다른 시스템 호출이나 Go가 아닌 함수를 호출해 대기하고 있는 고루틴들에는 OS 스레드가 필요하지만 GOMAXPROCS에 포함할 필요는 없다.

이 값은 환경 변수 GOMAXPROCS 파라미터 또는 runtime.GOMAXPROCS 함수를 통해 명시적으로 지정할 수 있다. 무한대로 0과 1의 스트림을 출력하는 다음과 같은 간단한 프로그램에서 GOMAXPROCS의 효과를 볼 수 있다.

```
for {
    go fmt.Print(0)
    fmt.Print(1)
}
$ GOMAXPROCS=1 go run hacker-cliché.go
1111111111111111111110000000000000000000011111...

$ GOMAXPROCS=2 go run hacker-cliché.go
010101010101010101011001100101011010010100110...
```

첫 번째 실행에서는 한 번에 최대 한 개의 고루틴이 실행된다. 처음에는 1을 출력하는 메인 고루틴이 실행된다. 일정한 시간이 지난 뒤 Go 스케줄러가 이 고루틴을 슬립 상태로 설정하고 0을 출력하는 고루틴을 깨워서 OS 스레드에서 실행되게 했다. 두 번째 실행에서는 두 개의 OS 스레드가 사용 가능하므로 두 고루틴이 동시에 실행돼 같은 비율로 숫자가 출력됐다. 고루틴의 스케줄링에는 수많은 요소가 관여돼 있고 런타임이 지속적으로 발전하기 때문에 결과는 위와 다를 수 있다.

연습문제 9.6 많은 연산을 수행하는 병렬 프로그램(연습문제 8.5 참조)의 성능이 GOMAXPROCS에 따라 어떻게 변화하는지 측정하라. 실행하는 컴퓨터에서의 최적 값은 무엇인가? 그 컴퓨터에는 얼마나 많은 CPU가 탑재돼 있는가?

9.8.4 고루틴에는 식별자가 없다

멀티스레딩을 지원하는 대부분의 운영체제 및 프로그래밍 언어에서 현재 스레드에는 일반적인 값인 정수나 포인터로 손쉽게 얻을 수 있는 독자적 식별자가 있다. 이는 사실상 스레드 식별자를 키로 갖는 전역 맵인 스레드 로컬 스토리지라는 추상화 계층을 만들기 쉽게 하기 위한 것으로, 각 스레드는 이 저장 공간을 통해 다른 스레드와 독립적으로 값을 저장하고 읽을 수 있다.

고루틴에는 개발자가 접근 가능한 식별자에 대한 표현 방법이 없다. 이는 스레드 로컬 스토리지가 남용되는 경향이 있기 때문에 의도적으로 설계된 것이다. 예를 들어 스레드 로컬 스토리지가 있는 언어로 구현된 웹 서버에서는 현재 작업 중인 함수 대신 다른 함수가 이 저장 공간에서 HTTP 요청에 대한 정보를 찾아주는 경우가 많다. 그러나 전역 변수에 과도하게 의존하는 프로그램과 마찬가지로 이는 함수의 동작이 주어진 인자 외에 구동되는 스레드의 식별자에 의해서도 결정된다는 '원격 작용action at distance'이라는 비정상 상태로 이어지게 된다. 결과적으로 스레드의 식별자를 변경해야 하는 경우(이를테면 일부 작업자 스레드를 도와줘야 할 때) 함수가 예상 외로 곤혹스럽게 동작하게 된다.

Go는 함수의 동작에 영향을 주는 파라미터를 명시하게 하는 단순한 방식의 프로그래밍을 권장한다. 이렇게 하면 프로그램이 읽기 쉬워질 뿐더러 주어진 함수의 하위 작업을 식별자에 신경 쓰지 않고 여러 고루틴에 자유롭게 할당할 수 있다.

이제 Go 프로그램을 작성하는 데 필요한 언어의 모든 기능을 배웠다. 다음 두 장에서는 큰 프로그램을 작성하게 돕는 일부 기법과 도구를 조망할 것이다. 프로젝트를 패키지의 집합으로 구성하는 방법과 패키지들을 취득, 빌드, 테스트, 벤치마크, 프로파일, 문서화 및 공유하는 방법들을 알아본다.

10장

패키지와 Go 도구

요즘에는 일반적인 크기의 프로그램에 10,000여 개의 함수가 포함되기도 한다. 하지만 대부분은 다른 사람이 작성한 후 재사용할 수 있도록 패키지화한 것이므로, 개발자는 그중 일부 함수와 설계에 대해서만 고려하면 된다.

Go는 대부분의 애플리케이션의 근간을 이루는 100여 개 이상의 표준 패키지를 제공한다. Go 커뮤니티는 패키지 설계, 공유, 재사용, 개선 등으로 활성화되는 생태계로, 여기에는 표준 패키지보다 더 많은 패키지가 게시돼 있으며 http://godoc.org에서 검색 가능한 색인을 찾아볼 수 있다. 10장에서는 기존 패키지를 사용하는 방법과 새로운 패키지를 만드는 방법을 살펴본다.

Go는 Go 패키지의 작업 공간을 관리하기 위해 정교하지만 사용하기 쉬운 명령인 go 도구도 함께 제공한다. 이 책의 시작에서부터 go 도구를 사용해 예제 프로그램을 다운로드, 빌드, 실행하는 방법을 살펴봤다. 10장에서는 go 도구의 기본 개념을 살펴보고 문서 출력이나 작업 공간 내 패키지의 메타데이터 조회 등 더 많은 기능에 대해 살펴본다. 11장에서는 go 도구의 테스트 기능을 살펴본다.

10.1 소개

모든 패키지 시스템의 목적은 관련된 기능들을 쉽게 이해하고 변경할 수 있으며, 프로그램 내의 다른 패키지와 독립된 하나의 단위로 묶어서 대형 프로그램의 설계와 관리를 쉽게 하는 것이다. 이러한 모듈화로 서로 다른 프로젝트에서 패키지를 공유하고 재사용하며, 조직 내에 배포하거나 전 세계에서 사용할 수 있게 된다.

각 패키지는 식별자를 둘러싸는 독립된 이름 공간을 정의한다. 각각의 이름은 특정 패키지와 연관돼 있으므로 자주 사용하는 패키지의 타입, 함수 등을 짧고 간결한 이름으로 지정하고 프로그램의 다른 부분과 충돌 없이 사용할 수 있다.

패키지에는 패키지 외부에서 어떤 이름을 볼 수 있는지 또는 익스포트되는지를 제어하는 캡슐화 기능도 있다. 패키지 구성 요소의 가시성을 제한해 패키지 API 배후의 도우미 함수와 타입을 숨김으로써 패키지 관리자는 패키지 외부 코드에 영향을 주지 않고 구현 내용을 변경할 수 있다. 또한 가시성 제한으로 변수도 숨겨지기 때문에 사용자는 익스포트된 함수를 통해서만 변수에 접근하고 갱신할 수 있으며, 이로 인해 내부의 불변성을 유지하고 동시성 프로그램에서 상호 배제를 강제할 수 있다.

파일을 변경할 때는 파일의 패키지와 이 패키지에 잠재적으로 의존하는 모든 패키지를 재컴파일해야 한다. Go의 컴파일은 대부분의 다른 컴파일 언어보다 현저하게 빠르며, 이는 처음부터 빌드하는 경우에도 마찬가지다. 컴파일 속도가 빠른 데에는 세 가지 이유가 있다. 먼저 모든 임포트문은 소스 파일의 시작 부분에 명시적으로 나열돼야 하기 때문에 컴파일러에서 종속성을 파악하기 위해 전체 파일을 읽고 처리할 필요가 없다. 두 번째로 패키지의 종속성이 방향성 비순환 그래프를 형성하기 때문에 순환이 없어서 각 패키지가 독립적으로 컴파일될 수 있으며, 병렬로 컴파일될 수도 있다. 마지막으로 컴파일된 Go 패키지의 오브젝트 파일은 자체 패키지 외에 의존하는 패키지에 대한 정보도 익스포트한다. 패키지를 컴파일할 때 컴파일러는 각 임포트마다 하나의 오브젝트 파일만 읽으면 된다.

10.2 임포트 경로

각 패키지는 임포트 경로^{import path}라는 고유한 문자열로 식별된다. 임포트 경로는 import 선언에 표시되는 문자열이다.

```
import (
    "fmt"
    "math/rand"
    "encoding/json"

    "golang.org/x/net/html"

    "github.com/go-sql-driver/mysql"
)
```

2.6.1절에서 언급한 바와 같이 Go 언어 사양에서는 이 문자열의 의미나 패키지의 임포트 경로를 결정하는 방법에 대해 정의하지 않으며, 도구에 이러한 문제를 일임한다. 대부분의 Go 개발자가 **go** 도구로 빌드, 테스트 등을 수행하므로, 10장에서는 **go** 도구에서 이 문자열을 어떻게 해석하는지 자세히 살펴볼 것이다. 다른 도구도 있기는 하다. 예를 들어 구글 내부의 다중 언어 빌드 시스템을 사용하는 Go 개발자는 패키지 명명 및 찾기, 테스트 지정 등에 시스템의 관행에 따라 다른 규칙을 사용한다.

공유 또는 게시하려는 패키지의 임포트 경로는 전 세계적으로 고유해야 한다. 표준 라이브러리가 아닌 모든 패키지의 임포트 경로는 충돌을 피하기 위해 패키지를 소유하거나 호스팅하는 조직의 인터넷 도메인 이름으로 시작해야 한다. 이로 인해 패키지를 찾을 수 있다. 예를 들어 앞의 선언은 Go 팀이 관리하는 HTML 파서와 인기 있는 서드파티 MySQL 데이터베이스 드라이버를 임포트한다.

10.3 패키지 선언

모든 Go 소스 파일은 package 선언으로 시작한다. 이 선언의 주목적은 다른 패키지에 의해 임포트될 때의 기본 식별자(패키지 이름이라 함)를 결정하는 것이다.

예를 들어 math/rand 패키지의 모든 파일은 package rand로 시작하므로 이 패키지를 임포트하면 해당 멤버에 rand.Int, rand.Float64 등으로 접근할 수 있다.

```
package main

import (
    "fmt"
    "math/rand"
)

func main() {
    fmt.Println(rand.Int())
}
```

패키지명은 관행적으로 임포트 경로의 마지막 부분이며, 이로 인해 임포트 경로가 다른 별개의 두 패키지가 같은 이름을 가질 수 있다. 예를 들어 임포트 경로가 math/rand와 crypto/rand인 두 패키지는 모두 같은 이름 rand를 갖는다. 잠시 후 한 프로그램에서 이 패키지들을 동시에 사용하는 방법을 살펴볼 것이다.

'마지막 부분'이라는 관행에는 세 가지 예외가 있다. 첫 번째로 명령(Go 실행 프로그램)을 정의하는 패키지는 패키지의 임포트 경로와 무관하게 패키지명으로 항상 main을 사용한다. 이는 go build(10.7.3절)에게 실행 파일을 만들기 위해 링커를 호출해야 한다고 알리는 신호다.

두 번째로 디렉터리 안의 파일명이 _test.go로 끝나는 일부 파일들은 패키지명 뒤에 _test가 붙을 수 있다. 이런 디렉터리는 두 가지 패키지인 일반 패키지 및 외부 테스트 패키지를 정의할 수 있다. _test 접미사는 go test에 두 패키지를 모두 빌드해야 한다고 알리며, 파일들이 각각 어떤 패키지에 속하는지를 나타낸다. 외부 테스트 패키지는 테스트 의존성으로 인한 임포트 그래프의 순환을 방지하기 위해 사용한다. 이 내용은 11.2.4절에 자세히 설명돼 있다.

세 번째 예외는 의존성을 관리하는 일부 도구에서 패키지 임포트 경로에 "gopkg.in/yaml.v2"와 같이 버전을 접미사로 추가하는 것이다. 패키지 이름은 접미사를 제외하므로 이 경우에는 그냥 yaml이 될 것이다.

10.4 Import 선언

Go 소스 파일은 package 선언 직후 최초의 임포트가 아닌 선언이 나오기 전에 0개 이상의 import 선언을 포함할 수 있다. 각 import 선언은 단일 패키지의 임포트 경로를 지정하거나 여러 패키지의 임포트 경로를 괄호로 묶어서 나열할 수 있다. 다음의 두 가지 형태는 동일하지만 두 번째 형태를 더 많이 사용한다.

```
import "fmt"
import "os"

import (
    "fmt"
    "os"
)
```

임포트된 패키지는 빈 줄로 구분할 수 있다. 이 묶음은 일반적으로 다른 도메인을 나타낸다. 순서는 중요하지 않지만 관행상 각 묶음들은 알파벳순으로 정렬된다(gofmt와 goimports 모두 패키지를 묶고 정렬해준다).

```
import (
    "fmt"
    "html/template"
    "os"

    "golang.org/x/net/html"
    "golang.org/x/net/ipv4"
)
```

math/rand와 crypto/rand처럼 이름이 같은 두 패키지를 세 번째 패키지에 임포트할 때는 충돌을 피하기 위해 **import** 선언 중 적어도 하나에 대체 이름^{alternative name}을 지정해야 한다. 이것을 리네임 임포트^{renaming import}라 한다.

```
import (
    "crypto/rand"
    mrand "math/rand" // 대체 이름 mrand로 충돌을 피한다.
)
```

대체 이름은 임포트하는 파일에서만 유효하다. 다른 파일은 심지어 같은 패키지에 있더라도 패키지를 임포트할 때의 기본 이름이나 그 외의 이름을 사용할 수 있다.

충돌이 없는 경우에도 이름을 바꿔서 임포트하는 것이 유용할 수 있다. 자동으로 생성된 코드의 경우와 같이 임포트된 패키지의 이름이 다루기 힘든 경우에는 이름의 약칭이 더 편리할 수 있다. 혼동을 피하기 위해서는 동일한 짧은 이름을 일관되게 사용해야 한다. 대체 이름을 선택하면 일반 지역 변수 이름과 충돌을 방지하는 데 도움이 된다. 예를 들어 path라는 이름의 지역 변수가 다수 있는 파일에서는 표준 **"path"** 패키지를 pathpkg로 임포트할 수 있다.

각 **import** 선언은 현재 패키지에서 임포트된 패키지로의 의존성을 설정한다. 이 의존성이 순환되면 go 빌드 도구가 오류를 보고한다.

10.5 공백 임포트

패키지를 파일로 임포트하고 정의된 패키지명을 파일 안에서 참조하지 않으면 오류가 발생한다. 그러나 때로는 패키지 수준 변수의 초기화 표현식을 평가하고 init 함수(2.6.2절)를 실행하는 부수 효과가 필요해서 패키지를 임포트하는 경우도 있다. 이때의 '사용되지 않은 임포

트' 오류를 방지하기 위해서는 이름 바꾸기 임포트를 사용해 빈 식별자인 _로 대체 이름을
지정해야 한다. 다른 경우와 마찬가지로 빈 식별자는 참조할 수 없다.

```
import _ "image/png" // 레지스터 PNG 디코더
```

이를 공백 임포트^{blank import}라 한다. 공백 임포트는 대부분 main 프로그램에서 추가 패키지
를 공백 임포트해 부가 기능을 활성화하는 컴파일 시 메커니즘을 구현하기 위해 사용한다.
먼저 공백 임포트의 사용법을 알아본 후 어떻게 작동하는지 알아볼 것이다.

표준 라이브러리의 image 패키지는 io.Reader에서 바이트를 읽는 Decode 함수를 익스포트
하고 데이터를 인코딩하는 데 어떤 이미지 포맷이 사용됐는지 감지한 후 적합한 디코더를
호출해 결과 image.Image를 반환한다. image.Decode를 사용하면 한 포맷의 이미지를 읽고
다른 포맷으로 출력하는 간단한 이미지 변환기를 쉽게 만들 수 있다.

gopl.io/ch10/jpeg
```go
// jpeg명령은 표준 입력에서 PNG이미지를 읽고
// 표준 출력에 JPEG 이미지로 쓴다.
package main

import (
    "fmt"
    "image"
    "image/jpeg"
    _ "image/png" // PNG 디코더 등록
    "io"
    "os"
)

func main() {
    if err := toJPEG(os.Stdin, os.Stdout); err != nil {
        fmt.Fprintf(os.Stderr, "jpeg: %v\n", err)
        os.Exit(1)
    }
}

func toJPEG(in io.Reader, out io.Writer) error {
    img, kind, err := image.Decode(in)
    if err != nil {
    return err
    }
    fmt.Fprintln(os.Stderr, "Input format =", kind)
    return jpeg.Encode(out, img, &jpeg.Options{Quality: 95})
}
```

변환 프로그램에 **gopl.io/ch3/mandelbrot**(3.3절)의 출력을 넣으면 입력 포맷 PNG를 감지
하고 그림 3.3의 JPEG 버전을 출력한다.

```
$ go build gopl.io/ch3/mandelbrot
$ go build gopl.io/ch10/jpeg
$ ./mandelbrot | ./jpeg >mandelbrot.jpg
Input format = png
```

image/png에 공백 임포트를 사용한 것을 알 수 있다. 그 줄이 없어도 프로그램 자체는 정상적으로 컴파일되고 링크되지만, 더 이상 PNG 포맷을 감지하거나 디코딩할 수 없게 된다.

```
$ go build gopl.io/ch10/jpeg
$ ./mandelbrot | ./jpeg >mandelbrot.jpg
jpeg: image: unknown format
```

다음은 그 작동 방식에 대한 설명이다. 표준 라이브러리에는 GIF, PNG, JPEG 등의 디코더가 있고 사용자가 그 외에도 추가할 수 있지만, 명시적으로 요청하지 않은 경우에는 실행파일을 작게 유지하기 위해 디코더를 프로그램에 포함하지 않는다. image.Decode 함수는 지원하는 포맷의 테이블을 참조한다. 테이블의 각 항목은 포맷의 이름, 인코딩 감지에 사용되는 인코딩된 이미지의 접두 문자열, 인코딩된 이미지를 디코드하는 Decode 함수, 이미지의 크기나 색상 범위 등의 메타데이터만 디코딩하는 DecodeConfig 함수 등 네 가지를 지정한다. 항목은 image.RegisterFormat을 호출해 테이블에 추가되며, 다음의 image/png와 같이 일반적으로 해당 포맷을 지원하는 각 패키지의 초기화 과정에서 호출된다.

```
package png // image/png

func Decode(r io.Reader) (image.Image, error)
func DecodeConfig(r io.Reader) (image.Config, error)

func init() {
    const pngHeader = "\x89PNG\r\n\x1a\n"
    image.RegisterFormat("png", pngHeader, Decode, DecodeConfig)
}
```

결과적으로 image.Decode 함수에서 특정 포맷의 이미지를 디코드할 수 있게 하려면 애플리케이션에서 필요한 포맷을 공백 임포트하기만 하면 된다.

database/sql 패키지도 이와 유사한 메커니즘을 사용해 사용자가 필요한 데이터베이스 드라이버만 설치할 수 있게 한다. 예를 들면 다음과 같다.

```
import (
    "database/sql"
    _ "github.com/lib/pq"                  // Postgres지원 활성화
    _ "github.com/go-sql-driver/mysql" // MySQL지원 활성화
)
db, err = sql.Open("postgres", dbname)  // OK
db, err = sql.Open("mysql", dbname)     // OK
db, err = sql.Open("sqlite3", dbname)   // 오류 반환:
                                        unknown driver "sqlite3"
```

연습문제 10.1 image.Decode로 입력 포맷을 감지하고, 플래그로 출력 포맷을 지정해 지원되는 모든 입력 포맷을 지원되는 모든 출력 포맷으로 변환하도록 jpeg 프로그램을 확장하라.

연습문제 10.2 ZIP 파일(archive/zip)과 POSIX tar 파일(archive/tar)을 읽을 수 있는 일반 압축 파일 읽기 함수를 정의하라. 앞에 설명한 것과 유사한 등록 메커니즘을 사용해 공백 임포트로 각 파일 포맷에 대한 지원을 추가할 수 있게 하라.

10.6 패키지 이름 짓기

이 절에서는 Go의 독특한 규칙에 따라 패키지와 멤버의 이름을 짓는 방법에 대해 몇 가지 조언을 할 것이다.

패키지를 만들 때는 가능하면 짧은 이름이 좋지만, 의미를 알 수 없을 정도로 짧아서는 안 된다. 표준 라이브러리에서 가장 자주 사용되는 패키지들의 이름은 각각 bufio, byte, flag, fmt, http, io, json, os, sort, sync, time이다.

가능한 한 서술적이고 모호하지 않게 하라. 예를 들어 유틸리티 패키지의 이름으로는 util 대신 imageutil이나 ioutil처럼 구체적이고 간결한 이름을 사용하라. 지역 변수에 자주 사용되는 이름은 패키지명으로 사용하지 않아야 하며, 그렇지 않으면 패키지 사용자가 path 패키지에서처럼 반강제적으로 패키지 경로의 이름을 바꿔야 할 것이다.

패키지 이름은 일반적으로 단수 형태를 취한다. 표준 패키지 bytes, errors, strings는 사전에 선언된 타입을 숨기는 것을 막고, go/types의 경우에는 키워드와의 충돌을 방지하기 위해 복수형을 사용했다.

이미 다른 의미를 갖고 있는 이름은 패키지 이름으로 사용하지 않는다. 예를 들어 2.5절에서는 원래 온도 변환 패키지의 이름으로 temp를 사용했지만 계속 그 이름을 사용하지는 않았다. 'temp'는 보통 '임시'와 동의어이므로 이는 좋지 못한 생각이었다. 잠시 temperature라는 이름을 사용했지만 이 이름은 너무 길었고 패키지의 역할에 대해서는 설명하지 못했다. 패키지명은 최종적으로 더 짧고 strconv와 같은 의미를 갖는 tempconv가 됐다.

이제 패키지 멤버의 이름을 지어보자. 다른 패키지의 각 멤버에 대한 참조는 fmt.Println과 같이 명시적인 식별자를 사용하기 때문에 패키지 멤버를 지정하는 것은 사실상 패키지명과 멤버명을 합쳐서 부르는 것과 같다. 패키지명 fmt에 이미 그 의미가 있기 때문에 Println의 포매팅 개념에 대해서는 따로 언급할 필요가 없다. 패키지를 설계할 때는 멤버명만을 생각하지 말고 명시적인 두 식별자가 어떻게 협력할지에 대해 고려하라. 다음은 몇 가지 특징적인 예다.

```
bytes.Equal        flag.Int        http.Get        json.Marshal
```

위의 예에서 일부 공통적인 명명 방식을 알아볼 수 있다. strings 패키지는 문자열을 조작하는 여러 독립적인 함수를 제공한다.

```
package strings

func Index(needle, haystack string) int

type Replacer struct{ /* ... */ }
func NewReplacer(oldnew ...string) *Replacer

type Reader struct{ /* ... */ }
func NewReader(s string) *Reader
```

단어 string은 이름에 나오지 않는다. 사용자는 이 함수들을 strings.Index, strings.Replacer 등으로 참조한다.

그 외에 html/template이나 math/rand 등의 단일 타입 패키지로 설명하는 패키지에서는 하나의 주 데이터 타입과 메소드를 노출하며, 종종 인스턴스를 생성하는 New 함수를 포함한다.

```
package rand // "math/rand"

type Rand struct{ /* ... */ }
func New(source Source) *Rand
```

이때는 template.Template이나 rand.Rand처럼 이름이 중복되기 때문에 이런 패키지에서는 특히 짧은 이름을 사용한다.

그 반대의 경우로 net/http와 같이 복잡한 작업을 수행하기 때문에 구조체 수는 적지만 이름이 많은 패키지도 있다. 이 패키지에는 스무 개 이상의 타입과 그 이상의 함수가 있지만, 그중 가장 중요한 멤버들은 Get, Post, Handle, Error, Client, Server처럼 제일 간단한 이름을 갖는다.

10.7 Go 도구

10장의 나머지는 Go 코드의 다운로드, 쿼리, 포매팅, 빌드, 테스트, 패키지 설치 등에 사용하는 go 도구에 대한 내용이다.

go 도구는 다양한 기능의 도구들을 하나의 명령으로 결합한 것이다. 이 도구는 패키지 관리자(apt나 rpm과 유사함)로서 패키지 인벤토리에 대한 질의에 응답하고 의존성을 계산하며, 원격 버전 관리 시스템에서 패키지를 다운로드한다. 그리고 빌드 시스템으로 파일의 의존성을 계산하고 컴파일러, 어셈블러, 링커를 호출하지만, 의도적으로 표준 유닉스의 make보다는 적은 연산을 수행한다. 또한 11장에서 살펴볼 테스트 드라이버이기도 하다.

커맨드라인 인터페이스는 다수의 하위 명령이 있는 '스위스 군용 칼' 스타일이며 이 명령들 중 get, run, build, fmt 등은 이미 본 적이 있을 것이다. go help로 내장된 문서의 색인을 볼 수 있지만, 참조하기 쉽게 가장 많이 사용되는 명령을 아래에 나열했다.

```
$ go
...
    build       패키지와 의존성 컴파일
    clean       오브젝트 파일 제거
    doc         패키지나 심볼의 문서 표시
    env         Go 환경 정보 출력
    fmt         패키지 소스에 gofmt 수행
    get         패키지와 의존성 다운로드 및 설치
    install     패키지와 의존성 컴파일 및 설치
    list        패키지 목록
    run         Go 프로그램 컴파일 및 실행
    test        패키지 테스트
    version     Go 버전 출력
    vet         패키지에 go 도구 vet 실행

명령에 대한 더 많은 정보는 "go help [command]" 참조
...
```

필요한 설정을 최소화하기 위해 go 도구는 관습에 따른다. 예를 들면 각 디렉토리마다 하나의 패키지가 있고 패키지의 임포트 경로는 작업 공간의 디렉토리 계층에 해당하므로 go 도구에서는 Go의 소스 파일명을 통해 외부 패키지를 찾을 수 있다. 이 도구는 패키지의 임포트 경로를 통해 오브젝트 파일을 저장하는 디렉토리도 찾을 수 있다. 또한 소스코드 저장소를 호스팅하는 서버의 URL도 찾을 수 있다.

10.7.1 작업 공간 구조

대부분의 사용자에게 필요한 유일한 설정은 작업 공간의 루트를 지정하는 GOPATH 환경 변수다. 사용자는 GOPATH의 값을 변경해 다른 작업 공간으로 전환할 수 있다. 예를 들어 이 책에서는 GOPATH를 $HOME/gobook으로 설정했다.

```
$ export GOPATH=$HOME/gobook
$ go get gopl.io/...
```

위의 명령을 사용해 이 책의 모든 프로그램을 다운로드한 후의 작업 공간은 다음과 같은 구조를 갖게 될 것이다.

```
GOPATH/
    src/
        gopl.io/
            .git/
            ch1/
                helloworld/
                    main.go
                dup/
                    main.go
                ...
        golang.org/x/net/
            .git/
            html/
                parse.go
                node.go
                ...
    bin/
        helloworld
        dup
    pkg/
        darwin_amd64/
            ...
```

GOPATH에는 세 개의 하위 디렉토리가 있다. 하위 디렉토리 src에는 소스코드가 있다. 각 패키지는 gopl.io/ch1/helloworld 같이 패키지의 임포트 경로인 $GOPATH/src에 대한 상대 디렉토리 안에 있다. 한 GOPATH 작업 공간의 src 밑에는 gopl.io나 golang.org 같은 여러 버전 관리 저장소가 포함돼 있음을 알 수 있다. 하위 디렉토리 pkg에는 빌드 도구가 컴파일한 패키지를 저장하며, 하위 디렉토리 bin에는 helloworld 같은 실행 프로그램이 있다.

두 번째 환경 변수인 GOROOT는 표준 라이브러리의 모든 패키지를 제공하는 Go 배포본의 루트 디렉토리를 지정한다. GOROOT의 하위 디렉토리 구조는 GOPATH와 유사하며, 예를 들어 fmt 패키지의 소스 파일은 $GOROOT/src/fmt 디렉토리에 있다. go 도구는 설치된 위치를 GOROOT로 사용하므로 기본적으로 사용자가 GOROOT를 설정할 필요는 없다.

go env 명령은 전체 도구와 관련된 유효한 환경 변수 값을 지정되지 않은 변수의 기본 값을 포함해 출력한다. GOOS는 대상 운영체제(예를 들어 안드로이드, 리눅스, 맥, 윈도우)를 지정하고, GOARCH는 amd64, 386, arm 등의 대상 프로세서 아키텍처를 지정한다. 사용자는 GOPATH만 설정하면 되지만, 때로는 이미 설정된 다른 변수도 보여준다.

```
$ go env
GOPATH="/home/gopher/gobook"
GOROOT="/usr/local/go"
GOARCH="amd64"
GOOS="darwin"
...
```

10.7.2 패키지 다운로드

go 도구를 사용할 때 패키지의 임포트 경로는 로컬 작업 공간 외에 인터넷상의 위치도 나타내기 때문에 go get을 사용해 가져오고 갱신할 수 있다.

go get 명령은 단일 패키지나 전체 하위 패키지의 트리나 저장소를 앞 절에서와 같이 ... 표기법을 사용해 다운로드할 수 있다. 또한 이 도구는 최초 패키지의 의존성을 계산하고 다운로드하며, 이것이 앞의 예제에서 작업 공간에 golang.org/x/net/html 패키지가 나온 이유다.

go get으로 패키지를 다운로드하고 나면 라이브러리와 명령들을 빌드하고 설치한다. 다음 절에서 세부적인 내용을 살펴보겠지만 예제를 통해 그 과정이 얼마나 직관적인지 볼 수 있다. 다음의 첫 번째 명령은 Go 소스코드에서 일반적인 스타일 문제를 확인하는 golint 도구를 가져온다. 두 번째 명령은 2.6.2절의 gopl.io/ch2/popcount에 golint를 실행한다. 이 유용한 명령은 패키지에 문서 주석을 달지 않았다는 사실을 보고한다.

```
$ go get github.com/golang/lint/golint
$ $GOPATH/bin/golint gopl.io/ch2/popcount
src/gopl.io/ch2/popcount/main.go:1:1:
  package comment should be of the form "Package popcount ..."
```

go get 명령은 GitHub, Bitbucket, Launchpad 등의 인기 있는 코드 호스팅 사이트를 지원하며, 이 사이트들의 버전 관리 시스템에 필요한 요청을 수행할 수 있다. 덜 알려진 사이트의 경우에는 임포트 경로에 깃[Git]이나 머큐리얼[Mercurial] 등의 버전 관리 프로토콜을 명시해야 한다. 자세한 내용은 go help importpath를 참조하라.

go get이 생성하는 디렉토리는 단지 파일의 복사본이 아니라 실제 저장소의 클라이언트이므로 버전 관리 명령으로 로컬의 수정 내용에 대한 diff를 보거나 다른 리비전으로 변경할 수 있다. 예를 들어 **golang.org/x/net** 디렉토리는 깃 클라이언트다.

```
$ cd $GOPATH/src/golang.org/x/net
$ git remote -v
origin  https://go.googlesource.com/net (fetch)
origin  https://go.googlesource.com/net (push)
```

패키지의 임포트 경로인 **golang.org**가 Git 서버의 실제 도메인인 **go.googlesource.com**과 다르다는 것을 알 수 있다. 이는 **go tool**의 기능으로, 임포트 경로는 사용자가 지정한 도메인명을 사용하면서 실제 파일은 **googlesource.com**이나 **github.com** 같은 일반 서비스로 호스팅할 수 있다. **https://golang.org/x/net/html** 아래의 HTML 페이지는 다음과 같은 메타 데이터를 포함해 **go tool**을 실제 호스팅 사이트에 있는 깃 저장소로 리다이렉트한다.

```
$ go build gopl.io/ch1/fetch
$ ./fetch https://golang.org/x/net/html | grep go-import
<meta name="go-import"
      content="golang.org/x/net git https://go.googlesource.com/net">
```

go get 명령에 -u 플래그를 지정하면 빌드 및 설치하기 전에 의존성을 포함한 모든 패키지가 최신 버전으로 업데이트되게 한다. 이 플래그가 없으면 로컬에 이미 존재하는 패키지는 업데이트되지 않는다.

go get -u 명령은 일반적으로 각 패키지의 최신 버전을 가져오기 때문에 처음 시작할 때는 편리하지만, 이미 배포된 프로젝트와 같이 릴리스 시 정교한 의존성 제어가 필수적인 경우에는 적합하지 않을 수 있다. 이 문제에 대한 일반적인 해결책은 필요한 모든 종속성에 대한 영구적인 로컬 복사본을 만든 뒤 이 복사본을 신중하게 갱신하는 벤더링^{vendoring} 작업이다. Go 1.5 이전에는 벤더링을 위해 패키지의 임포트 경로를 변경해야 했기 때문에 **golang. org/x/net/html**의 복사본은 **gopl.io/vendor/golang.org/x/net/html**이 됐을 것이다. **go** 도구의 최신 버전은 벤더링을 직접 지원하지만, 여기서 세부 사항에 대해 보여주지는 않겠다. **go help gopath** 명령의 출력에서 'Vendor Directories'를 참조하라.

연습문제 10.3 **fetch http://gopl.io/ch1/helloworld?go-get=1**을 사용해 이 책의 코드 샘플이 어떤 서비스에서 호스팅되는지 알아보라(**go get**의 HTTP 요청은 **go-get** 파라미터를 포함하기 때문에 서버에서 일반 브라우저 요청과 구별할 수 있다).

10.7.3 패키지 빌드

go build 명령은 인수로 주어진 각 패키지를 컴파일한다. 패키지가 라이브러리이면 결과는 폐기된다. 이때는 패키지에 컴파일 오류가 없는지만 확인한다. 패키지명이 **main**이면 **go build**에서 링커를 호출해 현재 디렉토리에 실행 파일을 생성한다. 실행 파일의 이름은 패키지의 임포트 경로에서 마지막 부분이다.

패키지가 디렉토리마다 하나씩 있으므로 각 실행 프로그램^{executable program} 또는 유닉스 용어로 명령^{command}에는 독자 디렉토리가 필요하다. 때로는 Go 패키지 문서를 웹 인터페이스 (10.7.4절)로 서비스하는 **golang.org/x/tools/cmd/godoc**에서와 같이 이 디렉토리들이 **cmd**

디렉토리의 하위에 있을 때도 있다.

패키지는 앞에서 본 바와 같이 임포트 경로나 보통은 필요하지 않지만 '.'나 '..'로 시작해야 하는 상대 디렉토리명으로 지정할 수 있다. 인자가 없으면 현재 디렉토리로 가정한다. 따라서 다음 명령들은 동일한 패키지를 빌드하지만 실행 파일을 go build가 실행된 디렉토리에 생성한다.

```
$ cd $GOPATH/src/gopl.io/ch1/helloworld
$ go build
```

그리고

```
$ cd anywhere
$ go build gopl.io/ch1/helloworld
```

그리고

```
$ cd $GOPATH
$ go build ./src/gopl.io/ch1/helloworld
```

하지만 다음은 아니다.

```
$ cd $GOPATH
$ go build src/gopl.io/ch1/helloworld
Error: cannot find package "src/gopl.io/ch1/helloworld".
```

패키지는 파일명의 목록으로 지정할 수도 있지만 이 방식은 작은 프로그램과 일회성 실험에만 사용되는 경향이 있다. 패키지명이 main이면 실행 파일의 이름으로 첫 번째 .go 파일의 기본 이름을 사용한다.

```
$ cat quoteargs.go
package main

import (
    "fmt"
    "os"
)

func main() {
    fmt.Printf("%q\n", os.Args[1:])
}
$ go build quoteargs.go
$ ./quoteargs one "two three" four\ five
["one" "two three" "four five"]
```

특히 이와 같은 일회용 프로그램이라면 빌드하자마자 실행하고 싶을 것이다. go run 명령은 이 두 단계를 결합한다.

```
$ go run quoteargs.go one "two three" four\ five
["one" "two three" "four five"]
```

.go로 끝나지 않는 첫 번째 인자가 Go 실행 파일 인자 목록의 시작 부분으로 간주된다.

go build 명령은 기본적으로 요청된 패키지와 모든 의존성을 빌드한 후 최종 실행 파일

외에 다른 컴파일된 코드가 있으면 폐기한다. 의존성 분석과 컴파일은 모두 놀라울 정도로 빠르지만, 프로젝트가 수십 개의 패키지와 수백 줄의 코드로 커지면 의존성이 전혀 변경되지 않았더라도 재컴파일하는 시간이 잠재적으로 몇 초에 이를 수 있다.

go install 명령은 go build와 매우 유사하지만 각 패키지의 컴파일된 코드와 명령을 폐기하지 않는다. 컴파일된 패키지는 소스가 있는 src 디렉토리와 일치하는 $GOPATH/pkg 디렉토리 아래에 저장되며, 실행 파일은 $GOPATH/bin 디렉토리에 저장된다(실행 파일 검색 경로에 $GOPATH/bin을 추가하는 사용자들이 많다). 설치한 후에는 go build와 go install에서 변경되지 않은 패키지와 명령은 재컴파일하지 않으므로 이후의 빌드가 훨씬 더 빨라진다. 편의상 go build의 -i 플래그는 빌드 타겟의 의존성 패키지들을 설치한다.

컴파일된 패키지는 플랫폼과 아키텍처에 따라 다양하기 때문에 go install은 환경 변수 GOOS와 GOARCH의 값이 포함된 이름의 하위 디렉토리 아래에 컴파일된 패키지를 저장한다. 예를 들어 golang.org/x/net/html 패키지는 맥에서 $GOPATH/pkg/darwin_amd64 아래의 golang.org/x/net/html.a 파일로 컴파일되고 설치된다.

Go 프로그램을 대상 운영체제나 CPU에 맞게 크로스컴파일하는 방법은 간단하다. 그냥 빌드 시 GOOS나 GOARCH 변수를 설정하면 된다. 다음 cross 프로그램은 빌드된 대상 운영체제와 아키텍처를 출력한다.

```
gopl.io/ch10/cross
    func main() {
        fmt.Println(runtime.GOOS, runtime.GOARCH)
    }
```

다음 명령은 각각 64비트와 32비트 실행 파일을 생성한다.

```
$ go build gopl.io/ch10/cross
$ ./cross
darwin amd64
$ GOARCH=386 go build gopl.io/ch10/cross
$ ./cross
darwin 386
```

일부 패키지에서는 저수준의 이식성 문제를 처리하거나 중요한 루틴의 최적화된 버전을 제공하기 위해 특정 플랫폼 또는 프로세서에 따라 다른 버전의 코드를 컴파일해야 할 수도 있다. 예를 들어 파일명에 net_linux.go나 asm_amd64.s 같이 운영체제나 프로세서 아키텍처가 포함돼 있으면 go 도구는 이 파일을 해당 대상으로 빌드할 때에만 컴파일한다. 이 동작은 빌드 태그라는 특별한 주석으로 좀 더 세밀하게 제어할 수 있다. 예를 들어 파일에 다음과 같은 주석이 패키지 선언(및 문서 주석) 전에 포함돼 있다면 go build는 이 파일을 리눅스나 맥 OS X용으로 빌드할 때에만 컴파일하며,

```
// +build linux darwin
```

다음의 주석은 컴파일하지 말라는 표시다.

```
// +build ignore
```

자세한 내용은 **go/build** 패키지의 문서에서 'Build Constraints'를 참조하라.

```
$ go doc go/build
```

10.7.4 패키지 문서화

Go는 패키지 API의 문서화를 매우 권장한다. 익스포트된 패키지 멤버와 패키지 선언 자체에는 그 목적과 사용법을 설명하는 주석이 선행돼야 한다.

Go의 문서 주석^{doc comments}은 항상 완전한 문장이며, 첫 번째 문장은 보통 선언된 이름으로 시작하는 요약문이다. 함수 파라미터와 기타 식별자는 인용표시나 마크업 없이 언급된다. 예를 들어 다음은 **fmt.Fprintf**의 문서 주석이다.

```
// Fprintf는 포맷 지정자에 따라 포맷하고 w로 쓴다.
// 이 함수는 씌여진 바이트 수와 쓰기 오류를 반환한다.
func Fprintf(w io.Writer, format string, a ...interface{}) (int, error)
```

Fprintf의 포맷 방법에 대한 세부 사항은 **fmt** 패키지 자체와 관련된 문서 주석에 설명돼 있다. **package** 선언에 선행하는 주석은 전체 패키지의 문서 주석으로 간주된다. 이 주석은 어느 파일에서도 나올 수 있지만 단 하나여야 한다. 긴 패키지 주석은 독자적인 파일을 가질 수 있다. **fmt**의 주석은 300줄이 넘는다. 이 파일을 일반적으로 **doc.go**라 한다.

좋은 문서는 광범위할 필요가 없으며, 문서는 단순성을 대신할 수 없다. 사실 문서도 코드처럼 유지 보수가 필요하기 때문에 Go는 관행상 다른 것과 마찬가지로 문서에서도 간결함과 단순함을 선호한다. 하나의 잘 표현된 문장으로 여러 선언을 설명할 수 있으며, 동작이 명백한 경우에는 주석을 붙일 필요가 없다.

책 전반에 걸쳐 여러 선언에 공간이 허용하는 한 문서 주석을 붙였지만, 표준 라이브러리를 둘러보다 보면 더 좋은 예제를 찾을 수 있을 것이다. 두 도구가 이런 작업을 돕는다.

go doc 도구는 커맨드라인에 지정된 요소의 선언과 문서 주석을 출력하며, 요소에는 패키지가 올 수도 있다.

```
$ go doc time
package time // import "time"

Package time provides functionality for measuring and displaying time.

const Nanosecond Duration = 1 ...
func After(d Duration) <-chan Time
func Sleep(d Duration)
func Since(t Time) Duration
func Now() Time
type Duration int64
type Time struct { ... }
...many more...
```

또는 패키지 멤버는 다음과 같다.

```
$ go doc time.Since
func Since(t Time) Duration

    Since returns the time elapsed since t.
    It is shorthand for time.Now().Sub(t).
```

또는 메소드는 다음과 같다.

```
$ go doc time.Duration.Seconds
func (d Duration) Seconds() float64

    Seconds returns the duration as a floating-point number of seconds.
```

이 도구에는 전체 임포트 경로나 대소문자가 올바르게 지정된 식별자가 필요치 않다. 다음 명령은 encoding/json 패키지의 (*json.Decoder).Decode에 대한 문서를 출력한다.

```
$ go doc json.decode
func (dec *Decoder) Decode(v interface{}) error

    Decode reads the next JSON-encoded value from its input and stores
    it in the value pointed to by v.
```

혼동되는 이름을 가진 두 번째 도구 godoc은 go doc과 같은 정보 및 그 외의 정보들을 제공하는 상호 링크된 HTML 페이지를 서비스한다. https://golang.org/pkg의 godoc 서버는 표준 라이브러리를 다룬다. 그림 10.1은 time 패키지에 대한 문서를 보여주며, 11.6절에서 예제 프로그램에 대한 godoc의 대화형 표기를 볼 수 있을 것이다. https://godoc.org의 godoc 서버에는 수천 개의 오픈소스 패키지에 대한 검색 가능한 색인이 있다.

자신의 패키지를 탐색하려면 작업 공간에서 godoc 인스턴스를 실행하면 된다. 다음 명령을 실행하는 동안 브라우저로 http://localhost:8000/pkg를 열어보자.

```
$ godoc -http :8000
```

인자로 지정된 -analysis=type과 -analys=pointer 플래그는 문서와 소스코드에 고수준 정적 분석 결과를 추가한다.

10.7.5 내부 패키지

패키지는 Go 프로그램의 캡슐화에 가장 중요한 메커니즘이다. 익스포트되지 않은 식별자는 같은 패키지 내에서만 볼 수 있으며, 익스포트된 식별자는 어디서나 볼 수 있다.

하지만 전체 패키지가 아닌 신뢰할 수 있는 일부 패키지에서만 볼 수 있는 식별자가 도움이 될 때도 있다. 예를 들어 큰 패키지를 관리 가능한 작은 부분들로 분할할 때는 각 부분 간의 인터페이스를 다른 패키지에 공개하고 싶지 않을 수 있다. 또는 도우미 함수를 더 널리 공개하지 않고 일부 패키지 간에만 공유하려 할 때도 있다. 아니면 단지 새 패키지의 API를 조급하게 커밋하지 않고 일부 사용자에게 '시험 중'으로 배포해 실험하려 할 수도 있다.

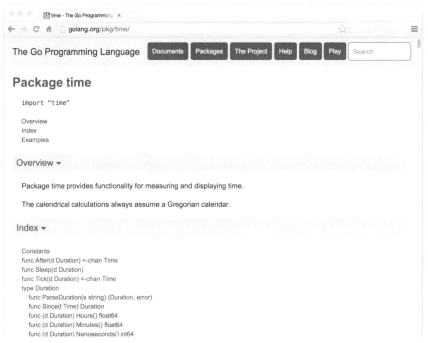

그림 10.1 godoc의 time 패키지

go build 도구는 이러한 필요에 의해 패키지의 임포트 경로에 internal이라는 부분이 있으면 특별히 취급한다. 이러한 패키지를 내부 패키지라 한다. 내부 패키지는 internal 디렉토리의 상위 디렉토리 안에 있는 다른 패키지에서만 임포트할 수 있다. 예를 들어 아래의 패키지 net/http/internal/chunked는 net/http/httputil이나 net/http에서는 임포트할 수 있지만 net/url에서는 임포트할 수 없다. 그러나 net/url은 net/http/httputil을 임포트할 수 있다.

```
net/http
net/http/internal/chunked
net/http/httputil
net/url
```

10.7.6 패키지 조회

go list 도구는 사용 가능한 패키지에 대한 정보를 보고한다. 이 도구의 가장 간단한 형태인 go list는 패키지가 작업 공간에 있는지 확인하고 있는 경우 임포트 경로를 출력한다.

```
$ go list github.com/go-sql-driver/mysql
github.com/go-sql-driver/mysql
```

go list의 인자는 패키지 임포트 경로의 모든 부분 문자열과 일치하는 와일드카드 '...'을 포함할 수 있다. 와일드카드로 Go 작업 공간의 모든 패키지를 나열할 수 있다.

```
$ go list ...
archive/tar
archive/zip
bufio
bytes
cmd/addr2line
cmd/api
...many more...
```

또는 특정 하위 트리의 패키지는 다음과 같이 나열할 수 있다.

```
$ go list gopl.io/ch3/...
gopl.io/ch3/basename1
gopl.io/ch3/basename2
gopl.io/ch3/comma
gopl.io/ch3/mandelbrot
gopl.io/ch3/netflag
gopl.io/ch3/printints
gopl.io/ch3/surface
```

또는 특정 주제와 관련된 패키지를 다음과 같이 나열할 수 있다.

```
$ go list ...xml...
encoding/xml
gopl.io/ch7/xmlselect
```

go list 명령은 각 패키지의 임포트 경로만이 아닌 완전한 메타데이터를 수집하며, 이 정보를 사용자나 다른 도구에서 여러 가지 포맷으로 사용할 수 있게 한다. -json 플래그는 go list가 각 패키지의 전체 레코드를 JSON 포맷으로 출력하게 한다.

```
$ go list -json hash
{
    "Dir": "/home/gopher/go/src/hash",
    "ImportPath": "hash",
    "Name": "hash",
    "Doc": "Package hash provides interfaces for hash functions.",
    "Target": "/home/gopher/go/pkg/darwin_amd64/hash.a",
    "Goroot": true,
    "Standard": true,
    "Root": "/home/gopher/go",
    "GoFiles": [
            "hash.go"
    ],
    "Imports": [
        "io"
    ],
```

```
        "Deps": [
            "errors",
            "io",
            "runtime",
            "sync",
            "sync/atomic",
            "unsafe"
        ]
    }
```

-f 플래그는 사용자가 text/template(4.6절) 패키지의 템플릿 언어를 사용해 출력 형식을 직접 정의할 수 있게 한다. 다음 명령은 strconv 패키지의 이행 종속성을 공백으로 구분해 출력한다.

```
$ go list -f '{{join .Deps " "}}' strconv
errors math runtime unicode/utf8 unsafe
```

그리고 다음 명령은 표준 라이브러리의 compress 하위 트리에 있는 각 패키지에서 직접 임포트하는 목록을 출력한다.

```
$ go list -f '{{.ImportPath}} -> {{join .Imports " "}}' compress/...
compress/bzip2 -> bufio io sort
compress/flate -> bufio fmt io math sort strconv
compress/gzip -> bufio compress/flate errors fmt hash hash/crc32 io time
compress/lzw -> bufio errors fmt io
compress/zlib -> bufio compress/flate errors fmt hash hash/adler32 io
```

go list 명령은 일회성 대화형 쿼리와 빌드 및 테스트 자동화 스크립트에 모두 유용하다. 11.2.4절에서 이 명령을 다시 사용할 것이다. 사용 가능한 필드와 그 의미에 대한 더 자세한 내용은 go help list의 출력을 참조하라.

10장에서는 go 도구의 중요한 부가 명령을 모두 설명했다(한 가지만 빼고). 11장에서는 go test 명령으로 Go 프로그램을 테스트하는 방법을 알아볼 것이다.

연습문제 10.4 작업 공간에서 인자로 지정된 패키지들에 이행적으로[transitively] 의존하는 모든 패키지를 보고하는 도구를 개발하라. 힌트: go list를 초기 패키지와 모든 패키지에 대해 각각 두 번 실행해야 한다. encoding/json 패키지(4.5절)로 JSON 결과를 파싱할 수 있다.

11장

테스트

최초의 프로그램 내장 방식 컴퓨터인 에드삭^{EDSAC}의 개발자 모리스 윌크스는 1949년에 실험실 계단을 오르는 동안 놀라운 통찰을 얻었다. 윌크스는 『Memoirs of a Computer Pioneer(컴퓨터 선구자들의 회고록)』에서 "앞으로 남은 인생은 내 프로그램의 오류를 찾는 데 쓰게 될 것이라는 깨달음이 강하게 찾아왔다"고 서술한 바 있다. 물론 그 시절 이후의 모든 내장된 프로그램 개발자는 윌크스의 생각에 공감하겠지만, 소프트웨어 구조의 복잡성에 대한 그의 고지식한 생각에는 공감하기 어려울 수 있다.

현대 프로그램은 물론 윌크스 시대의 것보다 훨씬 더 크고 복잡하며, 이러한 복잡성을 관리하기 위한 기술 개발에 수많은 노력이 있었다. 그중 특히 두 가지 방식이 독보적인 성과를 나타냈다. 첫 번째는 배포하기 전에 수행하는 주기적인 동료 검토^{peer review} 방식이다. 두 번째는 11장의 주제인 테스트 방식이다.

암묵적으로 자동화된 테스트를 의미하는 테스팅은 테스트 대상 코드(프로덕션 코드)가 특정한 입력에 대해 의도한 대로 동작하는지 확인하는 작은 프로그램을 작성하는 것으로, 보통 입력은 특정 기능을 수행하기 위해 신중하게 선택된 값이거나 넓은 범위를 테스트하기 위한 임의의 값이다.

소프트웨어 테스팅의 분야는 방대하다. 모든 개발자는 개발 시간의 일부를 테스트 작업에 사용하며, 일부 개발자는 테스트만을 하기도 한다. 테스트에 관한 문서만 수천 권의 책과 수백만 단어의 블로그 게시물에 이른다. 모든 주류 프로그래밍 언어에는 테스트를 만들기 위한 다수의 소프트웨어 패키지가 있고, 그중에는 방대한 양의 이론으로 뒷받침된 것도 있으며, 이 분야는 맹목적인 추종자가 있는 일부 선지자들의 인도보다 더 많은 사람을 이끌고 있는 것으로 보인다. 완전히 새로운 가술을 익혀야 효과적인 테스트를 작성할 수 있다고 하면 개발자를 설득하기에 충분할 것이다.

Go의 테스트 접근 방식은 다른 언어와 비교했을 때 저수준으로 보일 수 있다. Go의 테스트는 단 하나의 명령인 go test와 go test를 실행할 수 있는 테스트 함수 작성 규칙에 의존한다. 비교적 경량의 이 메커니즘은 순수한 테스트에 효과적이며, 자연스럽게 벤치마크와 문서화의 체계적인 예제로 확장된다.

실제로 테스트 코드를 작성하는 것은 기존 프로그램 자체를 작성하는 것과 크게 다르지 않다. 즉, 작업의 한 부분에 초점을 맞춘 짧은 함수를 작성하면 된다. 이때 경계 조건에 주의해야 하며, 자료 구조와 이 구조에 적합한 입력에서 어떤 계산 결과가 나와야 하는지에 대해 생각해야 한다. 그러나 이 모두는 일반 Go 코드를 작성하는 것과 같은 과정이다. 새 표기법, 관행, 도구 등은 필요치 않다.

11.1 go test 도구

go test의 하위 명령은 특정 규칙에 따라 구성된 Go 패키지에 대한 테스트 드라이버다. 패키지 디렉터리에서 이름이 _test.go로 끝나는 파일은 보통 패키지에서 go build가 아니라 go test로 빌드되는 부분이다.

*_test.go 파일 안에서는 테스트, 벤치마크, 예제에 관련된 세 가지 함수가 특별하게 취급된다. 이름이 Test로 시작하는 테스트 함수는 일부 프로그램 로직이 정확하게 동작하는지 실행해본다. go test는 테스트 함수를 호출하고 PASS나 FAIL로 결과를 보고한다. 벤치마크 함수는 이름이 Benchmark로 시작하며, 일부 동작의 성능을 측정한다. go test는 해당 동작의 평균 실행 시간을 보고한다. 그리고 이름이 Example로 시작하는 예제 함수는 기계가 확인한 문서를 제공한다. 11.2절에서는 테스트 함수, 11.4절에서는 벤치마크 함수, 11.6절에서는 예제 함수에 대해 자세히 다룰 것이다.

go test 도구는 *_test.go 파일에서 이러한 특수 함수를 찾아보고 모든 특수 함수를 적절하게 호출하는 임시 main 패키지를 생성한 후 빌드 및 실행하고, 결과를 보고하고 정리한다.

11.2 테스트 함수

각 테스트 파일은 testing 패키지를 임포트해야 한다. 테스트 함수는 다음과 같은 시그니처 값을 갖는다.

```
func TestName(t *testing.T) {
    // ...
}
```

테스트 함수명은 Test로 시작해야 한다. 부가적인 접미사는 대문자로 시작해야 한다.

```
func TestSin(t *testing.T) { /* ... */ }
func TestCos(t *testing.T) { /* ... */ }
func TestLog(t *testing.T) { /* ... */ }
```

파라미터 t에는 테스트 실패를 보고하고 부가적인 정보를 기록하는 메소드가 있다. 문자열의 정방향과 역방향이 같은지 확인하기 위한 단일 함수 IsPalindrome을 포함하는 예제 패키지를 gopl.io/ch11/word1에 정의해보자(다음의 구현에서는 문자열이 회문일 때 모든 바이트를 두 번씩 테스트한다. 곧 이 부분에 대해 다룰 것이다).

```
gopl.io/ch11/word1
    // word 패키지에는 낱말 게임을 위한 유틸리티가 있다.
    package word

    // IsPalindrome은 s가 회문인지 여부를 보고한다.
    // (첫 번째 시도.)
    func IsPalindrome(s string) bool {
        for i := range s {
            if s[i] != s[len(s)-1-i] {
            return false
            }
        }
        return true
    }
```

같은 디렉토리의 word_test.go 파일에는 TestPalindrome과 TestNonPalindrome이라는 두 개의 테스트 함수가 있다. 각각 IsPalindrome이 한 입력에 정확한 결과를 반환하는지 확인하고 t.Error로 오류를 보고한다.

```
    package word

    import "testing"

    func TestPalindrome(t *testing.T) {
        if !IsPalindrome("detartrated") {
            t.Error(`IsPalindrome("detartrated") = false`)
        }
        if !IsPalindrome("kayak") {
            t.Error(`IsPalindrome("kayak") = false`)
        }
    }

    func TestNonPalindrome(t *testing.T) {
        if IsPalindrome("palindrome") {
            t.Error(`IsPalindrome("palindrome") = true`)
        }
    }
```

패키지 인자가 없는 go test(또는 go build) 명령은 현재 디렉토리의 패키지를 대상으로 동작한다. 다음 명령으로 테스트를 빌드하고 실행할 수 있다.

```
    $ cd $GOPATH/src/gopl.io/ch11/word1
    $ go test
    ok    gopl.io/ch11/word1  0.008s
```

결과에 만족하고 프로그램을 제공했지만 런칭 파티의 손님들이 채 돌아가기도 전에 버그 보고서가 도착하기 시작했다. Noelle Eve Elleon이라는 프랑스 사용자가 IsPalindrome이 'été'를 인식하지 못한다고 불평했으며, 중앙아메리카의 또 다른 사용자는 이 함수가 "A man, a plan, a canal: Panama."를 거부해 좌절했다고 알려왔다. 이러한 작고 구체적인 버그 보고서는 자연스럽게 새 테스트 케이스로 이어진다.

```
func TestFrenchPalindrome(t *testing.T) {
    if !IsPalindrome("été") {
        t.Error(`IsPalindrome("été") = false`)
    }
}
func TestCanalPalindrome(t *testing.T) {
    input := "A man, a plan, a canal: Panama"
    if !IsPalindrome(input) {
        t.Errorf(`IsPalindrome(%q) = false`, input)
    }
}
```

긴 input 문자열을 두 번 작성하지 않기 위해 Printf와 같은 포매팅 기능을 제공하는 Errorf를 사용했다.

두 개의 새로운 테스트를 추가하고 나면 go test 명령이 상세한 오류 메시지와 함께 실패하게 된다.

```
$ go test
--- FAIL: TestFrenchPalindrome (0.00s)
    word_test.go:28: IsPalindrome("été") = false
--- FAIL: TestCanalPalindrome (0.00s)
    word_test.go:35: IsPalindrome("A man, a plan, a canal: Panama") = false
FAIL
FAIL    gopl.io/ch11/word1  0.014s
```

먼저 테스트를 작성해 사용자의 버그 보고서에 나오는 설명과 동일한 오류가 발생하는지 관찰하는 것이 좋다. 그런 다음에야 이후의 수정이 지정된 문제를 다루고 있다는 것을 확신할 수 있다.

게다가 go test는 일반적으로 버그 보고서에 나온 과정을 손으로 수행하는 것보다 빠르기 때문에 더 빨리 반복할 수 있다. 테스트들에 느린 테스트가 다수 포함돼 있다면 실행할 테스트만 선택해 더 빠르게 할 수 있다.

-v 플래그는 패키지 안의 테스트 이름과 실행 시간을 각각 출력한다.

```
$ go test -v
=== RUN TestPalindrome
--- PASS: TestPalindrome (0.00s)
=== RUN TestNonPalindrome
--- PASS: TestNonPalindrome (0.00s)
=== RUN TestFrenchPalindrome
--- FAIL: TestFrenchPalindrome (0.00s)
    word_test.go:28: IsPalindrome("été") = false
=== RUN TestCanalPalindrome
--- FAIL: TestCanalPalindrome (0.00s)
    word_test.go:35: IsPalindrome("A man, a plan, a canal: Panama") = false
FAIL
exit status 1
FAIL    gopl.io/ch11/word1  0.017s
```

그리고 인자가 정규 표현식인 -run 플래그는 go test에서 인자 패턴과 함수명이 일치하는 것만 실행하게 한다.

```
$ go test -v -run="French|Canal"
=== RUN TestFrenchPalindrome
--- FAIL: TestFrenchPalindrome (0.00s)
    word_test.go:28: IsPalindrome("été") = false
=== RUN TestCanalPalindrome
--- FAIL: TestCanalPalindrome (0.00s)
    word_test.go:35: IsPalindrome("A man, a plan, a canal: Panama") = false
FAIL
exit status 1
FAIL    gopl.io/ch11/word1  0.014s
```

물론 일부 선택된 테스트에 통과한 뒤에는 마지막으로 변경 내역을 커밋하기 전에 인자 없이 go test를 실행해 모든 테스트 결과를 확인해야 한다.

이제 버그를 수정할 때다. 간단히 조사해 본 결과 첫 번째 버그는 IsPalindrome에서 룬 시퀀스가 아닌 바이트 시퀀스를 사용해 ASCII 문자가 아닌 'été'의 é 같은 문자를 혼동한 것이 원인이었다. 두 번째 버그는 공백, 구두점, 대소문자를 무시하지 않아서 발생한다. 혼나고 나서 더 신중하게 함수를 재작성했다.

gopl.io/ch11/word2

```
// word 패키지에는 낱말 게임을 위한 유틸리티가 있다.
package word

import "unicode"

// IsPalindrome은 s가 회문인지 여부를 보고한다.
// 대소문자와 비문자는 무시한다.
func IsPalindrome(s string) bool {
    var letters []rune
    for _, r := range s {
        if unicode.IsLetter(r) {
            letters = append(letters, unicode.ToLower(r))
        }
    }
    for i := range letters {
        if letters[i] != letters[len(letters)-1-i] {
            return false
        }
    }
    return true
}
```

또한 이전의 케이스와 새 케이스를 결합한 더 포괄적인 테스트 케이스들을 테이블로 작성했다.

```go
func TestIsPalindrome(t *testing.T) {
    var tests = []struct {
        input string
        want  bool
    }{
        {"", true},
        {"a", true},
        {"aa", true},
        {"ab", false},
        {"kayak", true},
        {"detartrated", true},
        {"A man, a plan, a canal: Panama", true},
        {"Evil I did dwell; lewd did I live.", true},
        {"Able was I ere I saw Elba", true},
        {"été", true},
        {"Et se resservir, ivresse reste.", true},
        {"palindrome", false}, // non-palindrome
        {"desserts", false},   // semi-palindrome
    }
    for _, test := range tests {
        if got := IsPalindrome(test.input); got != test.want {
            t.Errorf("IsPalindrome(%q) = %v", test.input, got)
        }
    }
}
```

새로운 테스트는 통과한다.

```
$ go test gopl.io/ch11/word2
ok      gopl.io/ch11/word2      0.015s
```

이러한 테이블 위주의 테스트는 Go에서 매우 흔하다. 이 방식에서는 필요에 따라 새 테이블 항목을 추가하기 쉽고 단언 로직이 중복되지 않으므로 오류 메시지를 고도화하는 데 더 많은 노력을 투자할 수 있다.

실패하는 테스트의 결과에는 t.Errorf를 호출할 때의 전체 스택 트레이스가 포함되지 않는다. 또한 t.Errorf는 다른 언어의 테스트 프레임워크와는 달리 단언 실패 시 패닉을 일으키거나 테스트 실행을 중단하지 않는다. 테스트는 서로 독립적이다. 초기 테이블 항목이 테스트가 실패하게 하더라도 이후 항목들은 확인되기 때문에 한 번의 테스트로 여러 실패에 대해 알 수 있다.

일부 초기화 코드 실패나 이미 보고된 실패가 다른 테스트 결과를 헷갈리게 하는 것을 방지하기 위해 테스트 함수를 중지해야 한다면 t.Fatal이나 t.Fatalf를 사용한다. 이 함수들은 테스트에서 생성된 고루틴이 아닌 Test 함수와 동일한 고루틴에서 호출해야 한다.

테스트 실패 메시지는 보통 "f(x) = y, want z"의 형식으로, f(x)는 시도한 동작과 그 입력을 설명하고 y는 실제 결과이며 z는 예상된 결과다. 회문의 예제에서와 같이 f(x) 부분은 실제 Go 문법을 사용하기 때문에 편리하다. 테이블 위주의 테스트에서는 주어진 단언이 서로 다른 값으로 여러 번 수행되기 때문에 특히 x 값 표시가 중요하다. 공통 및 중복된 정보를 피하라. IsPalindrome과 같은 불리언 함수를 테스트할 때는 정보가 없는 want z 부분을 생략하라. x, y, z가 길다면 관련 부분에 간결한 요약을 출력하라. 테스트 작성자는 테스트 실패를 파악해야 하는 개발자를 돕기 위해 노력해야 한다.

연습문제 11.1 4.3절의 charcount 프로그램에 대한 테스트를 작성하라.

연습문제 11.2 IntSet(6.5절)에서 각 작업 후의 동작이 내장된 맵 기반의 집합과 같은지 확인하는 일련의 테스트를 작성하라. 이 구현은 연습문제 11.7의 벤치마크에서 다시 사용할 것이므로 저장돼야 한다.

11.2.1 무작위 테스트

테이블 기반의 테스트는 로직의 특정 부분을 실행하도록 주의 깊게 선택한 입력에서의 함수 동작을 확인하기에 편리하다. 또 다른 방법인 무작위 테스트는 임의의 입력을 구성해 더 넓은 범위의 입력을 조사한다.

임의의 입력이 주어졌을 때 기댓값을 어떻게 알 수 있을까? 여기에는 두 가지 전략이 있다. 첫 번째는 덜 효율적이지만 간단하고 명확한 알고리즘을 사용하는 별도의 함수를 구현해 두 구현에서 같은 결과를 출력하는지 확인하는 것이다. 두 번째는 입력 값을 패턴에 따라 생성해 예상 결과 값을 사전에 알 수 있게 하는 것이다.

다음 예제는 두 번째 방법을 사용한다. randomPalindrome 함수는 회문으로 알려진 단어들을 생성한다.

```
import "math/rand"

// randomPalindrome은 길이와 내용이
// 의사 난수 생성기 rng에서 만들어진 회문을 반환한다.
func randomPalindrome(rng *rand.Rand) string {
    n := rng.Intn(25) // 24까지의 임의 길이
    runes := make([]rune, n)
    for i := 0; i < (n+1)/2; i++ {
        r := rune(rng.Intn(0x1000)) // '\u0999'까지의 임의의 룬
        runes[i] = r
        runes[n-1-i] = r
    }
    return string(runes)
}

func TestRandomPalindromes(t *testing.T) {
    // 의사 난수 생성기 초기화
    seed := time.Now().UTC().UnixNano()
    t.Logf("Random seed: %d", seed)
    rng := rand.New(rand.NewSource(seed))
```

```
        for i := 0; i < 1000; i++ {
            p := randomPalindrome(rng)
            if !IsPalindrome(p) {
                t.Errorf("IsPalindrome(%q) = false", p)
            }
        }
    }
```

임의의 테스트는 비결정적이므로 실패하는 테스트에서 재현하기에 충분한 정보를 기록해야한다는 점이 매우 중요하다. 이 예제에서는 IsPalindrome의 입력 p만 알면 되지만, 더 복잡한 입력을 받는 함수에서는 입력 자료 구조를 모두 출력하는 것보다 (앞에서처럼) 의사 난수 생성기의 시드 값을 기록하는 것이 더 간단할 수 있다. 이 시드 값을 사용하면 테스트를 수정해 실패를 재현하기 쉽다.

이 테스트는 현재 시간을 난수의 소스로 사용해 전체 수명 주기에 걸쳐 실행 시마다 새로운 값을 조사한다. 이 방식은 프로젝트가 주기적으로 모든 테스트를 실행하는 자동화된 시스템을 사용하는 경우에 특히 유용하다.

연습문제 11.3 TestRandomPalindromes는 회문만 테스트한다. 비회문을 생성하고 확인하는 무작위 테스트를 작성하라.

연습문제 11.4 randomPalindrome을 수정해 IsPalindrome에서의 구두점과 공백 처리를 실험하라.

11.2.2 명령 테스트

go test 도구는 라이브러리 패키지를 테스트하기에 유용하지만 약간의 노력으로 명령을 테스트하기 위해서도 사용할 수 있다. main 패키지는 보통 실행 프로그램을 생성하지만 라이브러리로 임포트할 수도 있다.

2.3.2절의 echo 프로그램에 대한 테스트를 작성하자. 이 프로그램을 두 부분으로 분할했다. echo는 실제 작업을 수행하고 main은 플래그 값을 파싱하고 읽으며, echo에서 반환된 오류를 보고한다.

gopl.io/ch11/echo
```
// Echo는 커맨드라인 인자를 출력한다.
package main

import (
    "flag"
    "fmt"
    "io"
    "os"
    "strings"
)
```

```
var (
    n = flag.Bool("n", false, "omit trailing newline")
    s = flag.String("s", " ", "separator")
)

var out io.Writer = os.Stdout // 테스트 중 수정됨

func main() {
    flag.Parse()
    if err := echo(!*n, *s, flag.Args()); err != nil {
        fmt.Fprintf(os.Stderr, "echo: %v\n", err)
        os.Exit(1)
    }
}

func echo(newline bool, sep string, args []string) error {
    fmt.Fprint(out, strings.Join(args, sep))
    if newline {
        fmt.Fprintln(out)
    }
    return nil
}
```

테스트에서 echo를 다양한 인자와 플래그 값으로 호출해 각 케이스에서 올바른 결과를 출력하는지 확인할 것이므로 echo에 파라미터를 추가해 전역 변수에 대한 의존성을 줄였다. 그렇긴 하지만 io.Writer인 별도의 전역 변수 out을 사용해 결과를 출력했다. echo가 os.Stdout을 직접 사용하지 않고 이 변수를 통해 출력하게 변경했으므로, 이 변수를 별도의 Writer 구현으로 대체하면 테스트에서 출력된 결과를 나중에 검사하기 위해 기록할 수 있다. 파일 echo_test.go 안에 있는 테스트는 다음과 같다.

```
package main

import (
    "bytes"
    "fmt"
    "testing"
)

func TestEcho(t *testing.T) {
    var tests = []struct {
        newline bool
        sep     string
        args    []string
        want    string
    }{
        {true, "", []string{}, "\n"},
        {false, "", []string{}, ""},
        {true, "\t", []string{"one", "two", "three"}, "one\ttwo\tthree\n"},
        {true, ",", []string{"a", "b", "c"}, "a,b,c\n"},
        {false, ":", []string{"1", "2", "3"}, "1:2:3"},
    }
```

```
    for _, test := range tests {
        descr := fmt.Sprintf("echo(%v, %q, %q)",
            test.newline, test.sep, test.args)

        out = new(bytes.Buffer) // 출력 캡처
        if err := echo(test.newline, test.sep, test.args); err != nil {
            t.Errorf("%s failed: %v", descr, err)
            continue
        }
        got := out.(*bytes.Buffer).String()
        if got != test.want {
            t.Errorf("%s = %q, want %q", descr, got, test.want)
        }
    }
}
```

테스트 코드가 프로덕션 코드와 같은 패키지에 있다는 것을 알 수 있다. 이 패키지의 이름은 main이고 main 함수가 정의돼 있지만 테스트에서는 테스트 드라이버에게 TestEcho를 노출하는 라이브러리로 동작한다. main 함수는 무시된다.

테스트를 테이블로 구성해 간단하게 새 테스트 케이스를 추가할 수 있다. 다음과 같은 줄을 테이블에 추가해 테스트 실패 시 어떻게 되는지 알아보자.

```
{true, ",", []string{"a", "b", "c"}, "a b c\n"}, // NOTE: 잘못된 예측!
```

go test의 출력은 다음과 같다.

```
$ go test gopl.io/ch11/echo
--- FAIL: TestEcho (0.00s)
    echo_test.go:31: echo(true, ",", ["a" "b" "c"]) = "a,b,c", want "a b c\n"
FAIL
FAIL    gopl.io/ch11/echo    0.006s
```

오류 메시지는 (Go와 같은 문법을 사용해) 시도한 동작과 실제 동작 및 예상된 동작을 순서대로 설명한다. 이와 같은 상세한 오류 메시지를 통해 테스트의 소스코드를 찾아보기 전에 근본적인 원인에 대해 짐작할 수 있을 것이다.

테스트 대상 코드가 log.Fatal이나 os.Exit를 호출하지 않게 하는 것이 중요하며, 이는 이러한 호출이 실행 과정을 중단시키기 때문이다. 이러한 함수는 main에서만 호출할 수 있다고 간주해야 한다. 전혀 예상치 못한 일이 발생해 함수가 패닉을 일으키면 테스트 드라이버가 복구되며, 테스트 자체는 당연히 실패로 간주된다. 사용자의 입력 오류, 파일 누락, 부적절한 설정 등의 예상된 오류는 nil이 아닌 오류 값을 반환해 보고해야 한다. 다행히 (예제로서는 불행한 일이지만) echo 예제는 매우 단순하기 때문에 nil이 아닌 오류를 반환하지 않을 것이다.

11.2.3 화이트박스 테스트

테스트는 테스트 대상 패키지의 내부 동작에 대해 필요한 지식수준으로 분류할 수도 있다. 블랙박스 테스트는 패키지에 대해 API와 문서로 노출된 것 외에는 아무런 지식이 없다고

가정한다. 패키지의 내부는 불투명하다. 반면 화이트박스 테스트는 패키지의 내부 함수와 데이터 구조에 대한 특별한 권한을 갖고 있어서 일반 사용자가 접근할 수 없는 부분을 관찰하고 변경할 수 있다. 예를 들어 화이트박스 테스트는 패키지 자료 타입의 불변 값이 매 작업 시마다 유지되는지 확인할 수 있다(전통적으로 화이트박스라는 이름을 사용하지만 투명한 상자 clear box가 더 정확할 것이다).

두 가지 방법은 상호보완적이다. 블랙박스 테스트는 보통 더 튼튼하고 소프트웨어가 발전함에 따른 변경이 적다. 또한 테스트 작성자가 패키지의 사용자와 교감하고 API 설계상 결함을 드러내는 데 도움이 된다. 이와 대조적으로 화이트박스 테스트는 구현부의 더 까다로운 부분도 상세히 다룰 수 있다.

이미 두 가지 종류의 예제를 본 적이 있다. TestIsPalindrome은 익스포트된 함수인 IsPalindrome만 호출하므로 블랙박스 테스트다. TestEcho는 익스포트되지 않은 echo 함수와 전역 변수 out을 각각 호출하고 갱신하기 때문에 화이트박스 테스트다.

TestEcho를 개발하면서 echo 함수가 결과를 출력할 때 패키지 수준 변수 out을 사용하게 변경했으므로 테스트에서 표준 출력을 이후에 조사하기 위해 데이터를 기록하는 다른 구현으로 대체할 수 있다. 동일한 기법으로 프로덕션 코드의 다른 부분도 테스트하기 쉬운 '가짜' 구현으로 바꿀 수 있다. 가짜 구현의 장점은 구성이 간단하고 예측 가능하며, 더 신뢰성 있고 쉽게 관찰할 수 있다는 점이다. 또한 프로덕션 데이터베이스를 갱신하거나 신용카드에 청구하는 등의 바람직하지 않은 부수 효과도 피할 수 있다.

다음 코드는 사용자에게 네트워크 스토리지를 제공하는 웹 서비스의 할당량 검사 로직을 보여준다. 사용자가 사용자 할당량의 90%를 초과하면 시스템이 경고 메일을 보낸다.

gopl.io/ch11/storage1

```
package storage

import (
    "fmt"
    "log"
    "net/smtp"
)

var usage = make(map[string]int64)

func bytesInUse(username string) int64 { return usage[username] }

// Email 송신자 설정
// NOTE: 절대 소스코드에 암호를 넣지 마시오!
const sender = "notifications@example.com"
const password = "correcthorsebatterystaple"
const hostname = "smtp.example.com"

const template = `Warning: you are using %d bytes of storage,
%d%% of your quota.`
```

```
func CheckQuota(username string) {
    used := bytesInUse(username)
    const quota = 1000000000 // 1GB
    percent := 100 * used / quota
    if percent < 90 {
        return // OK
    }
    msg := fmt.Sprintf(template, used, percent)
    auth := smtp.PlainAuth("", sender, password, hostname)
    err := smtp.SendMail(hostname+":587", auth, sender,
        []string{username}, []byte(msg))
    if err != nil {
        log.Printf("smtp.SendMail(%s) failed: %s", username, err)
    }
}
```

테스트를 하고 싶지만 테스트에서 이메일을 실제로 발송하는 것은 원치 않는다. 그래서 이메일 로직을 자체 함수로 옮기고, 이 함수를 익스포트되지 않은 패키지 수준 변수인 notifyUser에 저장했다.

<u>gopl.io/ch11/storage2</u>
```
var notifyUser = func(username, msg string) {
    auth := smtp.PlainAuth("", sender, password, hostname)
    err := smtp.SendMail(hostname+":587", auth, sender,
        []string{username}, []byte(msg))
    if err != nil {
        log.Printf("smtp.SendEmail(%s) failed: %s", username, err)
    }
}

func CheckQuota(username string) {
    used := bytesInUse(username)
    const quota = 1000000000 // 1GB
    percent := 100 * used / quota
    if percent < 90 {
        return // OK
    }
    msg := fmt.Sprintf(template, used, percent)
    notifyUser(username, msg)
}
```

이제 실제 이메일을 보내는 부분을 간단한 가짜 알림 메커니즘으로 치환하는 테스트를 작성할 수 있다. 다음은 통보 대상 사용자와 메시지 내용을 기록한다.

```
package storage

import (
    "strings"
    "testing"
)
```

```go
func TestCheckQuotaNotifiesUser(t *testing.T) {
    var notifiedUser, notifiedMsg string
    notifyUser = func(user, msg string) {
        notifiedUser, notifiedMsg = user, msg
    }

    const user = "joe@example.org"
    usage[user]=  980000000 // 980MB를 사용한 상태를 시뮬레이션
    CheckQuota(user)
    if notifiedUser == "" && notifiedMsg == "" {
        t.Fatalf("notifyUser not called")
    }
    if notifiedUser != user {
        t.Errorf("wrong user (%s) notified, want %s",
            notifiedUser, user)
    }
    const wantSubstring = "98% of your quota"
    if !strings.Contains(notifiedMsg, wantSubstring) {
        t.Errorf("unexpected notification message <<%s>>, "+
            "want substring %q", notifiedMsg, wantSubstring)
    }
}
```

여기에는 한 가지 문제가 있다. CheckQuota는 테스트 함수가 반환된 후에도 계속 테스트의 notifyUsers에 대한 가짜 구현을 사용하므로 이전과 같이 동작하지 않는다(전역 변수를 갱신하는 데에는 항상 이러한 위험이 있다). 테스트에서 이전 값으로 복구해 이후의 호출에는 영향을 미치지 않게 수정해야 하며, 이 과정을 테스트 실패와 패닉을 포함한 모든 실행 경로에서 수행해야 한다. 이는 자연스럽게 defer로 이어진다.

```go
func TestCheckQuotaNotifiesUser(t *testing.T) {
    // 원본 notifyUser를 저장하고 복구한다.
    saved := notifyUser
    defer func() { notifyUser = saved }()

    // 테스트의 가짜 notifyUser를 설치한다.
    var notifiedUser, notifiedMsg string
    notifyUser = func(user, msg string) {
        notifiedUser, notifiedMsg = user, msg
    }
    // ...나머지 테스트...
}
```

이 패턴은 커맨드라인 플래그, 디버그 옵션, 성능 파라미터를 비롯한 모든 종류의 전역 변수를 일시적으로 저장하고 복원하기 위해, 프로덕션 코드에서 특정한 일이 벌어졌을 때 일부 테스트 코드를 호출하게 하는 훅을 설치하고 제거하기 위해, 프로덕션 코드에 흔치 않지만 중요한 상태인 시간 초과, 오류, 동시성 활동에서의 교차 등의 상태를 유도하기 위해 사용할 수 있다.

이 방식으로 전역 변수를 사용해도 안전한 이유는 단지 go test가 보통 여러 테스트를 동시에 실행하지 않기 때문이다.

11.2.4 외부 테스트 패키지

URL 파서를 제공하는 net/url 패키지와 웹 서버 및 HTTP 클라이언트 라이브러리를 제공하는 net/http 패키지를 생각해보자. 예상한 바와 같이 상위 패키지 net/http는 하위 패키지 net/url에 의존한다. 그러나 net/url의 테스트 중에는 URL과 HTTP 클라이언트 라이브러리의 상호작용을 보여주는 예제도 있다. 다시 말해 저수준 패키지의 테스트에서 고수준 패키지를 임포트한 것이다.

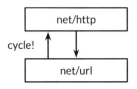

그림 11.1 net/url의 테스트는 net/http에 의존한다.

net/url 패키지에 이 테스트 함수를 선언하면 그림 11.1에서 위로 향한 화살표로 표시된 바와 같이 패키지 임포트 그래프가 순환하게 되지만, 10.1절에서 설명한 바와 같이 Go에서는 순환하는 임포트를 금지한다.

이 문제를 해결하기 위해 net/url 디렉터리에 파일이 있고 패키지 선언이 package url_test인 외부 테스트 패키지에 테스트 함수를 작성했다. 추가 접미사 _test는 go test에서 이 파일만을 포함한 추가 패키지를 빌드하고 테스트하라는 표시다. 이러한 외부 테스트 패키지는 임포트 경로가 net/url_test이지만 이 이름을 포함한 어떤 이름으로도 임포트할 수 없는 패키지로 생각하면 도움이 될 것이다.

외부 테스트는 별도의 패키지에 있으므로 테스트 대상 패키지가 의존하는 도우미 패키지도 임포트할 수 있다. 하지만 패키지 내의 테스트에서는 이렇게 할 수 없다. 설계 층의 관점에서 외부 테스트 패키지는 그림 11.2에서 보여주는 것과 같이 의존하는 두 패키지보다 논리적으로 상위에 있다.

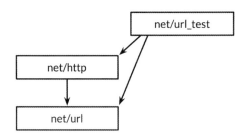

그림 11.2 외부 테스트 패키지는 의존성의 순환을 깨뜨린다.

외부 테스트 패키지는 의존성의 순환을 피해 테스트할 수 있으며, 특히 (여러 컴포넌트 간 상호작용을 테스트하는) 통합 테스트에서 애플리케이션에서와 마찬가지로 다른 패키지를 자유롭게 임포트할 수 있다.

go list 도구를 통해 패키지 디렉토리 내의 Go 소스 파일을 프로덕션 코드, 패키지 내 테스트, 외부 테스트로 요약할 수 있다. 그 예로 fmt 패키지를 사용할 것이다. GoFiles는 프로덕션 코드가 있는 파일의 목록이다. go build는 애플리케이션에 이 파일들을 포함시킨다.

```
$ go list -f={{.GoFiles}} fmt
[doc.go format.go print.go scan.go]
```

TestGoFiles도 fmt 패키지에 포함돼 있는 파일의 목록이지만, 이름이 모두 _test.go로 끝나는 이 파일들은 테스트를 빌드할 때에만 포함된다.

```
$ go list -f={{.TestGoFiles}} fmt
[export_test.go]
```

패키지의 테스트는 보통 이 파일들에 있지만 fmt에는 이상하게 아무것도 없다. 잠시 후 export_test.go의 목적에 대해 설명할 것이다.

XTestGoFiles는 외부 테스트 패키지를 구성하는 파일의 목록이며, fmt_test에서 fmt 패키지를 사용하려면 임포트해야 한다. 다시 말하지만 이들은 테스트할 때에만 포함된다.

```
$ go list -f={{.XTestGoFiles}} fmt
[fmt_test.go scan_test.go stringer_test.go]
```

때로는 외부 테스트 패키지에 테스트 대상 패키지 내부로의 특별한 권한이 필요할 수 있으며, 예를 들어 화이트박스 테스트는 임포트 순환을 막기 위해 별도의 패키지에 있어야 한다. 이런 경우에는 트릭을 사용한다. 패키지 내부 _test.go 파일에 외부 테스트에 필요한 내부 식별자를 선언해 익스포트한다. 따라서 이 파일은 테스트에 패키지의 '뒷문'을 제공한다. 어떤 소스 파일이 이 목적으로만 존재하고 그 안에 아무런 테스트도 없으면 보통 export_test.go로 불린다.

예를 들어 fmt 패키지의 구현에는 fmt.Scanf의 일부로 unicode.IsSpace의 기능이 필요하다. 바람직하지 않은 의존성 생성을 피하기 위해 fmt는 unicode 패키지와 이 패키지의 거대한 데이터 테이블을 임포트하지 않는다. 대신 그 안에는 isSpace로 불리는 간단한 구현이 들어 있다.

fmt.isSpace의 동작과 unicode.IsSpace의 동작이 따로 놀지 않게 하기 위해 fmt는 주의 깊게 테스트를 포함했다. 이 테스트는 외부 테스트라서 isSpace에 직접 접근할 수 없기 때문에 fmt는 내부의 isSpace 함수를 비롯한 익스포트된 변수를 선언해 뒷문을 열고 있다. 다음은 fmt 패키지에 있는 export_test.go 파일 전체다.

```
package fmt

var IsSpace = isSpace
```

이 테스트 파일에는 테스트가 없다. 이 파일은 외부 테스트에서 사용하기 위해 익스포트된 심볼 fmt.IsSpace만을 선언한다. 이 트릭은 외부 테스트에 일부 화이트박스 테스트 기법이 필요할 때에도 사용할 수 있다.

11.2.5 효율적인 테스트 작성

Go를 처음 접하는 여러 개발자들은 Go 테스트 프레임워크의 미니멀리즘에 놀라게 된다. 다른 언어의 프레임워크에는 테스트 함수를 인식하기 위한 메커니즘(주로 리플렉션이나 메타데이터를 사용한다), 테스트 시작 전과 후에 각각 'setup', 'teardown' 작업을 수행하기 위한 훅, 일반적인 값 단언, 값 비교, 오류 메시지 포매팅, 실패한 테스트 종료(보통 예외 처리를 사용한다)를 위한 도우미 함수 라이브러리 등이 있다. 이러한 메커니즘은 테스트를 매우 간결하게 할 수 있지만, 작성된 테스트는 외국어로 써진 것처럼 보이게 된다. 게다가 이런 테스트는 PASS나 FAIL을 정확하게 보고할 수는 있겠지만, 이러한 방식은 암호 같은 실패 메시지 "assert: 0 == 1"이나 수 페이지에 걸친 스택 트레이스와 같이 불행한 운영자에게 불친절할 때도 있다.

Go의 테스트 방식은 이와 극명한 대조를 이룬다. 이 방식에서는 테스트 작성자가 다른 일반 프로그램과 마찬가지로 대부분의 작업을 직접 수행하고 중복을 막기 위한 함수를 정의한다. 테스트 과정은 기계적인 양식 채우기가 아니다. 테스트는 유일한 사용자가 관리자일지라도 사용자 인터페이스가 있다. 좋은 테스트는 실패 시 망가지는 대신 문제의 증상에 대해 명확하고 간결한 설명을 출력하며, 아마도 해당 문맥에 관련된 다른 내용도 같이 출력할 것이다. 관리자가 테스트 실패를 해독하기 위해 소스코드를 읽을 필요가 없는 것이 이상적이다. 좋은 테스트는 최초의 실패에 포기하지 않고 한 번의 실행에서 여러 오류를 보고해야 하며, 이는 실패의 패턴이 스스로 드러날 수 있기 때문이다.

다음의 단언 함수는 두 값을 비교하고 일반 오류 메시지를 생성한 후 프로그램을 중지한다. 이 함수는 사용하기 쉽고 정확하지만 실패 시 오류 메시지는 거의 쓸모가 없다. 이 함수는 좋은 유저 인터페이스를 제공해야 한다는 어려운 문제를 해결하지 못한다.

```go
import (
    "fmt"
    "strings"
    "testing"
)

// 어설픈 단언 함수
func assertEqual(x, y int) {
    if x != y {
        panic(fmt.Sprintf("%d != %d", x, y))
    }
}

func TestSplit(t *testing.T) {
    words := strings.Split("a:b:c", ":")
    assertEqual(len(words), 3)
    // ...
}
```

이러한 의미에서 단언 함수를 추상화만 고려해서 작성하면 문제가 된다. 즉, 특정 테스트의 실패를 단순히 두 정수의 차이로 취급해 유의미한 문맥을 제공할 기회를 잃어버리게 된다. 다음 예제와 같이 구체적인 세부 사항으로부터 시작해 더 나은 메시지를 제공할 수 있다. 주어진 테스트들에서 중복된 패턴은 추상화를 도입할 때에만 단 한 번 나타난다.

```
func TestSplit(t *testing.T) {
    s, sep := "a:b:c", ":"
    words := strings.Split(s, sep)
    if got, want := len(words), 3; got != want {
        t.Errorf("Split(%q, %q) returned %d words, want %d",
            s, sep, got, want)
    }
    // ...
}
```

이제 테스트에서는 호출된 함수와 입력 및 결과의 의미를 보고한다. 이 테스트는 실제 값과 예상 값을 명시적으로 식별한다. 그리고 이 단언이 틀렸을 때에도 실행을 계속한다. 테스트를 이와 같이 작성하고 나면 그 다음 단계는 자연히 전체 if문을 대체하는 함수를 작성하는 것이 아니라 그 대신 `IsPalindrome`에서의 테이블 기반 테스트와 같이 루프 안에서 다양한 s, sep, want를 테스트하는 것이다.

위의 예제에서는 도우미 함수가 필요하지 않았지만 코드를 간결하게 할 수 있다면 부가적인 함수를 계속해서 만들어야 한다(13.3절의 `reflect.DeepEqual`에서 이러한 도우미 함수를 하나 살펴볼 것이다). 좋은 테스트의 핵심은 먼저 원하는 구체적인 동작을 구현한 뒤에만 함수를 사용해 코드를 간결하게 하고 중복을 제거하는 것이다. 추상화된 범용 테스트 함수로 시작하면 최상의 결과를 얻기 어렵다.

연습문제 11.5 입력과 예상 출력으로 테이블을 사용하게 `TestSplit`을 확장하라.

11.2.6 불안정한 테스트 방지

처음 보는 유효한 입력에 자주 실패하는 애플리케이션을 버그가 있다buggy고 한다. 프로그램에 적절한 변경이 이뤄졌는데도 실패하는 테스트 프로그램을 불안정하다brittle고 한다. 프로그램의 버그가 사용자를 좌절시키는 것처럼 불안정한 테스트는 관리자를 화나게 한다. 프로덕션 코드에 좋은 변경이든 나쁜 변경이든 거의 모든 변경이 있을 때마다 실패하는 가장 불안정한 테스트를 종종 변경 검출기 또는 상태 테스트기status quo tests라 하며, 이러한 테스트에서는 제공하려 했던 이득보다 처리하는 시간으로 인한 비용이 더 들게 된다.

테스트 대상 함수가 긴 문자열, 정교한 자료 구조, 파일 등과 같이 복잡한 결과를 생성할 때는 테스트를 작성하는 시점의 일부 '확실한' 값과 결과가 같은지 확인하기 쉽다. 하지만 프로그램이 진화함에 따라 출력은 아마도 좋은 방향이겠지만 어쨌든 변경될 수 있다. 그리고 이는 출력에 한하지 않는다. 복잡한 입력을 받는 함수는 테스트에 사용한 입력이 더 이상 유효하지 않기 때문에 깨지는 경우가 많다.

불안정한 테스트를 방지하는 가장 쉬운 방법은 중요한 속성만 확인하는 것이다. 프로그램의 내부 함수보다 더 단순하고 안정적인 인터페이스를 우선적으로 테스트하라. 단언들을 신중하게 선택하라. 예를 들어 전체 문자열이 일치하는지 확인하지 말고 프로그램이 진화하더라도 변경되지 않을 부분 문자열과 비교하라. 복잡한 출력을 핵심 내용으로 추려 주는 여러 함수는 안정적인 단언을 위해 작성할 가치가 있다. 지나치게 많은 선행 작업으로 보일 수 있지만 가짜로 실패하는 테스트를 고치는 데 들어갔을 시간에 비하면 빠르게 그 보상을 얻게 될 것이다.

11.3 커버리지

본질적으로 테스트는 절대 완료되지 않는다. 유명한 컴퓨터 과학자 에츠허르 데이크스트라 Edsger Dijkstra가 말했듯이 "테스트는 버그의 존재를 보여주지 버그의 부재를 보여주지는 않는 다." 테스트를 많이 하더라도 패키지에 버그가 없다고 증명할 수는 없다. 테스트에서 얻을 수 있는 최대의 성과는 패키지가 다양한 핵심 시나리오에서 잘 동작한다는 신뢰다.

테스트들에서 대상 패키지에 테스트하는 정도를 테스트 커버리지coverage라 한다. 커버리지 는 직접 측정할 수 없지만(가장 사소한 프로그램의 동작조차 정확한 측정의 범위를 벗어난다) 테스트에 들이는 노력을 가장 유용한 부분으로 유도하게 돕는 휴리스틱heuristic이 있다.

구문 커버리지statement coverage는 가장 간단하며, 가장 많이 사용되는 휴리스틱이다. 테스트들 의 구문 커버리지는 테스트 중 최소 한 번 이상 실행되는 소스 문장의 일부다. 이 절에서는 go test에 통합돼 있는 Go의 cover 도구를 사용해 구문 커버리지를 측정하고 테스트에 있는 명백한 빈틈을 식별할 것이다.

다음 코드는 7장에서 만든 표현식 평가기에 대한 테이블 기반 테스트다.

```
gopl.io/ch7/eval
func TestCoverage(t *testing.T) {
    var tests = []struct {
        input string
        env   Env
        want  string // Parse나 Check에서 예상되는 오류 또는 Eval의 결과
    }{
        {"x % 2", nil, "unexpected '%'"},
        {"!true", nil, "unexpected '!'"},
        {"log(10)", nil, `unknown function "log"`},
        {"sqrt(1, 2)", nil, "call to sqrt has 2 args, want 1"},
        {"sqrt(A / pi)", Env{"A": 87616, "pi": math.Pi}, "167"},
        {"pow(x, 3) + pow(y, 3)", Env{"x": 9, "y": 10}, "1729"},
        {"5 / 9 * (F - 32)", Env{"F": -40}, "-40"},
    }

    for _, test := range tests {
        expr, err := Parse(test.input)
        if err == nil {
            err = expr.Check(map[Var]bool{})
        }
        if err != nil {
            if err.Error() != test.want {
                t.Errorf("%s: got %q, want %q", test.input, err, test.want)
            }
            continue
        }
```

```
        got := fmt.Sprintf("%.6g", expr.Eval(test.env))
            if got != test.want {
                t.Errorf("%s: %v => %s, want %s",
                test.input, test.env, got, test.want)
            }
        }
    }
```

먼저 테스트를 통과하는지 확인하자.

```
$ go test -v -run=Coverage gopl.io/ch7/eval
=== RUN TestCoverage
--- PASS: TestCoverage (0.00s)
PASS
ok      gopl.io/ch7/eval    0.011s
```

이 명령은 커버리지 도구의 사용법에 관한 메시지를 표시한다.

```
$ go tool cover
Usage of 'go tool cover':
Given a coverage profile produced by 'go test':
    go test -coverprofile=c.out

Open a web browser displaying annotated source code:
    go tool cover -html=c.out
...
```

go tool 명령은 Go 도구들에 있는 실행 파일 중 하나를 실행한다. 이 프로그램들은 $GOROOT/pkg/tool/${GOOS}_${GOARCH} 디렉토리에 있다. go build 덕에 이 프로그램들을 직접 호출할 일은 거의 없다.

이제 -coverprofile 플래그를 설정하고 테스트를 실행하면 다음과 같다.

```
$ go test -run=Coverage -coverprofile=c.out gopl.io/ch7/eval
ok      gopl.io/ch7/eval    0.032s  coverage: 68.5% of statements
```

이 플래그는 프로덕션 코드에 수집기를 추가해[^instrumenting] 커버리지 데이터를 수집하게 한다. 즉 소스코드의 복사본을 수정해 각 문장 블록이 실행되기 전에 블록마다 불리언 변수가 지정된다. 수정된 프로그램은 종료하기 직전에 각 변수 값을 지정된 로그 파일 c.out에 기록하고 실행된 일부 문장들을 요약해 출력한다(요약만 필요한 경우에는 go test -cover를 사용하라).

go test를 -covermode=count 플래그로 실행하면 각 블록의 수집기가 불리언 값을 설정하는 대신 카운터를 증가시킨다. 각 블록의 실행 횟수에 대한 결과 기록으로 더 자주 실행된 '뜨거운' 블록과 그렇지 않은 '차가운' 블록을 정량적으로 비교할 수 있다.

수집한 데이터에 cover 도구를 실행하면 로그를 처리하고 HTML 보고서를 생성한 후 새 브라우저 창으로 보고서를 연다(그림 11.3).

```
$ go tool cover -html=c.out
```

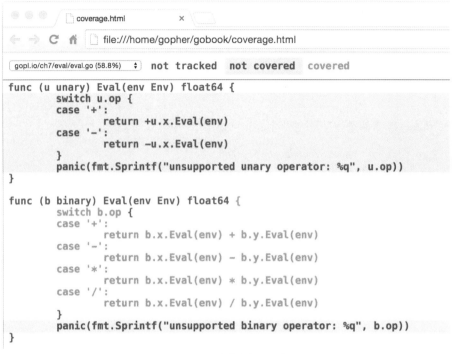

그림 11.3 커버리지 보고서

각 문장이 실행되면 녹색으로 표시되고, 실행되지 않으면 적색으로 표시된다. 명확하게 보이기 위해 적색 부분의 배경을 음영 처리했다. 이 보고서를 통해 어떤 입력도 단항 연산자 Eval 메소드를 실행하지 않은 것을 바로 알 수 있다. 테이블에 다음과 같은 새 테스트 케이스를 추가하고 이전의 두 명령을 다시 실행하면 단항식 코드가 녹색이 된다.

```
{"-x * -x", eval.Env{"x": 2}, "4"}
```

그러나 두 panic 문장은 여전히 적색이다. 이러한 문장은 도달할 수 없어야 하기 때문에 놀라운 일이 아니다.

100%의 구문 커버리지를 달성하는 것은 숭고한 목표처럼 들리겠지만, 보통 실제로 가능하지도 않을 뿐더러 쓸모없는 노력이 될 가능성이 높다. 단지 문장이 실행됐다는 것은 버그가 없음을 의미하지 않는다. 복잡한 표현식을 포함한 문장은 여러 특이 케이스를 포함하기 위해 다양한 입력으로 여러 번 실행해야 한다. 위의 panic과 같은 일부 문장에는 절대로 도달할 수 없다. 그 외의 미묘한 오류를 처리하는 경우는 테스트하기 어렵지만, 실제로 마주치는 경우는 거의 없다. 테스트는 근본적으로 테스트 작성 비용과 테스트로 방지할 수 있었을 실패 처리 비용 사이의 실질적인 노력의 균형에 대한 것이다. 커버리지 도구는 약한 부분을 식별할 수 있지만, 좋은 테스트 케이스를 만드는 데에는 일반적인 개발과 마찬가지로 심사숙고가 필요하다.

11.4 벤치마크 함수

벤치마킹은 고정된 부하가 발생할 때의 프로그램 성능을 측정하는 방법이다. Go의 벤치마크 함수는 테스트 함수처럼 보이지만 Benchmark 접두사 및 *testing.T에 있는 메소드의 대부분과 일부 성능 측정에 관련된 추가 메소드를 제공하는 *testing.B 파라미터를 갖는다. 이 파라미터는 측정하는 동작을 몇 번이나 수행할지 지정하는 정수 필드 N도 노출한다.

다음은 루프에서 IsPalindrome을 N번 호출하는 벤치마크다.

```
import "testing"

func BenchmarkIsPalindrome(b *testing.B) {
    for i := 0; i < b.N; i++ {
        IsPalindrome("A man, a plan, a canal: Panama")
    }
}
```

다음의 명령으로 실행한다. 테스트와는 달리 기본적으로 어떤 벤치마크도 실행되지 않는다. -bench 플래그의 인자로 실행할 벤치마크를 선택한다. 이 인자는 일치하는 Benchmark 함수에 대한 정규 표현식으로 기본 값은 어떤 것과도 일치하지 않는다. '.' 패턴은 word 패키지의 모든 벤치마크와 일치하게 하지만, 한 가지밖에 없으므로 -bench=IsPalindrome과 마찬가지다.

```
$ cd $GOPATH/src/gopl.io/ch11/word2
$ go test -bench=.
PASS
BenchmarkIsPalindrome-8 1000000                1035 ns/op
ok      gopl.io/ch11/word2      2.179s
```

벤치마크 이름의 숫자 접미사는 동시에 벤치마크할 때 중요한 GOMAXPROCS의 값을 나타내며, 여기에서는 8이다.

이 보고서는 1,000,000회의 IsPalindrome 실행에서 각 호출에 평균 1.035ms 정도의 시간이 걸렸다고 알려준다. 처음 벤치마크를 실행할 때는 작업에 걸리는 시간을 알 수 없으므로 작은 N 값으로 초기 계측을 수행한 후 안정된 시간을 측정하기에 충분히 큰 N 값으로 외삽^{extrapolate}한다.

벤치마크 함수는 필요한 일회성 설정 코드를 루프 바깥에서 실행해 각 반복 시간을 늘리지 않을 수 있으므로 루프를 테스트 드라이버의 호출 코드가 아닌 벤치마크 함수로 둘러싼다. 이 설정 코드가 결과에 영향을 주는 경우에 대비해 testing.B 파라미터에는 타이머의 중지, 재개, 초기화 메소드가 있지만 필요한 경우는 거의 없다.

이제 벤치마크와 테스트가 있으므로 손쉽게 프로그램을 더 빠르게 하기 위한 아이디어를 실험할 수 있다. IsPalindrome의 두 번째 루프에서 중간 이후의 확인 과정을 수행하지 않음으로써 중복된 비교를 막는 것이 아마도 가장 확실한 최적화일 것이다.

```
    n := len(letters)/2
    for i := 0; i < n; i++ {
        if letters[i] != letters[len(letters)-1-i] {
            return false
        }
    }
    return true
```

하지만 흔히 그렇듯이 확실한 최적화가 항상 기대한 효과를 발휘하지는 않는다. 이 실험에서는 고작 4%만이 개선됐다.

```
$ go test -bench=.
PASS
BenchmarkIsPalindrome-8 1000000                   992 ns/op
ok      gopl.io/ch11/word2      2.093s
```

다른 아이디어는 append를 연속해서 호출하는 대신 문자가 사용하기에 충분히 큰 배열을 미리 할당하는 것이다. 다음과 같이 letters를 적당한 크기의 배열로 미리 선언하면 거의 35%가 개선됐다.

```
letters := make([]rune, 0, len(s))
for _, r := range s {
    if unicode.IsLetter(r) {
        letters = append(letters, unicode.ToLower(r))
    }
}
```

이제 벤치마크 러너가 평균 2,000,000회의 반복을 보고한다.

```
$ go test -bench=.
PASS
BenchmarkIsPalindrome-8 2000000                   697 ns/op
ok      gopl.io/ch11/word2      1.468s
```

이 예제에서 볼 수 있듯이 가장 빠른 프로그램은 가장 적은 메모리를 할당하는 프로그램인 경우가 종종 있다. 커맨드라인 플래그 -benchmem은 보고서에 메모리 할당 통계를 포함한다. 다음은 최적화 전의 할당 수를 비교한 것이다.

```
$ go test -bench=. -benchmem
PASS
BenchmarkIsPalindrome    1000000  1026 ns/op    304 B/op  4 allocs/op
```

그리고 최적화 후는 다음과 같다.

```
$ go test -bench=. -benchmem
PASS
BenchmarkIsPalindrome    2000000   807 ns/op   128 B/op  1 allocs/op
```

한 호출에서의 할당을 통합해 75%의 할당 작업을 제거하고 할당된 메모리의 양을 절반으로 줄였다.

이러한 벤치마크는 주어진 작업에 필요한 절대적인 시간을 말해주지만, 중요한 성능 문제는 두 개의 서로 다른 작업 간 상대적인 타이밍에 의한 경우가 많다. 예를 들어 함수에서 1000개의 요소를 처리하는 데 1ms가 소요된다면 10,000개나 백만 개를 처리하는 데 얼마나 걸릴까? 이러한 비교는 함수의 실행 시간이 접근적으로 성장함asymptotic growth을 보여준다. 또 다른 예로 최적의 I/O 버퍼 크기는 얼마인가? 다양한 크기들로 수행한 애플리케이션 처리량에 대한 벤치마크는 만족스러운 성능을 제공하는 제일 작은 버퍼를 선택하는 데 도움이 된다. 세 번째 예로 주어진 작업에 어떤 알고리즘이 최적인가? 같은 입력 데이터에 대해 두 개의 서로 다른 알고리즘을 평가하는 벤치마크는 중요하거나 대표적인 부하에서 각 알고리즘의 강점과 약점을 보여주는 경우가 많다.

비교 벤치마크는 그냥 일반 코드다. 이 코드는 일반적으로 단일 파라미터 기반 함수로서 다음과 같이 여러 Benchmark 함수에서 호출할 수 있는 형태를 취한다.

```
func benchmark(b *testing.B, size int) { /* ... */ }
func Benchmark10(b *testing.B)   { benchmark(b, 10) }
func Benchmark100(b *testing.B)  { benchmark(b, 100) }
func Benchmark1000(b *testing.B) { benchmark(b, 1000) }
```

입력의 크기를 지정하는 파라미터 size는 벤치마크에 걸쳐 다양하지만, 각 벤치마크 내에서는 일정하다. 파라미터 b.N을 입력 크기로 사용해서는 안 된다. 이 파라미터를 고정 크기 입력에 대한 반복 횟수로 해석하지 않으면 벤치마크의 결과가 무의미해진다.

비교 벤치마크에 의해 밝혀진 패턴은 프로그램 설계 시 특히 유용하지만, 프로그램이 작동한다고 해서 폐기하지는 않는다. 프로그램의 진화, 입력의 증가, 다른 특성을 가진 새 운영체제나 프로세서로의 배포 등에 따라 이 벤치마크를 재사용해 설계 시의 결정을 다시 확인할 수 있다.

연습문제 11.6 2.6.2절에 있는 PopCount 구현과 연습문제 2.4와 2.5에서 구현한 솔루션을 비교하는 벤치마크를 작성하라. 테이블 기반의 접근 방식과 같아지는 시점은 언제인가?

연습문제 11.7 큰 의사 난수 입력을 사용해 Add, UnionWith, *IntSet의 기타 메소드(6.5절)에 대한 벤치마크를 작성하라. 이 메소드들을 얼마나 빠르게 실행할 수 있는가? 워드 크기의 선택은 성능에 어떤 영향을 미치는가? IntSet은 내장된 맵 타입 기반의 집합 구현에 비해 얼마나 빠르게 비교할 수 있는가?

11.5 프로파일

벤치마크는 특정 작업의 성능을 측정하기에 유용하지만 느린 프로그램을 빠르게 하려 할 때는 어디서부터 시작해야 하는지 알 수 없는 경우가 종종 있다. 모든 개발자는 1974년의 "go to 구문을 이용한 구조적 프로그래밍"에 등장하는 섣부른 최적화에 대한 도널드 크누스의 격언을 알고 있다. 평균 성능은 중요하지 않다고 오해되는 경우가 종종 있지만, 우리는 원 맥락의 다른 의미를 눈치 챌 수 있다.

효율성을 숭배하다 보면 남용하게 된다는 점에는 의심의 여지가 없다. 개발자는 프로그램에서 중요하지 않은 부분의 속도를 생각하거나 걱정하는 데 엄청난 시간을 낭비하며, 이러한 성능 향상 시도는 실제로 디버깅과 관리 측면에서 매우 부정적인 영향을 미치게 된다. 대략 97%의 시간을 소모하는 사소한 효율성에 대해서는 잊어버려야 한다. 섣부른 최적화는 만악의 근원이다.

그렇다고 해서 결정적인 3%에 있는 기회를 넘기지는 말아야 한다. 좋은 개발자라면 위와 같은 이유를 자기 위안으로 삼지 않고 현명하게 결정적인 코드를 살펴볼 것이다. 그러나 이는 그 코드를 식별한 이후에만 해야 한다. 프로그램의 어떤 부분이 진짜로 결정적인지에 대해 섣부르게 판단하는 것은 실수이며 이는 측정 도구를 사용해본 모든 개발자는 이미 경험으로 알고 있다시피 직관에 의한 추측은 실패하기 때문이다.

프로그램의 속도를 세부적으로 살펴보고자 할 때 결정적인 코드를 식별하기 위한 최선의 방법은 프로파일링이다. 프로파일링은 실행 중 프로파일 이벤트를 일부 수집하고 후처리 과정에서 외삽해 성능을 측정하는 자동화된 기법이다. 프로파일링의 결과인 통계적 요약본을 프로파일 profile이라 한다.

Go는 다양한 종류의 프로파일링을 지원하며, 각각 성능의 다른 측면과 관련돼 있지만 그 모두는 관심 있는 이벤트 시퀀스를 연관된 스택 트레이스와 함께 기록한다(이벤트 시 활성화된 함수 호출의 스택). go test 도구에는 몇 가지 종류의 프로파일링 지원이 내장돼 있다.

CPU 프로파일은 가장 많은 CPU 시간을 필요로 하는 함수를 식별한다. 각 CPU에 현재 실행 중인 스레드는 운영체제에 의해 몇 밀리초마다 주기적으로 중단되며, 정상적으로 실행이 재개되기 전에 프로파일 이벤트를 하나씩 기록한다.

힙 프로파일은 가장 많은 메모리를 할당한 구문을 식별한다. 프로파일링 라이브러리는 내부 메모리 할당 루틴 호출을 수집하며, 한 프로파일 이벤트는 평균 512KB의 메모리를 할당할 때마다 기록된다.

차단 프로파일은 고루틴을 가장 오래 대기시킨 작업을 식별하며, 여기에는 시스템 호출, 채널 송수신, 잠금 획득 등이 있다. 프로파일링 라이브러리는 고루틴이 이러한 작업으로 대기할 때마다 해당 이벤트를 기록한다.

테스트 대상 코드에 대한 프로파일을 수집하려면 다음의 플래그 중 하나만 활성화시키면 된다. 하지만 한 번에 하나 이상의 플래그를 사용할 때에는 주의해야 한다. 한 프로파일 수집 작업이 다른 프로파일의 결과를 왜곡시킬 수 있다.

```
$ go test -cpuprofile=cpu.out
$ go test -blockprofile=block.out
$ go test -memprofile=mem.out
```

테스트 프로그램이 아니더라도 간단하게 프로파일 지원을 추가할 수 있지만, 수명이 짧은 커맨드라인 도구와 수명이 긴 서버 애플리케이션 간에 그 세부적인 방법은 다양하다. 프로파일링은 특히 수명이 긴 애플리케이션에서 유용하기 때문에 Go 런타임의 프로파일링 기능은 개발자의 제어를 통해 runtime API로 활성화할 수 있다.

프로파일을 수집한 후에는 pprof 도구로 분석해야 한다. 이 도구는 표준 Go 배포판의 일부이지만 일상적인 도구가 아니므로 go tool pprof를 통해 간접적으로 접근한다. 여기에는 수십 가지 기능과 옵션이 있지만, 기본적인 사용에는 단 두 개의 인자인 프로파일을 생성하는 실행 파일과 프로파일 로그만 있으면 된다.

프로파일링을 효율적으로 수행하고 공간을 절약하기 위해 로그에는 함수명이 포함되지 않는다. 대신 함수는 주소로 식별된다. 이는 pprof가 로그를 이해하기 위해서는 실행 파일이 필요하다는 것을 의미한다. go test는 일반적으로 테스트가 완료되고 나서 테스트 실행 파일을 폐기하지만, 프로파일링이 활성화돼 있는 경우에는 foo가 테스트되는 패키지의 이름일 때 실행 파일을 foo.test로 저장한다.

다음 명령은 간단한 CPU 프로파일을 수집하고 표시하는 방법을 보여준다. net/http 패키지의 벤치마크 중 하나를 선택했다. 일반적으로 관심 워크로드를 대표하게 구성된 특정 벤치마크를 프로파일링하는 것이 좋다. 테스트 케이스를 벤치마킹하는 것은 대부분 의미가 없으므로 필터 -run=NONE을 사용해 비활성화했다.

```
$ go test -run=NONE -bench=ClientServerParallelTLS64 \
    -cpuprofile=cpu.log net/http
PASS
BenchmarkClientServerParallelTLS64-8  1000
    3141325 ns/op  143010 B/op   1747 allocs/op
ok       net/http        3.395s

$ go tool pprof -text -nodecount=10 ./http.test cpu.log
2570ms of 3590ms total (71.59%)
Dropped 129 nodes (cum <= 17.95ms)
Showing top 10 nodes out of 166 (cum >= 60ms)
    flat   flat%    sum%     cum   cum%
 1730ms  48.19%  48.19%  1750ms  48.75%  crypto/elliptic.p256ReduceDegree
  230ms   6.41%  54.60%   250ms   6.96%  crypto/elliptic.p256Diff
  120ms   3.34%  57.94%   120ms   3.34%  math/big.addMulVVW
  110ms   3.06%  61.00%   110ms   3.06%  syscall.Syscall
   90ms   2.51%  63.51%  1130ms  31.48%  crypto/elliptic.p256Square
   70ms   1.95%  65.46%   120ms   3.34%  runtime.scanobject
   60ms   1.67%  67.13%   830ms  23.12%  crypto/elliptic.p256Mul
   60ms   1.67%  68.80%   190ms   5.29%  math/big.nat.montgomery
   50ms   1.39%  70.19%    50ms   1.39%  crypto/elliptic.p256ReduceCarry
   50ms   1.39%  71.59%    60ms   1.67%  crypto/elliptic.p256Sum
```

-text 플래그는 출력 포맷을 지정하고, 이 경우 '가장 뜨거운' 함수(가장 많은 CPU 사이클을 소모한 함수)가 먼저 나타나게 정렬된 함수당 한 줄의 텍스트 형태 테이블이다. -nodecount=10 플래그는 출력 결과를 10줄로 제한한다. 전체 성능 문제의 경우 이 텍스트 형식이 원인을 파악하기에 충분할 수 있다.

이 프로파일은 위의 특정 HTTPS 벤치마크 성능에 타원 곡선 암호화가 큰 영향을 미친다는 것을 알려준다. 반면에 프로파일의 대다수를 runtime 패키지의 메모리 할당 함수가 차지해 메모리 소모를 줄이고 있다면 최적화할 가치가 있을 것이다.

더 미묘한 문제에는 pprof의 그래픽 출력 중 하나를 사용하는 것이 더 나을 수 있다는 점이다. 이를 위해서는 www.graphviz.org에서 다운로드할 수 있는 GraphViz가 필요하다. 이후 -web 플래그는 프로그램의 함수에 대해 CPU 프로파일 번호로 주석을 붙이고, 가장 분주한 함수에 색칠한 방향성 그래프를 렌더링한다.

여기서는 Go의 프로파일링 도구의 일부만을 살펴봤다. 더 자세한 내용을 알고 싶다면 Go 블로그에서 'Go 프로그램 프로파일링'을 읽어보라.

11.6 예제 함수

예제 함수는 go test에서 특별하게 취급되는 함수 중 세 번째로, 이름이 Example로 시작한다. 이 함수에는 파라미터와 결과가 없다. 다음은 IsPalindrome에 대한 예제 함수다.

```
func ExampleIsPalindrome() {
    fmt.Println(IsPalindrome("A man, a plan, a canal: Panama"))
    fmt.Println(IsPalindrome("palindrome"))
    // Output:
    // true
    // false
}
```

예제 함수에는 세 가지 목적이 있다. 첫 번째 목적은 문서화다. 좋은 예제는 단조로운 설명보다 라이브러리 함수의 동작을 더 간결하고 직관적으로 전달할 수 있으며, 특히 빠른 참조로 사용될 때 그렇다. 단순한 설명은 타입이나 함수 선언 또는 전체 패키지 선언에만 올 수 있는 반면에 예제는 한 API에 속하는 여러 타입과 함수 간의 상호작용도 보여줄 수 있다. 그리고 주석 안의 예제와는 달리 예제 함수는 실제 Go 코드이며, 컴파일 시 확인 대상이므로 코드 진화에 따라 최신 상태로 유지된다.

웹 기반 문서 서버 godoc은 Example 접미사가 있는 함수를 기반으로 예제 함수와 예시하는 함수 또는 패키지를 연관 짓기 때문에 ExampleIsPalindrome은 IsPalindrome 함수의 문서에 보이며, 이름이 그냥 Example인 예제 함수는 전체 word 패키지와 연관된다.

예제 함수의 두 번째 목적은 go test로 실행 가능한 테스트를 제공하는 것이다. 위와 같이 예제 함수의 마지막에 // Output: 주석이 있으면 테스트 드라이버가 이 함수를 실행하고 표준 출력의 결과가 주석 안의 문자열과 일치하는지 확인한다.

예제 함수의 세 번째 목적은 직접적인 실험이다. golang.org의 godoc 서버는 Go 플레이그라운드를 사용해 그림 11.4와 같이 사용자가 각 예제 함수를 웹 브라우저에서 직접 수정하고 실행할 수 있게 한다. 이는 종종 특정 함수나 언어 기능을 익히는 가장 빠른 방법이다.

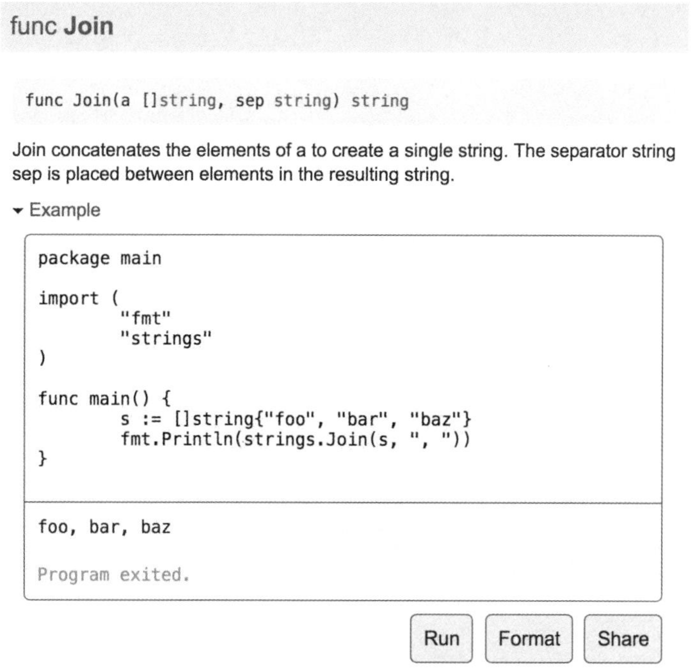

```
func Join(a []string, sep string) string
```

Join concatenates the elements of a to create a single string. The separator string
sep is placed between elements in the resulting string.

▼ Example

```
package main

import (
        "fmt"
        "strings"
)

func main() {
        s := []string{"foo", "bar", "baz"}
        fmt.Println(strings.Join(s, ", "))
}
```

```
foo, bar, baz

Program exited.
```

Run Format Share

그림 11.4 godoc에서의 상호 대화형 strings.Join 예제

이 책의 마지막 두 장은 소수의 Go 개발자들만이 정기적으로 사용하는(그리고 점점 사용할 필요
가 줄어들고 있는) reflect와 unsafe 패키지를 다룬다. 아직 실질적인 Go 프로그램을 작성해
보지 않았다면 지금이 바로 그때다.

12장

리플렉션

Go는 컴파일 시 미리 알 수 없는 타입에 대해 런타임에 변수를 갱신하고 값을 조사하며, 메소드를 호출하고 표현 방식에 따른 고유 작업을 적용하는 메커니즘을 제공한다. 이 메커니즘을 리플렉션^{reflection}이라 한다. 리플렉션으로 타입 자체를 일급 클래스 값으로 취급할 수 있다.

이 절에서는 리플렉션 기능이 어떻게 언어의 표현성을 향상시키는지와 특히 fmt의 문자열 포매팅과 encoding/json이나 encoding/ xml 등의 패키지에 있는 프로토콜 인코딩에서 이 기능이 어떻게 결정적인 역할을 수행하는지 살펴본다. 리플렉션은 4.6절에서 살펴본 text/template과 html/template 패키지의 템플릿 메커니즘에도 필수적이다. 그러나 리플렉션은 근본적으로 복잡하며 일상적인 사용을 위한 것이 아니기 때문에 이러한 패키지들은 리플렉션으로 구현했지만, API에 리플렉션을 노출하지 않는다.

12.1 왜 리플렉션인가?

때로는 공통 인터페이스를 충족하지 않거나, 알려진 표현 방식이 없거나, 함수 설계 시에는 존재하지 않는 타입이거나, 이 세 경우에 모두 해당하는 등의 다양한 타입 값을 균일하게 처리하는 함수를 작성할 필요가 있다.

익숙한 예로 사용자가 정의한 타입도 포함되는 임의의 타입의 임의의 값을 출력하는 fmt. Fprintf의 포매팅 로직이 있다. 이미 알고 있는 지식을 동원해 이러한 함수를 구현해보자. 이 함수는 단순히 하나의 인자를 받고 fmt.Sprintf와 같이 결과를 문자열로 반환하므로 Sprint라 했다.

처음에는 인자에 String 메소드가 정의돼 있는지 테스트하는 타입 스위치문으로 시작하고 이 메소드가 정의돼 있으면 호출했다. 이후 값의 동적 타입과 각 기본 타입(string, int, bool 등)을 비교하는 스위치 케이스들을 추가하고 각 경우에 따라 적절한 포매팅 작업을 수행했다.

```
func Sprint(x interface{}) string {
    type stringer interface {
        String() string
    }
    switch x := x.(type) {
    case stringer:
        return x.String()
    case string:
        return x
    case int:
        return strconv.Itoa(x)
    // ...int16, uint32 등에도 유사한 케이스들...
    case bool:
        if x {
            return "true"
        }
        return "false"
    default:
        // array, chan, func, map, pointer, slice, struct
        return "???"
    }
}
```

그러나 그 외에 []float64, map[string][]string 등의 타입은 어떻게 처리해야 하는가? 더 많은 케이스를 추가할 수는 있지만, 이러한 타입의 수는 무한하다. 그리고 url.Values와 같은 명명된 타입은 어떻게 해야 할까? 타입 스위치에 명명된 타입의 내장 타입인 map[string][]string의 케이스가 있더라도 타입이 다르기 때문에 url.Values와는 일치하지 않을 것이며, 이 방식을 사용하면 라이브러리가 사용자에 의존하게 되므로 타입 스위치에 url.Values와 같은 각각의 타입을 포함할 수는 없다.

알려지지 않은 타입 값의 표현을 검사하는 방법 없이는 바로 문제에 부딪치게 된다. 이때 리플렉션이 필요하다.

12.2 reflect.Type과 reflect.Value

리플렉션은 reflect 패키지에 의해 제공된다. 여기에는 두 가지 중요한 타입인 Type과 Value가 정의돼 있다. Type은 Go 타입을 나타낸다. Type은 타입을 식별하거나 구조체의 필드나 함수의 파라미터와 같은 구성 요소를 조사하기 위한 다수의 메소드가 있는 인터페이스다. reflect.Type의 유일한 구현은 타입 서술자^{descriptor}(7.5절)로 인터페이스 값의 동적 타입을 식별하는 개체다.

reflect.TypeOf 함수는 모든 interface{}를 받고 그 동적 타입을 reflect.Type으로 반환한다.

```
t := reflect.TypeOf(3)   // a reflect.Type
fmt.Println(t.String()) // "int"
fmt.Println(t)          // "int"
```

위의 TypeOf(3) 호출은 파라미터 interface{}에 값 3을 할당한다. 7.5절에서 구상 값을 인터페이스 타입에 할당하면 묵시적인 인터페이스 변환이 수행돼 두 구성 요소를 갖는 인터페이스를 생성하던 것을 생각해보자. 그 동적 타입은 피연산자의 타입(int)이며, 그 동적 값은 피연산자의 값(3)이다.

reflect.TypeOf는 인터페이스 값의 동적 타입을 반환하므로 항상 구상 타입을 반환하게 된다. 따라서 예를 들어 다음 코드는 "io.Writer"가 아닌 "*os.File"을 출력한다. 나중에 reflect.Type으로 인터페이스 타입도 표현하는 것을 볼 것이다.

```
var w io.Writer = os.Stdout
fmt.Println(reflect.TypeOf(w)) // "*os.File"
```

reflect.Type이 fmt.Stringer를 충족하는 것을 알 수 있다. 인터페이스 값의 동적 타입을 출력하면 디버깅 및 로깅에 유용하므로 fmt.Printf에는 내부적으로 reflect.TypeOf를 사용하는 단축 표기법인 %T가 있다.

```
fmt.Printf("%T\n", 3) // "int"
```

reflect 패키지의 또 다른 중요한 타입은 Value다. reflect.Value는 어떤 타입의 값도 저장할 수 있다. reflect.ValueOf 함수는 모든 interface{}를 받고 인터페이스의 동적 값을 포함하는 reflect.Value를 반환한다. reflect.ValueOf는 reflect.TypeOf와 마찬가지로 항상 구상 값을 반환하지만 reflect.Value에는 인터페이스 값도 저장할 수 있다.

```
v := reflect.ValueOf(3) // a reflect.Value
fmt.Println(v)          // "3"
fmt.Printf("%v\n", v)   // "3"
fmt.Println(v.String()) // NOTE: "<int Value>"
```

reflect.Value는 reflect.Type처럼 fmt.Stringer를 충족하지만 Value가 문자열이 아닐 때에는 String 메소드의 결과는 타입만 보여준다. 대신 reflect.Value를 특별히 취급하는 fmt 패키지의 %v 포매터를 사용하라.

Value의 Type 메소드를 호출하면 reflect.Type으로 타입을 반환한다.

```
t := v.Type()           // a reflect.Type
fmt.Println(t.String()) // "int"
```

reflect.ValueOf의 역연산은 reflect.Value.Interface 메소드다. 이 메소드는 reflect.Value와 동일한 구상 값을 갖는 interface{}를 반환한다.

```
v := reflect.ValueOf(3) // a reflect.Value
x := v.Interface()      // an interface{}
i := x.(int)            // an int
fmt.Printf("%d\n", i)   // "3"
```

reflect.Value와 interface{}는 둘 다 임의의 값을 가질 수 있다. 그 차이는 빈 인터페이스는 값의 표현과 고유 연산을 숨기고 값의 모든 메소드를 노출하지 않으므로 해당 동적 타입을 알고 (앞에서 했듯이) 타입 강제를 통해 내부를 들여다보지 않으면 그 안의 값에 대해서는 할 수 있는 것이 거의 없다는 점이다. 반면 Value에는 타입과 무관하게 내용을 조사할 수 있는 여러 메소드가 있다. 이 메소드들을 사용해 format.Any라는 범용 포매팅 함수를 다시 한 번 작성해보자.

타입 스위치 대신 reflect.Value의 Kind 메소드를 사용해 케이스를 구별했다. 무한히 많은 타입이 있지만 타입의 종류는 유한하다. 기본 타입 Bool, String과 숫자들, 결합 타입 Array와 Struct, 참조 타입 Chan, Func, Ptr, Slice, Map, Interface 타입, 그리고 마지막으로 값이 없음을 나타내는 Invalid가 있다(reflect.Value의 제로 값은 Invalid 타입이다).

gopl.io/ch12/format

```
package format

import (
    "reflect"
    "strconv"
)

// Any는 모든 값을 문자열로 포매팅한다.
func Any(value interface{}) string {
    return formatAtom(reflect.ValueOf(value))
}

// formatAtom은 내부 구조를 조사하지 않고 값을 포맷한다.
func formatAtom(v reflect.Value) string {
    switch v.Kind() {
    case reflect.Invalid:
        return "invalid"
    case reflect.Int, reflect.Int8, reflect.Int16,
        reflect.Int32, reflect.Int64:
        return strconv.FormatInt(v.Int(), 10)
    case reflect.Uint, reflect.Uint8, reflect.Uint16,
        reflect.Uint32, reflect.Uint64, reflect.Uintptr:
        return strconv.FormatUint(v.Uint(), 10)
    // ...부동소수점과 복소수는 생략...
    case reflect.Bool:
        return strconv.FormatBool(v.Bool())
    case reflect.String:
        return strconv.Quote(v.String())
    case reflect.Chan, reflect.Func, reflect.Ptr, reflect.Slice, reflect.Map:
        return v.Type().String() + " 0x" +
        strconv.FormatUint(uint64(v.Pointer()), 16)
    default: // reflect.Array, reflect.Struct, reflect.Interface
        return v.Type().String() + " value"
    }
}
```

지금까지의 함수는 각 값을 내부 구조가 없는 독립적인 것으로 취급했다(그래서 formatAtom이다). 이 함수는 결합 타입(구조체와 배열)과 인터페이스에서는 값의 타입만 출력하며 참조 타입

(채널, 함수, 포인터, 슬라이스, 맵)에서는 타입과 참조하는 주소를 16진수로 출력했다. 이는 이상적이진 않지만 중요한 개선이며, Kind는 내부 표현 방식에만 관련이 있으므로 format.Any는 명명된 타입에도 동작한다. 예를 들면 다음과 같다.

```
var x int64 = 1
var d time.Duration = 1 * time.Nanosecond
fmt.Println(format.Any(x))                   // "1"
fmt.Println(format.Any(d))                   // "1"
fmt.Println(format.Any([]int64{x}))          // "[]int64 0x8202b87b0"
fmt.Println(format.Any([]time.Duration{d})) // "[]time.Duration 0x8202b87e0"
```

12.3 재귀 값을 출력하는 Display

다음으로 복합 타입의 출력을 개선하는 방법에 대해 살펴본다. 여기서는 fmt.Sprintf를 있는 그대로 복사하는 대신 임의의 복합 값 x가 주어졌을 때 값의 전체 구조를 각 원소의 찾은 경로와 함께 출력하는 디버깅용 도우미 함수 Display를 만들 것이다. 예제로 시작해보자.

```
e, _ := eval.Parse("sqrt(A / pi)")
Display("e", e)
```

위의 호출에서 Display의 인수는 7.9절에 있는 표현식 평가기의 구문 트리다. Display의 출력은 다음과 같다.

```
Display e (eval.call):
e.fn = "sqrt"
e.args[0].type = eval.binary
e.args[0].value.op = 47
e.args[0].value.x.type = eval.Var
e.args[0].value.x.value = "A"
e.args[0].value.y.type = eval.Var
e.args[0].value.y.value = "pi"
```

가능한 한 패키지 API에는 리플렉션을 노출하지 않아야 한다. 여기서는 실제로 재귀 호출을 수행하며, 익스포트되지 않는 함수 display를 정의한 후 interface{}를 받는 간단한 래퍼 함수 Display를 익스포트할 것이다.

gopl.io/ch12/display
```
func Display(name string, x interface{}) {
    fmt.Printf("Display %s (%T):\n", name, x)
    display(name, reflect.ValueOf(x))
}
```

display에서는 이전에 정의한 formatAtom 함수를 사용해 기초 값(기본 타입, 함수, 채널)을 출력하며, 더 복잡한 타입은 reflect.Value의 메소드를 사용해 재귀적으로 각 구성 요소를 출력한다. 재귀 호출이 반복됨에 따라 최초에 시작 값(예를 들어 "e")을 표시하던 path 문자열이 점차 현재 값에 도달한 경로(예를 들어 "e.args[0].value")로 증가하게 된다.

더 이상 fmt.Sprintf를 구현하지 않을 것이므로 fmt 패키지로 예제를 간결하게 했다.

```go
func display(path string, v reflect.Value) {
    switch v.Kind() {
    case reflect.Invalid:
        fmt.Printf("%s = invalid\n", path)
    case reflect.Slice, reflect.Array:
        for i := 0; i < v.Len(); i++ {
            display(fmt.Sprintf("%s[%d]", path, i), v.Index(i))
        }
    case reflect.Struct:
        for i := 0; i < v.NumField(); i++ {
            fieldPath := fmt.Sprintf("%s.%s", path, v.Type().Field(i).Name)
            display(fieldPath, v.Field(i))
        }
    case reflect.Map:
        for _, key := range v.MapKeys() {
            display(fmt.Sprintf("%s[%s]", path,
                formatAtom(key)), v.MapIndex(key))
        }
    case reflect.Ptr:
        if v.IsNil() {
            fmt.Printf("%s = nil\n", path)
        } else {
            display(fmt.Sprintf("(*%s)", path), v.Elem())
        }
    case reflect.Interface:
        if v.IsNil() {
            fmt.Printf("%s = nil\n", path)
        } else {
            fmt.Printf("%s.type = %s\n", path, v.Elem().Type())
            display(path+".value", v.Elem())
        }
    default: // 기본 타입, 채널, 함수
        fmt.Printf("%s = %s\n", path, formatAtom(v))
    }
}
```

각 케이스를 순서대로 살펴보자.

슬라이스와 배열 로직은 모두 동일하다. Len 메소드는 슬라이스나 배열 값의 원소 개수를 반환하며, Index(i)는 reflect.Value인 인덱스 i의 원소를 반환한다. i가 범위 밖이면 패닉을 일으킨다. 이는 내장된 len(a)와 시퀀스에서 a[i]의 동작과 유사하다. display 함수는 시퀀스의 각 원소에 대해 스스로를 재귀 호출하고 경로에 "[i]" 표시를 추가한다.

reflect.Value에는 여러 메소드가 있지만 어떤 값으로 호출해도 안전한 것은 그중 일부다. 예를 들어 Index 메소드는 Slice, Array, String에 호출할 수 있지만, 그 외의 경우에는 패닉을 일으킨다.

구조체 NumField 메소드는 구조체의 필드 수를 보고하고, Field(i)는 i번째 필드 값을 reflect.Value로 반환한다. 필드 목록에는 익명 필드에서 승격된 것도 포함된다. 필드 선택 표기인 ".f"를 경로에 추가하려면 구조체의 reflect.Type을 얻고 그 i번째 필드의 이름을 가져와야 한다.

맵 MapKeys 메소드는 맵 키마다 reflect.Value의 슬라이스를 하나씩 반환한다. 보통 맵을 순회할 때와 마찬가지로 순서는 정의돼 있지 않다. MapIndex(key)는 key에 해당하는 값을 반환한다. 그 후 참조 표기 "[key]"를 경로에 추가한다(여기서는 지름길을 택했다. 맵 키의 타입은 formatAtom에서 처리할 수 있는 타입에 국한되지 않는다. 배열, 구조체, 인터페이스도 유효한 맵 키다. 전체 키를 출력하게 케이스를 확장하는 것이 연습문제 12.1이다).

포인터 Elem 메소드는 포인터로 지정된 변수를 reflect.Value로 반환한다. 이 연산은 포인터 값이 nil일 때에도 안전하며, 이때는 결과 타입이 Invalid일 것이지만 여기서는 IsNil을 사용해 nil 포인터를 명시적으로 감지하고 더 적절한 메시지를 출력했다. 그리고 경로의 앞에 "*"를 붙이고 모호하지 않게 괄호로 둘러쌌다.

인터페이스 여기서도 IsNil을 사용해 인터페이스가 nil인지 테스트하고, nil이 아니면 동적 값을 v.Elem()으로 얻어서 타입과 값을 출력한다.

이제 Display 함수가 완료됐으므로 실제 작업을 시켜보자. 다음의 Movie 타입은 4.5절을 약간 변형한 것이다.

```
type Movie struct {
    Title, Subtitle string
    Year            int
    Color           bool
    Actor           map[string]string
    Oscars          []string
    Sequel          *string
}
```

타입의 값을 선언하고 Display가 무엇을 표시하는지 알아보자.

```
strangelove := Movie{
    Title:    "Dr. Strangelove",
    Subtitle: "How I Learned to Stop Worrying and Love the Bomb",
    Year:     1964,
    Color:    false,
    Actor: map[string]string{
        "Dr. Strangelove":            "Peter Sellers",
        "Grp. Capt. Lionel Mandrake": "Peter Sellers",
        "Pres. Merkin Muffley":       "Peter Sellers",
        "Gen. Buck Turgidson":        "George C. Scott",
        "Brig. Gen. Jack D. Ripper":  "Sterling Hayden",
        `Maj. T.J. "King" Kong`:      "Slim Pickens",
    },
```

```
    Oscars: []string{
        "Best Actor (Nomin.)",
        "Best Adapted Screenplay (Nomin.)",
        "Best Director (Nomin.)",
        "Best Picture (Nomin.)",
    },
}
```

Display("strangelove", strangelove)의 출력은 다음과 같다.

```
Display strangelove (display.Movie):
strangelove.Title = "Dr. Strangelove"
strangelove.Subtitle = "How I Learned to Stop Worrying and Love the Bomb"
strangelove.Year = 1964
strangelove.Color = false
strangelove.Actor["Gen. Buck Turgidson"] = "George C. Scott"
strangelove.Actor["Brig. Gen. Jack D. Ripper"] = "Sterling Hayden"
strangelove.Actor["Maj. T.J. \"King\" Kong"] = "Slim Pickens"
strangelove.Actor["Dr. Strangelove"] = "Peter Sellers"
strangelove.Actor["Grp. Capt. Lionel Mandrake"] = "Peter Sellers"
strangelove.Actor["Pres. Merkin Muffley"] = "Peter Sellers"
strangelove.Oscars[0] = "Best Actor (Nomin.)"
strangelove.Oscars[1] = "Best Adapted Screenplay (Nomin.)"
strangelove.Oscars[2] = "Best Director (Nomin.)"
strangelove.Oscars[3] = "Best Picture (Nomin.)"
strangelove.Sequel = nil
```

*os.File과 같은 내부 라이브러리 타입도 Display로 표시할 수 있다.

```
Display("os.Stderr", os.Stderr)
// Output:
// Display os.Stderr (*os.File):
// (*(*os.Stderr).file).fd = 2
// (*(*os.Stderr).file).name = "/dev/stderr"
// (*(*os.Stderr).file).nepipe = 0
```

심지어 익스포트되지 않은 필드도 리플렉션으로 볼 수 있다. 이 예제의 특정한 출력은 플랫
폼에 따라 다를 수 있으며, 라이브러리가 진화함에 따라 변경될 수 있음에 주의하라(이 필드들
이 비공개인 이유가 있다!). 심지어 Display를 reflect.Value에 적용해 *os.File의 내부 타입
서술자를 탐색해 볼 수도 있다. Display("rV", reflect.ValueOf(os.Stderr))의 호출 결
과는 다음과 같지만 물론 그 결과는 다를 수 있다.

```
Display rV (reflect.Value):
(*rV.typ).size = 8
(*rV.typ).hash = 871609668
(*rV.typ).align = 8
(*rV.typ).fieldAlign = 8
(*rV.typ).kind = 22
(*(*rV.typ).string) = "*os.File"
```

```
(*(*(*rV.typ).uncommonType).methods[0].name) = "Chdir"
(*(*(*rV.typ).uncommonType).methods[0].mtyp).string) = "func() error"
(*(*(*rV.typ).uncommonType).methods[0].typ).string) = "func(*os.File) error"
...
```

이 두 예제의 차이를 살펴보자.

```
var i interface{} = 3
Display("i", i)
// 출력:
// Display i (int):
// i = 3
Display("&i", &i)
// 출력:
// Display &i (*interface {}):
// (*&i).type = int
// (*&i).value = 3
```

첫 번째 예제에서 Display는 Int 타입의 값을 반환하는 reflect.ValueOf(i)를 호출한다. 12.2절에서 언급한 바와 같이 reflect.ValueOf는 인터페이스 값의 내용을 추출하므로 항상 구상 타입의 Value를 반환했다.

두 번째 예제에서는 Display가 Ptr 타입의 i에 대한 포인터를 반환하는 reflect.ValueOf(&i)를 호출한다. Ptr 호출에 대한 스위치 케이스는 이 값에 대해 Elem을 호출해 Interface 타입의 변수 i 자체를 반환한다. 이와 같이 간접적으로 얻은 Value는 인터페이스를 비롯해 모든 값을 나타낼 수 있다. 이때의 display 함수는 스스로를 재귀 호출하고 인터페이스의 동적 타입과 값에 대한 별도의 구성 요소를 출력한다.

현재 구현으로는 자신의 꼬리를 물고 있는 다음의 연결 리스트와 같이 객체 그래프가 순환하는 경우 Display가 종료되지 않는다.

```
// 스스로를 가리키는 구조체
type Cycle struct{ Value int; Tail *Cycle }
var c Cycle
c = Cycle{42, &c}
Display("c", c)
```

Display의 출력은 다음과 같이 영구히 확장된다.

```
Display c (display.Cycle):
c.Value = 42
(*c.Tail).Value = 42
(*(*c.Tail).Tail).Value = 42
(*(*(*c.Tail).Tail).Tail).Value = 42
...무한대...
```

대부분의 Go 프로그램에는 일부 순환하는 데이터가 포함돼 있다. Display가 이러한 순환에도 동작하게 만들기는 까다로우며, 부가적으로 지금까지 따라온 참조들을 기록해야 한다. 비용도 많이 든다. 일반적으로 이 문제를 해결하려면 13.3절에서 보게 될 언어의 기능 중 unsafe가 필요하다.

fmt.Sprintf에서는 전체 구조를 출력하는 경우가 적어서 순환이 별문제가 되지 않았다. 예를 들어 fmt.Sprintf는 포인터와 마주치면 포인터의 숫자 값을 출력하고 재귀를 중단한다. 스스로를 요소로 갖는 슬라이스나 맵을 출력할 때 중단할 수 있지만, 이렇게 흔치 않은 경우가 순환을 제어해 발생하게 될 수많은 부가적인 문제들을 정당화하지는 않는다.

연습문제 12.1 키가 구조체나 배열인 맵을 출력하도록 Display를 확장하라.

연습문제 12.2 최대 재귀 실행 횟수를 제한해 display가 순환하는 자료 구조에도 안전하게 만들어라(13.3절에서 순환을 감지하는 또 다른 방법을 알아볼 것이다).

12.4 예제: S-표현식 인코딩

Display는 구조화된 자료를 표시할 수 있는 디버깅 루틴이지만 임의의 Go 객체를 프로세스 간 통신에 적합한 이동성이 있는 메시지로 인코딩하거나 직렬화하기에는 부족하다.

4.5절에서 봤듯이 Go의 표준 라이브러리는 JSON, XML, ASN.1을 비롯해 다양한 포맷을 지원한다. 지금도 널리 사용되는 또 다른 표기법은 리스프[Lisp]의 문법인 S-표현식이다. S-표현식은 다른 표기법과는 달리 여러 표준화 시도와 수많은 구현에도 불구하고 아직까지 범용적인 정의가 없으므로 Go의 표준 라이브러리에서 지원하지 않는다.

이 절에서는 임의의 Go 객체를 다음의 구성 요소를 갖는 S-표현식 표기법으로 인코딩하는 패키지를 정의할 것이다.

```
42          정수
"hello"     문자열 (Go 스타일 따옴표)
foo         기호    (따옴표 없는 이름)
(1 2 3)     목록    (0개 이상의 항목이 괄호로 묶여 있음)
```

불리언은 전통적으로 참에 기호 t를 사용하고 거짓에 빈 목록 ()나 기호 nil을 사용하지만, 간결하게 하기 위해 이 구현에서는 무시할 것이다. 또한 채널과 함수도 리플렉션에서의 상태 값이 불분명하기 때문에 무시한다. 그리고 실수, 복소수, 부동소수점 수, 인터페이스도 무시한다. 여기에 대한 지원을 추가하는 것이 연습문제 12.3이다.

S-표현식으로 Go의 타입을 다음과 같이 인코딩할 것이다. 정수와 문자열은 있는 그대로 인코딩한다. Nil 값은 기호 nil로 인코딩한다. 배열과 슬라이스는 목록 표기법으로 인코딩한다.

구조체는 필드 바인딩의 목록으로 인코딩하며, 각 필드 바인딩은 두 개의 요소 목록으로 첫 번째 요소(기호)는 필드명이고 두 번째 요소는 필드 값이다. 맵도 각 쌍의 목록으로 인코딩하며, 각 쌍은 하나의 맵 요소에서 키와 값이다. 전통적으로 S-표현식은 키/값 쌍의 목록이며, 각 쌍은 두 요소의 목록이 아닌 하나의 cons 셀 (key . value)로 표현하지만 디코딩을 쉽게 하기 위해 점을 사용한 목록 표시는 무시할 것이다.

인코딩은 다음과 같이 하나의 재귀 함수인 **encode**로 수행된다. 그 구조는 본질적으로 앞
절의 Display와 같다.

<u>gopl.io/ch12/sexpr</u>

```go
func encode(buf *bytes.Buffer, v reflect.Value) error {
    switch v.Kind() {
    case reflect.Invalid:
        buf.WriteString("nil")

    case reflect.Int, reflect.Int8, reflect.Int16,
        reflect.Int32, reflect.Int64:
        fmt.Fprintf(buf, "%d", v.Int())

    case reflect.Uint, reflect.Uint8, reflect.Uint16,
        reflect.Uint32, reflect.Uint64, reflect.Uintptr:
        fmt.Fprintf(buf, "%d", v.Uint())

    case reflect.String:
        fmt.Fprintf(buf, "%q", v.String())

    case reflect.Ptr:
        return encode(buf, v.Elem())

    case reflect.Array, reflect.Slice: // (value ...)
        buf.WriteByte('(')
        for i := 0; i < v.Len(); i++ {
            if i > 0 {
                buf.WriteByte(' ')
            }
            if err := encode(buf, v.Index(i)); err != nil {
                return err
            }
        }
        buf.WriteByte(')')

    case reflect.Struct: // ((name value) ...)
        buf.WriteByte('(')
        for i := 0; i < v.NumField(); i++ {
            if i > 0 {
                buf.WriteByte(' ')
            }
            fmt.Fprintf(buf, "(%s ", v.Type().Field(i).Name)
            if err := encode(buf, v.Field(i)); err != nil {
                return err
            }
            buf.WriteByte(')')
        }
        buf.WriteByte(')')
```

```
        case reflect.Map: // ((key value) ...)
            buf.WriteByte('(')
            for i, key := range v.MapKeys() {
                if i > 0 {
                    buf.WriteByte(' ')
                }
                buf.WriteByte('(')
                if err := encode(buf, key); err != nil {
                    return err
                }
                buf.WriteByte(' ')
                if err := encode(buf, v.MapIndex(key)); err != nil {
                    return err
                }
                buf.WriteByte(')')
            }
            buf.WriteByte(')')

    default: // float, complex, bool, chan, func, interface
        return fmt.Errorf("unsupported type: %s", v.Type())
    }
    return nil
}
```

Marshal 함수는 다른 encoding/... 패키지와 마찬가지로 API에서 인코더를 래핑한다.

```
// Marshal은 Go값을 S-표현식 형태로 인코딩한다.
func Marshal(v interface{}) ([]byte, error) {
    var buf bytes.Buffer
    if err := encode(&buf, reflect.ValueOf(v)); err != nil {
        return nil, err
    }
    return buf.Bytes(), nil
}
```

다음은 Marshal을 12.3절의 strangelove 변수에 적용한 결과다.

```
((Title "Dr. Strangelove") (Subtitle "How I Learned to Stop Worrying and Lo
ve the Bomb") (Year 1964) (Actor (("Grp. Capt. Lionel Mandrake" "Peter Sell
ers") ("Pres. Merkin Muffley" "Peter Sellers") ("Gen. Buck Turgidson" "Geor
ge C. Scott") ("Brig. Gen. Jack D. Ripper" "Sterling Hayden") ("Maj. T.J. \
"King\" Kong" "Slim Pickens") ("Dr. Strangelove" "Peter Sellers"))) (Oscars
("Best Actor (Nomin.)" "Best Adapted Screenplay (Nomin.)" "Best Director (N
omin.)" "Best Picture (Nomin.)")) (Sequel nil))
```

전체 출력이 한 줄에 최소한의 공백으로 표시되므로 읽기 어렵다. 다음은 같은 출력을 S-표현식의 규칙에 따라 손으로 포매팅한 것이다. S-표현식을 알아보기 쉽게 출력^{pretty-printer}하는 것은 (도전적인) 과제로 남긴다. gopl.io에서 다운로드한 소스에 간단한 버전이 포함돼 있다.

```
((Title "Dr. Strangelove")
 (Subtitle "How I Learned to Stop Worrying and Love the Bomb")
 (Year 1964)
 (Actor (("Grp. Capt. Lionel Mandrake" "Peter Sellers")
         ("Pres. Merkin Muffley" "Peter Sellers")
         ("Gen. Buck Turgidson" "George C. Scott")
         ("Brig. Gen. Jack D. Ripper" "Sterling Hayden")
         ("Maj. T.J. \"King\" Kong" "Slim Pickens")
         ("Dr. Strangelove" "Peter Sellers")))
 (Oscars ("Best Actor (Nomin.)"
          "Best Adapted Screenplay (Nomin.)"
          "Best Director (Nomin.)"
          "Best Picture (Nomin.)"))
 (Sequel nil))
```

sexpr.Marshal은 fmt.Print, json.Marshal, Display 함수와 마찬가지로 순환하는 데이터로 호출하면 영구히 반복된다.

12.6절에서 이에 해당하는 S-표현식의 디코딩 함수 구현을 살펴보겠지만, 그 전에 리플렉션으로 프로그램 변수를 갱신하는 방법을 이해해야 한다.

연습문제 12.3 encode 함수에 누락된 케이스를 구현하라. 불리언을 t와 nil로, 부동소수점 숫자를 Go의 표기법으로, 복소수 $1+2i$를 #C(1.0, 2.0)으로 인코딩하라. 인터페이스는 ("[]int" (1 2 3))과 같이 타입 이름과 값의 쌍으로 인코딩할 수 있지만 이 표기법의 모호함에 주의해야 한다. reflect.Type.String 메소드가 다른 타입에서 동일한 문자열을 반환할 수 있다.

연습문제 12.4 S-표현식을 위의 형식대로 알아보기 쉽게 출력하도록 encode를 수정하라.

연습문제 12.5 encode가 S-표현식 대신 JSON을 출력하게 개조하라. 표준 디코더 json.Unmarshal로 이 인코더를 테스트하라.

연습문제 12.6 일종의 최적화로 encode에서 타입의 제로 값을 갖는 필드는 인코딩하지 않도록 개조하라.

연습문제 12.7 json.Decoder(4.5절)의 방식으로 S-표현식의 스트리밍 디코더 API를 개발하라.

12.5 reflect.Value로 변수 설정

지금까지는 리플렉션으로 프로그램의 값을 해석하기만 했다. 그러나 이 절의 요점은 그 값을 변경하는 것이다.

x, x.f[1], *p와 같은 일부 Go 표현식은 변수를 표시하지만 x + 1, f(2) 등은 그렇지 않다. 변수는 주소로 참조할 수 있으며, 값이 있는 저장 공간의 위치로 그 값은 주소를 통해 변경할 수 있다.

이와 유사한 차이가 reflect.Value에도 적용된다. 일부는 주소로 참조할 수 있고, 일부는 그렇지 않다. 다음의 선언을 생각해보자.

```
x := 2                       // 값      타입    변수?
a := reflect.ValueOf(2)      // 2       int     no
b := reflect.ValueOf(x)      // 2       int     no
c := reflect.ValueOf(&x)     // &x      *int    no
d := c.Elem()                // 2       int     yes (x)
```

a의 값은 주소로 참조할 수 없다. a는 단지 정수 2의 복사본이다. b도 마찬가지다. c의 값도 포인터 값 &x의 복사본이므로 주소로 참조할 수 없다. 사실 reflect.ValueOf(x)에서 반환된 reflect.Value는 주소로 참조할 수 없다. 그러나 c 안의 포인터를 역참조해 파생된 d는 변수를 참조하기 때문에 주소로 참조할 수 있다. 이처럼 reflect.ValueOf(&x).Elem()을 호출해 모든 변수 x에 대해 주소로 참조할 수 있는 Value를 얻을 수 있다.

reflect.Value를 주소로 참조할 수 있는지 여부는 CanAddr 메소드로 알 수 있다.

```
fmt.Println(a.CanAddr()) // "false"
fmt.Println(b.CanAddr()) // "false"
fmt.Println(c.CanAddr()) // "false"
fmt.Println(d.CanAddr()) // "true"
```

주소로 참조할 수 있는 reflect.Value는 언제든지 포인터를 통해 간접적으로 얻을 수 있으며, 주소로 참조할 수 없는 Value에서 시작해도 마찬가지다. 모든 주소 참조 가능성에 대한 일반적인 규칙은 리플렉션에서와 유사하다. 예를 들어 표현식 e는 주소로 참조할 수 없더라도 슬라이스 색인 표현식 e[i]는 묵시적으로 포인터를 따라가기 때문에 주소로 참조할 수 있다. 유추해보면 reflect.ValueOf(e)에 주소가 없더라도 reflect.ValueOf(e).Index(i)는 변수를 참조하기 때문에 주소로 참조할 수 있다.

주소로 참조할 수 있는 reflect.Value에서 변수를 얻는 데에는 세 단계가 필요하다. 먼저 Addr()을 호출해 변수의 포인터를 갖는 Value를 얻는다. 다음은 이 Value의 interface()를 호출해 포인터를 갖는 interface{}를 얻는다. 마지막으로 변수의 타입을 알고 있다면 타입 단언을 통해 인터페이스의 내용을 일반 포인터로 추출할 수 있다. 그 후 포인터를 통해 변수를 변경할 수 있다.

```
x := 2
d := reflect.ValueOf(&x).Elem()   // d는 변수 x를 참조한다.
px := d.Addr().Interface().(*int) // px := &x
*px = 3                           // x = 3
fmt.Println(x)                    // "3"
```

또는 주소로 참조할 수 있는 reflect.Value가 참조하는 변수는 포인터를 사용하지 않고 reflect.Value.Set 메소드를 호출해 직접 변경할 수 있다.

```
d.Set(reflect.ValueOf(4))
fmt.Println(x) // "4"
```

기존에 컴파일러가 수행하던 할당 가능성^{assignability} 검사는 런타임에 Set 메소드로 수행한다. 위의 변수와 값은 모두 int 타입이지만 변수가 int64 타입이면 패닉이 일어나기 때문에 값을 변수 타입에 할당할 수 있는지 확인해야 한다.

```
d.Set(reflect.ValueOf(int64(5))) // 패닉: int64는 int에 할당할 수 없음
```

물론 주소로 참조할 수 없는 reflect.Value의 Set을 호출해도 패닉이 일어난다.

```
x := 2
b := reflect.ValueOf(x)
b.Set(reflect.ValueOf(3)) // 패닉: 참조할 수 없는 값에 Set 사용
```

일부 기본 타입들에는 특화된 Set인 SetInt, SetUint, SetString, SetFloat 등이 있다.

```
d := reflect.ValueOf(&x).Elem()
d.SetInt(3)
fmt.Println(x) // "3"
```

어떤 면에서는 이 방식이 더 유연하다. 예를 들어 SetInt는 변수의 타입이 부호 있는 정수이거나 심지어 내부 타입이 부호 있는 정수인 명명된 타입일 때에도 성공하며, 값이 너무 크면 타입에 맞게 절단한다. 그러나 사용에 신중해야 한다. interface{} 변수를 참조하는 reflect.Value는 Set이 성공하더라도 SetInt를 호출하면 패닉이 일어난다.

```
x := 1
rx := reflect.ValueOf(&x).Elem()
rx.SetInt(2)                     // OK, x = 2
rx.Set(reflect.ValueOf(3))       // OK, x = 3
rx.SetString("hello")            // 패닉: string을 int에 할당할 수 없음
rx.Set(reflect.ValueOf("hello")) // 패닉: string을 int에 할당할 수 없음

var y interface{}
ry := reflect.ValueOf(&y).Elem()
ry.SetInt(2)                     // 패닉: 인터페이스 값에 SetInt 호출
ry.Set(reflect.ValueOf(3))       // OK, y = int(3)
ry.SetString("hello")            // 패닉: 인터페이스 값에 SetString 호출
ry.Set(reflect.ValueOf("hello")) // OK, y = "hello"
```

Display를 os.Stdout에 적용하면 유닉스 플랫폼에서 os.File 구조체의 fd int 필드와 같은 일반적인 언어의 규칙에 따라 익스포트되지 않는 구조체 필드도 리플렉션으로 읽을 수 있다는 것을 알 ㅋ수 있다. 그러나 리플렉션에서 이러한 값을 변경할 수는 없다.

```
stdout := reflect.ValueOf(os.Stdout).Elem() // *os.Stdout, an os.File var
fmt.Println(stdout.Type())                  // "os.File"
fd := stdout.FieldByName("fd")
fmt.Println(fd.Int()) // "1"
fd.SetInt(2)          // 패닉: 익스포트되지 않은 필드
```

주소로 참조할 수 있는 reflect.Value는 이 주소가 익스포트되지 않은 구조체 필드를 통해 온 것인지 여부를 기록하고, 그렇다면 변경을 불허한다. 따라서 일반적으로 CanAddr는 변수 값을 변경하기 전의 권한 검사에 적합하지 않다. 이와 관련된 메소드 CanSet은 reflect.Value를 주소로 참조할 수 있고 변경할 수 있는지 여부를 보고한다.

```
fmt.Println(fd.CanAddr(), fd.CanSet()) // "true false"
```

12.6 예제: S-표현식 디코딩

표준 라이브러리의 encoding/... 패키지에서 제공하는 Marshal 함수에는 각각 디코딩을 수행하는 Unmarshal 함수가 있다. 예를 들어 4.5절에서 살펴본 바와 같이 JSON으로 인코딩된 Movie 타입(12.3절)을 갖는 데이터의 바이트 슬라이스는 다음과 같이 디코딩할 수 있다.

```
data := []byte{/* ... */}
var movie Movie
err := json.Unmarshal(data, &movie)
```

Unmarshal 함수는 리플렉션으로 기존 movie 변수의 필드를 변경하며, Movie 타입과 입력 데이터의 내용으로 정해진 새 맵, 구조체, 슬라이스를 생성한다.

위에서 사용한 표준 json.Unmarshal 함수와 유사하며 이전의 sexpr.Marshal과 반대인 간단한 S-표현식용 Unmarshal 함수를 구현해보자. 기존 코드가 길기 때문에 여러 지름길을 택한 이 예제보다 탄탄하고 범용적으로 구현하려면 훨씬 더 많은 코드가 필요하다는 점을 미리 경고해둔다. 여기서는 S-표현식의 일부만 지원하며, 오류를 적절하게 처리하지 않았다. 이 코드는 파싱이 아니라 리플렉션을 설명하기 위한 것이다.

구문 분석기lexer는 text/scanner 패키지의 Scanner 타입을 사용해 입력 스트림을 주석, 식별자, 문자열 리터럴, 숫자 리터럴 등의 토큰 시퀀스로 분할한다. 스캐너의 Scan 메소드는 스캐너를 진행시키고 rune 타입인 다음 토큰의 종류를 반환한다. '('와 같은 대부분의 토큰은 하나의 룬으로 구성돼 있지만 text/scanner 패키지는 여러 문자로 구성된 Ident, String, Int 등을 rune 타입의 작은 음수 값으로 나타낸다. 그 후 Scan을 호출하면 이러한 토큰 중 하나를 반환하며, 스캐너의 TokenText 메소드는 토큰의 텍스트를 반환한다.

일반적인 파서는 현재 토큰을 여러 번 조사해야 할 수도 있지만 Scan 메소드가 스캐너를 진행시키기 때문에 스캐너를 lexer라는 도우미 타입으로 래핑해 가장 최근에 Scan이 반환한 토큰을 기록한다.

```
gopl.io/ch12/sexpr
    type lexer struct {
        scan  scanner.Scanner
        token rune // 현재 토큰
    }
    func (lex *lexer) next()        { lex.token = lex.scan.Scan() }
    func (lex *lexer) text() string { return lex.scan.TokenText() }

    func (lex *lexer) consume(want rune) {
        if lex.token != want { // NOTE: 좋은 예외 처리 예제가 아님
            panic(fmt.Sprintf("got %q, want %q", lex.text(), want))
        }
        lex.next()
    }
```

이제 파서를 살펴보자. 여기에는 두 가지 주요 기능이 있다. 그중 첫 번째인 read는 현재 토큰으로 시작하는 S-표현식을 읽고 reflect.Value의 주소로 참조되는 변수를 갱신한다.

```go
func read(lex *lexer, v reflect.Value) {
    switch lex.token {
    case scanner.Ident:
        // 유효한 식별자는 "nil"과 구조체 이름에 한정됨
        if lex.text() == "nil" {
            v.Set(reflect.Zero(v.Type()))
            lex.next()
            return
        }
    case scanner.String:
        s, _ := strconv.Unquote(lex.text()) // NOTE: 오류 무시
        v.SetString(s)
        lex.next()
        return
    case scanner.Int:
        i, _ := strconv.Atoi(lex.text()) // NOTE: 오류 무시
        v.SetInt(int64(i))
        lex.next()
        return
    case '(':
        lex.next()
        readList(lex, v)
        lex.next() // ')' 소비
        return
    }
    panic(fmt.Sprintf("unexpected token %q", lex.text()))
}
```

S-표현식은 구조체 필드명과 포인터의 nil 값을 구별하기 위해 두 개의 식별자를 사용한다. read 함수는 후자의 경우만을 다룬다. 이 함수가 scanner.Ident "nil"과 마주치면 reflect. Zero 함수를 사용해 v를 타입의 제로 값으로 지정한다. 그 외의 식별자에는 오류를 보고한다. 잠시 후 보게 될 readList 함수는 구조체 필드명으로 사용된 식별자를 처리한다.

'(' 토큰은 목록의 시작을 나타낸다. 두 번째 함수 readList는 목록을 현재 채우고 있는 Go 변수의 종류에 따라 복합 타입(맵, 구조체, 슬라이스, 배열)으로 디코딩한다. 루프에서는 각각의 경우 endList 함수에서 그에 해당하는 닫기 괄호 ')'가 감지될 때까지 파싱된 항목들을 보관한다.

재귀가 흥미로운 부분이다. 배열이 가장 간단하다. 닫는 ')'가 올 때까지 Index로 각 배열 요소에 대한 변수를 얻은 후 read를 재귀 호출해 값을 채운다. 다른 여러 오류의 경우처럼 입력 데이터로 인해 디코더가 배열 이후의 값을 지정하게 되면 디코더가 패닉을 일으킨다. 슬라이스에도 이와 유사한 접근 방식을 취하지만 이때는 각 요소에 새 변수를 생성하고 값을 채운 후 슬라이스에 추가해야 한다.

구조체와 맵에 대한 루프는 각 반복에서 (key value)의 하위 목록을 파싱해야 한다. 구조체의 경우 키는 필드를 식별하는 기호다. 배열의 경우와 마찬가지로 구조체 필드의 기존 변수를 FieldByName으로 얻은 후 재귀 호출을 수행해 값을 채운다. 맵에서의 키는 임의의 타입이 될 수 있으며, 슬라이스의 경우와 마찬가지로 새 변수를 생성하고 재귀 호출로 값을 채운 후 마지막으로 새 키/값 쌍을 맵에 추가한다.

```go
func readList(lex *lexer, v reflect.Value) {
    switch v.Kind() {
    case reflect.Array: // (item ...)
        for i := 0; !endList(lex); i++ {
            read(lex, v.Index(i))
        }

    case reflect.Slice: // (item ...)
        for !endList(lex) {
            item := reflect.New(v.Type().Elem()).Elem()
            read(lex, item)
            v.Set(reflect.Append(v, item))
        }

    case reflect.Struct: // ((name value) ...)
        for !endList(lex) {
            lex.consume('(')
            if lex.token != scanner.Ident {
                panic(fmt.Sprintf("got token %q, want field name", lex.text()))
            }
            name := lex.text()
            lex.next()
            read(lex, v.FieldByName(name))
            lex.consume(')')
        }

    case reflect.Map: // ((key value) ...)
        v.Set(reflect.MakeMap(v.Type()))
        for !endList(lex) {
            lex.consume('(')
            key := reflect.New(v.Type().Key()).Elem()
            read(lex, key)
            value := reflect.New(v.Type().Elem()).Elem()
            read(lex, value)
            v.SetMapIndex(key, value)
            lex.consume(')')
        }

    default:
        panic(fmt.Sprintf("cannot decode list into %v", v.Type()))
    }
}
```

```
func endList(lex *lexer) bool {
    switch lex.token {
    case scanner.EOF:
        panic("end of file")
    case ')':
        return true
    }
    return false
}
```

마지막으로 다음과 같이 구현에서 일부 미진한 부분을 숨기는 익스포트된 함수 Unmarshal
로 파서를 감싼다. 파싱 과정에서의 오류는 패닉을 일으키므로 Unmarshal은 지연된 호출을
통해 패닉에서 복구(5.10절)하고 대신 오류 메시지를 반환한다.

```
// Unmarshal은 S-표현식 데이터를 파싱하고 주소가 nil이 아닌
// 포인터 out 변수의 값을 채운다.
func Unmarshal(data []byte, out interface{}) (err error) {
    lex := &lexer{scan: scanner.Scanner{Mode: scanner.GoTokens}}
    lex.scan.Init(bytes.NewReader(data))
    lex.next() // 첫 번째 토큰 획득
    defer func() {
        // NOTE: 이상적인 오류 처리 예제가 아님
        if x := recover(); x != nil {
            err = fmt.Errorf("error at %s: %v", lex.scan.Position, x)
        }
    }()
    read(lex, reflect.ValueOf(out).Elem())
    return nil
}
```

프로덕션 수준의 구현이라면 어떤 입력에도 패닉을 일으켜서는 안 될 뿐더러 모든 사고 발생
시 정보성 오류를 보고해야 하고, 여기에는 줄 번호나 오프셋이 포함될 때도 있다. 그럼에도
불구하고 이 예제를 통해 encoding/json과 같은 패키지의 내부에서 어떤 일이 발생하는지
와 리플렉션으로 자료 구조를 채우는 방법이 제대로 전달됐기를 바란다.

연습문제 12.8 sexpr.Unmarshal 함수는 json.Unmarshal 함수와 마찬가지로 바이트 슬라
이스 형태의 완전한 입력이 있어야 디코딩을 시작할 수 있다. json.Decoder처럼
io.Reader의 값 시퀀스를 디코딩할 수 있는 sexpr.Decoder 타입을 정의하라.
sexpr.Unmarshal에서 이 새 타입을 사용하게 변경하라.

연습문제 12.9 S-표현식을 xml.Decoder(7.14절) 방식으로 디코딩하는 토큰 기반 API를 작성
하라. 다섯 가지 토큰 타입 Symbol, String, Int, StartList, EndList가 필요할 것이다.

연습문제 12.10 sexpr.Unmarshal을 확장해 연습문제 12.3의 솔루션으로 인코딩된 불리언,
부동소수점 수, 인터페이스를 처리하라(힌트: 인터페이스를 디코딩하려면 각각의 지원하는 타입에서
해당하는 reflect.Type으로의 매핑이 필요하다).

12.7 구조체 필드 태그 접근

4.5절에서 구조체 필드 태그를 사용해 Go 구조체 값들의 JSON 인코딩을 변경했다. json필드 태그로 다른 필드명을 선택하고 빈 필드를 출력에서 제외할 수 있다. 이 절에서는 리플렉션으로 필드 태그에 접근하는 방법을 알아본다.

웹 서버에서 대부분의 HTTP 처리 함수는 맨 처음 요청 파라미터를 지역 변수로 추출한다. 여기서는 HTTP 처리기(7.7절)를 더 편리하게 만들기 위해 구조체 필드 태그를 사용하는 도우미 함수 params.Unpack을 정의한다.

먼저 그 사용법을 살펴보자. 다음의 search 함수는 HTTP 처리기다. 이 처리기는 필드가 HTTP 요청 파라미터에 해당하는 익명 구조체 타입 변수 data를 정의한다. 구조체의 필드 태그는 파라미터명을 지정하며, URL 길이는 제한적이므로 파라미터명은 종종 짧고 암호화된 형태를 취한다. Unpack 함수는 요청으로 구조체를 채워서 파라미터를 편리하게 접근할 수 있게 하고 각 필드가 적합한 타입을 갖게 한다.

```
gopl.io/ch12/search
    import "gopl.io/ch12/params"

    // search는 /search URL을 구현한다.
    func search(resp http.ResponseWriter, req *http.Request) {
        var data struct {
            Labels     []string `http:"l"`
            MaxResults int      `http:"max"`
            Exact      bool     `http:"x"`
        }
        data.MaxResults = 10 // 기본 값 지정
        if err := params.Unpack(req, &data); err != nil {
            http.Error(resp, err.Error(), http.StatusBadRequest) // 400
            return
        }

        // ...나머지 처리기...
        fmt.Fprintf(resp, "Search: %+v\n", data)
    }
```

다음의 Unpack 함수는 세 가지를 수행한다. 먼저 req.ParseForm()을 호출해 요청을 분석한다. 이후 req.Form에는 HTTP 클라이언트가 사용한 GET 메소드나 POST 메소드와 관계없이 모든 파라미터가 들어 있다.

다음에는 Unpack이 필드의 유효한 이름을 각각 필드의 변수로 매핑한다. 필드에 태그가 있는 경우 유효한 이름은 실제 이름과 다를 수 있다. reflect.Type의 Field 메소드는 각 필드의 타입에 대한 이름, 타입, 부가 태그 등의 정보를 제공하는 reflect.StructField를 반환한다. Tag 필드는 문자열 타입인 reflect.StructTag로 특정 키의 부분 문자열을 파싱하고 추출하는 Get 메소드가 있으며, 이때는 http:"..."이다.

gopl.io/ch12/params
```go
// Unpack은 req의 HTTP 요청 파라미터로
// ptr로 지정된 구조체 필드를 채운다.
func Unpack(req *http.Request, ptr interface{}) error {
    if err := req.ParseForm(); err != nil {
        return err
    }

    // 유효한 이름을 키로 갖는 필드의 맵을 생성한다.
    fields := make(map[string]reflect.Value)
    v := reflect.ValueOf(ptr).Elem() // 구조체 변수
    for i := 0; i < v.NumField(); i++ {
        fieldInfo := v.Type().Field(i) // a reflect.StructField
        tag := fieldInfo.Tag           // a reflect.StructTag
        name := tag.Get("http")
        if name == "" {
            name = strings.ToLower(fieldInfo.Name)
        }
        fields[name] = v.Field(i)
    }

    // 구조체 필드를 요청의 각 파라미터로 갱신한다.
    for name, values := range req.Form {
        f := fields[name]
        if !f.IsValid() {
            continue // 알 수 없는 HTTP 파라미터 무시
        }
        for _, value := range values {
            if f.Kind() == reflect.Slice {
                elem := reflect.New(f.Type().Elem()).Elem()
                if err := populate(elem, value); err != nil {
                    return fmt.Errorf("%s: %v", name, err)
                }
                f.Set(reflect.Append(f, elem))
            } else {
                if err := populate(f, value); err != nil {
                    return fmt.Errorf("%s: %v", name, err)
                }
            }
        }
    }
    return nil
}
```

마지막으로 Unpack은 HTTP 파라미터의 이름/값 쌍을 순회하며 해당 구조체의 필드를 갱신한다. 같은 파라미터명이 한 번 이상 나타날 수 있다는 점을 기억하라. 같은 이름이 반복되고 필드가 슬라이스라면 해당 파라미터의 모든 값이 슬라이스로 축적된다. 그렇지 않으면 필드가 계속 덮어씌워지므로 마지막 값만이 유효하다.

populate 함수는 파라미터 값으로 단일 필드 v(또는 슬라이스 필드의 단일 요소)를 설정한다. 현재는 문자열, 부호 있는 정수, 불리언만을 지원한다. 그 외의 타입에 대한 지원은 예제로 남겨졌다.

```go
func populate(v reflect.Value, value string) error {
    switch v.Kind() {
    case reflect.String:
        v.SetString(value)

    case reflect.Int:
        i, err := strconv.ParseInt(value, 10, 64)
        if err != nil {
            return err
        }
        v.SetInt(i)

    case reflect.Bool:
        b, err := strconv.ParseBool(value)
        if err != nil {
            return err
        }
        v.SetBool(b)

    default:
        return fmt.Errorf("unsupported kind %s", v.Type())
    }
    return nil
}
```

다음은 웹 서버에 서버 처리기를 추가한 후의 실행 예다.

```
$ go build gopl.io/ch12/search
$ ./search &
$ ./fetch 'http://localhost:12345/search'
Search: {Labels:[] MaxResults:10 Exact:false}
$ ./fetch 'http://localhost:12345/search?l=golang&l=programming'
Search: {Labels:[golang programming] MaxResults:10 Exact:false}
$ ./fetch 'http://localhost:12345/search?l=golang&l=programming&max=100'
Search: {Labels:[golang programming] MaxResults:100 Exact:false}
$ ./fetch 'http://localhost:12345/search?x=true&l=golang&l=programming'
Search: {Labels:[golang programming] MaxResults:10 Exact:true}
$ ./fetch 'http://localhost:12345/search?q=hello&x=123'
x: strconv.ParseBool: parsing "123": invalid syntax
$ ./fetch 'http://localhost:12345/search?q=hello&max=lots'
max: strconv.ParseInt: parsing "lots": invalid syntax
```

연습문제 12.11 여기에 대응하는 Pack 함수를 작성하라. Pack은 구조체 값을 받아서 이 값들이 파라미터로 통합된 URL을 반환해야 한다.

연습문제 12.12 필드 태그 표기법을 확장해 유효한 파라미터에 대한 요구 사항을 표현하라. 예를 들어 문자열에는 이메일 주소 검증 또는 신용카드 번호 검증이 필요할 수 있고, 정수에는 미국 우편 번호 검증이 필요할 수 있다. Unpack을 수정해 이러한 요구 사항을 확인하라.

연습문제 12.13 S-표현식 인코더(12.4절)와 디코더(12.6절)가 encoding/json(4.5절)과 유사한 sexpr:"..." 필드 태그를 허용하도록 수정하라.

12.8 타입의 메소드 표시

리플렉션의 마지막 예는 reflect.Type으로 임의 값의 타입을 출력하고 메소드를 열거하는 것이다.

gopl.io/ch12/methods
```
// Print는 값 x의 메소드들을 출력한다.
func Print(x interface{}) {
    v := reflect.ValueOf(x)
    t := v.Type()
    fmt.Printf("type %s\n", t)

    for i := 0; i < v.NumMethod(); i++ {
        methType := v.Method(i).Type()
        fmt.Printf("func (%s) %s%s\n", t, t.Method(i).Name,
            strings.TrimPrefix(methType.String(), "func"))
    }
}
```

reflect.Type과 reflect.Value에는 둘 다 Method라는 메소드가 있다. 각 t.Method(i) 호출은 단일 메소드의 이름과 타입을 설명하는 구조체 타입 reflect.Method의 인스턴스를 반환한다. 각 v.Method(i) 호출은 수신자에 묶인 메소드인 메소드 값(6.4절)을 표현하는 reflect.Value를 반환한다. (여기에는 설명할 공간이 없으나) reflect.Value.Call 메소드를 사용하면 이와 같은 종류의 Func에 Value를 호출할 수 있지만, 이 프로그램에서는 Type만 있으면 된다.

다음은 두 타입 time.Duration과 *strings.Replacer에 속하는 메소드들이다.

```
methods.Print(time.Hour)
// 출력:
// type time.Duration
// func (time.Duration) Hours() float64
// func (time.Duration) Minutes() float64
// func (time.Duration) Nanoseconds() int64
// func (time.Duration) Seconds() float64
// func (time.Duration) String() string

methods.Print(new(strings.Replacer))
// 출력:
// type *strings.Replacer
// func (*strings.Replacer) Replace(string) string
// func (*strings.Replacer) WriteString(io.Writer, string) (int, error)
```

12.9 주의 사항

리플렉션 API에는 이보다 훨씬 더 많은 내용이 있지만 이전의 예제들을 통해 가능한 작업들에 대한 아이디어를 얻을 수 있을 것이다. 리플렉션은 강력하고 표현적인 도구이지만 세 가지 이유로 신중하게 사용돼야 한다.

첫 번째 이유는 리플렉션에 기반을 둔 코드가 깨지기 쉽기 때문이다. 컴파일러가 타입 오류를 보고하게 하는 모든 실수에는 리플렉션을 오용해 대응하는 방법이 있지만 컴파일러는 빌드 시 실수를 보고하는 반면, 리플렉션 오류는 실행 시 패닉으로 보고되며 프로그램이 작성되고 한참 지나서 또는 심지어 실행되고 한참 후에 보고되기도 한다.

예를 들어 readList 함수(12.6절)가 입력에서 문자열을 읽고 int 타입의 변수를 채우려 하면 reflect.Value.SetString 호출이 패닉을 일으킬 것이다. 리플렉션을 사용하는 대부분의 프로그램에는 이와 유사한 위험이 있고, 각 reflect.Value의 타입, 주소 참조 가능 여부, 할당 가능 여부를 추적하는 데 상당한 주의가 필요하다.

이 취약점을 방지하는 가장 좋은 방법은 리플렉션을 패키지 내에 완전히 캡슐화하고 가능하면 reflect.Value 대신 패키지 API의 특정한 타입을 통해 입력을 유효한 값으로 한정하는 것이다. 이 작업이 불가능하다면 각각의 위험한 작업 전에 동적 검사를 추가로 수행하라. 그 예로 표준 라이브러리의 fmt.Printf는 부적절한 피연산자에 포매터를 적용하면 애매하게 패닉을 일으키지 않고 정보성 오류 메시지를 출력한다. 이 프로그램에는 여전히 버그가 있지만 진단하기는 더 쉽다.

```
fmt.Printf("%d %s\n", "hello", 42) // "%!d(string=hello) %!s(int=42)"
```

리플렉션은 타입 정보를 감지하거나 의존할 수 없기 때문에 자동화된 리팩토링 및 분석 도구의 안전성과 정확성도 감소시킨다.

리플렉션을 피해야 하는 두 번째 이유는 타입이 문서화의 형태 역할을 하며 리플렉션에서의 동작은 정적 타입 검사의 대상이 될 수 없어서 리플렉션에 과도하게 의존하는 코드는 종종 이해하기 어렵게 되기 때문이다. interface{}나 reflect.Value를 받는 함수는 항상 기대 타입과 기타 변형에 대해 신중하게 문서화하라.

세 번째 이유는 리플렉션에 기반을 둔 함수가 일부 타입에 특화된 코드보다 수 배 느리기 때문이다. 보통 프로그램 내에 있는 대다수의 함수는 전체 성능과 관련이 없으므로 프로그램이 명확해질 수 있다면 리플렉션을 사용해도 좋다. 대부분의 테스트는 작은 자료의 집합을 사용하기 때문에 리플렉션은 테스트에 특히 적합하다. 그러나 임계 경로의 함수에서는 리플렉션을 가급적 피해야 한다.

13장
저수준 프로그래밍

Go에는 Go 프로그램이 '잘못되지' 않게 보장하는 여러 안전장치가 설계돼 있다. 컴파일 시 타입 체크는 타입과 맞지 않는 값을 설정하는 등의 잘못된 동작을 대부분 감지하며, 예를 들면 한 문자열에서 다른 문자열을 빼는 것이다. 엄격한 타입 변환 규칙은 문자열, 맵, 슬라이스, 채널과 같은 내장 타입으로의 직접 접근을 방지한다.

범위 밖의 배열 접근이나 nil 포인터 참조 등의 정적으로 감지할 수 없는 오류는 동적 체크를 통해 제한된 동작이 일어날 때 프로그램이 즉시 상세한 오류와 함께 종료되게 한다. 자동 메모리 관리(가비지 컬렉션)는 '해제한 후 사용' 버그와 대부분의 메모리 누수를 제거한다.

대부분의 Go 프로그램은 구현의 세부 사항에 접근할 수 없다. 구조체 등의 결합 타입에서 메모리 배치나 함수의 기계어 코드 또는 현재 고루틴이 실행되고 있는 운영체제 스레드의 식별자 등은 찾을 방법이 없다. 사실 Go 스케줄러는 고루틴을 스레드 간에 자유롭게 이동시킨다. 포인터는 변수의 숫자로 된 주소를 드러내지 않고 변수를 식별한다. 주소는 가비지 컬렉터가 변수를 이동시킴에 따라 변경될 수 있다. 포인터 갱신은 투명하게 일어난다.

이 모든 기능이 Go 프로그램 중 특히 실패하는 프로그램을 근본적으로 저수준 언어인 C에 비해 더 예측 가능하고 모호하지 않게 한다. Go 프로그램은 내부의 세세한 사항을 숨기기 때문에 이식성이 더 뛰어나며, 이는 언어의 주된 의미가 특정 컴파일러, 운영체제, CPU 구조와 독립적이기 때문이다(완전히 독립적이지는 않다. 세부 사항 중에는 프로세서의 워드 크기, 특정 표현식의 평가 순서, 컴파일러에 의한 구현 제약 등 드러나는 부분이 일부 있다).

때로는 이와 같이 유용한 기능을 배제해 가능한 최대의 성능을 얻거나 다른 언어로 작성된 라이브러리와 협력 또는 순수하게 Go만으로는 표현할 수 없는 함수를 구현하려 할 때가 있다.

13장에서는 unsafe 패키지를 사용해 일반적인 규칙에서 벗어나는 방법과 cgo 도구를 통해 C 라이브러리와 운영체제 호출을 위한 Go 바인딩을 생성하는 방법을 알아본다.

13장에서 설명하는 접근 방법은 가볍게 사용해서는 안 된다. 세부 사항에 대해 주의를 기울이지 않으면 불행히도 예측할 수 없고 안전하지 않은 외부 오류를 해결하기 위해 C 개발자의 도움이 필요하게 된다. unsafe를 사용하면 의도치 않게 또는 우연히 명시되지 않은 구현의 세부 사항에 의존하기 쉬우며, 이러한 구현은 불시에 변경될 수 있으므로 향후 Go의 호환성 보장도 받을 수 없게 된다.

unsafe 패키지는 차라리 마술에 가깝다. 이 패키지는 일반 패키지처럼 보이고 일반 패키지처럼 임포트할 수 있지만, 실은 컴파일러에 의해 구현돼 있다. 이 패키지를 통해 보통 Go 내부의 메모리 배치를 노출하지 않아서 사용할 수 없는 일부 내장된 언어 기능에도 접근할 수 있다. 이러한 기능은 필요한 경우가 드물기 때문에 별도의 패키지로 제공해 사용 여부를 더 잘 알게 했다. 또한 일부 환경에서는 보안상의 이유로 unsafe 패키지의 사용을 제한할 수 있다.

unsafe 패키지는 runtime, os, syscall, net 등 운영체제와 상호작용하는 저수준 패키지에서 광범위하게 사용되지만, 일반 프로그램에 필요한 경우는 거의 없다.

13.1 unsafe.Sizeof, Alignof, Offsetof

unsafe.Sizeof 함수는 모든 타입 표현식의 피연산자를 바이트로 표현한 크기를 보고한다. 표현식 자체는 평가되지 않는다. Sizeof 호출은 unitptr 타입의 상수 표현식이므로 그 결과는 배열 타입의 차원이나 다른 상수 계산식으로 사용할 수 있다.

```
import "unsafe"
fmt.Println(unsafe.Sizeof(float64(0))) // "8"
```

Sizeof는 각 자료 구조에서 포인터나 문자열의 길이와 같이 고정된 부분의 크기만 보고하며, 문자열의 내용과 같은 간접적인 부분은 보고하지 않는다. Go에 있는 모든 비집합형 타입의 일반적인 크기를 다음에 표시했으며, 정확한 크기는 툴체인에 따라 다를 수 있다. 이식성을 위해 참조형 타입(또는 참조를 갖는 타입)의 크기를 워드라는 용어로 표기했으며, 한 워드는 32비트 플랫폼에서 4바이트이고 64비트 플랫폼에서 8바이트다.

컴퓨터는 값이 적절하게 정렬돼 있을 때 가장 효율적으로 메모리에서 값을 읽고 저장한다. 예를 들어 int16과 같은 2바이트 타입 값의 주소는 2의 배수이고, rune과 같은 4바이트 타입 값의 주소는 4의 배수여야 하며, float64, uint64, 64비트 포인터와 같은 8바이트 타입 값의 주소는 8의 배수여야 한다. 높은 배수를 갖는 자료형이 정렬돼 있는 경우는 드물고, 심지어 complex128 같은 큰 데이터 타입에서도 마찬가지다.

이로 인해 집합 타입(구조체나 배열) 값의 크기는 최소한 필드나 원소 크기의 합과 같아야 하지만 '홀hole'의 존재로 인해 더 클 수 있다. 홀은 컴파일러에 의해 추가되고 사용되지 않은 공간으로 이후의 필드나 원소가 구조체 또는 집합의 시작 위치에서부터 적절하게 정렬되게 한다.

타입	크기
bool	1바이트
int*N*, uint*N*, float*N*, complex*N*	*N* / 8바이트 (예를 들어 float64는 8바이트)
int, uint, uintptr	1워드
*T	1워드
string	2워드 (data, len)
[]T	3워드 (data, len, cap)
map	1워드
func	1워드
chan	1워드
interface	2워드 (type, value)

언어 사양에는 필드의 선언 순서와 메모리에 배치하는 순서가 같아야 한다는 규정이 없으므로, 이론적으로는 컴파일러에서 순서를 마음껏 재배치할 수 있지만 현재 그런 컴파일러는 없다. 구조체의 필드 타입들이 서로 다른 크기일 때는 필드를 가능한 한 밀접한 순서로 정의하는 것이 좀 더 공간 효율적일 수 있다. 다음의 세 구조체는 같은 필드들을 갖고 있지만, 첫 번째 구조체는 다른 두 구조체에 비해 최대 50%의 메모리가 더 필요하다.

```
                                      // 64-bit   32-bit
struct{ bool; float64; int16 }       // 3 words  4 words
struct{ float64; int16; bool }       // 2 words  3 words
struct{ bool; int16; float64 }       // 2 words  3 words
```

정렬 알고리즘의 세부 사항은 이 책의 범위를 넘어서며, 모든 구조체에 대해 신경 쓸 필요도 없지만 자주 할당되는 자료 구조를 효율적으로 배치해 더 간결하게 하고 이로 인해 더 빠르게 할 수 있다.

unsafe.Alignof 함수는 인자 타입에 필요한 정렬 방식을 알려준다. 이 함수는 Sizeof과 마찬가지로 모든 타입의 표현식에 적용될 수 있으며, 상수를 산출한다. 일반적으로 불리언과 숫자 타입은 그 크기(최대 8바이트)로 정렬되며, 그 외의 타입들은 워드로 정렬된다.

피연산자가 필드 셀렉터 x.f인 unsafe.Offsetof 함수는 바깥쪽 구조체 x의 시작 위치에서 상대적인 필드 f의 오프셋을 계산하며, 홀이 있다면 홀도 포함한다.

그림 13.1은 구조체 변수 x와 일반적인 32비트와 64비트 Go 구현에서 변수 x의 메모리 배치를 보여준다. 회색 영역이 홀이다.

```
var x struct {
    a bool
    b int16
    c []int
}
```

다음 표는 세 가지 unsafe 함수를 x와 x의 세 필드들에 적용한 결과다.

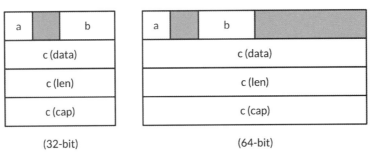

그림 13.1 구조체의 홀

```
일반적인 32비트 플랫폼:
Sizeof(x)   = 16  Alignof(x)   = 4
Sizeof(x.a) = 1   Alignof(x.a) = 1   Offsetof(x.a) = 0
Sizeof(x.b) = 2   Alignof(x.b) = 2   Offsetof(x.b) = 2
Sizeof(x.c) = 12  Alignof(x.c) = 4   Offsetof(x.c) = 4

일반적인 64비트 플랫폼:
Sizeof(x)   = 32  Alignof(x)   = 8
Sizeof(x.a) = 1   Alignof(x.a) = 1   Offsetof(x.a) = 0
Sizeof(x.b) = 2   Alignof(x.b) = 2   Offsetof(x.b) = 2
Sizeof(x.c) = 24  Alignof(x.c) = 8   Offsetof(x.c) = 8
```

이 함수들은 이름과는 달리 사실 안전하며, 프로그램의 공간을 최적화할 때 원시 메모리의 배치를 조사하는 데 도움이 된다.

13.2 unsafe.Pointer

대부분의 포인터 타입은 *T로 작성하며 '타입 T의 변수에 대한 포인터'를 의미한다. unsafe.Pointer 타입은 모든 변수의 주소를 저장할 수 있는 특별한 종류의 포인터다. 물론 어떤 타입의 표현식이 될지 모르기 때문에 *p를 사용해 unsafe.Pointer를 간접 참조할 수 없다. unsafe.Pointer는 일반 포인터처럼 타입의 제로 값인 nil과 비교할 수 있다.

일반적인 *T 포인터는 unsafe.Pointer로 변환할 수 있고 unsafe.Pointer는 다시 일반 포인터로 변환할 수 있으며, 이때 같은 *T 타입일 필요는 없다. 예를 들어 *float64 포인터를 *uint64로 변환하면 부동소수점 변수의 비트 패턴을 살펴볼 수 있다.

```
package math
func Float64bits(f float64) uint64 { return *(*uint64)(unsafe.Pointer(&f)) }
fmt.Printf("%#016x\n", Float64bits(1.0)) // "0x3ff0000000000000"
```

결과 포인터를 통해 비트 패턴을 갱신할 수도 있다. 부동소수점 변수에 대해서는 모든 비트 패턴이 허용되기 때문에 이 작업이 무해하지만 일반적으로 unsafe.Pointer 변환은 임의 값을 메모리에 기록해서 타입 시스템을 파괴할 수도 있다.

unsafe.Pointer를 포인터의 숫자 값을 갖는 uintptr로 변환해 주소에 대해 산술 연산을 수행할 수 있다(3장에서 uintptr를 주소를 표현하기에 충분한 부호 없는 정수로 정의했던 것을 생각해보라). 이 변환도 역으로 수행할 수 있지만 uintptr에서 unsafe.Pointer로의 변환도 모든 숫자가 유효한 주소는 아니기 때문에 타입 시스템을 파괴할 수 있다.

따라서 다수의 unsafe.Pointer 값은 일반 포인터에서 원시 숫자 주소로의 변환 및 역변환을 위한 중간 단계다. 다음 예제에서는 변수 x의 주소를 얻고 x의 b 필드 오프셋을 더한 후 결과 주소를 *int16으로 변환해 이 포인터를 이용해 x.b를 갱신한다.

```
gopl.io/ch13/unsafeptr
    var x struct {
        a bool
        b int16
        c []int
    }

    // pb := &x.b와 같다.
    pb := (*int16)(unsafe.Pointer(
        uintptr(unsafe.Pointer(&x)) + unsafe.Offsetof(x.b)))
    *pb = 42

    fmt.Println(x.b) // "42"
```

그 문법은 번거롭지만(이 기능은 거의 쓰이지 않을 것이므로 별로 나쁜 일도 아니겠지만) 긴 줄을 분리하기 위해 uintptr 타입의 임시 변수를 사용해서는 안 된다. 다음 코드에는 오류가 있다.

```
    // NOTE: 미묘하게 틀리다!
    tmp := uintptr(unsafe.Pointer(&x)) + unsafe.Offsetof(x.b)
    pb := (*int16)(unsafe.Pointer(tmp))
    *pb = 42
```

그 이유는 이해하기 매우 어렵다. 일부 가비지 컬렉터는 조각을 줄이거나 기록하기 위해 메모리상의 변수를 이동시킨다. 이런 종류의 가비지 컬렉터를 이동 GC^{moving GC}라 한다. 변수가 이동하면 이전 위치의 주소를 갖는 모든 포인터는 새 주소를 가리키게 갱신돼야 한다. 가비지 컬렉터의 관점에서 unsafe.Pointer는 포인터이기 때문에 변수가 이동함에 따라 그 값을 변경해야 하지만, uintptr은 단지 숫자에 불과하므로 값을 변경하면 안 된다. 위의 잘못된 코드는 포인터를 포인터가 아닌 변수 tmp에 넣어서 가비지 컬렉터에게서 숨긴다. 두 번째 구문이 실행될 때에는 변수 x가 이동한 후여서 tmp 안의 숫자가 &x.b의 주소가 아닐 수 있다. 세 번째 구문은 임의의 메모리 위치에 값 42를 강제로 설정한다.

이 주제에는 수많은 병리학적 변형이 존재한다. 다음과 같은 구문이 실행된 후를 살펴보자.

```
pT := uintptr(unsafe.Pointer(new(T))) // NOTE: 오류!
```

new로 생성된 변수를 참조하는 포인터가 없기 때문에 가비지 컬렉터는 구문이 완료되고 pT
의 주소에 있던 변수가 없어진 후 이 저장 공간을 재활용 대상으로 지정한다.

현재는 이동 가비지 컬렉터를 사용하는 Go 구현이 없지만(미래의 구현에서는 사용할 수도 있지만)
거기에 안주할 수는 없다. 현 버전의 Go는 일부 변수를 메모리에서 이동시킨다. 5.2절에서
고루틴 스택이 필요한 만큼 커지던 것을 상기해보라. 이때는 기존 스택의 모든 변수가 새로
운 더 큰 스택으로 이전될 수 있으므로 영구히 변경되지 않는 변수 주소의 숫자 값에 의존할
수 없다.

이 글을 쓰는 시점에는 Go 개발자가 unsafe.Pointer에서 uintptr로의 변환을 수행할 때 의존
할 수 있는 명확한 가이드가 다소 있으므로(Go 이슈 7192를 참조하라) 이를 최소한의 가이드로 삼을
것을 강력히 권장한다. 모든 uintptr 값이 변수의 이전 주소를 갖는다고 가정하고 unsafe.
Pointer에서 uintptr로의 변환과 uintptr 사용 횟수를 최소한으로 유지하라. 위의 첫 번째
예제에서 세 작업(uintptr로의 변환, 필드 오프셋 더하기, 역변환)은 모두 하나의 표현식으로 수행했다.

다음의 reflect 패키지에 있는 것과 같은 uintptr을 반환하는 라이브러리 함수를 호출할
때에는 결과를 즉시 unsafe.Pointer로 변환해 동일한 변수를 참조하게 해야 한다.

```
package reflect

func (Value) Pointer() uintptr
func (Value) UnsafeAddr() uintptr
func (Value) InterfaceData() [2]uintptr // (index 1)
```

13.3 예제: 깊은 동등성

reflect 패키지의 DeepEqual 함수는 두 값이 '깊게' 같은지 여부를 보고한다. DeepEqual의
기본 값 비교 연산은 내장된 == 연산자와 같다. 복합 값은 재귀적으로 탐색하면서 각각의
대응하는 요소를 비교한다. 이 비교는 ==로 비교할 수 없는 값도 포함해 모든 값 쌍에 대해
수행할 수 있으므로 테스트에서 널리 사용된다. 다음 테스트는 DeepEqual로 두 []string
값을 비교한다.

```
func TestSplit(t *testing.T) {
    got := strings.Split("a:b:c", ":")
    want := []string{"a", "b", "c"};
    if !reflect.DeepEqual(got, want) { /* ... */ }
}
```

DeepEqual은 편리하지만 그 우수성이 다소 자의적으로 보일 수 있다. 예를 들어 이 함수는
nil 맵과 nil이 아닌 비어 있는 맵 또는 nil 슬라이스와 nil이 아닌 빈 슬라이스를 같다고
간주하지 않는다.

```go
var a, b []string = nil, []string{}
fmt.Println(reflect.DeepEqual(a, b)) // "false"

var c, d map[string]int = nil, make(map[string]int)
fmt.Println(reflect.DeepEqual(c, d)) // "false"
```

이 절에서는 임의의 값을 비교하는 Equal 함수를 정의한다. 이 함수는 DeepEqual처럼 슬라이스와 맵을 요소 기준으로 비교하지만, DeepEqual과는 달리 nil 슬라이스(또는 맵)를 nil이 아닌 비어있는 것과 같다고 간주한다. 인수에 대한 기본 재귀는 12.3절에서 살펴본 Display 프로그램의 접근과 마찬가지로 리플렉션으로 수행할 수 있다. 평소와 같이 재귀를 위해 익스포트되지 않은 함수 equal을 정의한다. 아직은 seen 파라미터에 대해 신경 쓸 필요가 없다. equal은 비교할 x와 y 값의 쌍에 대해 둘 다(또는 둘 다 아닌) 유효한 값이며, 같은 타입인지를 확인한다. 이 함수의 결과는 같은 타입의 두 값을 비교하는 스위치 케이스의 집합으로 정의된다. 공간이 부족하고 지금쯤 이 패턴에 익숙할 것이므로 일부 케이스는 생략했다.

gopl.io/ch13/equal
```go
func equal(x, y reflect.Value, seen map[comparison]bool) bool {
    if !x.IsValid() || !y.IsValid() {
        return x.IsValid() == y.IsValid()
    }
    if x.Type() != y.Type() {
        return false
    }

    // ...순환 확인 생략 (나중에 보임)...
    switch x.Kind() {
    case reflect.Bool:
        return x.Bool() == y.Bool()

    case reflect.String:
        return x.String() == y.String()

    // ...숫자 케이스 생략...
    case reflect.Chan, reflect.UnsafePointer, reflect.Func:
        return x.Pointer() == y.Pointer()

    case reflect.Ptr, reflect.Interface:
        return equal(x.Elem(), y.Elem(), seen)

    case reflect.Array, reflect.Slice:
        if x.Len() != y.Len() {
            return false
        }
        for i := 0; i < x.Len(); i++ {
            if !equal(x.Index(i), y.Index(i), seen) {
                return false
            }
        }
        return true
```

```
            // ...구조체와 맵 케이스 생략...
        }
        panic("unreachable")
    }
```

평소와 같이 API에 리플렉션 사용 부분을 노출하지 않았으므로 익스포트된 함수 Equal은 인자에 대해 reflect.Value를 호출해야 한다.

```
    // Equal은 x와 y가 깊게 동등한지 보고한다.
    func Equal(x, y interface{}) bool {
        seen := make(map[comparison]bool)
        return equal(reflect.ValueOf(x), reflect.ValueOf(y), seen)
    }

    type comparison struct {
        x, y unsafe.Pointer
        t    reflect.Type
    }
```

이 알고리즘이 순환하는 자료 구조에서도 종료되게 하기 위해서는 이미 비교한 변수의 쌍을 기록하고 두 번째 비교를 피해야 한다. Equal은 두 변수(unsafe.Pointer 값으로 표현)의 주소와 비교 타입을 갖는 comparison 구조체들을 할당한다. 서로 다른 변수가 같은 주소를 가질 수 있으므로 주소 외에 부가적으로 타입도 기록해야 한다. 예를 들어 x와 y가 둘 다 배열이라면 x와 x[0]이 y와 y[0]과 마찬가지로 같은 주소를 갖게 되며, 비교 대상이 x와 y인지 x[0]과 y[0]인지를 구분하는 것이 중요하다.

equal에서 두 인자가 같은 타입인지 확인한 뒤에는 스위치 구문을 실행하기 전에 이 두 변수가 이미 비교된 것인지 확인해 비교됐다면 재귀를 종료한다.

```
    // 순환 확인
    if x.CanAddr() && y.CanAddr() {
        xptr := unsafe.Pointer(x.UnsafeAddr())
        yptr := unsafe.Pointer(y.UnsafeAddr())
        if xptr == yptr {
            return true // 동일한 참조
        }
        c := comparison{xptr, yptr, x.Type()}
        if seen[c] {
            return true // 이미 비교됨
        }
        seen[c] = true
    }
```

다음은 Equal 함수를 실행한 결과다.

```
    fmt.Println(Equal([]int{1, 2, 3}, []int{1, 2, 3}))        // "true"
    fmt.Println(Equal([]string{"foo"}, []string{"bar"}))      // "false"
    fmt.Println(Equal([]string(nil), []string{}))             // "true"
    fmt.Println(Equal(map[string]int(nil), map[string]int{})) // "true"
```

이 함수는 12.3절에서 Display 함수를 멈추게 했던 순환하는 입력에도 정상적으로 동작한다.

```
// 순환하는 연결 리스트 a -> b -> a와 c -> c
type link struct {
    value string
    tail  *link
}
a, b, c := &link{value: "a"}, &link{value: "b"}, &link{value: "c"}
a.tail, b.tail, c.tail = b, a, c
fmt.Println(Equal(a, a)) // "true"
fmt.Println(Equal(b, b)) // "true"
fmt.Println(Equal(c, c)) // "true"
fmt.Println(Equal(a, b)) // "false"
fmt.Println(Equal(a, c)) // "false"
```

연습문제 13.1 (모든 타입) 숫자가 10억 미만의 차이를 갖는다면 동일하다고 간주하는 깊은 비교 함수를 정의하라.

연습문제 13.2 인자가 순환하는 자료 구조인지 여부를 보고하는 함수를 작성하라.

13.4 cgo를 통한 C 코드 호출

Go 프로그램에서 C로 구현된 하드웨어 드라이버, C++로 구현된 임베디드 데이터베이스 쿼리, 포트란으로 구현된 일부 선형 대수 루틴을 사용해야 할 수도 있다. C는 오랫동안 프로그래밍의 공통어였으므로 다수의 패키지가 널리 사용되기 위해 구현된 언어와 관계없이 C 호환 API를 익스포트하고 있다.

이 절에서는 C 함수의 Go 바인딩을 생성하는 cgo를 사용해 간단한 데이터 압축 프로그램을 만든다. 이러한 도구를 외부 함수 인터페이스^{FFI, foreign-function interface}라 하며, Go 프로그램에는 cgo 외에도 여러 가지 도구가 있다. SWIG(swig.org)도 그중 하나다. SWIG는 C++ 클래스와 연동하는 더 복잡한 기능들을 제공하지만 여기서는 다루지 않겠다.

표준 라이브러리의 compress/... 하위 트리에는 널리 알려진 압축 알고리즘에 대한 압축하기 및 압축 풀기 기능을 제공하며, 그 알고리즘에는 LZW(유닉스 compress 명령에서 사용됨)와 DEFLATE(GNU gzip 명령에서 사용됨)가 포함된다. 이 패키지들의 API는 세부적인 내용에는 다소 차이가 있지만, 모두 씌여진 데이터를 압축하는 io.Writer의 래퍼와 패키지에서 읽은 데이터의 압축을 푸는 io.Reader의 래퍼를 제공한다. 예를 들면 다음과 같다.

```
package gzip // compress/gzip

func NewWriter(w io.Writer) io.WriteCloser
func NewReader(r io.Reader) (io.ReadCloser, error)
```

우아한 버로우즈-휠러 변환에 기반을 둔 bzip2 알고리즘은 gzip보다 느리지만, 압축률이 더 높다. compress/bzip2 패키지에는 bzip2의 압축을 푸는 기능이 있지만, 현재 압축하는 기능은 없다. 이를 처음부터 구축하는 것은 상당한 작업이지만 bzip.org에 문서화가 잘

돼 있고, 성능이 좋은 오픈소스 C 구현체인 `libbzip2` 패키지가 있다.

C 라이브러리가 작다면 그냥 순수 Go로 포팅했을 것이고, 성능이 그렇게 중요하지 않다면 그냥 `os/exec` 패키지의 subprocess로 C 프로그램을 구동하는 편이 더 나을 것이다. 복잡하고 성능이 중요한 라이브러리를 소수의 C API로 사용하려 할 때에만 **cgo**를 이용한 래핑 작업이 의미가 있다. 13장의 나머지는 예제를 통해 진행할 것이다.

C 패키지 `libbzip2`의 입출력 버퍼를 갖는 구조체 타입 `bz_stream`과 세 가지 C 함수가 필요하다. `BZ2_bzCompressInit`은 스트림의 버퍼를 할당한다. `BZ2_bzCompress`는 입력 버퍼의 데이터를 압축해 출력 버퍼로 보낸다. `BZ2_bzCompressEnd`는 버퍼를 해제한다. (`libbzip2` 패키지의 동작에 대해서는 신경 쓸 필요가 없다. 이 예제의 목적은 각 부분들이 어떻게 결합되는지 보여주는 것이다).

C 함수 `BZ2_bzCompressInit`과 `BZ2_bzCompressEnd`는 Go에서 직접 호출하지만, `BZ2_bzCompress`는 C로 래퍼 함수를 작성해 작성 방법을 보여줄 것이다. 다음 C 소스 파일은 Go 패키지와 같은 디렉토리에 있다.

```
gopl.io/ch13/bzip
/* 이 파일은 gopl.io/ch13/bzip/bzip2.c이며, */
/* cgo에 적합한 libbzip2의 간단한 래퍼다.          */
#include <bzlib.h>

int bz2compress(bz_stream *s, int action,
                char *in, unsigned *inlen, char *out, unsigned *outlen) {
    s->next_in = in;
    s->avail_in = *inlen;
    s->next_out = out;
    s->avail_out = *outlen;
    int r = BZ2_bzCompress(s, action);
    *inlen -= s->avail_in;
    *outlen -= s->avail_out;
    s->next_in = s->next_out = NULL;
    return r;
}
```

이제 다음과 같이 Go 코드의 첫 번째 부분으로 돌아가 보자. **import "C"** 선언은 특별하다. 실제로는 C 패키지가 없지만 이 임포트문은 **go build**에서 Go 컴파일러를 구동하기 전에 **cgo** 도구로 파일을 전처리하게 한다.

```
// bzip 패키지는 bzip 압축(bzip.org)을 사용하는 writer를 제공한다.
package bzip

/*
#cgo CFLAGS: -I/usr/include
#cgo LDFLAGS: -L/usr/lib -lbz2
#include <bzlib.h>
#include <stdlib.h>
bz_stream* bz2alloc() { return calloc(1, sizeof(bz_stream)); }
int bz2compress(bz_stream *s, int action,
                char *in, unsigned *inlen, char *out, unsigned *outlen);
```

```
        void bz2free(bz_stream* s) { free(s); }
    */
    import "C"

    import (
        "io"
        "unsafe"
    )

    type writer struct {
        w       io.Writer // 내부 출력 스트림
        stream *C.bz_stream
        outbuf [64 * 1024]byte
    }

    // NewWriter는 bzip2로 압축된 스트림에 대한 writer를 반환한다.
    func NewWriter(out io.Writer) io.WriteCloser {
        const blockSize = 9
        const verbosity = 0
        const workFactor = 30
        w := &writer{w: out, stream: C.bz2alloc()}
        C.BZ2_bzCompressInit(w.stream, blockSize, verbosity, workFactor)
        return w
    }
```

cgo는 전처리 과정에서 파일이 사용하는 모든 C 함수와 타입에 대해 C.bz_stream이나 C.BZ2_bzCompressInit 등의 Go 선언이 들어 있는 임시 패키지를 생성한다. cgo 도구는 임포트 선언 전의 주석 내용에 대해 특별한 방식으로 C 컴파일러를 실행해 타입들을 찾는다.

주석에는 C 툴체인에 추가 옵션을 지정하는 #cgo 지시자를 포함시킬 수 있다. CFLAGS와 LDFLAGS 값은 컴파일러와 링커 명령에 추가 인수를 제공해 bzlib.h 헤더 파일과 libbz2.a 아카이브 라이브러리를 찾을 수 있게 한다. 이 예제에서는 이러한 파일들이 시스템의 /usr 아래에 설치돼 있다고 가정한다. 필요시 이 플래그들을 변경하거나 삭제해야 할 수도 있다.

NewWriter는 C 함수 BZ2_bzCompressInit을 호출해 스트림에 대한 버퍼를 초기화한다. writer 타입은 압축 해제 시 출력을 담는 또 다른 버퍼를 포함한다.

다음의 Write 메소드는 압축 해제된 data를 압축기로 보내고 루프에서 모든 데이터가 소비될 때까지 bz2compress 함수를 호출한다. Go 프로그램에서 bz_stream, char, uint 등의 C 타입, bz2compress와 같은 C 함수, 심지어 BZ_RUN과 같은 C 전처리 매크로에도 C.x 표기법으로 접근할 수 있다는 것을 알 수 있다. C.uint 타입은 길이는 같지만 Go의 uint 타입과 구별된다.

```
    func (w *writer) Write(data []byte) (int, error) {
        if w.stream == nil {
            panic("closed")
        }
        var total int // 압축 해제되고 씌여진 바이트 수
```

```
        for len(data) > 0 {
            inlen, outlen := C.uint(len(data)), C.uint(cap(w.outbuf))
            C.bz2compress(w.stream, C.BZ_RUN,
                (*C.char)(unsafe.Pointer(&data[0])), &inlen,
                (*C.char)(unsafe.Pointer(&w.outbuf)), &outlen)
            total += int(inlen)
            data = data[inlen:]
            if _, err := w.w.Write(w.outbuf[:outlen]); err != nil {
                return total, err
            }
        }
        return total, nil
    }
```

루프의 각 반복에서 bz2compress에 주소와 남은 data의 위치 및 w.outbuf의 주소와 용량을 전달한다. 두 길이 변수는 값이 아닌 주소로 전달되기 때문에 C 함수에서 변수를 갱신해 압축 해제된 데이터를 얼마나 소비했는지와 얼마나 많은 압축 데이터가 생성됐는지를 보여줄 수 있다. 압축된 데이터의 각 청크는 내부의 io.Writer에 기록된다.

Close 메소드도 Writer와 구조가 유사하며, 루프를 통해 스트림의 출력 버퍼에 남아있는 압축 데이터를 비운다.

```
    // Close는 압축된 데이터를 비우고 스트림을 닫는다.
    // 내부의 io.Writer는 닫지 않는다.
    func (w *writer) Close() error {
        if w.stream == nil {
            panic("closed")
        }
        defer func() {
            C.BZ2_bzCompressEnd(w.stream)
            C.bz2free(w.stream)
            w.stream = nil
        }()
        for {
            inlen, outlen := C.uint(0), C.uint(cap(w.outbuf))
            r := C.bz2compress(w.stream, C.BZ_FINISH, nil, &inlen,
                (*C.char)(unsafe.Pointer(&w.outbuf)), &outlen)
            if _, err := w.w.Write(w.outbuf[:outlen]); err != nil {
                return err
            }
            if r == C.BZ_STREAM_END {
                return nil
            }
        }
    }
```

완료되고 나면 Close가 C.BZ2_bzCompressEnd를 호출해 스트림 버퍼를 해제하며, 이때 defer를 통해 모든 복귀 경로에서 해제 작업이 실행되게 한다. 이 시점에서 w.stream 포인터는 더 이상 역참조할 수 없다. 보호하기 위해 이 포인터를 nil로 지정하고 각 메소드에 명시적인 nil 확인을 추가해 사용자가 실수로 **Close** 이후에 메소드를 호출하면 프로그램이 패닉을 일으키게 했다. **writer**뿐만 아니라 **Close**와 **Writer**도 동시에 호출하면 프로그램이 C 코드에서 충돌을 일으킨다. 이 문제에 대한 해결은 연습문제 13.3으로 남긴다.

다음의 **bzipper** 프로그램은 새로 만든 패키지를 사용하는 **bzip2** 압축 명령이다. 이 프로그램의 여러 유닉스 시스템에 있는 **bzip2** 명령과 유사하게 동작한다.

gopl.io/ch13/bzipper

```
// Bzipper는 입력을 읽고 bzip2로 압축한 후 출력해 내보낸다.
package main

import (
    "io"
    "log"
    "os"

    "gopl.io/ch13/bzip"
)

func main() {
    w := bzip.NewWriter(os.Stdout)
    if _, err := io.Copy(w, os.Stdin); err != nil {
        log.Fatalf("bzipper: %v\n", err)
    }
    if err := w.Close(); err != nil {
        log.Fatalf("bzipper: close: %v\n", err)
    }
}
```

다음 세션에서 **bzipper**를 사용해 시스템 디렉토리 /usr/share/dict/words를 938,848바이트에서 335,405바이트로 압축하고(원래 크기의 대략 3분의 1) 시스템에 내장된 **bunzip2** 명령으로 압축을 해제했다. 이전과 이후의 SHA256 해시 값이 동일하기 때문에 압축이 올바르게 동작하는 것을 확인할 수 있다(시스템에 sha256sum이 없으면 연습문제 4.2의 솔루션을 사용하라).

```
$ go build gopl.io/ch13/bzipper
$ wc -c < /usr/share/dict/words
938848
$ sha256sum < /usr/share/dict/words
126a4ef38493313edc50b86f90dfdaf7c59ec6c948451eac228f2f3a8ab1a6ed -
$ ./bzipper < /usr/share/dict/words | wc -c
335405
$ ./bzipper < /usr/share/dict/words | bunzip2 | sha256sum
126a4ef38493313edc50b86f90dfdaf7c59ec6c948451eac228f2f3a8ab1a6ed -
```

지금까지 C 라이브러리와 Go 프로그램의 링크 방법을 알아봤다. 또한 Go 프로그램을 C 프로그램에 링크할 수 있는 정적 라이브러리나 C 프로그램에서 동적으로 로딩할 수 있는 공유 라이브러리로 컴파일할 수도 있다. 여기서는 **cgo**의 기초적인 내용만을 살펴봤으며, 그 외에 메모리 관리, 포인터, 콜백, 시그널 처리, 문자열, **errno**, **finalizer**, 고루틴과 운영체제 스레드 간의 관계 등 훨씬 더 많은 주제가 있으며, 대부분은 매우 난해하다. 특히 포인터를 Go에서 C로 또는 역으로 올바르게 전달하는 규칙은 13.2절에서 설명한 것과 비슷한 이유로 인해 복잡하며, 아직 명세가 확정되지 않았다. 여기에 대해 더 알고 싶으면 https://golang.org/cmd/cgo부터 살펴보라.

연습문제 13.3 sync.Mutex를 사용해 bzip2.writer를 여러 고루틴에서 동시에 안전하게 사용할 수 있게 하라.

연습문제 13.4 C 라이브러리에 의존하는 것에는 단점이 있다. os/exec 패키지를 사용해 /bin/bzip2를 서브프로세스로 구동하는 bzip.NewWriter의 순수 Go 구현을 제공하라.

13.5 기타 주의 사항

리플렉션 인터페이스의 단점에 대해 주의를 당부하며, 12장을 마무리했다. 13장에서 설명한 unsafe 패키지에 대해서는 한층 더 주의를 기울여야 한다.

고급 언어는 프로그램과 개발자로부터 각 컴퓨터 내부의 알 수 없는 특정 명령어들뿐만 아니라 메모리상 변수 위치, 데이터 타입의 크기, 구조체 배치의 세부 사항, 다른 구현체의 세부 사항 등 프로그램과 관련 없는 의존성도 분리시켜준다. 이러한 분리 계층으로 인해 어떤 운영체제에서든 변경 없이 구동할 수 있는 안전하고 튼튼한 프로그램을 작성할 수 있게 된다.

unsafe 패키지는 개발자가 분리 계층을 통과해 그렇지 않을 경우 사용할 수 없는 일부 결정적인 기능을 사용하거나 높은 성능을 달성할 수 있게 한다. 그 대가는 보통 이식성과 안전성의 희생이므로, unsafe의 사용은 각자의 판단에 맡긴다. unsafe를 언제 어떻게 사용할지에 대한 조언은 11.5절에서 인용한 크누스의 섣부른 최적화에 대한 조언과 같은 의미를 가진다. 대부분의 개발자는 unsafe를 사용할 일이 전혀 없을 것이다. 그럼에도 불구하고 때로는 몇 가지 핵심 코드 부분을 unsafe로 작성하는 것이 좋을 때가 있다. 세심한 연구와 측정 결과에 의해 unsafe가 가장 좋은 접근이라고 판단되면 가급적 제한된 작은 영역에만 사용해야 하며 대부분의 프로그램에서 그 사용에 대해 고려하지 않게 해야 한다.

지금은 마지막 두 개의 장에 대해 깊게 생각할 필요가 없다. Go 프로그램을 많이 작성해보라. reflect와 unsafe의 사용은 가급적 피하라. 꼭 필요할 때 13장을 다시 참조하면 된다. 이제 Go 프로그래밍을 즐길 시간이다. 우리만큼 여러분도 Go 프로그래밍을 즐기기 바란다.

부록

Go 설치와 버전 관리

A.1 Go 설치

Go를 설치하기 위한 시스템 사양은 다음과 같다.

운영체제	아키텍처	비고
FreeBSD 8 이후 버전	amd64	데비안 GNU/kFreeBSD는 지원 안 됨
리눅스 2.6.23 이후 버전	amd64, 386, arm	CentOS/RHEL 5.x는 지원 안 함 ARM은 소스로 설치해야 함
Mac OS X 10.7 이후 버전	amd64	Xcode[**]에 포함돼 있는 gcc[*]나 clang 사용
Windows XP 이후 버전	amd64, 386	MinGW gcc[*] 사용. cygwin, msys 필요 없음

[*] cgo를 사용할 경우에만 필요

[**] 커맨드라인 도구(command line tool)만 설치하면 됨

A.1.1 리눅스, Mac, BSD용 tar 파일로 설치

https://golang.org/dl/에서 각 아키텍처별로 빌드된 바이너리 tar 파일을 다운로드한다. tar 파일은 버전, 운영체제, 아키텍처를 조합한 이름으로 만들어져 있으므로 필요한 파일을 유의해서 고른다. 여기서는 Go 1.5.3 버전의 리눅스 운영체제, 그리고 64비트용을 설치할 것이므로, go1.5.3.linux-amd64.tar.gz를 다운로드한다.

다운로드한 후에는 tar 파일을 /usr/local에 추출한다. 다음과 같은 명령을 수행하면 /usr/local/go 아래에 디렉토리들이 생성된다.

```
$ tar -c /usr/local -xzf go1.5.3.linux-amd64.tar.gz
$ ls /usr/local/
```

그리고 PATH 환경 변수에 /usr/local/go/bin을 추가한다. 다음 항목을 /etc/profile 또는 $HOME/.profile 또는 $HOME/.bash_profile에 추가한다.

```
$ export PATH=$PATH:/usr/local/go/bin
```

A.1.2 임의의 디렉토리에 tar로 설치

Go의 바이너리 패키지는 /usr/local 아래에 설치될 것을 가정하고 만들어졌다. 하지만 어떠한 이유로 /usr/local에 설치할 수 없거나 다른 곳에 설치하고 싶은 경우가 있다. 이럴 때는 환경 변수 GOROOT에 Go가 설치된 디렉토리를 설정해줘야 한다.

Go를 사용자의 홈 디렉토리 아래에 설치했다면 다음과 같이 GOROOT와 PATH를 $HOME/.profile에 설정해줘야 한다.

```
export GOROOT=$HOME/go
export PATH=$PATH:$GOROOT/bin
```

A.1.3 각 OS별 패키지 인스톨러로 설치

Go 다운로드 사이트에 가보면 각 OS별로 인스톨 가능한 패키지가 있다. 각 패키지는 지정된 위치에 Go를 설치하므로(리눅스와 맥 OS X의 경우 /usr/local/ 아래에, 윈도우의 경우 C:\go 아래) 이 위치를 PATH 환경 변수에 추가해줘야 한다.

A.1.4 설치 테스트

설치가 잘 됐는지 확인하기 위해 작업 디렉토리를 설정하고 간단한 프로그램을 컴파일 본다. 먼저 Go로 작업할 디렉토리를 만든다(여기선 $HOME/work로 한다). 그런 후 이 디렉토리를 GOPATH 환경 변수에 지정한다.

```
$ export GOPATH=$HOME/work
```

매번 위와 같이 명령어를 수행하지 않으려면 셸의 시작 파일($HOME/.profile이나 $HOME/.bash_profile)에 위의 명령을 추가해둔다.

그런 후 작업 디렉토리 아래에 src/github.com/user/hello라는 디렉토리를 생성한다(깃허브 사용자라면 user 대신 본인의 id를 입력한다). 그리고 hello 디렉토리 아래에 hello.go 파일을 생성한다. 그 후 다음과 같은 내용을 입력한다.

```
package main
import "fmt"
```

```
func main() {
    fmt.Printf("hello, world\n")
}
```

그리고 **go** 명령을 사용해서 컴파일한다.

```
$ go install github.com/user/hello
```

위 명령이 잘 수행됐다면 작업 디렉토리 아래의 bin 디렉토리에 hello(윈도우의 경우 hello.exe)가 생성돼 있을 것이다. 이제 다음과 같이 명령을 수행하면 된다.

```
$ $GOPATH/bin/hello
```

A.2 Go 버전 관리

Go와 같이 만들어진 지 얼마 되지 않은 언어는 버전 변경이 잦고, 각 버전마다 새로운 기능들이 많이 추가되기 때문에 지속적으로 버전 업그레이드를 해줘야 하는 일이 발생한다. 실제 운영 상황에서 이 버전을 그때그때 계속 바꾸는 것은 생각보다 쉬운 일이 아니기 때문에 이 절에서는 Go의 버전 관리를 편하게 할 수 있는 GVM^{Go Version Manager}(http://github.com/moovweb/gvm)에 대해 알아본다.

루비^{Ruby}를 사용해 본 적이 있는 사람이라면 RVM^{Ruby Version Manager}에 대해 알고 있을 것이다. RVM의 경우는 작업 디렉토리에 **.rvmrc**라는 파일을 읽게 해서 원하는 루비 버전과 라이브러리 위치 등을 지정하게 한다. GVM은 RVM 아이디어를 차용해서 필요한 Go의 버전을 $HOME/.gvm 아래에 설치하고, 각종 라이브러리들도 여기에 설치하게 돼 있다.

A.2.1 GVM 설치

GVM을 본격적으로 설치하기 전에 GVM에 필요한 패키지를 설치한다.

맥 OS X의 경우에는 머큐리얼^{mercurial}과 엑스코드^{Xcode} 커맨드라인 도구를 설치한다. 우분투 리눅스의 경우에는 다음과 같은 명령으로 필요한 패키지를 설치한다.

```
$ sudo apt-get install curl git mercurial make binutils bison gcc build-essential
```

래드햇^{Redhat}과 센토스^{Centos}의 경우에는 다음과 같은 패키지를 설치한다.

```
$ sudo yum install curl git
$ sudo yum install make
$ sudo yum install bison
$ sudo yum install gcc
$ sudo yum install glibc-devel
```

필요한 패키지가 설치됐으면 다음과 같은 명령으로 **gvm**을 설치한다.

```
$ bash < <(curl -s -S -L
https://raw.githubusercontent.com/moovweb/gvm/master/binscripts/gvm-installer)
```

큰 이슈가 없으면 설치가 완료된다.

A.2.2 GVM 설치 확인

gvm이 제대로 설치됐는지 확인하기 위해 다른 창을 하나 띄우거나 **source /home/user/
.gvm/scripts/gvm** 명령을 수행한다. 그리고 **gvm list**라는 명령을 수행하면 다음과 같이
결과가 나와야 정상적으로 설치가 완료된 것이다.

```
$ gvm listall
gvm gos (available)
    go1
    go1.0.1
    go1.0.2
    go1.0.3
    ...
```

그리고 해당 사용자 셸의 시작 스크립트를 보면(지금의 경우 $HOME/.bashrc) 다음과 같이 **gvm**
관련 셸 명령이 추가된 것을 확인할 수 있다.

```
[[ -s "/home/vagrant/.gvm/scripts/gvm" ]] && source "/home/vagrant/.gvm/scripts/gvm"
```

A.2.3 Go 설치

gvm 설치가 완료됐으면 **gvm install go.version**을 사용해 원하는 버전의 Go를 설치한다.
설치할 수 있는 Go의 버전은 **gvm listall**로 확인한다. 여기서는 1.5.3을 설치하는 것을
예로 든다(Go 1.5 버전에서는 gcc 컴파일러의 호환성을 제거하면서 반드시 Go 1.4 버전을 먼저 설치해야만
1.5 버전의 설치가 가능하다).

```
$gvm install go1.5.3
```

gvm으로 Go 1.5.3 버전의 설치가 완료됐으면 **gvm list**로 설치된 버전을 확인한다.

```
$ gvm list
gvm gos (installed)
=> go1.4.1
    go1.5.3
```

'=>' 표시는 현재 사용 중인 버전을 표시한다. 이제 **gvm use** 명령을 사용해서 1.5.3 버전의
Go를 사용한다.

```
$ gvm use go1.5.3
Now using version go1.5.3
$ go version
go version go1.5.3 linux/amd64
```

그런 다음 go version 명령을 사용해서 현재 사용 중인 Go 버전을 확인한다.

A.2.4 GVM 사용 시 Go 환경 변수 설정

gvm은 Go의 버전을 관리해줄 뿐만 아니라 같은 버전 내부에서도 사용하는 주변 라이브러리에 대한 의존성을 관리할 수 있는 패키지 셋 기능을 제공한다. 따라서 각 패키지 셋별로 별도의 라이브러리를 참조할 수 있게 하는데, 이 기능은 새로운 기능 작성 시에 수행하는 A/B 테스트나 Old/New 버전의 테스트에 적합한 기능이다.

먼저 현재 1.5.3 버전에서 어떤 패키지 셋이 있는지 확인한다.

```
$ gvm pkgset list
gvm go package sets (go1.5.3)
=> global
```

현재는 global이란 패키지 셋이 있는 것을 확인할 수 있다. 개발 환경에 필요한 패키지 셋을 정의하기 위해서 devel이란 패키지 셋을 다음과 같은 명령으로 생성한다.

```
$gvm pkgset create devel
```

그리고 A.1.4절에서 설명한 작업 디렉토리를 가리키는 GOPATH를 설정하기 위해 이 패키지 셋의 환경 변수를 변경한다. 이때 사용하는 명령은 gvm pkgenv devel이다. 이 명령을 수행하면 Go 관련 환경 변수를 수정할 수 있는 화면이 나타난다. 여기서 GOPATH 항목을 다음과 같이 사용자의 작업 디렉토리(이 경우 /home/user/work)가 가장 먼저 오게 수정한다.

첫 번째 GOPATH는 다음과 같이 수정한다.

```
export GOPATH; GOPATH="$GVM_ROOT/pkgsets/go1.5.3/global"
--> export GOPATH; GOPATH="$HOME/work:$GVM_ROOT/pkgsets/go1.5.3/global"
```

두 번째 GOPATH는 다음과 같이 수정한다.

```
export GOPATH; GOPATH="/home/vagrant/.gvm/pkgsets/go1.5.3/devel:$GOPATH"
export GOPATH; GOPATH="$HOME/work:/home/vagrant/.gvm/pkgsets/go1.5.3/devel:$GOPATH"
```

수정이 완료됐으면 저장하고 파일을 닫는다.

이제 devel 패키지 셋을 사용하기 위해 다음과 같은 명령을 수행한다. 명령을 수행한 다음 GOPATH 환경 변수를 확인해서 변경한대로 반영됐는지 확인한다. 참고로 GOPATH 설정에서 확인할 수 있듯이 Go는 작업자의 디렉토리($HOME/work), $HOME/.gvm/pkgsets/go1.5.3/devel, $HOME/work/.gvm/pkgsets/go1.5.3/global의 순으로 필요한 라이브러리를 검색하게 된다.

```
$ gvm pkgset use devel
Now using version go1.5.3@devel
vagrant@controller:~$ echo $GOPATH
    /home/vagrant/work:/home/vagrant/.gvm/pkgsets/go1.5.3/devel:/home/vagrant/
    work:/home/vagrant/.gvm/pkgsets/go1.5.3/global
```

마지막으로 매번 로그인할 때마다 Go 버전과 패키지 셋을 지정하는 명령을 수행시키는 대신 셸의 시작 스크립트(이번의 경우 $HOME/.bashrc)에 다음과 같은 명령을 추가한다.

```
gvm use go1.5.3 > /dev/null 2>&1
gvm pkgset use dev
```

A.2.5 설정 테스트

설정이 완료됐으면 다시 A.1.4절에서 만든 코드를 컴파일하고 실행시켜본다.

```
$ go install github.com/user/hello
$ cd $HOME/work/bin
$ ./hello
hello, world
```

찾아보기

H

에이콘출판의 기틀을 마련하신 故 정완재 선생님 (1935-2004)

The Go Programming Language

발 행 | 2016년 2월 29일

지은이 | 앨런 도노반 · 브라이언 커니건
옮긴이 | 이 　 승
감　수 | 공 용 준

펴낸이 | 권 성 준
편집장 | 황 영 주
편　집 | 조 유 나
디자인 | 박 주 란

에이콘출판주식회사
서울특별시 양천구 국회대로 287 (목동)
전화 02-2653-7600, 팩스 02-2653-0433
www.acornpub.co.kr / editor@acornpub.co.kr

한국어판 ⓒ 에이콘출판주식회사, 2016, Printed in Korea.
ISBN 978-89-6077-832-0
ISBN 978-89-6077-771-2 (세트)
http://www.acornpub.co.kr/book/go-programming

이 도서의 국립중앙도서관 출판시도서목록(CIP)은 서지정보유통지원시스템 홈페이지(http://seoji.nl.go.kr)와
국가자료공동목록시스템(http://www.nl.go.kr/kolisnet)에서 이용하실 수 있습니다.(CIP제어번호: CIP2016004674)

책값은 뒤표지에 있습니다.